国家社会科学基金项目（09CKS002）
安徽师范大学学术著作出版基金资助项目
安徽师范大学省级重点学科"马克思主义哲学"资助项目

马克思社会公正思想论

MAKESI SHEHUI GONGZHENG SIXIANGLUN

汪盛玉 著

安徽师范大学出版社

责任编辑：吴顺安　　责任校对：谢晓博
装帧设计：丁奕奕　　责任印制：郭行洲

图书在版编目（CIP）数据

马克思社会公正思想论 / 汪盛玉著. —芜湖：安徽师范大学出版社，2014.5
ISBN 978-7-5676-1219-8

Ⅰ.①马… Ⅱ.①汪… Ⅲ.①马克思主义－社会学－研究 Ⅳ.①A811.64

中国版本图书馆 CIP 数据核字（2014）第040888号

马克思社会公正思想论

汪盛玉　著

出版发行：安徽师范大学出版社
　　　　芜湖市九华南路189号安徽师范大学花津校区　　邮政编码：241002
网　　　址：http://www.ahnupress.com/
发 行 部：0553-3883578　5910327　5910310（传真）　　　E-mail：asdcbsfxb@126.com
经　　　销：全国新华书店
印　　　刷：安徽芜湖新华印务有限责任公司
版　　　次：2014年5月第1版
印　　　次：2014年5月第1次印刷
规　　　格：700×1000　　1/16
印　　　张：20.25
字　　　数：321千
书　　　号：ISBN 978-7-5676-1219-8
定　　　价：43.00元

序

追求和实现社会公正是当今时代的一个潮流,也是建设我国社会主义核心价值的一个根本内容。

在人类历史上,从阶级产生以来,伴随着各种阶级利益和其他多样性利益的产生、失衡和纷争的加剧,人们愈来愈响亮地呼唤着社会公正。

公正意味着在处理同样的事情时,按照同一尺度加以一视同仁的对待。作为实施公正的主体,这里包括个体、群体和国家,因而在这个意义上可以把公正大体划分为个体德性的公正、群体原则的公正和国家制度的公正。国家制度的公正即国家作为社会共同体所实现的公正,这种公正也就是通常所简称的社会公正。

作为个体德性的公正,是个人在人际交往中所表现出来的一种道德操守。比如,商家的童叟无欺、师者的有教无类、判官的一断于法,等等。

作为群体原则的公正,是指适用于群体内部的、为维护群体利益及其各部分和各成员基本权益的一些原则规定。群体的这些公正原则,相对于社会公正,大体可分为两类。一是作为社会公平在该群体中的具体要求和特殊体现的公正原则规定。因而这类原则所体现的公正从属于社会公正,是对社会公正的一种支撑和落实,是有利于促进社会公正发展的。二是基于群体利益的价值偏私而设立的群体公正原则。这类原则是和社会公正原则相悖的,它阻碍或妨碍社会公正的实现。例如,在阶级社会中,占人口极少数的剥削阶级所享有的公正就是以牺牲占人口绝大多数的被剥削阶级的权益为基础的。因而阶级社会在总体上是不公正的社会。于是,反对阶级剥削和压迫就成为劳动阶级追求社会公正的一项根本任务。

所谓社会公正,是指在一定历史条件下,按照统一的社会标准使所有社会成员享有同等权益、履行同等义务的制度安排。

社会公正具有历史性，即社会公正的内容，包括其标准和可实现程度，以及社会公正的实现条件，都是历史的产物。因此，在马克思主义看来，把社会公正作超时代的抽象理解，把社会公正原则赋予永恒性、神圣性的观点都是不对的、错误的。

社会公正具有普惠性。它是按照统一的社会标准使所有社会成员享有同等的权益，使社会成员普遍受益。其基本要求是，每一个社会成员、每一个社会群体的尊严和利益都应该得到有效的保护。因此，马克思主义既批判那种以牺牲多数人的权益为代价而使少数人享有的公正，也批判那种把资产阶级享有的公正理解为社会公正的观点，认为这种观点具有虚假性。

社会公正具有现实性。这是社会公正与社会公正理想的一个重要区别。社会公正理想是对社会公正的一种希冀、期待和想象。社会公正作为人们的一种良好愿望从阶级产生以来就一直存在，持有这种理想的人可谓史不绝书。另外，剥削阶级统治的国家也必然要履行一定的社会公正职能。换句话说，它也要在一定程度上和一定范围内体现社会的公正性。当然，这种社会公正经常受到剥削阶级自私性的挤压和破坏，这也是不争的事实。因而剥削阶级社会的公正性尽管随着生产力的发展和社会关系的变革调整而不断获得增进，但这种社会公正性总体上还是口头上的，是残缺不全的。要使这种状况从根本上获得改变，在马克思主义看来，只有适应生产力发展的要求，通过无产阶级革命，消灭剥削制度和剥削阶级，实现人民当家作主，走社会主义道路，不断创造条件，才能实现真正的社会公正。也就是说，只有这样，才能使亿万群众在现实生活中享有公正。

从上面的论述不难看出，马克思的社会公正思想是极为丰富、深刻的，但是马克思并没有就社会公正进行集中、专门的论述，他的这些思想散见于他的各种文献之中。为了继承和弘扬马克思的社会公正思想，有必要对这一遗产进行深入挖掘、系统梳理和展开研究。汪盛玉的《马克思社会公正思想论》就是这一方面的一个研究成果。

《马克思社会公正思想论》在对大量相关文献进行深入研读的基础上，较为全面地说明了马克思社会公正思想的理论基础、形成过程、本质内涵，以及这一思想与资本主义批判、共产主义追求和当代社会公正问题解决的关系。该书认为：马克思社会公正思想是以历史唯物主义为理论基础的；生产力发展不足和由此所决定的自发分工、私有制和阶级的形成是社会不公产生的根本原因；社会公正发展的动力在于社会发展本身，唯有从生产力的发展去探寻动力机制的社会公正思想才具有现实性；实现社会公正是不可移易的历史趋势，人类追寻公正的过程，就是人类社会由落后到发达、由不合理到合理的无限发展过程。该书对马克思社会公正思想的形成过程进行了探索，认为马克思作为马克思主义者的社会公正思想，有一个孕育、萌发、提出、确立的过程，即从早期的理想主义公正思想到理性主义公正思想，再到人本主义公正思想，最后形成了历史唯物主义公正思想。该书还具体探讨了马克思社会公正思想的本质内涵，认为马克思社会公正思想是以唯物史观为理论根据、以消灭阶级为根本要求、所有人平等权利与平等义务相统一、为每个人全面自由发展创造条件的科学。该书进一步提出，马克思社会公正思想的形成过程是一个实践总结与理论批判相统一的过程。这种批判主要包括两个方面：一是对资本主义不公的批判；二是对小资产阶级公正观的批判。这种批判在本质上超越了现代西方学者对资本主义不公的批判。在此基础上，该书强调，马克思所追求的公正社会就是那消灭了阶级剥削和压迫、消灭了社会三大差别、社会财富充分涌流的共产主义社会。这就是说，社会公正是共产主义的本质属性，公正社会实现的条件就是共产主义实现的条件。而创造这些条件是一个长期的实践过程，为此，必须以社会主义为其必经的阶段。在社会主义阶段中，要坚持按劳分配和人权保障相统一的原则，调动广大人民群众的积极性，为过渡到共产主义创造条件。该书还认为：当今中国正处于由传统社会向现代社会的转型期；在这个时期，中国取得了巨大的社会进步，但同时社会公正问题也日益凸显出来；当今世界正处于经济全球化深入发展阶段，与此相联系，全球性公正问题也愈演愈烈；为解决中国社会主义现代化进程中的公正问题和全球性公正问题提供理论指导，是马克思社会公正思想的当代价值所在。

以上这些观点及其论述都是很有启发意义的。综观全书，较为突出的学术价值有三：其一，立足不同版本的文献资料对马克思关于社会公正的思想进行了系统梳理，为学界推进马克思主义公平正义理论研究做了基础性的工作；其二，通过对种种非马克思主义的公正思想，特别是对西方马克思主义公正思想和西方新自由主义公正思想的比较研究，对马克思社会公正思想的本质属性和理论旨趣进行了较有深度说明,从而有助于提高人们继承和弘扬马克思社会公正思想的自觉性;其三,坚持以马克思社会公正思想为指导,对当代社会不公问题进行具体分析,探寻解决之道,从而彰显了马克思社会公正思想的当代价值。

关于马克思社会公正思想的研究不是一个轻松的选题,但盛玉博士没有畏缩,而是迎难而上,并取得了令人欣喜的成就,值得庆贺! 在读博的三年中,作为她的导师,她的谦虚请教和勤奋学习的精神给我留下了深刻的印象。难能可贵的是,她通过不断论证和修改本选题成功申报了2009年度国家社科基金项目。如今,这一成果即将出版,我为她感到高兴。同时,需要指出的是,该书还存在一些不足。比如,对现代西方学者关于马克思社会公正思想研究资料的掌握还相对欠缺;马克思恩格斯在他们的社会公正思想形成以后,还对这个理论进行了发展,书中虽有所论述,但涉及不多;此外,书中对马克思社会公正思想的理论说明还有待在今后的研究中进一步加以深化。

总之,这是一本通过作者艰辛研究而写成的、具有学术含量的著作。

以上感想与盛玉共勉。是为序。

陶富源

2013年12月18日

目　录

导　论

马克思主义是一个完整的思想体系,是马克思恩格斯共同创立的。为了行文的方便,本书使用的是"马克思社会公正思想"这一表述,实际上所论之处,是关于马克思和恩格斯的社会公正思想①。

一、研究马克思社会公正思想的意义

我们已迈进全面建成小康社会的新时期。这是我国社会转型的关键阶段。在这个新时期新阶段,我国政府提出了构建社会主义和谐社会的伟大战略目标。其核心问题就是要解决利益平衡和利益兼顾问题,实现和维护社会公平正义。为了提高在这个问题上的理性自觉,我们需要向马克思请教。因为马克思不仅把社会公正作为其学说即马克思主义所追求的首要价值,而且在人类思想史上首次对其实现的必然性进行了科学阐明。进一步而言,实现社会公正,是马克思所追求的崇高目标,也是马克思赢得世界绝大多数人拥戴的根本所在。

然而长久以来,马克思社会公正思想并未获得专门的系统的研究。从而作为一个原因,对其误读的情况时有发生,这不仅不利于马克思主义学说的丰富发展,而且直接妨碍了当代社会公正问题的马克思主义学理解析。

---

① 尽管学界有着马克思与恩格斯的思想的"一致论"、"对立论"、"差异论"等不同看法,但笔者坚持"根本一致论",即马克思与恩格斯的思想具有高度统一性。在争取无产阶级和人类解放的诉求,对客观世界和人类社会发展的根本问题的观点,对资本主义的历史地位、社会主义的发展前途以及无产阶级的历史地位和历史使命的看法,对待马克思主义的态度等等一系列根本问题上,马克思和恩格斯是完全一致的。

具体说来,研究马克思社会公正思想具有以下意义。

(一)澄清西方学者对马克思社会公正思想的误读

当代西方学者对马克思的文本停留于字面的理解而纠缠不清,不能正确阐释马克思社会公正思想的实质,要么以为马克思完全认同资产阶级的正义思想,要么主张马克思彻底拒斥资产阶级的社会公正观。他们最终无法科学评价马克思视野的社会公正。

西方学者对马克思社会公正思想的误读大致有以下几种表现。其一,马克思拒绝"正义"。英国政治哲学家卡尔·波普尔认为,马克思苦于"正义"被人所滥用而忌讳使用"正义"。在这个意义上,马克思不愿公开以正义立论,不愿标榜自己是社会正义的追求者,不愿和形形色色的正义说教者为伍[①]。其二,马克思认定资本主义剥削的公正性。美国斯坦福大学哲学教授艾伦·伍德在《哲学与公共事务》杂志1972年春季号上发表的《马克思对正义的批判》一文中指出,在马克思恩格斯看来,"公正"基本上是一个司法或法律意义上的概念,公正和权利是从法权的角度判断法律、政治制度和人类行为的最高理性标准,人类行为将据此从一个司法的角度进行评判。在他们的著作里,不仅根本没有打算论证资本主义不公正,甚至没有明确声称资本主义是不公正或不平等的,或资本主义侵犯了任何人的权利。马克思并不认为资本主义是不公正的。而且,由于马克思提出资本主义生产中交易的公正建立在其与资本主义生产方式充分一致的基础上,因此,马克思认定资本主义剥削是公正的[②]。其三,马克思关于资本主义不公的思想是一种道德评价。在柯亨、阿内森等人看来,马克思有时把资本主义的某些方面描述成"公平",这给人们留下了"令人可怕的深刻印象",但应注意的是,当马克思作出这种道德评价时,通常是用一种被称为讽刺的手法。资本主义本身是不公正的,资本主义私有制的形成不可能是正当的,因而"资本主义社会不公正"这个命题是道德论证而不是历史论证[③]。其四,马克思共产主义思想是超越正义的思想。艾伦·布

---

①［英］波普尔:《开放社会及其敌人》第2卷,郑一明等译,北京:中国社会科学出版社1999年版,第310、319页。

② Allen W. Wood,"Marxian Critique of Justice",Philosophy and Public Affairs,Spring,1972,Vol.1,p3.

③ 吕增奎主编:《马克思与诺齐克之间》,南京:江苏人民出版社2008年版,第64页。

坎南强调,尽管人们似乎照样可以宣称社会主义社会不会是不公正的,事实上,在马克思那里,对公正原则的需要本身恰恰证明了组成社会之核心的生产过程的缺陷,他拒绝承认共产主义是一个正义的社会。马克思认为共产主义将取消分配正义存在的环境,并且在共产主义社会中也决不需要正义原则。因而,共产主义的优越性恰恰在于它使得全部公正问题成为多余①。

不容置疑,这些误读有着深刻的社会背景。社会公正是人类的理想追求。西方思想史上,自柏拉图、亚里士多德起就极为重视公正问题的研究,积累了丰富的思想资源,到近代则形成了古典自由主义②和功利主义③两种社会公正思想的双峰对峙。在当代,学者们更是仁智纷呈,出现了罗尔斯的平等优先自由主义公正观④、诺齐克的个人至上自由主义公正观⑤以及麦金太尔的社群主义公正观⑥等。他们的理论成就,极大地激发了当代学者研究公正问题的浓烈兴趣。其中,德国学者瓦格勒⑦和波兰学者W.兰⑧对马克思的社会正义观进行了肯定性的论证和较为系统的说明。

---

① Allen E. Buchanan, Marx and justice: the radical critique of liberalism, Publication info: London: Methuen, 1982. pp169–171.

② 洛克由于最早阐述了这样的原则而成为古典自由主义的开拓者:国家的政治生活、经济社会和社会生活都应以维护个人自由为目的,反对把任何形式的强制施之于个人,无论其形式是国家的、教会的,还是社会习俗的、舆论的。社会公正就是维护以理性为基础的个人自由。其在总体上是强调抽象的个人自由。[英]洛克:《政府论》下篇,叶启芳、瞿菊农译,北京:商务印书馆1986年版,第86—95页。

③ 对功利主义来说,无论是个人还是共同体,或者国家,只要他们的活动"倾向于增大个人快乐的总和",或者"增大共同体幸福的倾向大于它减小这一幸福的倾向",就是符合功利原理的,就是正义的。正义在边沁那里就成了个人追求自己的幸福并将其效用最大化的立法秩序。所谓正义的行为就是指能带来个人或群体的最大幸福的客观的正确的行为。其在总体上是强调抽象的集体利益。[英]边沁:《道德与立法原理导论》,时殷弘译,北京:商务印书馆2000年版,第57—59页。

④ 罗尔斯认为,人们所享有的基本权利必须是平等的,在现实中人们享有社会价值的份额可以是不平等的,但这种不平等必须符合最少受惠者的利益,并且尽可能地缩小这种不平等的差距。[美]罗尔斯:《正义论》,何怀宏等译,北京:中国社会科学出版社1988年版,第302页。

⑤ 诺齐克以"最弱意义的国家"作为其论证基点,认为把本来不平等地属于每一个人的利益进行平等的分配本身就是不平等的,一种人为的强制不平等是最不可忍受和饶恕的,权利平等是首要的和惟一的。[美]诺齐克:《无政府、国家与乌托邦》,何怀宏等译,北京:中国社会科学出版社1991年版,第165—166页。

⑥ 麦金太尔认为,如果一个社群中的成员不能在正义问题上达成共识,那么正义规则便无法得以执行,实现正义要以道德教育为途径。[美]麦金太尔:《谁之正义? 何种合理性?》,万俊人等译,北京:当代中国出版社1996年版,第57页。

⑦ 魏小萍:《马克思主义与自由、平等和正义的话题——历史变迁后前东德学者的反思》,载《哲学研究》2003年第9期,第23页。

⑧ [波]W·兰:《马克思主义的公正观》,载《哲学译丛》1991年第5期,第1页。

西方关于社会公正的论述可谓学派纷呈,著述汗牛充栋。

这些不同的论者,尤其以罗尔斯为代表的新自由主义公正观独树一帜,影响巨大。仅就其标志性著作——《正义论》而言,国内有学者撰文指出:"这部著作的出版是20世纪下半叶西方思想界最重大的事件,它所引起的反响之巨大和热烈,激发的辩论之剧烈和深入,所产生的学术文献之重要和众多,在整个西方思想史上都是极其罕见的"①。还有学者强调,罗尔斯的《正义论》是当代最重要的社会公正思想专著,其影响不仅遍及欧美,而且波及苏联、东欧和其他国家②。国外也有学者评述道:"罗尔斯的《正义论》复活了政治哲学,激起了人们在哲学、政治学、经济学和法学期刊发表成千上万篇文章,这已是老生常谈。该著作已经被译成28种文字,仅英文就售出了40万册之多(仍然保持着哈佛大学出版社的记录),并且在发展中国家找到了许多支持者,这也是人所共知。"③

此种学术场景,与其说是罗尔斯《正义论》给整个学术界带来的深刻思想冲击,不如说是新自由主义促进人们就社会正义在各个领域进行初步思考;与其说是新自由主义的社会公正观激发了国内学人对社会公正问题的求解,不如说是长期以来我国学界忽视了对马克思社会公正思想的系统梳理④。西方学者所作的研究无疑为我们提供了很好的理论借鉴,但是,他们往往是从抽象的人性论出发来探讨社会公正问题的,漠视物质生产和经济制度对社会公正观念的决定作用。因而,其思想观点与唯物史观相去甚远。对此,我们也不能无动于衷,不能处于失语状态,必须在马克思社会公正思想的研究方面拿出自己的成果,并以马克思社会公正思想为指导,科学评判、合理借鉴西方学者为克服社会不公所设计的种种方案,以达到为我所用之目的。

其实,马克思在其大量著述中,或是对正义、公正的阐述,或是关于自由、平等这样一些属于公正议题的辨析,或是对其公正思想的社会历史方法论的说明,都表明,其社会公正思想极为丰富深刻。因此,开展马克思社会公正思想研究,这对科学理解马克思社会公正思想的本质内涵和澄

---

① 姚大志:《何谓正义:当代西方政治哲学研究》,北京:人民出版社2007年版,第1—2页。

② 程立显:《伦理学与社会公正》,北京:北京大学出版社2002年版,第184页。

③ [美]托马斯·博格:《作为公平的正义:三种论辩》,载《马克思主义与现实》2009年第3期,第72页。

④ 实际上,马克思社会公正思想的一个重要内容就是:社会公正是一个不断推进的历史过程,社会发展的快速期也往往是社会矛盾的凸显期,动态需要平衡,和谐与公正共存。迄今为止,较为丰富而深刻的社会公正观无疑是马克思的社会公正思想。

清其间是非，很有意义。

（二）促进国内学界对马克思社会公正思想的研究

改革开放以来，我国学界从不同学科对社会公正问题进行了学理思考，尤其是对社会主义公正问题进行了开创性的研究。其内容主要集中在以下四个方面：关于马克思社会公正思想的文本依据；关于马克思社会公正思想的形成背景；关于马克思社会公正思想的基本内涵；关于马克思社会公正思想的当代价值。

1. 关于马克思社会公正思想文本依据的研究

西方马克思主义关于马克思有否社会公正思想的论争引起了我国学者的深度发问。国内学界从解读马克思经典文本的角度肯定了实现社会公正是马克思思想的首要价值。概括起来有以下四种观点。其一，马克思关于社会公正的思想是非常清晰的。在《共产党宣言》《国际工人协会成立宣言》《哥达纲领批判》《工资、价格和利润》《资本论》《反杜林论》等一系列著述中，马克思恩格斯既揭露了自由主义正义理论的意识形态本质，又同庸俗社会主义的抽象正义观划清了界限。马克思的正义观具有科学性、现实性和革命性的特点，马克思在批判资本主义"社会正义"的同时，还正面阐述了社会主义的社会正义[①]。其二，马克思较为详尽地阐释了自己的社会公正思想。在《关于费尔巴哈的提纲》《德意志意识形态》《资本论》《共产党宣言》等著作中，马克思恩格斯揭示了个体性、个体自主性，以及"自我意识"在整个社会发展过程中所起到的巨大推动作用，认为我们不仅要实现个体正义以促进个体自由、平等与全面发展，而且强调要保障个体正义的优先性以最终消灭私有制和剥削，建设社会主义及共产主义社会制度，以实现真正意义上的正义[②]。其三，社会正义是贯穿马克思主要论著的重要思想。在其早期，即博士论文阶段和莱茵报时期，马克思拒斥、批判资产阶级的正义思想；在其哲学思想成熟期及其发展时期，马克

---

① 曹玉涛：《论马克思对"社会正义"的批判及其当代意义》，载《河南师范大学学报（哲学社会科学版）》，2005年第3期，第6页。

② 王浩斌：《马克思的个体正义优先理论及其当代价值》，载《辽东学院学报（社会科学版）》，2009年第2期，第14页。

思在《德意志意识形态》《共产党宣言》《哥达纲领批判》《资本论》等著作中,以历史唯物主义为理论基础,形成了关于社会正义的独到见解:社会的真正基础是社会生产而不是正义;物质生产和社会经济制度决定了正义的范式及其实质;物质生产的发展决定了正义内容的演变;正义是社会生产发展到一定阶段的产物,是一个历史范畴;是生产决定分配,而不是正义决定分配。简言之,正义归根到底是由物质生产决定的①。其四,马克思通过批判小资产阶级的公正观而建构起自己的社会公正思想。马克思恩格斯在《哲学的贫困》中对蒲鲁东公平正义思想进行了批判,在《哥达纲领批判》中对拉萨尔主义的正义观进行了批判,在《反杜林论》中对杜林的平等正义观进行了批判,从而建构起劳动、生产资料与所有制为理论支点的社会公正观:生产资料私有制是社会非正义现象的总根源。讨论劳动能够带来什么权利、劳动者应当享有什么等问题固然重要,但最根本的、决定性的问题则是关注生产资料所有制问题,并通过人民群众的实践运动改变这种状况,从而使广大人民公正、平等地共享劳动所创造的成果。人类社会的正义观从来都是具体的、历史的,正义观念嬗变的总根源在于人类社会生产方式的变迁;在阶级社会里,不同的阶级持有不同的甚至根本对立的正义观;无产阶级的正义观不是追逐抽象的、动听的正义口号,而是消灭阶级②。

2. 关于马克思社会公正思想形成背景的研究

这里的"形成背景",指的是马克思社会公正思想在何种情况下被提出以及其形成的理论旨趣是什么。

学者们从唯物史观视角对这一问题进行了初步研究,主要有以下三种观点:

第一,批判论。即马克思是在研究现代资本主义社会不公根源、探求无产阶级和劳苦大众争取解放途径中形成自己的社会公正思想的。这一

①　林进平:《马克思早期正义思想探究》,载《岭南学刊》,2008年第3期,第26页;《历史唯物主义视野中的正义观——兼谈马克思何以拒斥、批判正义》,载《学术研究》,2005年第7期,第56页;《马克思对天赋人权的批判》,载《学术研究》,2007年第11期,第34页。

②　王广:《马克思恩格斯对蒲鲁东正义公平思想的批判》,载《理论视野》2006年第4期,第49页;《分配正义的批判与超越:对〈哥达纲领批判〉的政治哲学解读》,载《理论与改革》2006年第3期,第9页;《平等、正义观念的批判与历史审视——对〈反杜林论〉的政治哲学解读》,载《太原理工大学学报(社会科学版)》2006年第4期,第60页;《马克思视域中的劳动、生产资料与正义》,载《江海学刊》2009年第4期,第57页。

观点提出,马克思反对资产阶级抽象的公正观,第一次把公平正义的实现建立在科学的基础之上,揭露并批判资本主义制度在形式上的公正和实质上的不公正,同时,他也阐述只有到了未来共产主义社会才能真正实现公平正义。因此,马克思社会公正观的发展轨迹大致分为三个时段:在早期,由于唯物史观的创立,马克思批判资产阶级抽象的公正观;在中期,马克思深入到政治经济学批判当中,反对拉萨尔"铁的工资规律";在晚年,马克思全面、系统地批判拉萨尔的公平分配劳动所得的思想,阐明无产阶级的共产主义公平正义观。从理论旨趣来说,一方面,马克思在批判资本主义不公现象的过程中提出社会公正观。马克思虽然没有对正义理论进行正面的阐述,但是,他一生致力于对资本主义社会非正义现象(剥削关系)的批判,他一直批判资本主义的剥削制度的"非正义"性,即资本家对工人无偿劳动的占有是"非正义的",资本主义社会不公正现象的症结就在于可怕的私有制社会制度,因此,作为剥削制度的社会,不可能有真正的社会公正,而只有在消灭剥削的社会主义社会、共产主义社会才可能实现社会公正。另一方面,马克思的公正观是在对资产阶级的平等原则以及形形色色的小资产阶级公平正义观念进行批判、揭露的基础上,在对资本主义经济关系中平等权利和地位进行分析的过程中得到阐发的。具体而言,马克思批判蒲鲁东"超验的公平观",认为公平归根到底是对现存经济关系与评价主体利益之间关系的反映;马克思在批判小资产阶级空想家"超验、永恒的公平观"的基础上,指明公平的内涵、标准及其实现程度都具有历史性和相对性的特点;马克思批判了拉萨尔"不折不扣的公平分配观",阐述了共产主义社会不同发展阶段上的公平分配原则;马克思在深刻批判资产阶级公平观虚伪性的基础上,阐述了无产阶级所追求的公平,是建立在"消灭阶级"基础上的实质的公平。显然,马克思社会公正观的形成是一个破旧立新的过程,即马克思一方面批判了一切小资产阶级和空想思想家的公正观,另一方面又提出了无产阶级的社会主义和共产主义的公正观①。

第二,继承论。即马克思社会公正思想决非主观自生,而是马克思把前人的相关思想资源和自己的时代问题紧密结合起来进行深度耕犁

① 徐建文:《马克思公平正义观的发展轨迹》,载《唯实》2008年第12期,第32页;谭德礼:《马克思恩格斯关于社会公正思想的探讨》,载《马克思主义与现实》2007年第2期,第129页;张啸尘:《马克思的公平观及其对和谐社会的启示》,载《马克思主义与现实》2008年第3期,第116页。

的产物。社会公正在西方是自柏拉图以来不少思想家孜孜以求的社会理想。这种学术思想史为马克思追求社会公正提供了理论素材,但直接影响到马克思的要算德国古典哲学辩证法大师黑格尔。自由平等在黑格尔的思想中是非常重要的信念,即人是社会的主体,其在本质上是自由平等的;社会及他人必须承认个人的自由平等的权利;人能够通过自然赋予的理性去发现或颁布伦理法则,以保障人的自由平等。由于马克思主要接受了黑格尔的影响,这使其能够以一个更为基础、更为根本的立场去看待自由与平等。具体而言,马克思的自由平等思想在两个方面受到黑格尔的影响:一是黑格尔自由历史发展观的影响。像黑格尔一样,马克思也把自由看作是一个历史发展过程。这个发展过程是一种客观趋势,具有客观内容。在黑格尔这里,自由的发展过程反映的是绝对精神的客观运动,内容是自由意志的自我规定和自我认识。但马克思对之进行了唯物主义的改造,在马克思看来,自由以社会生产方式自身的运动趋势为前提,受一定生产方式制约的人们的自由追求构成为自由的实质内容。二是黑格尔市民社会与国家关系理论的影响。马克思赞同黑格尔关于市民社会与国家的两分法,同样,马克思在批判的基础上继承了这一思想,在马克思这里,不是国家构成为市民社会的前提,相反,是市民社会构成国家的基础。正是通过对市民社会经济活动关系性质的科学分析,马克思才发现了一个历史规律,即社会的生产方式构成为社会的经济基础,在这个经济基础上,有一定的上层建筑和意识形态与之相适应。自由的发展、社会历史的运动都是经济基础和上层建筑辩证运动的结果。这样一来,正义的追寻、自由的论说在马克思的思想中就有了一个现实的社会历史基础①。

　　第三,超越论。即马克思视野中的社会公正作为超越资本主义现实的理想追求,在实质上是指消灭私有制、消灭阶级以及社会差别的共产主义追求,马克思在阐发自己的共产主义学说中充分表述了社会公正思想。这种观点指出,正义是在冲突中寻求协调,在紧张之中寻求和解。从这一点来看,正义的存在也是以人与自然、人与人的紧张关系和冲突为前提的,一旦消解了这种紧张关系和冲突,正义也就不复存在。在马克思看来,共产主义社会就是这样的社会,因为在共产主义社会

---

① 胡真圣:《两种正义观:马克思、罗尔斯正义思想比论》,北京:中国社会科学出版社2005年版,第56、79、89页。

中，人和自然之间，人和人之间的矛盾，以及存在和本质、对象化和自我确证、自由和必然、个体和人类之间的斗争已得到真正解决。这样，马克思社会公正观的理论旨趣在于，超越资产阶级正义观的狭隘视野和空想社会主义者的道德化倾向，找到一条能够实现真正的社会正义的现实途径，最终实现人的全面而自由的发展。一方面，马克思强调了以消灭阶级为目标的制度正义在社会正义中的基础地位，把正义从"形式正义"进入到"实质正义"。另一方面，马克思把无产阶级正义的最终目标设定为在生产正义和分配正义相统一的基础上，实现人的自由而全面发展，体现了个体的自由而全面的发展和集体的发展、个人美德和制度美德的有机统一①。

3. 关于马克思社会公正思想基本内涵的研究

这是当前学术界关于马克思社会公正观研究较为丰硕的方面，学者们经过多方面的探讨，达成了这样的共识：马克思社会公正思想是指向人类解放事业的理想追求和伟大命题，是历史唯物主义的一个重要内容。新意迭出的观点和见解开拓了马克思社会公正思想的研究视阈，概括了马克思社会公正思想内涵的基本要点，大体有以下三个方面的观点：

第一，把"公平、公正、平等"等作为社会公正的基本要素，并就此对马克思社会公正思想的基本内涵进行了具体提炼。这种观点解释，从马克思恩格斯的文本著作来看，他们从来没有明确、清晰地规定什么是社会公正。但实际上，马克思恩格斯对公平、公正、平等等问题的探讨，包含着丰富的社会公正思想，是对社会公正问题从不同角度、不同侧面所进行的探讨。有学者由此把马克思社会公正观的基本内涵概括为十个方面：（1）公平是对现实分配关系与他们自身利益关系的一种评价；（2）公平要以某一尺度为依据，尽管公平在不同的历史时期或在同一时期的不同社会集团那里往往具有不同的内容，但无论哪种公平都要以某种尺度为依据；（3）不同社会集团对公平持有不同的看法；（4）公平是法权观念或道德观念的最抽象的表现；（5）公平是对现存分配关系的保守方面或革命方面的神圣化；（6）不存在永恒的公平，公平的内容随着经济关系的变化，以及由此导致的

---

① 林进平：《历史唯物主义视野中的正义观——兼谈马克思何以拒斥、批判正义》，载《学术研究》2005年第7期，第56页；苗贵山：《批判与超越：马克思恩格斯对正义的追问》，载《河南大学学报（社会科学版）》2006年第3期，第42页。

社会集团的变化而发生相应的变化;(7)资产阶级的公平观建立在发达的商品经济基础上,将等价交换视为公平的尺度;(8)在资本主义社会中,消灭阶级是无产阶级的公平观;(9)马克思恩格斯坚决反对从公平出发,而主张从历史发展的必然性出发去说明和批判现存的资本主义制度;(10)马克思恩格斯坚决反对把争取分配上的公平作为无产阶级斗争的口号①。

第二,从人的发展视阈把马克思社会公正思想的基本内涵概括为人的权利的维护、人的利益的保证以及人的自由而全面发展的实现。这种观点阐明,社会公正是对人的尊严和权利予以保证的价值要求,这是马克思主义思想体系的核心内容。因之,马克思的公正思想所标示的就是个人与个人之间、个人与国家之间在所得与应得、所付与应付上具有"相称"的关系。具体说来,包括三个方面:贡献与满足之间的相称,权利和义务之间的相称,自由和责任之间的相称。马克思将公正作为人的社会关系之相称或平衡,是一切文化传统中最富有吸引力的价值观念之一,是社会发展的目标之一。在此基础上,有学者指出,公正的社会是由不可重复的独立自由的个人组合起来的社会,以每个人为本位,尊重人的个性,给个人留下开放多元的空间,让个人充分扮演好自己的自由角色,为每个个体充分而自由的发展提供最佳条件,每个人都拥有自己独立的生活空间、神圣不可侵犯的权利、绝对的人格,也就是说,公正社会的终极目标是指向个人生活的,个人自由的实现与个性的培育恰恰是公正社会的标尺,是公正社会的最高追求。在马克思思想中,平等、自由、分配制度以及社会主义制度的构想是公正的最基本含义。马克思主义社会公正学说是促进人的自由而全面发展的社会变革理论,实现人的全面而自由发展是马克思公正思想的"终极关怀",只有社会公正发展,人才能有一个真正发展的社会条件,公正社会就是人的全面发展的社会②。

第三,从马克思社会发展学说的角度,把马克思社会公正思想的内涵概括为社会主义和共产主义的建设及其实现。这种观点指认,马克思揭露了资产阶级"天赋人权"、"人生而平等"、"法律面前人人平等"等思想的局限性和虚伪性。马克思并不局限于为工人争取公平的分配,而是要建

---

① 周慧敏:《马克思恩格斯正义观研究状况的理论思考》,载《学习与探索》2008年第2期,第41页;段忠桥:《马克思和恩格斯的公平观》,载《哲学研究》2000年第8期,第32页。

② 袁贵仁:《论马克思主义的公正观》,载《求索》1992年第4期,第33页;谭德礼:《马克思恩格斯关于社会公正思想的探讨》,载《马克思主义与现实》2007年第2期,第129页;戴茂堂:《论社会公正与个人自由的内在关联》,载《湖北大学学报(哲学社会科学版)》2005年第4期,第373页。

立共产主义社会。马克思所设想的理想的公正社会是一个生产力高度发展，消灭了私有制、阶级剥削和压迫，人与人之间平等合作，共同占有生产资料，实行按需分配的共产主义社会。马克思视野中的公正是人类社会的崇高境界，是社会主义和共产主义的首要价值之所在，是中国特色社会主义社会公正最基本的理论来源。这样，马克思社会公正思想的社会主义实现原则有：保证基本权利原则；机会公平原则；规则公平原则；按贡献分配原则。其中，按贡献分配原则要和补差原则相结合①。

4. 关于马克思社会公正思想当代价值的研究

"当代价值"指的是马克思社会公正思想在公正社会建构中的理论启示与现实意义。当前，学者们的问题意识比较突出，基本上是为促进当今中国的公平正义而对这一问题展开探讨的。具体言之，有以下三种看法：

第一，社会公正思想是马克思主义理论指南的一个重要组成部分。这种观点认为，马克思恩格斯的公正思想是马克思主义理论的一个有机组成部分。但是，长期以来由于种种因素的影响，人们对于马克思恩格斯的公正思想没有给予应有的重视，这作为一个原因导致社会主义理论的建构出现了一些重大的偏颇，并进而对社会主义运动的顺利发展以及社会主义现代化建设的健康推进产生了不利的影响。认真总结、梳理和研究马克思恩格斯有关公正问题的论述，建立起完整、系统的马克思主义的公正学说，对于在新的时代条件下有效地推动社会主义现代化建设，具有重大的理论意义和现实意义。当前，我国学界对马克思主义公正思想的系统研究比较滞后。社会公正问题的研究直面现实是必然的，但必须是与马克思主义公正思想相结合。否则，不可避免地会使研究本身缺乏有效的理论支撑而流于肤浅，难免使研究本身陷于功利化境地，无法形成系统科学的理论体系，从而也使公正话语对中国现实问题的理论意义与解释功能大为减弱，以至对社会主义公正思想的建构也会出现偏颇。因此，认真研究马克思主义公正思想，对建设社会主义和谐社会

---

① 袁小云、程小强：《马克思公平思想及其辩证反思》，载《天水行政学院学报》2007年第2期，第117页；曹玉涛：《论马克思对"社会正义"的批判及其当代意义》，载《河南师范大学学报（哲学社会科学版）》2005年第3期，第6页；徐琛：《中国特色社会主义社会公正理论初探》，载《毛泽东邓小平理论研究》2007年第4期，第14页；董欢：《论马克思恩格斯的公正观及其对构建社会主义和谐社会的启示》，载《理论建设》2007年第1期，第40页。

意义深远。①

第二,马克思社会公正思想是对人的生存境遇和发展命运、无产阶级和人类解放的一种现实关切。这种观点指明,在当代中国,始于20世纪90年代初有关公正(正义)问题的学术讨论,很大程度上是来自对西方非马克思主义公正理论(如罗尔斯的正义论等)的热情评介,而非源于中国马克思主义的主流意识形态。进入市场经济时代后,当市场、商品、资本、技术等力量尚未完全对社会整体造成分割时,公正问题仍很难通过马克思主义话语进入到中国现实的政治语境之中。自21世纪以来,随着我国改革开放进程的加快,经济的强劲增长和社会的多重实践开始不断触及其不公正的权力分配基础,加强政治哲学视野的马克思公正思想研究就成为时不我待的课题。的确,马克思恩格斯很少将"公平"、"公正"当做科学社会主义的重要概念,不赞成那些空想家和改良主义理论家把社会公平公正当作目标,愚弄群众。他们在与论敌论战时,多次表现出对这类问题的不屑,认为从历史唯物主义观点来看,不存在绝对的社会公平;对于作为统治者的资产阶级来说,高喊公正是一种虚伪的表现;而对于工人阶级,在资本主义制度条件下寻求公平,至少也属于无知。也正因为此,所以从列宁开始,在马克思的后继者中便很少有人专门研究和论述社会公正问题。但是,作为指导现实运动的思想和理论,长期忽略这一实际生活当中客观存在的问题,就极大地局限了社会主义的政策视野。尤其是当共产党成为执政党后,必然面临着如何实现社会主义社会公平的问题,如果不及时关注眼前的社会利益关系,甚至简单否定社会公平作为一个问题,这样一来,就会使社会主义发展进入理论与实践的误区。因此,必须重视政治哲学视野中的马克思社会公正思想研究。政治正义是指以政治活动的方式在政治活动的范围内达至的正义。马克思力图超越的是资产阶级政治的正义诉求。在马克思看来,社会主义的政治活动因其对社会主义正义的追求而超越了资产阶级的政治正义,因此,社会主义的政治活动本身就是超越资本主义政治正义的实践活动②。

---

① 吴忠民:《马克思恩格斯公正思想初探》,载《马克思主义研究》2001年第4期,第68页;文小勇:《社会公正研究与马克思主义公正观的当代建构》,载《广州社会主义学院学报》2007年第2期,第13页。

② 董建萍:《试论加强对社会公正问题的基础研究——科学社会主义理论的一个紧迫课题》,载《中国社会科学》2005年第6期,第34页;李三虎:《公正论题:马克思中国化的当下政治话语》,载《学术研究》2007年第5期,第17页;王新生:《马克思超越政治正义的政治哲学》,载《学术研究》2005年第3期,第61页。

第三，马克思社会公正思想是实现社会主义和谐社会的思想指南。这种观点提出，马克思关于公平正义的基本判断标准是社会制度与生产方式的适应性和一致性。马克思主义公平正义思想对当代中国社会良性发展以及构建社会主义和谐社会具有十分重要的意义：一是要努力确保社会成员参与的权利平等和机会平等；二是在权利平等和机会平等的前提下，经济和社会的不平等对所有社会成员是有利的。坚持马克思社会公正思想的指导作用，既要反对做空想主义的解读而否定其现实性和当代性的错误倾向；又要反对做相对主义的解读而否定其党性和阶级性的错误倾向。由于种种原因，社会主义国家在实现公平正义的过程中出现了理论与实践的巨大反差。认真考察和反思马克思的公平正义观在社会主义实践中的反差，对于正确认识社会主义实践中的公平正义问题，树立马克思主义的公平正义观具有十分重要的理论意义和实践意义：实现社会主义公平正义是一个目标，也是一个过程；大力发展生产力，让物质财富充分涌流是实现社会公平正义的基本前提；建立和完善市场制度是实现社会主义公平正义的基本环节；积极吸取发达国家制度文明成果，加强法制建设是实现社会主义公平正义的基本途径；社会和谐协调发展是实现社会主义公平正义的基本保证①。

以上所述，国内学界就马克思社会公正思想的研究形成了理论和实践两个方面的成果。

在理论上达成了以下两点共识：

其一，实现社会公正，是马克思思想的首要价值。

其二，马克思的社会公正思想贯穿于他的全部著述和实践活动中，是马克思主义学说的一个根本内容。

在实践上体现了这样两点观照：

其一，目的观照。即所谓问题意识，也就是面对问题、解决问题的意识。不少论者探讨了马克思社会公正思想与现实社会公正问题解决之间的关系，体现了理论研究和现实问题的高度关联。

其二，手段观照。即从马克思社会公正思想中引出解决社会公正问题的方法论意义，或者说为社会公正问题的解决提供可资借鉴的思维方式和思路对策，使得解答社会公正问题的学理依据开始确立，理论解释力

① 龚秀勇：《马克思主义的公平正义思想及其当代意义》，载《马克思主义与现实》2008年第4期，第21页；何建华：《马克思的公平正义观与社会主义实践》，载《浙江社会科学》2007年第6期，第1页。

开始趋强。

理论的共识为进一步推进马克思社会公正思想研究提供了对话基础、学术资源和理论前提。尤其是,其中立足历史唯物主义而展示的个人与社会的辩证关系、个体发展与社会发展的内在统一,以及形式公正与实质公正相统一的观点等,对深入开展马克思社会公正思想研究有着直接的启示意义。

现实的观照启发我们,在社会转型期,社会公正问题会越来越突出,回答这些问题理所当然成为我们对社会公正思想进行深入思考的基本动因。今后对马克思社会公正思想的研究,应该在已有成果的基础上,结合社会发展中的新情况、新问题,进一步从学理上给予解析和回答,从而能更好地为促进社会公正提供马克思主义的学理支撑和自觉指导,更好地推进马克思主义公正学说的丰富和发展。

同时,关于马克思社会公正思想的研究还存在一些不足。这具体表现在:

首先,关于马克思的社会公正思想,大多数学者还只是从具体学科的角度进行了初步的探讨。比如,他们的相关文章关注的是经济、伦理、法律规范等具体领域的公正问题,着力点在于具体社会公正问题的解决,而没有充分诠释马克思社会公正思想的丰富内涵与精神实质。这样使唯物史观视野中的社会公正思想研究显得很为不足。

其次,对马克思社会公正思想理论资源的挖掘、梳理还显不够,缺乏对马克思的相关文本作专门性的研究,没有形成一个马克思社会公正思想的完整理论架构。与此相应,能直接作为学界深入经典文本去研究马克思公正思想的参考文章也不多见。

再次,对马克思社会公正思想的比较性解读还不够,尤其缺乏对马克思社会公正观与中西历史上的公正观,乃至当代西方主流公正观的比较研究。

最后,马克思社会公正思想研究的一些具体层面尚需加以拓展和深化。比如,关于马克思社会公正思想的本质规定,应该如何具体性地展开说明和深化;关于马克思社会公正思想的形成过程,怎样结合马克思思想发展历程进行更为全面的论述;马克思社会公正思想与资本主义批判的关系,应如何在与西方学者的对话中进行更为清晰的揭示;马克思社会公正思想与当代社会公正问题解决的研究,如何从中国和全球两个视角进行全面解读,等等。

由上可见,国内学界的相关成果为推进马克思社会公正思想研究提供了一定的理论支持和学术基础。然而由于马克思社会公正思想的研究开展的时间还不长①,研究工作在总体上还处于初步阶段。与此相联系,也就使马克思主义公正学说对当前社会公正问题的解释功能偏弱,因而亟待把这项研究深入开展下去。

(三)加强现实问题向马克思社会公正思想的求解

马克思指出:"真正的批判要分析的不是答案,而是问题","问题是公开的、无所顾忌的、支配一切个人的时代之声。问题是时代的格言,是表现时代自己内心状态的最实际的呼声。"②这表明,正确回答和解决时代提出的重大课题,成为科学理论不断创新和发展的根本前提。就此而言,中国社会公正问题和全球公正问题的解决,呼唤马克思社会公正思想的指导。

从国内来说,改革开放三十多年来,我国从生产力到生产关系、从经济基础到上层建筑都发生了意义深远的重大变革。在经济建设、政治建设、文化建设和社会建设等各个方面取得了伟大成就的同时,我国社会也出现了一些新的不公现象和不和谐因素。其中,备受关注的矛盾和问题主要有:民主制度不够完善、民主形式不够丰富,妨碍了政治公平的实现;区域经济社会发展尚不平衡③,人们的生存权缺乏有效保障机制,与此相应的发展权也没有获得平等享受;劳动就业、社会保障、收入分配、教育卫生、居民住房、安全生产、司法和社会治安等关系群众切身利益的问题仍然较多,部分低收入群众生活比较困难;少数党员干部作风问题比较突出,奢侈浪费、消极腐败现象依然比较严重,等等。这些日益凸显的社会公正问题一定程度地影响了我国基本人权的实现,影响了社会的和谐稳

---

① 中国知网(CNKI)显示:国内最早专门研究马克思社会公正思想的文章出现在20世纪90年代,其中,具有代表性的是袁贵仁的《论马克思主义的公正观》(载《求索》1992年第4期,第33页)和段忠桥的《马克思和恩格斯的公平观》(载《哲学研究》2000年第8期,第32页)。

② 《马克思恩格斯全集》第1卷,北京:人民出版社1995年版,第203页。

③ 国家统计局数据显示,目前我国尚有2.6亿进城务工人员和7000多万城镇间流动人口在城市还没享受到与当地城镇户籍居民同等的公共福利。这导致原来的城乡"二元结构"(市民、村民)变成了现在的"三元结构"(城镇户籍人口、农村户籍人口、城镇间流动人口)。

定。同时,不能忽视的是,人民群众的社会公正意识越来越强,对党和政府维护公平正义的要求越来越高。诸如,在经济社会发展中,他们期待着更好更多的平等交往、平等竞争;期待着更好更多的平等对待、平等发展;期待着更好更多的平等享有、平等保护;期待着更好更多的平等参与、平等选择;要求党和政府从法律上、制度上、政策上努力营造公正的环境;要求国家从收入分配、劳动就业、社会保障、公民权利保障、基本公共服务、政府施政、执法司法等方面采取切实措施推进社会公正。人心向背关乎国家生死存亡。有鉴于此,国内有学者将劳动就业、社会保障、医疗卫生改革、食品安全、教育收费、司法公正、安全生产、收入分配改革、企业改制、土地征用、城市拆迁以及环境保护列为关涉国家安危的"12道民生问题"①。因而,必须通过系统研究,深入领会和把握马克思社会公正观的科学内涵,并以之为指导,去建构中国特色社会主义公正观,以推动我国公正问题的解决,从而促进把社会主义现代化的宏伟蓝图转变成现实。

就国际社会而言,21世纪是全球性公正问题凸显的世纪。信息技术革命迅猛发展,全球化进程加快推进。当今全球化从主导方面来说是资本的全球化,资本的全球化导致了国际社会的贫富两极分化,而且富国和贫国、富人和穷人之间的差距愈来愈大,自然生态和文化发展方面的矛盾也愈加尖锐。这就是人类所面临的全球性公正问题。如何解决这些问题已引起了人们的关注。不少有识之士已经从经验层次上认识到解决国际公正问题的重要性,不少具体学科也已就全球性公正问题进行了不同层次的探讨。然而,迄今为止,从马克思主义视域来进行的这种研究尚少。因此,加强马克思主义公正思想的研究,对促进国际社会公正问题的解决,是很有意义的。

另外,面对我国转型期大量涌现的社会公正问题,当人们大力评介引证西方学者的公正思想以求救治良方时,作为马克思主义理论工作者花大力去发掘、整理和研究马克思的相关思想,并从中获得启示和教益,这是义不容辞的责任和使命。公平正义是社会主义和谐社会的应有之义,当前我国建设和谐社会需要有马克思主义公正思想的指导和支撑,研究马克思社会公正思想无疑是服务这一伟大任务的最基础工作之一。

---

① 吴苑华:《关切"民生":一个不能忽视的马克思传统》,载《马克思主义研究》2008年第6期,第39页。

概而言之,深入开展马克思社会公正思想研究,对澄清理论界关于马克思社会公正思想的种种误解、丰富和发展马克思主义社会公正学说、解决当代社会公正问题、构建中国特色社会主义和谐社会以及促进世界的和谐发展,都是很有意义的。

二、研究马克思社会公正思想的前提

关于"社会公正"概念的理解,迄今为止人们还歧义颇多。而如何理解社会公正,这也是本书必须面对的一个前提性问题。为了不致陷于概念争执的泥潭,这里以马克思思想为指导,就社会公正谈谈自己的看法。

由于"社会公正"与"公正"有着难以割舍的联系,所以,为了正确理解"社会公正",我们首先需要弄清"公正"的概念内涵。

(一)确证"公正"的概念内涵

据拉法格考证,"公正"是一个很古老的概念,它起码在公元前三十世纪的古埃及就已经出现。"埃及人认为coud é e(长度单位,自肘至中指尖的长度,约合半米)是正义和真理的象征;凡是用coud é e测量过的都是真实的和正义的。"[①]可见,对于"公正",古代的人们已经从"概念本身"和"社会发展"两个角度进行了阐释。从词义学的角度来说,在西方语义中,公正或正义即justice,其基本含义是公平(fairness)、正当(right)、合乎情理(reasonable)、不偏不倚(impartial),源出于拉丁语justitia,系由jus(法律)一词演化而来。jus最初就有平、正、直的含义,所以,公正、公平、正当、合理、正义等词义大体相同。根据洋龙的研究,英语中公正(impartiality)与正义(justice)、权利(rightness)、公平(fairness)、正确(correctness)相近,"公正"来自古希腊语Dike(希腊文里,公正和直线、法官是一个词),其意为"表示置于直线上的东西",表示一定之规,表示权利的界限和尺度,之后

---
① [法]拉法格:《思想起源论》,王子野译,北京:北京三联书店1963年版,第89页。

被引申为表示公平的、正义的和平等的东西。同样,在汉语中,"公正、公道、公平含义相当,只不过在意义强弱、范围大小方面存在差异而已。"①依魏小萍之见,在英文和德文中公正和正义的概念也没有严加区分,在英文中两者都以 justice 来表达,在德文中两者都以 die Gerechtikeit 来表达,它们可以被理解为公平、公正、公道、正义等涵义②。显然,公正、公平、正义这些词的基本词义是相同的。依照《现代汉语词典》解释,"正义"含义有二:一是有利于人民的道理,如伸张正义和主持公道;公道的、有利于人民的事迹,如公正的事业和公正的战争。二是(语言文字上)正当的或正确的意义,旧时也多用于书名,如《史记正义》③。在《辞源》中,"公正"的意思是"不偏不私,正直";公平的意思是"不偏袒"④,二者没有明显的区别。"正义"一词在《辞源》中的意思是"正当、公正的道理、正确的含义"⑤。因此,公正按其词义本身而言,是一个与正义、公平、平等、正当、正道、权利等概念密切相关的多学科共有的范畴。

公正的词义来源于人们对现存社会生活的观念反映,实质上是一种学理性的阐释⑥。学界以公正词义研究为基础进而探讨了公正的社会蕴涵,并由此提出了一系列的公正理论,其共同点在于,都指明了公正是人们的一种社会追求。作为一种人们不懈追求的目标,公正所关涉的内容是对人的社会行为与社会关系是否合理的追问,是人类具有恒久意义的基本价值理念和基本行为准则。因之,一些权威的词典明确把它定位为评价某种社会关系的一种价值准则,意味着一种应该的、合理的价值选择,表达的是"一种人类合乎理性的价值追求"之意。比如,《美国百科全书》就作了这样的解释,"公正是一个社会的全体成员相互间恰当关系的最高概念",它"不取决于人们关于它究竟是什么的想法,也不取决于人们对自认为公正之事的实践,而是以一切人固有的、内在的权利为其基础

---

① 洋龙:《平等与公平、正义、公正之比较》,载《文史哲》2004年第4期,第145页。

② 魏小萍:《追寻马克思》,北京:人民出版社2005年版,第209页。

③《现代汉语词典》,北京:商务印书馆1985年版,第1 476页。

④《辞源》修订版第一册,北京:商务印书馆1979年版,第311页。

⑤《辞源》修订版第二册,北京:商务印书馆1980年版,第1 665页。

⑥ 严格说来,公正观与公正理论不是一回事。公正观是以人与世界的关系为基点而立足于社会整体意义的考察,以一种总体性的思维范式(抑或是以哲学思维范式)审视关于公正的现象、问题以及相关理论而形成的总看法、总观点。公正理论是关于对公正的实质、内容以及实现路径等一般问题的学理断定,这种断定既可以是系统的,又可以是零散的;既可以是总体性的,又可以是局部性的。

的;这种权利源于自然法面前人人皆有的社会平等"①。我国《辞海》也指出,公正"指从一定原则和准则出发对人们行为和作用所作的相应评价;也指一种平等的社会状况,即按同一原则和标准对待相同的情况的人和事"②。可见,公正理论总是一定社会关系的伴生现象,换句话说,离开特定的经济、政治、文化等社会现象,人们谈论公正只能是抽象的议论和空洞的说教。

总体而言,就这种基本价值理念和基本行为准则的"公正",在我国学界形成了三种不同的理解。第一种观点认为,公正是人类社会的基本价值,是调节人与人之间关系的最基本的道德规范和利益准则,是指社会成员在社会生活各个领域中的权利享有和义务分配的合理性③,这是一种伦理学的界定。第二种观点认为,公正是在一定历史条件下,不同社会主体对自身权利和利益在一定活动范围内得到合理满足、平等实现的价值理念,及其通过不同社会主体间的现实博弈所确立的一种规则体系和可以验证的实际状态的总和。简言之,公正就是在一定的历史条件下,在不同社会主体之间对各种利益进行合理分配的理念、原则和状态④,这是一种政治学的界定。第三种观点认为,公正是一个规则体系,是一个由对人的基本尊严和基本权利予以保证的规则、机会平等的规则、按照贡献进行分配的规则以及社会调剂的规则等共同组成的规则体系⑤,这是一种社会学的界定。这种多学科视角的探讨,深化了"公正"在不同具体领域的内容,显示出理论界对公正范畴的广泛关注。

综合上文所述的学界相关研究,本书认为,"公正"的基本内涵有以下三个方面:

第一,公正是一个涵盖正义、公平、平等的总体性概念。"公正"按其本义而言,是一个与正义、公平、平等、正当、正道、权利等概念密切相关的概念。需要指明的是,虽然公正与正义的英文均为 justice,但二者在中文中并不完全等同,将罗尔斯的《正义论》中关于"正义"的界定视为我国语义的"公正"含义是不够恰当的。在中文的涵义中,公正包括公平与正义两个层次。就正义而言,是倾向于"价值追求"的动态公正,如

①　转引自程立显:《伦理学与社会公正》,北京:北京大学出版社2002年版,第44页。

②《辞海》,上海:上海辞书出版社1999年版,第770页。

③　李梅:《公正思想演变探析》,载《华南农业大学学报(社会科学版)》2004年第4期,第82页。

④　师泽生、王冠群:《社会公正与政府责任》,载《政治学研究》2006年第4期,第58页。

⑤　吴忠民:《社会公正论》,济南:山东人民出版社2004年版,第62页。

正义道德、正义事业中的"正义"，是使每个人获得其应得的东西的永恒不变的意志，而公正所侧重的是社会的基本价值取向，是社会运行的总趋势。就公平而言则带有更多的现实成分，强调的是衡量标准的同一性，公正的"应然"成分更多一些，可以说，公正是理想化了的公平，公平是现实化了的公正。就平等而言，平等存在着"过或不及"（绝对化）的可能性，而公正则注重"适度"的可能性。可见，公正相对来说所涉及的范围更为宽泛一些，因此，正义、公平、平等皆应依归于公正，公正可以视为公平和正义的合称。

第二，公正是标示一定社会条件下权利与义务的平衡关系。"公正"作为一定社会意义的概念，是关系范畴，同时也是历史范畴。它是指一定历史条件的社会生活中，人们的权利和义务、作用和地位、行为和回报之间相平衡或相称的关系，是评价社会进步的一种标尺。这里的"权利和义务、地位和作用、行为和回报"涉及的是个人和社会（指狭义的社会，即单个人以外的他人和社会关系）的相互依存关系，强调的是个人与社会的双向互动作用；所谓"相平衡或相称的关系"指的是个人的付出与社会（指狭义的社会）的回报是相宜相应的，社会发展人人共建、社会成果人人共享；而其中的"标尺"表明的是个人与社会的统一、个体公正与社会（指狭义的社会）公正的和谐一致。

第三，公正依主体角度划分有个体公正和社会公正。所谓个体公正指的是以个人为主体的公正，即个体在拥有独立人格、平等尊严、自由时间等前提下公正地对待他人和社会，恰当地行使社会所分配的权利和履行相应的义务；社会公正即以社会为主体的公正，指的是社会在确保经济发展、政治开明、文化先进等基础上公正地回报每个人所作出的牺牲和奉献，恰当地分配社会成员之间的权利和义务。

可见，"公正"是标示一定社会关系的范畴。认真分析"公正"概念的内涵，是分析"社会公正"问题一个必不可少的前提。诚然，我们不能据此简单地将"公正"与"社会公正"等同。这是因为，"社会公正"是社会整体意义上的公正。

（二）梳理"社会公正"的内涵

在对公正的内涵及其学理进行定位的分析中，有一种观点认为，"公正"与"社会公正"具有内涵上的一致性,因此指出,现代意义上的社会公正具有广泛的社会内涵,是指用政治、经济、法律、文化等手段,特别是通过社会政策来进行社会整合与调节,减缩存在于社会或社会成员之间的不平等和差异,促进人的全面进步和社会的和谐发展,从而使所有的社会成员都享受到社会发展与进步的成果,它意味着权利以及规则的平等、收入分配的合理、机会的均等和司法的公正①。而在笔者看来,在外延上,"公正"是一个大概念,具有统摄性,"社会公正"则是一个小概念,具有归属性;在内涵上,"公正"较为单调、抽象,而"社会公正"较为丰富、具体。"公正"有社会性,不能由此把"公正"等同于"社会公正"。"公正"可以指部分社会成员或某个群体内在的公正。而"社会公正",是指社会整体意义上的公正,是对所有社会成员而言的公正,是统一的社会标准意义上的公正。因而,在概念的使用上不能将"公正"与"社会公正"互相替代。

也有学者在"公正"与"社会公正"的使用上是作了明确区分的。比如,万俊人认为,社会公正是人类社会的根本价值目标之一,是对社会权利和社会义务的公平分配以及与此相适应的道德品质。社会公正最一般地说就是平等地分配社会的"基本善"(罗尔斯语,"the primary goods",主要包括权利、自由、机会、收入、财富以及自尊的各种基础,等等),包括各种基本的社会权利和社会义务的对等分配和承诺,以及其他社会公共产品的公平分配。在此意义上说,社会公正首先体现为社会制度的正义安排②。叶志华认为公正是一种社会状态、价值准则、观念或理念,社会公正是符合社会整体实践的性质、要求和目的的全体社会成员之间的利益关系状态。在这种利益关系中,价值主体是全体社会成员,价值客体是全体社会成员合作产生的社会价值,联系价值主体与价值客体的中介是合理的社会价值分配方式③。

还有一些学者对社会公正的"社会意义"是比较重视的。比如,姚洋认为社会公正是公民衡量一个社会是否合意的标准。换言之,它是一个国家的公民和平相处的政治底线④。陈剑认为,社会公正就是社会赋予公民的政治利益、经济利益和其他利益能够得到较为充分实现,它

① 丛晓峰、刘溪:《社会公正与社会进步若干问题研究》,济南:山东人民出版社2005年版,第8页。
② 万俊人:《社会公正为何如此重要?》,载《天津社会科学》2009年第5期,第4页。
③ 叶志华:《试论社会公正》,载《现代哲学》1999年第1期,第23页。
④ 姚洋:《转轨中国的社会公正》,载《21世纪经济报道》2003年1月9日。

意味着权利、规则的平等,收入分配的合理,机会的均等和司法的公正①。此外,有学者认为社会公正与生产力水平紧密相关,是由一定的经济关系以及所产生的利益关系决定的,既表现为法律又表现为伦理的价值观念,具有阶级性和历史性。凡是那些最终有利于社会进步,有利于大多数人幸福及物质文明、精神文明发展的思想意识、情感态度、行为设想都是公正的②。

当学者们从不同的人文学科角度对"社会公正"各抒己见的同时,也有少量学人是以马克思主义哲学尤其是历史唯物主义为指导,对"社会公正"进行解说。有学者指出,社会公正是一种价值评价活动,是人把握世界、事物、事件等对自己的价值的观念活动,是人观念地把握事物的意义的活动③。还有学者认为,社会公正是评价主体对社会是否能够满足全体社会成员(或绝大多数成员)的需要这种价值关系的反映与认识的观念性活动(即判断"社会公正不公正"的问题)。它一方面表现为社会成员对社会的合理状态的要求,另一方面表现为社会成员对达到社会合理状态所要恪守的价值原则④。以上这些论述都为笔者对社会公正的理解和把握,提供了丰富的思想资料并有所启发。

根据马克思历史唯物主义的观点,本书认为,社会公正不是经济、政治、文化等某个具体层面的公正,而是作为一个规范性的社会制度安排通过经济、政治、文化等方面的发展以达到总体优化、更适合所有人的全面发展需求意义上的公正。也就是说,社会公正是一个旨在通过人的活动所实现的社会发展的客观过程,是一个社会发展逐渐与人的生存和发展相一致的过程。由此,社会公正的基本含义可以提炼为以下三个方面:

第一,社会公正是社会整体意义上的公正。个人与社会辩证统一。社会公正作为一种社会价值追求,始终以人的实际问题的解决为关注焦点,直接维护人的现实利益。人的利益的实现、需要的满足不是个人行为,而是在与他人、社会的互动中得以体现的。这样,"社会公正不公正"不是个人的主观偏好,而是对社会整体发展水平、社会关系和谐状

---

① 陈剑:《论社会公正》,载《科学与决策》2005年第12期,第4页。
② 杨士进:《国内学者近几年来对社会公正问题的研究综述》,载《理论视野》2007年第4期,第55页。
③ 马俊峰:《评价活动论》,北京:中国人民大学出版社1994年版,第88页。
④ 徐琛:《论社会公正的科学内涵》,载《中共天津市委党校学报》2007年第1期,第47页。

态的一种客观评价。社会公正是社会制度设计与制度安排的基本依据,是社会安全运行和健康发展的基本的内在前提。因此,社会公正关涉社会发展理论与实践的合理性与正当性,以及为此提供理论根据和判断标准。

第二,社会公正是依社会条件不断改善而逐步实现的社会价值追求。社会发展作为复杂的运动态势,是阶段性和过程性的统一。社会公正是社会发展的一种必然趋势,其实现是以具体社会条件为前提和基础的,因而社会公正的提升是一个通过若干阶段不断实现的过程。不同的历史阶段,社会公正的实现范围、程度和水平是不同的。前一阶段的社会发展为后一阶段社会实现更高层次的公正奠定了基础,而后一阶段的社会发展又为未来社会公正的提升开辟了新的可能。

第三,社会公正的终极指向是人的自由和全面发展。个人发展与社会发展相辅相成。人是社会生活的主体。社会发展实质上是人自身的发展过程和人的本质的生成过程,即人对人的本质的不断追求、不断创造、不断实现、不断完善的过程。社会不公归根结底是人的不全面、不协调发展的反映和表现,人的不全面、不协调发展又直接影响到社会公正的实现。因而,只有人才要求社会公正、追求社会公正。人作为推进社会发展的主体力量,其改造主客观世界的过程实际上是为自己更好地生存和发展创造条件的过程。平等、自由、能力、权利等所体现人的本质力量的东西都要通过人的实践活动才得以逐步实现。这也就是说,社会公正首先意味着社会制度在维护人的基本权利、保障和满足人的基本需要等各方面是平等和公正的;其次表征着,不论人们处于何种地位、属于什么阶层、是穷人还是富人,都能得到公平的对待。社会公正的制度安排就是要将各种社会资源公平地分配给每一个社会成员、以保证每个社会成员都能得到合理正当的待遇,关键是其权利的平等拥有。真正的公正是能够为一切人的自由而全面发展提供条件和保障的公正。

显然,对"社会公正"不能作抽象的静态理解,而必须作动态的历史考察;不是"应然"意义的理想诉求,而是"实然"性质的必然趋势。只有社会的发展能够为每个人的平等生存和自由发展提供充分条件,整个人类的发展和每个人的发展相统一时,这样的社会才是公正的。

基于上述认识,马克思社会公正思想所言说的社会公正与以往的公正论有原则性的区别。以往的思想家所谈的公正或社会公正,基本上都是从概念到概念、从理论到理论①,都不是完整意义和根本意义上的社会公正,其所指的或是部分人的公正,或是经济、政治、文化的某一方面的公正,而不是所有人的全面发展权利意义上的公正。以往的思想家特别是空想社会主义者虽然也大谈人的全面发展,但从来也没有把人的全面发展与如何实现社会公正联系起来,也就更谈不上把实现人的全面发展视为社会公正的根本内涵。马克思关注人的自由、平等和解放,并把人的现实生活的改造与整个社会的改造、整个现实世界的改造看做是一致的。他摒弃历史上一切唯心主义的错误观点,冲破抽象人性教化的藩篱,依照社会发展条件去探寻人的发展,又以人的本质需求去衡量社会的发展。因而,从这个意义上来说,所谓社会公正是指社会制度的公正,即通过无产阶级革命消灭资本主义私有制、建立社会主义和共产主义社会制度,从而保证每一个人得到全面发展。

简而言之,马克思主义视野中的"社会公正"是立足于人和世界关系意义上的全新建构,指明的是社会整体意义上的公正,是为每个人的全面发展提供现实条件的公正。这种全面的高层次的社会公正,必须经过一系列发展阶段的推进和积累,最终在共产主义社会成为现实。

三、研究马克思社会公正思想的方法

本书运用马克思主义立场、观点和方法,从历史到现实,从理论分析到实践总结,全方位、多层次、多视角地展开自己的研究。

主要采用了以下四种研究方法。

(一)文献研读的方法

如果只言片语地引用马克思恩格斯的有关论述,那么这样的研究就必然既缺乏逻辑性,又没有全面性和系统性。据此,研究马克思社会公正思想,必须全面而真实地解读马克思恩格斯的相关文本。这是一项艰巨

---

① 即便是马克思之后的罗尔斯,也坦言自己所提出的一种正义观,是要进一步概括为人们所熟悉的社会契约理论(如在洛克、卢梭、康德那里发现的契约论),使之上升到一个更高的抽象水平。因此,不仅罗尔斯的方法,而且罗尔斯的问题都有一种抽象、虚拟和形式的特征。

的任务,因为马克思恩格斯的社会公正思想散见于他们的文章、书信、手稿和笔记之中,必须花大量精力对之进行认真的搜集和整理。因而,在具体论述中随时引用文献在所难免。同时,文献研读必须坚持马克思主义的基本立场、观点和方法,从历史唯物主义的视域加以展开。

基于这种考虑,本书努力从原著入手,研读马克思恩格斯关于社会公正的论述,试图将这些散见于各个角落的观点、见解进行梳理、整合,形成为一个理论构架。这一理论构架得益于三个"支点":

其一,以历史唯物主义思想为研读基点。以往的社会公正思想都是以唯心史观为基础,与之相反,马克思社会公正思想是以唯物史观为基础。可以说,脱离马克思的唯物史观基础,马克思社会公正思想的真谛就难以言明,其理论魅力就不可能得到展示。

其二,以共产主义社会思想为研读主线。马克思社会公正思想所追求的公正社会是共产主义社会。这就是说,社会公正是共产主义的本质属性,公正社会实现的条件就是共产主义实现的条件。由此沿着马克思共产主义思想的提出、生成和发展这一线索去梳理相关文本。

其三,以人的全面发展思想为研读宗旨。"每个人的自由而全面发展"被马克思恩格斯看作是未来理想的公正社会的基本特征,是以考察以往阶级社会人的不自由和片面发展为逻辑前提的。这就是说,人的自由而全面发展是人类发展和解放的必然趋向。人的自由而全面发展以生产力获得高度发展以及由此决定的生产关系不断得到完善为最基本条件。从这个意义上看,人的自由而全面发展是推动人类进步的内在动力,整个人类社会发展的最终目的是促进人的自由而全面发展。所以,真正的社会公正意味着不断为人的自由而全面发展创造条件、提供条件。马克思社会公正思想关注的是人的自由全面发展和人类的彻底解放,他之所以能够超越以往思想家的抽象人性论基础,正是因为他实现了从考察人的不公正生存现状到考察不公正社会制度的转变。进一步而言,单个人或特殊群体的不公正对待属于殊相的东西,只有将殊相置于整个社会制度这种共相之中进行考察,社会公正问题才能获得真实的解答。

（二）比较分析的方法

在具体论证中,把马克思的社会公正思想与历史唯心主义公正观,尤其是资产阶级、小资产阶级、空想社会主义、西方马克思主义、西方自由主义的公正观进行比较,以剖析非马克思主义公正观的不合理性,揭示马克思社会公正观的科学性。这具体表现为以下五大"对话":

其一,与资产阶级公正观的对话。在论述马克思社会公正思想的本质规定时,集中采用了这种方法。资产阶级公正观是关于维护资本主义私有制为根本目的的、少数人的特权和专制合一的、以无产阶级和广大劳动人民的发展要求和发展条件为代价的学说。相比之下,马克思社会公正思想是关于以彻底消灭阶级为根本要求的、所有人平等权利和平等义务相统一的,并获得自由而全面发展条件的学说。

其二,与小资产阶级公正观的对话。在资本主义批判方面,马克思论证了小资产阶级公正观的错误实质,及其为资本主义进行辩护的虚伪本性。马克思的社会公正思想与它们存在着以下四个方面的根本不同。首先,考察社会不公问题的理论视角不同。小资产阶级思想家们基本上是从分配这个角度来看待公正问题的,马克思则没有仅限于分配公正这一个方面,而是把分配问题与资本主义生产关系中的固有的矛盾联系起来,揭示了生产、分配、交换、消费之间的内在联系,因此马克思从资本主义基本矛盾本身揭示了社会不公的实质所在。其次,实现社会公正的理论根据不同。蒲鲁东、杜林和拉萨尔都从抽象的人性论出发,以道德谴责的角度对资本主义的不合理性进行一定意义的表层性批判,这种批判没有深入到资本主义基本制度。马克思恩格斯则以唯物史观为理论基础,直接剖析了资本主义生产关系本身,从而在社会根本制度的实质上揭示出资本主义的不公。再次,实现社会公正的最终目的不同。蒲鲁东、杜林和拉萨尔都站在小资产阶级的立场上,其根本目的还是在维护小资产阶级的利益,希望在不触动社会根基的基础上来保证其经济利益。马克思恩格斯则站在全人类发展的立场上,要求推翻资本主义制度、获得无产阶级的彻底解放。最后,实现社会公正的根本途径不同。小资产阶级思想家都主张采取改良、"文火"的方式,他们是惧怕而且也是反对无产阶级的暴力革命的。马克思恩格斯则与之完全不一样,主张只有通过无产阶级的社会革命,建立无产阶级专政,把少数人所控制的生产资料变为全体人民共同拥有的社会财富,并逐步消灭阶级对立和其他一切社会差别,才能实现真正意义上的社会公正。

其三,与空想社会主义公正观的对话。空想社会主义是对马克思走向马克思主义产生积极影响的一种社会思潮。空想社会主义公正观是一种主张消灭资本主义、实现社会主义的社会价值观,其思想具有以下几个方面的内容:从社会发展的角度批判资本主义;用生产状况和所有制去说明整个社会的性质;初步肯定了阶级斗争在社会发展中的作用;对取代资本主义的未来社会作了许多有价值的猜测。空想社会主义者的全部批判和他们对未来社会的设想,仍然是建立在非科学的世界观之上的。对抽象人性的迷恋和对群众历史作用的轻视,是他们世界观的根本缺陷。马克思恩格斯在制定科学社会主义理论的过程中,科学地评价了空想社会主义,认为空想社会主义是在无产阶级和资产阶级之间斗争还不明朗的最初时期出现的。这种对公正社会的“天堂式解读”的弊端在于:对资本主义的批判建立在理性和人性论的基础上,反对暴力革命,主张采取局部改良或和平改造的方法;他们虽然出于人道关怀同情无产阶级,但却并没有把无产阶级作为实现公正社会的基本力量,而只是寄希望于天才人物的救世情怀。这样,尽管他们在许多方面超越了前人,但还是没有最终突破空想。与之不同,马克思恩格斯第一次把实现人类社会公正归结为无产阶级的解放诉求,他们主要从社会不公的根源、资本主义社会不公的实质以及无产阶级实现公正社会的必然路径等三个方面阐释,无产阶级的社会公正观是一种关注广大劳动阶级的生存和生计、生产和生活以及自由全面发展的社会价值观。

其四,与西方马克思主义公正观的对话。西方马克思主义是20世纪西方发达国家的马思主义学说。仅从地域特征来说,西方马克思主义和东方国家的马克思主义(诸如中国化的马克思主义,等等)一样,是马克思恩格斯的思想与东西方不同文化、不同传统以及马克思主义者面临的不同实践需要相结合的产物。但作为意识形态而言,西方马克思主义与东方国家的马克思主义有着明显不同的理论特征。这是因为,西方国家的现实国情和文化传统与东方国家有很大的不同。这种区别使得马克思主义的传播发展遇到了与东方国家完全不同的问题,深刻影响了马克思主义在西方国家的发展。这种差异也使我们研究马克思社会公正思想的时候评说歧见、博采众长、阐明应持的观点显得非常必要。西方马克思主义观点纷呈、流派繁杂，因之学界对其的评价褒贬不一，莫衷一是。尽管不同的派别有着不同的标签、不同的符号，但基本上秉持两条原则：第一，注重文本，始终宣称自己是"坚定的马克思主义"；第二，关注现实，对资本主义社会持批判态度。西方马克思主义从各个具体视域对资本主义不公进行了批判，但是，马克思社会公正思想与它们是根本不同的。首先，批判的着入点不同。马克思批判的是整个资本主义生产方式和意识形态，而西方马克思主义批判的是资本主义经济社会的某一个具体层面。其次，批判的深刻性不同。马克思由资本主义不公现象深入到资本主义不公本质，既看到了资本主义的历史局限性又看到了其历史正当性，主张在扬弃资本主义文明成果的基础上彻底推翻资本主义私有制；而西方马克思主义仅仅停留在资本主义不公的现象层面，片面地认可了资本主义的历史局限性，最终是为挽救资本主义寻求种种哲学方案。最后，批判的根本目的不同。马克思通过批判资本主义而建构共产主义，相反，西方马克思主义力图通过批判资本主义而进一步巩固私有制社会。

其五，与西方自由主义公正观的对话。自由主义并不是一个固定不变的抽象概念，不同时期它的具体内容不同，不同时期的思想家对它的阐释方式也发生着变迁。古典自由主义、自然权利理论、功利主义及新自由主义理论，分别代表了自由主义不同阶段的社会公正内涵。就社会公正问题而言，其主要观点有这样四个方面：信奉个人主义和自我利益；"自然权利"是每个人生来就自然而然具有的权利，包括生命、自由、平等、财产等；个人利益是社会利益的基础，个人幸福是社会幸福的前提；所有的社会基本善——自由和机会，收入和财富，以及自尊的各种基础等——都应该被平等地加以分配，除非对其中一些或所有这些基本善的不平等分配会有利于最少受惠者。尽管实现社会公正是西方自由主义思想家的理想，但由于阶级的局限性以及缺乏科学的理论指南，他们所向往的公正只是维护资本主义私有制并为资产阶级统治进行辩护的公正，是仅仅代表少数人利益的公正，因而不能片面夸大其理论意义。与之根本不同，在马克思看来，在生产力水平不够发达以及不能彻底铲除私有制的条件下，主张实现社会公正是不可能的事情，真正的社会公正只有到了共产主义社会才会成为现实，因为生产资料公有制是实现社会公正的根本制度前提。

由于罗尔斯代表了西方新自由主义的最新发展,所以将马克思社会公正思想与罗尔斯社会公正思想从论证方法、理论基础、理论核心、理论类型、目标指向等方面进行比较显得非常必要。

(三)历史与逻辑相统一的方法

力求全面阐发马克思社会公正思想的科学内涵,并根据马克思世界观的发展脉络揭示出马克思社会公正思想形成的历史进程,在此基础上系统阐明马克思关于社会公正的前提条件、实践特性和根本路径,从而总结出无产阶级社会公正的实践机制。

其一,思想历程的考察。马克思社会公正思想的形成过程与马克思科学世界观的形成过程是内在一致的。恩格斯指出:"历史从哪里开始,思想进程也应当从哪里开始,而思想进程的进一步发展不过是历史过程在抽象的、理论上前后一贯的形式上的反映;这种反映是经过修正的,这时,每一个要素可以在它完全成熟而具有典型性的发展点上加以考察。"[①]就这种视角进行考察,马克思社会公正思想经历了一个形成过程。即从理想主义公正观到理性主义公正观,再到人本主义公正观,最后形成了历史唯物主义公正观。

其二,个别论述的求解。研究马克思社会公正思想必然涉及对现实的人、自由、平等、权利、消灭阶级、发展生产、自由人联合体等重要思想的解读。既要立足历史唯物主义对之进行解析,又要联系马克思思想发展历程对之全面考察。比如,就"自由人联合体"而言,它在马克思的一系列著作中都得到了展现,是马克思对"自由"、"人"、"联合体"三者的整合,是马克思在对人的本质力量、人的存在方式以及人的活动规律全面考察的基础上提出来的。个体的人与集体的人相一致、个人的自愿联合与社会共同体的建设发展相融合、每个人的全面发展与全社会的高度发达相促进作为马克思"自由人联合体"思想革新现实的人学含蕴,指引着无产阶级和广大劳动的奋斗实践。所以,只有消灭资本主义私有制,取而代之的是与社会化大生产相适应的生产资料公有制,建构自由人联合体,才能最

---

① 《马克思恩格斯文集》第2卷,北京:人民出版社2009年版,第603页。

终克服资本主义的基本矛盾,为生产力的发展打开更广阔的通途,才能最终克服资本主义条件下劳动的异化和人的异化,使劳动者彻底摆脱受压迫的地位,实现无产阶级和全人类的解放。建构自由人联合体、实现共产主义是一个不断推进的过程。

其三,重要思想的升华。马克思批判资本主义不公社会是为了建构共产主义公正社会。马克思考察资本主义历史局限性的同时也审视了资本主义的历史正当性,这是马克思社会公正思想的重要内容。就此展开研究不难发现:一方面,资产阶级所带来的生产力为自由人联合体奠定了物质基础;另一方面,资产阶级社会创造了自身的终结者——无产阶级,这是建设共产主义公正社会的历史主体。同时,资产阶级所开创的世界市场也为无产阶级实现人类解放事业提供了广阔的历史舞台。正因为如此,马克思恩格斯断言:"资产阶级的灭亡和无产阶级的胜利是同样不可避免的。"①有必要指出的是,对这"两个必然"的理解必须结合对马克思的"两个决不会"思想(即"无论哪一个社会形态,在它所能容纳的全部生产力发挥出来以前是决不会灭亡的;而新的更高的生产关系,在它的物质存在条件在旧社会的胎胞里成熟以前,是决不会出现的"②)的理解。"两个决不会"实际上指明社会主义取代资本主义的必然性归根结底是由生产力的发展水平决定的。只有当生产力达到一定程度、资本主义生产关系无法容纳社会生产力的发展的时候,社会主义取代资本主义才能够最终成为现实。因此,"两个决不会"思想是"两个必然"思想的题中应有之义。"两个必然"揭示的是社会主义取代资本主义的客观趋势,"两个决不会"则强调社会主义取代资本主义的长期性和艰巨性,二者是统一的。必须把二者联系起来思考问题,才能够全面地理解马克思共产主义公正社会历史必然性的内在依据。

(四)理论和实践相结合的方法

理论来源于实践、服务于实践,实践需要理论指导、促进理论发展。马克思社会公正思想之所以有生命力,就是因为它直面现实生活。我们需要用马克思的思维方式解读马克思的伟大思想,这样,对马克思社会公

---

①《马克思恩格斯文集》第2卷,北京:人民出版社2009年版,第43页。
②《马克思恩格斯文集》第1卷,北京:人民出版社2009年版,第592页。

正思想的发掘必须着眼于现实的维度：

其一，社会生产的观点及其实践的维度。生产力发展不足和由此所决定的自发分工、私有制和阶级的形成是社会不公产生的根本原因，因此，必须认真解析马克思关于社会主义、共产主义发展生产的思想。共产主义公正是现实的实践过程，首先表现为生产力趋于发达的过程。

其二，阶级的观点及其实践维度。社会分化出统治阶级与被统治阶级以后，统治阶级为了维护自身的利益和统治，往往用残暴手段对被统治阶级进行经济剥削、政治压迫和文化奴役。由此昭示出：与阶级的存在是历史的产物一样，社会公正也是历史的范畴，具有历史性，没有超时代、超阶级的永恒的社会公正，只有彻底消灭阶级，才能实现符合所有人发展需求的社会公正。这是马克思社会公正思想的重要内容。

其三，人民群众的观点及其实践维度。以往的空想社会主义虽然也源于对资本主义现实的不满，但这种不满仅仅表现为对资本主义的仇视和愤怒，而在建构理想社会时，他们却把它当成了一种十足的"智力游戏"，寄希望于少数天才人物的聪明才智实现尽善尽美的王国，因而他们成了地道的"空想家"。马克思则基于资本主义社会广大劳动人民遭受剥削和压迫的残酷现实，深刻认识到无产阶级是人民群众根本利益的杰出代表，是批判旧世界、创建新世界的实践力量。因此，实现共产主义公正是人民群众不断奋斗的过程。这就是马克思社会公正思想的主体维度。

上述三个维度，是我们确立马克思社会公正思想当代价值的内在依据，即当今的中国和世界离马克思主义所阐发、所追求的美好蓝图还存在很大的差距。中国正处于社会主义初级阶段，正在实现从传统社会向现代社会的转型。在这一过程中，中国在取得巨大社会进步的同时，也使社会公正问题凸显出来；当今世界正处于经济全球化的发展阶段，但同时也引发了全球性公正问题。无论是中国公正问题还是全球性公正问题的解决，都离不开马克思社会公正思想的指导。

立足这种视野的研究，本书的观点创新有三：

其一，马克思有自己的社会公正思想。马克思社会公正思想是在实践总结和对资产阶级、小资产阶级以及空想社会主义的公正观的批判中形成的。不能因为马克思批判以往种种公正观的空想性或虚伪性，而否认马克思有自己的公正思想。更不能因为马克思没有专门论述社会公正问题,而否认马克思社会公正思想内容的丰富性和深刻性。马克思社会公正思想是关于以彻底消灭阶级为根本要求的、所有人平等权利与平等义务相统一的,并获得自由而全面发展条件的学说。马克思社会公正思想在社会主义社会的根本体现是按劳分配和人权保障的统一。

其二,马克思社会公正思想是马克思理论的一个根本内容。它以历史唯物论为理论基础,含纳于马克思的资本主义观、社会主义观、共产主义观之中。在人类思想史上,马克思首次实现了社会公正思想理论范式的全新变革,科学揭示了生产力发展不足和由此所决定的自发分工、私有制和阶级的形成是社会不公产生的根本原因;深刻说明了在一定的生产力发展基础上,劳动者是社会公正发展的主体动力,阶级斗争是社会公正发展的直接动力;系统昭示了社会公正发展的历史趋势:随着生产力的极大发展以及由此所决定的剥削制度的消灭和阶级的消亡,资本主义不公将被社会主义公正所代替,而社会主义公正将发展到共产主义公正,并且,共产主义公正本身是不断发展、不断深化的过程。改造资本主义不公、建设社会主义公正、实现共产主义公正,是一脉相承、内在一致、最终达致人类彻底解放的伟大实践。

其三,马克思社会公正思想在当代具有重大价值。它不仅是解决当今中国社会公正问题的思想指南,而且也是解决当代全球性公正问题的一面旗帜。当今中国处于社会发展的转型时期,坚持以社会主要矛盾的解决为基本动力,以生产力的发展为主要手段,以生产资料公有制的完善为重要基础,以人民利益的实现为最高标准,以劳动人民的共同富裕为最终目标,以社会制度的建设为根本保障,能够有效解决日益突出的社会公正问题。当代全球性公正问题,是与全世界的发展尤其是资本主义的发展相伴随的问题。为促进全球公正和谐发展,每个国家应该建立理论共识与实践合作的联动机制,在理论上,建构人类利益的理念、和谐世界的理念、共建共享的理念;在实践中,必须贯彻发展平等原则、整体协调原则、竞争合作原则以及和睦互助原则。

第一章　马克思社会公正思想
的唯物史观基础

关于唯物史观,恩格斯曾指出:"以前所有的历史观,都以下述观念为基础:一切历史变动的最终原因,应当到人们变动着的思想中去寻找……现在马克思则证明,至今的全部历史都是阶级斗争的历史……可是,这些阶级又是由于什么而产生和存在的呢?是由于当时存在的基本的物质条件,即各个时代社会借以生产和交换必要生活资料的那些条件。……从这个观点来看,在充分认识了该阶段社会经济状况(而我们那些专业历史编纂学家当然完全没有这种认识)的条件下,一切历史现象都可以用最简单的方法来说明,同样,每一历史时期的观念和思想也可以极其简单地由这一时期的经济的生活条件以及由这些条件决定的社会关系和政治关系来说明。"[1]恩格斯的这段论述深刻说明了唯物史观的本质,划清了唯物史观与以往历史观的根本区别,指明了认识一切社会现象和历史上一切观念和思想的根本原则,即历史唯物主义原则。这一原则对我们科学理解和把握马克思社会公正思想是完全适用的,因为马克思社会公正思想正是以历史唯物主义为基础的。可以说,脱离马克思的唯物史观基础,马克思社会公正思想的真谛就难以言明,其理论魅力就不可能得到展示。陈先达先生指出:"在人类历史上为穷人说话表示哀怜的思想家并不少,惟有马克思不是用怜悯,不是用眼泪,不是用抽象的人道主义原则表示同情和抚慰,而是真正用科学理论揭示他们的处境和获得自身解放的途径。马克思是用真理征服世界,用真理改造世界。"[2]这个"真理",并不是一些西

---

①《马克思恩格斯文集》第3卷,北京:人民出版社2009年版,第457—459页。
②陈先达:《马克思和马克思主义》,北京:中国人民大学出版社2006年版,第3页。

方学者所片面指认的"辩证法"或"道德理想"①，根本的和首要的就是指马克思所发现的唯物史观。

　　社会公正思想是一种以一定历史观为基础的社会价值取向。以往的社会公正思想都是以唯心史观为基础，与之相反，马克思社会公正思想是以唯物史观为基础。由此它科学揭示了社会不公产生的根本原因，说明了推动社会公正发展的根本动力及其发展的历史趋势。

一、社会不公产生的历史根源

　　社会不公②是违背人的发展需求的一种社会现象。它表现在社会生活的方方面面③，并从总体上表现为社会发展的不平衡、不协调④。在唯物史观看来，社会不公并非从来就有，而是历史的产物。正如推动社会发展的动力是多方面的一样，造成社会不公的因素也是有多个方面的，其中，生产力发展不足和由此所决定的自发分工、私有制和阶级的形成是社会不公产生的根本原因⑤。

---

　　① 卢卡奇在《什么是正统马克思主义？》中认为，马克思主义问题中的正统仅仅是方法。它是这样一种科学的信念，即辩证的马克思主义是正确的研究方法。(参见[匈]卢卡奇：《历史与阶级意识》，杜智章等译，北京：商务印书馆2009年，第48页。宾克莱则主张，判断是否坚持马克思主义的标准在于是否坚持马克思的道德理想。参见[美]宾克莱：《理想的冲突——西方社会中变化着的价值观念》，马元德等译，北京：商务印书馆1983年版，第106页。)

　　② 这里的"社会不公"不是指主观感受、心理体验，而是指人类社会发展过程中的一种客观情形。诚如马克思所言，"意识一开始就是社会的产物，而且只要人们存在着，它就仍然是这种产物"。(《马克思恩格斯文集》第1卷，北京：人民出版社2009年版，第533页。)

　　③ 卢梭在《论人类不平等的起源和基础》中将之概括为经济上的富人与穷人的分化状态、政治上的强者与弱者的对立状态，以及文化上的主人与奴仆的斗争状态这样三种情况。

　　④ 当代西方新实证主义的代表人物德拉–沃尔佩在《卢梭和马克思》一书中指出，社会公正是一种每一个人的天赋、品质、兴趣、潜力等都可以在劳动过程中得以发展和实现的状态，"每个人都有使他们的个人的才能和潜力获得社会承认的权利"，这里所表达的是一种社会的公正，是社会主义性质的公正。([意]德拉–沃尔佩：《卢梭和马克思》，赵培杰译，重庆：重庆出版社1993年版，第101页。)

　　⑤ 对于这一点，我们既可以从马克思恩格斯的经典文本中获得支持，也可以从卢梭的《论人类不平等的起源和基础》中得到启发。关于后者，恩格斯非常重视马克思与卢梭在思想上的内在联系，他说："在法国为行将到来的革命启发人们头脑的那些伟大人物，本身都是非常革命的"，"我们在卢梭那里不仅已经可以看到那种和马克思《资本论》中所遵循的完全相同的思想进程，而且还在他的详细叙述中可以看到和马克思所使用的完全相同的整整一系列辩证的说法"，"甚至卢梭的平等说没有黑格尔的否定的否定来执行助产婆的职能也不能建立起来。"(《马克思恩格斯文集》第9卷，北京：人民出版社2009年版，第19、147–148、146页。)

（一）生产力发展不足是社会不公产生的直接前提

生产力有所发展而又不能完全满足人的发展需求，这就是生产力发展不足。这一情况是说明社会发展问题的根本前提。

1. 社会不公不是从来就有的

社会不公或马克思主义所指谓的社会不平等，作为一种社会现象，长期以来人们对其理解一直存在分歧。

在古代，有一种占主导地位的观点认为，社会不平等与人类历史一样久远。在这种观点看来，人类社会一开始就不容置疑地处于不平等状态之中。

这种观点的典型代表在西方是基督教圣经里的"原罪说"，即：人类先祖违背了上帝的命令，偷吃了生命树上的善恶果。这种"罪过"使得后世人类所经历的种种苦难（阶级剥削和压迫等社会不平等现象）都是上帝对人类的惩罚，因而是理所当然的。"原罪说"意味着人活着就是为了赎罪。这在一定意义上表明，社会不平等是上天的安排，因而是天经地义的。这种观点在中国古代则表现为"命定论"。持有这种观点的人认为，天命不可抗违，人从生到死都受命运的支配，因而人的地位悬殊、贫富迥异是命中注定，无可改变。如同儒家学说的创始人孔子所言，"生死由命，富贵在天"。

以上种种关于社会不平等的神秘主义说明，在历史上遭到了质疑和批判。弗勒蒙说："根据自然，没有一个人生而为奴隶。"[①]甚至有思想家直接控诉道："主奴关系源于强权：这是不合正义的。"[②]古罗马最早的平等论者赛内卡也认为，一切人都平等，奴隶也是人，其自然本性与其他人一样，人们应该以人道主义平等地对待他们。另一位平等论者奥勒留则主张建立一个"依据所有人平等和平权原则而加以管理的国家"[③]。此外，法哲学家西塞罗也强调，根据自然法的要求，人人都是平等的。在中国历史上，主张变法思想的商鞅曾强烈呼吁"刑无等级"。作为处于深重压迫下的中

①　转引自陶富源：《青年马克思与费尔巴哈》，合肥：合肥工业大学出版社2006年版，第265页。
②　转引自陶富源：《青年马克思与费尔巴哈》，合肥：合肥工业大学出版社2006年版，第265页。
③　［苏］涅尔谢相茨：《古希腊政治学说》，蔡拓译，北京：商务印书馆1991年版，第220页。

国农民,对于求得人身平等的愿望是最为热切的,其代表陈胜在领导首次农民起义中也曾发出"王侯将相宁有种乎"的质问;宋朝农民起义领袖所提出的"等贵贱,均贫富"则使中国传统的平等思想达到了前所未有的高度,它既提出了政治上的平等要求"等贵贱",又提出了经济上的平等愿望"均贫富";太平天国运动将这种平等主义思想向前推进了一大步,不仅在其纲领《天朝田亩制度》中提出了"有田同耕,有饭同食,有衣同穿,有钱同使,无处不均匀,无人不饱暖"的纲领,而且将这一纲领付诸实施,建立了圣库制度。

　　然而,在那遥远的古代社会,由于主客观多方面因素的限制,即便那些认为社会不公并非从来如此的人们,对其产生的根源也没有真正弄清。

　　直到近代一些启蒙思想家才从理论上猜测到人类社会是从原始的平等到不平等,然后再发展到新的平等。这一思想以卢梭为代表。他在《论人类不平等的起源和基础》中认为:自然状态中的野蛮人彼此间是平等的。随着冶金术和农业技术的发明以及由此所决定的土地分配即私有制的确立,人类社会的一切问题和灾祸如贪婪、冲突、罪恶、战争等都出现了,"这一切灾祸,都是私有财产的第一个后果,同时也是新产生的不平等的必然产物。"①富人们为了保护他们的财富,于是确立了保障私有财产的法律和建立起专制国家,这样也就产生了人与人之间在政治上的不平等。在《社会契约论》中,卢梭认为,这种不平等是对人类自由本性的背离,因而应该加以改变,去重建平等社会。为此他认为,要通过社会契约把分散的、独立的个人联系起来,从而实现以道德的和法律的平等来代替以往社会的不平等。卢梭的"社会契约论"在历史上曾发挥过巨大启蒙作用,正如恩格斯所评述的:"虽然我们关于杜林先生对平等观念的浅薄而拙劣的论述已经谈完,但是我们对平等观念本身的论述没有因此结束,这一观念特别是通过卢梭起了一种理论的作用,在大革命中和大革命之后起了一种实际的政治的作用,而今天差不多在所有国家的社会主义运动中仍然起着巨大的鼓动作用。"②可以说,卢梭关于人类不平等的起源和基础的论断最接近历史的真实,然而,卢梭只是在走近历史之时就再也无力向前了,他仍将私有财产的起源及其对社会的作用置于抽象的人性逻辑之中,局限在抽象的人性论视野。正如萨拜因所指明的:"卢梭除了在表

---

① [法]卢梭:《论人类不平等的起源和基础》,李常山译,北京:商务印书馆1982年版,第125页。
② 《马克思恩格斯文集》第9卷,北京:人民出版社2009年版,第108页。

述公意上前后不一致外,留下的明显缺陷就是概念极其抽象。公意仅仅是社会的观念或形式,就象康德哲学中绝对命令无非是善良意志的现实一样。"①与此相联系,卢梭关于社会不公及其消解途径的社会契约终究是一种猜测,因此,恩格斯指出:"卢梭的社会契约在实践中表现为,而且也只能表现为资产阶级的民主共和国。"②

随着美国学者摩尔根《古代社会》一书的发表,人们才知道人类曾经经历了一个漫长的、人人平等的、无阶级的原始社会。在原始社会的大部分时间里,人类的劳动能力极为低下,因而人们必须结合在一起,集体协作,共同劳动,共同生活,才能求得生存。也就是说,原始社会对氏族成员来说,是一个公正的社会,在那里没有剥削、压迫。可见,社会不公并非人类社会一开始就有的现象。

关于原始社会的"平等",恩格斯曾予以肯定并赞叹道:"这种十分单纯质朴的氏族制度是一种多么美妙的制度呵!"③诚然,他对原始社会制度的赞叹是相对于其后社会形态中那种阶级之间的血腥斗争而言的,并非主张倒退到原始社会。相反,马克思恩格斯曾强调指出:"这种组织是注定要灭亡的。它没有超出部落的范围。"④这就是说,我们不能指望社会发展停滞于原始社会阶段。原始社会毕竟是历史发展的最早时期,是人类社会的最低阶段。原始人对自然界的依赖性是最为严重的,大自然作为那时人类强大的异己力量时刻威胁着人的生命和生活,他们之间的血缘关系是建立在生产力极为落后、社会产品极为匮乏的基础之上的。因此,原始社会平等式的"公正"是极为狭隘、低级的。

2. 社会不公是阶级社会的普遍现象

原始社会那种极为狭隘的公正,随着以私有制为基础的阶级社会的到来则消失殆尽。在阶级社会中,强权与弱势、高贵与低贱、富有与贫穷的存在与对立,比比皆是,触目惊心。

这种不公和对立被许多思想家所论及。比如,18世纪法国思想家伏尔泰曾指出,"在我们这个不幸的星球上,生活在社会里面的人们不可能

① [美]萨拜因:《政治学说史》下册,刘山等译,北京:商务印书馆1986年版,第667页。
②《马克思恩格斯文集》第9卷,北京:人民出版社2009年版,第20页。
③《马克思恩格斯文集》第4卷,北京:人民出版社2009年版,第111页。
④《马克思恩格斯文集》第4卷,北京:人民出版社2009年版,第112页。

不分成两个阶级,一个是支配人的富人阶级,另一个是服侍人的穷人阶级",他因此感叹道,"难道农民的儿子生来颈上带着轭,而贵族的儿子生来在腿上就带着踢马刺吗?"①美国杰出的民主主义思想家杰斐逊也曾深刻地指明:"君主假借治理之名,把全国分成两个阶级,一个阶级是狼,另一个是羊。"②在中国历史上,儒学代表孟子对统治阶级的残暴性则愤慨地批判道:"争地以战,杀人盈野;争城以战,杀人盈城。此所谓率土地而食人肉,罪不容于死。"③墨家创始人墨翟有感于"饥者不得食,寒者不得衣,劳者不得息"的残酷现实,而号召人们"兼相爱,交相利"④。明末清初著名思想家王夫之在《黄书》中对农民、织女、渔夫、猎人以及淘金人、采珠人等社会弱势群体的悲惨生活描述道:"今夫农夫汒耕,红女寒织,渔凌曾波,猎犯鸷兽,行旅履霜,酸悲乡土,淘金、采珠、罗翠羽,探珊象,生死出入。"⑤清朝唐甄在《大命》篇中对社会财富不均现象作了如此细致的刻画:"王公之家,一宴之味,费上农一岁之获,犹食之而不甘。吴西之民,非凶岁为麦粥,杂以荞秆之灰,无食者见之,以为是天下之美味也。人之生也,无不同也,今若此,不平甚矣。"⑥

　　阶级社会普遍存在的不公现象也被很多文学家所生动描绘。纵览西方文学史,雨果在《悲惨世界》的序中描述道:"只要本世纪的三个问题——贫穷使男子潦倒,饥饿使妇女堕落,黑暗使儿童羸弱——还得不到解决;只要在某些地区还可能发生社会的毒害,换句话说,同时也是从更广的意义来说,只要这世界上还有愚昧和困苦,那么,和本书同一性质的作品都不会是无益的。"英国著名戏剧作家莎士比亚借"威尼斯商人"夏洛克之口说:"你们买了许多奴隶,把他们当做驴狗骡马一样看待,叫他们做种种卑贱的工作,因为他们是你们出钱买来的。"1869年马克·吐温根据游历写了《傻瓜国外旅行记》,嘲笑欧洲的封建残余和宗教愚昧,揭示社会腐败现象,他在书中写道:"一个人有了钱,他就大受尊重,可以当议员、当州长、当将军、当参议员,甭管他是多蠢的一头驴。"当代美国作家斯塔兹·特科尔在周游美国、遍访工人之后所得出的结论

　　① 转引自徐大同主编:《西方政治思想史》,天津:天津教育出版社2002年版,第169–170、第169页。
　　② 转引自徐大同主编:《西方政治思想史》,天津:天津教育出版社2002年版,第214页。
　　③ 转引自曹德本主编:《中国政治思想史》,北京:高等教育出版社2004年版,第58页。
　　④ 转引自程立显:《伦理学与社会公正》,北京:北京大学出版社2002年版,第62页。
　　⑤ 转引自曹德本主编:《中国政治思想史》,北京:高等教育出版社2004年版,第284页。
　　⑥ 转引自曹德本主编:《中国政治思想史》,北京:高等教育出版社2004年版,第290页。

是:"虽然可以发现少数的工人对他们的日常工作表示满意,但多数人无法掩饰他们的不满意。蓝领和白领的哀叹都同样苦闷……蓝领也好,白领也好,他们说的都是同一句话:'我是机器人'。"①而在中国历代文人中,唐代大诗人杜甫对社会不公的批判可谓一针见血,他在诗中犀利地指出,"朱门酒肉臭,路有冻死骨"(这一直被人们视为对社会不公现象的经典描绘)。

不难发现,位高、权强、富裕的统治者拥有穷奢极欲的生活,而位低、势弱、贫穷的被统治阶级只能过着饥困交加的生活,这便是阶级社会普遍存在的不公现象。

3. 社会不公来自生产力本身的发展不足

如何说明阶级社会中存在的种种不公或不平等现象呢? 古代的一些思想家站在维护剥削制度和剥削阶级的立场上,对此进行了思考,形成对社会不公产生原因的种种认识,概括地说,有以下几种:

其一,贵贱说②。这种观点认为,社会等级是维系社会生活所必需的层级结构,不同的人处于不同的社会等级。人的血统天生就有高低贵贱、上下尊卑之分。高贵的人自然得到更多的社会财富,而低贱的人只能拥有较少的社会财富。

其二,智愚说③。在这种观点看来,人有聪明愚蠢之别,而且这种分别是天生的,不可改变的。聪明的人自然是上等人,愚蠢的人自然是下等人,因而中国古代有上智下愚不移之说。上智者即劳心者,下愚者即劳力者,于是有所谓"劳心者治人,劳力者治于人"之说。

其三,勤惰说④。这种观点认为,每一个人得之所应得,即勤奋的人应该获得较多的财富和自由,懒惰的人理应得到较少的财富和自由,现实社会中的差别是由人的勤惰这一差别所造成的。

---

① [美]戴维·施韦卡特:《反对资本主义》,李智等译,北京:中国人民大学出版社2002年版,第223页。

② 亚里士多德认为,世上万物都有统治与服从的关系。他在研究社会结构时指出:"一些人生而为自由人,另一些人则天生是奴隶",奴隶的卑贱地位是永世也不能改变的。因而,奴隶主统治奴隶是"公平的",是万古长存的。(参见陶大镛主编:《社会发展史》,北京:人民出版社1982年版,第93页。)

③ 中国封建阶级的正统观点:社会阶级的划分是由于"人性"有善恶智愚;善者智者就"治人",恶者愚者就"治于人"。(参见孙叔平:《历史唯物主义纲要》,上海:上海人民出版社1958年版,第83页。)

④ 宋朝的司马光曾指出:"夫民之富贫,由于勤惰不同;惰者常乏,故必资于人。"(参见孙叔平:《历史唯物主义纲要》,上海:上海人民出版社1958年版,第83页。)

其四，暴力说①。这种观点指出，社会不公的产生，是战争造成的，是一部分人对另一部分人使用暴力的结果。

上述认识，有的似是而非，有的毫无根据。

"贵贱说"确认人们社会地位的差别，并极力从统治阶级的立场去为这种不公现象进行辩护。不难发现，这种观点是一种主观臆断。它以抽象的人性为出发点，刻意回避现有的社会矛盾，其目的在于说服被剥削和受压迫的人们顺从统治、安于现状。实际上，人的高贵与低贱并非生来如此，而是人们在社会物质生产和生活中所拥有的地位及其作用所决定的，当剥削别人劳动的条件并不存在的时候，任何人都不可能去剥削别人。

"智愚说"也是从人性论出发，从而在根本上把脑力劳动和体力劳动永远地对立起来。其实，体脑差别并非天然，而是后天分工所造成的，用马克思的话来说："搬运夫和哲学家之间的差别要比家犬和猎犬之间的差别小得多，他们之间的鸿沟是分工掘成的。"②

"勤惰说"似乎看到了人的劳动付出与成果获得之间的正比例关系，即勤奋的人也就是付出劳动多的人，理应享受更多的劳动成果。然而理应只是应然，并非实然。事实是，在剥削阶级主导的私有制社会中，被剥削阶级是最勤奋的，但劳而不得；相反，剥削阶级是最懒惰的，却不劳而获。因此，勤惰说与"贵贱说"、"智愚说"一样，不仅没有说明社会贫富分化的真正原因，而且也是一种纯粹的辩护和思想的遮蔽。

"暴力说"初步从社会的视角看到了人们之间的利益纷争是社会不公现象产生的一个动因。的确，暴力曾在阶级社会的形成过程中起过一定的作用。比如，奴隶社会的奴隶最初是由战俘转变而来的。但是，考古学家的大量发现证明，在原始社会解体以前的漫长历史时期中，部落与部落之间也经常发生冲突乃至残杀，那时并没有出现过奴隶。可见，产生奴隶和奴隶社会的根本原因，并不在于暴力。暴力冲突只是人们利益冲突的外观表现，人们之间的经济利益关系才是产生社会不公现象的决定性因素，诚如恩格斯所指出："暴力虽然可以改变占有状况，但是不能创造私有财产本身。……全部过程都由纯经济的原因来说明，而根本不需要用掠

---

① 杜林认为：一个人用暴力劫夺了另一个人，于是就有私有财产。（参见恩格斯：《反杜林论》，载《马克思恩格斯文集》第9卷，北京：人民出版社2009年版，第165页。）

②《马克思恩格斯文集》第1卷，北京：人民出版社2009年版，第619页。

夺、暴力、国家或任何政治干预来说明。"①

由上可见，以往的人们从不同角度对社会不平等现象产生根源的追问，基本上是从意志、意识、人性等观念的东西出发来加以说明的，这种说明是不能令人满意的，也是不科学的。

只有马克思从生产力角度对社会不公的产生原因进行了科学说明。正如他在分析资本主义私人占有这种社会不公现象时所指出的，"只有当人类通过劳动摆脱了最初的动物状态，从而他们的劳动本身已经在一定程度上社会化的时候，一个人的剩余劳动成为另一个人的生存条件的关系才会出现"，"如果工人需要用他的全部时间来生产维持他自己和他的家庭所必要的生活资料，那么他就没有时间来无偿地为第三者劳动。没有一定程度的劳动生产率，工人就没有这种可供支配的时间，而没有这种剩余时间，就不可能有剩余劳动，从而不可能有资本家，而且也不可能有奴隶主，不可能有封建贵族，一句话，不可能有大占有者阶级"②。这就是说，社会生产有所发展但又发展不足的情况下，才会出现私人占有、阶级剥削等等社会不公现象。归根结底，这是因为社会生产力决定了生产关系和其他一切社会关系。对此，马克思强调："人们在自己生活的社会生产中发生一定的、必然的、不以他们的意志为转移的关系，即同他们的物质生产力的一定发展阶段相适合的生产关系。这些生产关系的总和构成社会的经济结构，即有法律的和政治的上层建筑竖立其上并有一定的社会意识形式与之相适应的现实基础。物质生活的生产方式制约着整个社会生活、政治社会和精神生活的过程。不是人们的意识决定人们的存在，相反，是人们的社会存在决定人们的意识。"③这里昭示出，生产关系是最核心的社会关系，当社会生产成果尚不能满足所有人发展需求的时候，居于统治地位的社会阶级，必然处处从私利出发，借助政权力量和精神武器强化自己的意志，对违背统治秩序的人们实行压制。同时也深刻表明，人们之间的社会关系，不是人们自由意志（公正准则）随心所欲的产物，而是一种"一定的、必然的、不以他们的意志为转移的关系，即同他们的物质生产力的一定发展阶段相适应的"关系，最终是由生产力的发展水平所决定的。

①《马克思恩格斯文集》第9卷，北京：人民出版社2009年版，第170–171页。
② 马克思：《资本论》第1卷，北京：人民出版社2004年版，第585页。
③《马克思恩格斯文集》第2卷，北京：人民出版社2009年版，第591页。

原始社会生产力十分低下,人们为了维持氏族的生存,只能进行共同劳动、实行平均分配。后来生产力的发展,带来了社会分工,进而促使剩余产品得以出现,这为私有制和阶级的产生提供了可能。但人类为什么没有走上共同富裕的道路呢?这是因为在生产力有所发展的基础上,劳动工具的改进,使一夫一妻制家庭作为生产单位取代了以往进行共同劳动的氏族集体,从而使原来由氏族集体所共有的劳动成果逐渐变成了个体家庭所独享的财富①,即人类早期生产力的初步发展最终造成社会财富分散到少数人手中,这样一来,也就使社会不公现象从可能变成了现实。

(二)阶级剥削和压迫是社会不公产生的根本原因

阶级是历史的产物,它的产生是以原始社会末期的分工的发展和私有制的出现为基础的,与之相应的阶级剥削和压迫是社会不公产生的根本原因。

1. 分工和私有制的出现是阶级形成的基础

原始社会末期,随着金属工具的使用,劳动生产效率得到提高。这种发展的直接成果是社会分工的产生和发展,即产生了畜牧业与农业的分工、农业与手工业的分工,以及手工业与商业的分工。人类历史上发生的这三次大分工标志着人的体能和智能在与大自然的斗争中得到一定程度的锻炼、发挥和发展。社会分工的推进最终使得一部分人得以专门从事体力劳动,另一部分人则专门从事脑力劳动。体脑分工是催生社会不平等现象的重要元素。对此,马克思指出:"分工只是从物质劳动和精神劳动分离的时候起才真正成为分工。"②这里所说的物质劳动和精神劳动相分离的分工,是人类最初的旧式分工、自发分工,着重点不是指各个行业之间那种经营技术和方法的分工,而是强调人与人之间因社会分工所产生的生活处境和存在方式上的悬殊,即少数人从物质劳动中分化出来专门从事精神劳动,而另外大部分人则从事物质劳动。在阶级社会中,从事

---

① 劳动成果的意蕴在于,它是人类改造外界力量的现实化,也是以实践作为存在方式的人的对象化活动的必然产物。而劳动成果能够转化为社会财富,则是社会进步的表现,即人们的劳动产品除了满足基本生存需求以外还有剩余,从而积累起来作为继续发展的成本。但这种社会财富究竟属于全社会还是属于少数人,又不得不受制于生产力的发展水平。

②《马克思恩格斯文集》第1卷,北京:人民出版社2009年版,第534页。

物质生产的劳动者,其精神活动遭受摧残,生活水平和精神境遇处于低下状态。这就是说,由社会分工而引起的不平等所造成的后果既包括物质生活的极度贫困,更体现在由于精神创伤所导致的人的价值的扭曲乃至丧失。

应该说,分工的出现标示出人类劳动生产率的提高,它之所以会造成社会不平等,是因为分工决定着生产资料的所有权关系和劳动产品的分配关系。这具体表现为:随着生产力的发展,原始社会末期不断增加的劳动产品除了满足人们最基本的物质需求外,还有所剩余;氏族首领能够凭借自己专门从事管理事务的职务之便,占有较多的牲畜和其他生产资料,并占有较多的产品。也就是说,分工是在生产力得到一定发展的前提下,人们劳动能力得到一定程度提升的必然结果,但在生产力有所发展又发展不足,即不能满足所有人的基本生存需求的情况下,少数剩余产品也就不可避免地成为那些在社会中占优势地位的人们掠夺的对象。生产力的发展、社会分工的出现、剩余劳动产品的增加、私有制的产生,这是一串前因后果的相继之链。

在社会分工的前提下,出现了私人占有制度。随着私人占有状况的进一步演进,氏族内部的成员之间就逐渐发生了贫富分化,一部分比较富裕的家庭,占有较多的生产资料和生活资料,从而能够使用奴隶,而另一部分越来越穷以至丧失了生产资料和生活资料。这样,最终促使阶级社会得以产生,即形成人类历史上第一个阶级社会的生产关系——奴隶制生产关系。所以,恩格斯总结道:"第一次社会大分工,在使劳动生产率提高,从而使财富增加并且使生产领域扩大的同时,在既定的总的历史条件下,必然地带来了奴隶制。从第一次社会大分工中,也就产生了第一次社会大分裂,分裂为两个阶级:主人和奴隶、剥削者和被剥削者。"①"主人和奴隶"是经济地位不平等的表现,"剥削者和被剥削者"则是政治地位不公正的象征,前者决定了后者,后者则强化了前者。

根本而言,人类第一个阶级社会取代最初的无阶级社会是生产力发展的结果,是社会客观规律运行的必然。因此,对它本身是没有什么公正与不公正可言的。严格说来,"公正"与"不公正"决不是人们仅凭主观审视而得出的结论。之所以断定私有制社会是人类不公社会,是因为它最

---

① 《马克思恩格斯文集》第4卷,北京:人民出版社2009年版,第180页。

终违背了人类的发展需求,也就是说,是因为人们能够根据全面发展的需求对之作出这样的价值判断,即私有制条件下社会发展与人的发展是相脱节的,它仅是有利于极少数人的发展,而阻碍了绝大多数人的发展,并由此加剧了人与人之间的分化与对抗。

2. 阶级的出现直接带来剥削压迫现象

社会分化出统治阶级与被统治阶级以后,统治阶级为了维护自身的利益和统治,往往用残暴手段对被统治阶级进行经济剥削、政治压迫和文化奴役。这种状况存在于奴隶社会、封建社会、资本主义社会等一切剥削阶级社会之中。

奴隶社会取代原始社会促进了社会生产力的发展,但也瓦解了原始社会的公平,造成了社会的不公平。奴隶社会是人类历史上第一个不公平社会。奴隶主阶级独自占有社会生产资料,它不仅用严酷的手段最大限度地占有奴隶的劳动,而且完全占有奴隶的人身即直接生产者,他们可以任意买卖、转让奴隶,还可以随意对奴隶的生死进行予夺。阶级的分化还带来了城乡对立、体脑对立。在奴隶社会里,城市和乡村对立的基础是生活在城市的奴隶主贵族、大商人、高利贷者、官吏对生活在乡村的广大奴隶和农民的剥削。城乡之间的关系因此是剥削与被剥削、统治与被统治的关系。脑力劳动和体力劳动的分工与对立,即脑力劳动被奴隶主阶级所垄断,广大奴隶、个体农民和手工业者只能专门从事单调而笨重的体力劳动。这种旧式分工限制、固化了人们的活动范围,造成了人的片面的、畸形的发展。所以,奴隶社会是一个残酷的、野蛮的剥削制社会。随着生产力的发展,奴隶制生产关系逐渐成为生产力进步的桎梏,最终被封建生产关系所代替。

如同奴隶社会取代原始社会是历史的进步一样,封建社会取代奴隶社会,也是人类社会历史发展中的一个进步。这种进步表现在两方面:一是,直接的生产者——农民或农奴同奴隶相比,处境已经有所改善,拥有了一定的人身自由。他们有自己的简单农具,有一小块归自己使用的土地,在生产中表现出某种主动性和积极性。二是,冶铁术的发展使得传统农业社会的生产力达到历史新高水平。封建社会的生产力大大超过了奴隶社会的生产力。但是,这种"超越"所带来的社会进步仍然是非常有限的。因为取代奴隶社会的封建社会仍然是个阶级剥削和阶级压迫的社会。这集中体现在:地主阶级掌握了绝大部分土地所有权。无地或少地的广大农民不得不向地主租种土地,缴纳地租。地主阶级除了对农民实行高额地租以外,还使用各种各样的其他手段,对广大农民进行血腥的盘剥和奴役,从而积聚了大量的财富,并因此过着穷奢极欲的生活。与之相反,农民受到地主土地所有权的束缚,人身自由受到极大的限制。农民缴了地租之后,自己所得的部分常常不足以维持最低限度的生活,往往常年吃糠咽菜,衣不蔽体。一遇天灾人祸,更是苦不堪言,不得不卖儿卖女,背井离乡,甚至冻饿而死。由此可见,一方面是地主阶级花天酒地,另一方面是千千万万农民饥饿、贫困、死亡。因之,马克思曾批判封建制度,说"君主是国家中个人意志、无根据的自我规定的环节,是任意的环节"①。封建社会生产力的发展,又使封建生产关系最终为资本主义生产关系所取代。

资产阶级在它不到一百年的阶级统治中创造了比过去一切世代还要多、还要大的生产力,但资本主义制度仍然以生产资料私有制为基础。私有制是产生剥削和压迫的温床,而掌权阶级的价值取向及其所驾驭的社会制度规范则是剥削和压迫得以产生的直接原因。因此,社会现实的制度安排和居于统治地位的价值取向成为了侮辱、奴役、遗弃、蔑视劳动人民的社会关系。用恩格斯在《共产主义原理》中的话来说:"废除私有制甚至是工业发展必然引起的改造整个社会制度的最简明扼要的概括。"②马克思在《资本论》第一卷中也这样指明:"在资本主义制度内部,一切提高劳动生产力的方法都是靠牺牲工人个人来实现的。一切发展生产的手段都转变为统治和剥削生产者的手段,都使工人畸形发展,成为局部的人,把工人贬低为机器的附属品,使工人受劳动的折磨,从而使劳动失去内容,并且随着科学作为独立的力量被并入劳动过程而使劳动过程的智力与工人相异化;这些手段使工人的劳动条件变得恶劣,使工人在劳动过程中屈服于最卑鄙的可恶的专制,把工人的生活时间转化为劳动时间,并且把工人的妻子儿女都抛到资本的札格纳特车轮下。"③资本所有者即资本家作为社会的掌权阶级,直接控制着资本主义私有制的运行,其价值取向以资产阶级私人利益为本位,赢利的本性为社会上的一部分人享受社会

---

① 《马克思恩格斯全集》第3卷,北京:人民出版社2002年版,第34页。
② 《马克思恩格斯文集》第1卷,北京:人民出版社2009年版,第683页。
③ 《马克思恩格斯文集》第5卷,北京:人民出版社2009年版,第743页。

发展成果的制度运行直接带来了资本主义剥削和压迫。这样,资本主义社会的场景是:资本家利用自己占有的生产资料,榨取无产者的血汗,过着纸醉金迷、骄奢淫逸的生活,而雇佣工人却经常处于贫困和失业的悲惨境地。但是,在被歪曲了的现实面前,资本家是以榨取剩余价值的形式来剥削工人的,它被工资的形式掩盖起来,好像工人的全部劳动都得到了报酬,这往往使人不容易认清资本家对工人剥削的残酷性。而资产阶级及其代言人,又极力回避和否认资本主义剥削的实质,掩盖剩余价值的真正来源。随着生产力的进一步发展,资本主义不公社会必然为一种全新的公正社会——没有剥削和压迫的社会主义、共产主义社会所取代。

以上所述,生产力决定生产关系的性质,进而决定其他社会关系的性质。生产力的不断发展,推动着人类社会由低级向高级的发展。这是社会发展的内在规律,是人类从不公社会到公正社会的发展规律。用马克思恩格斯的话来说:"一切社会变迁和政治变革的终极原因,不应当到人们的头脑中,到人们对永恒的真理和正义的日益增进的认识中去寻找,而应当到生产方式和交换方式的变更中去寻找;不应当到有关时代的哲学中去寻找,而应当到有关时代的经济中去寻找。"①社会不公是生产力发展到一定历史阶段,导致了私有制和阶级现象产生以后才呈现出来的一种社会状况。所以,社会不公产生的最终根源在于人类社会生产力的不够发达,社会不公与私有制、阶级同存共生。

二、社会公正发展的根本动力

社会不公是私有制社会产生以来的普遍现象,批判社会不公、追求社会公正因而成为历史上众多仁人志士孜孜以求的一个理想,正如伦理学家凯尔森所指出的:"'什么是公正'是人类永恒的话题。没有任何问题像公正这样一直引起如此热烈的争论,没有任何问题像公正这样令人为之流血洒泪,也没有任何问题像公正这样受到从柏拉图到康德诸多杰出思想家的广泛关注。"②尽管思想家们对社会公正见仁见智,但有一点是共同

---

① 《马克思恩格斯文集》第3卷,北京:人民出版社2009年版,第547页。

② Kelsen H. What is justice?　Califomia:University of Califomia Press. 1971.p1。

的，即认为社会应该处于一种公正状态，社会发展应该表现为由不公走向公正的不断实现。

那么，社会公正发展的动力是什么，或者说，是什么推动了社会公正的发展？

以往的思想家由于坚持从社会意识出发去看待社会现象，因而他们往往把社会公正发展的动力归结为精神的作用。柏拉图把现实世界看做是理念的摹本，因而把实现正义国家的动力归结为人的德性和智慧。黑格尔把世界历史的发展看做是自由理性的发展史，因此主张社会公正发展的动力在于人的自由理性的充分展示。空想社会主义思想家圣西门曾上书拿破仑建立实业制度，认为只要国王颁令委托最有势力的实业家编制国家预算就可以建立他一直向往的实业制度社会（公正社会），由此把促进社会公正的力量寄托于统治阶级的良心发现。

唯心史观把社会公正的发展动力视为"理性"或"人性"的体现，是"良知"的追求和展示，因而主张以恢复人性、彰显人性为举措促进社会公正。

在中国封建社会，农民阶级的社会公正追求，是"不患寡，而患不均"，以人人平分财产即分配平等为立足点。他们的公正"圣杯"中总是盛满了简陋的平均主义的苦酒。这种平均主义的社会公正追求，一方面表明了农民反抗封建阶级剥削和压迫的革命性，另一方面，也表明了农民的狭隘性和局限性，因为平均主义公平着眼于财富的平均，而不是财富的创造，这样导致的结果只能是普遍贫穷。

近代的空想社会主义批判资本主义的不公正，主张消灭私有制、消灭资产阶级以实现社会公正，但他们不主张彻底消灭一切阶级，不能从广大劳动群众的主体性角度去揭示社会生产力的解放与发展，因而他们的社会公正蓝图最终是想象中的"空中楼阁"。面对资本主义严酷的市场竞争，现代一些西方思想家片面看待工业社会的负面效应，企盼人类摆脱社会的奴役，重建自由的主体性地位，但却要以人类重新陷入自然的奴役为代价。这种观点不管表面上看起来多么激进，但在本质上是保守的、倒退的。

与之根本不同，唯物史观揭示出社会公正发展的动力在于社会发展本身，即生产力是社会公正发展的最终动力。离开生产力去探寻社会公正的动力机制，最终只会失败。换言之，唯有从生产力的发展去寻找动力机制的社会公正思想才具有现实性。

生产力作为社会由不公到渐次公正再到真正公正的质态飞跃的根本动力，是通过劳动者主体的不断提高以及阶级斗争的不断发展而表现出来的。具体说来，劳动者的智慧及其体能的不断丰富是社会公正发展的主体动力，劳动者阶级和新兴革命阶级的斗争实践是社会公正发展的基本动力。

（一）劳动者是社会公正发展的主体动力

社会不公现象的存在，必然激起人们为实现社会公正而奋斗。这里的"人们"在阶级社会中，主要是指以广大劳动者为基本力量的被剥削阶级。用恩格斯的话来说："如果要去探究那些隐藏在……历史人物的动机背后并且构成历史的真正的最后动力的动力，那么问题涉及的，与其说是个别人物，即使是非常杰出的人物的动机，不如说是使广大群众、使整个整个的民族，并且在每一民族中间又是使整个整个阶级行动起来的动机；而且也不是短暂的爆发和转瞬即逝的火光，而是持久的、引起重大历史变迁的行动。"①这"引起重大历史变迁的行动"即是指广大劳动阶级认识世界、改造世界的伟大实践。劳动者是生产力的首要因素，是社会财富的创造者，他们在生产力发展中作为主体的力量是不断提高的。因而，劳动者是社会公正发展的主体动力。

1. 劳动者是生产力发展的主体力量

生产力是劳动者征服、改造、控制和保护大自然，创造物质财富的现实物质力量。诚如马克思在1846年给安年科夫的信中所指出的："任何生产力都是一种既得的力量，是以往的活动的产物。……生产力是人们应用能力的结果。"②显然，生产力作为既得的现实的物质力量，是人利用一定物质手段认识自然、改造自然的本质力量的展现，是不断发展和丰富的主客观因素的有机整合。

在生产力系统中，劳动对象、劳动资料和劳动者是不可或缺的三个基本构成因素。劳动对象和劳动资料是生产力中物的因素，劳动者是生产力中人的因素。就这二者的关系来说，物质对象性因素的生产效率依赖

①《马克思恩格斯文集》第4卷，北京：人民出版社2009年版，第304页。
②《马克思恩格斯文集》第10卷，北京：人民出版社2009年版，第43页。

于生产过程,依赖于生产过程中活劳动的质量和数量。物质因素只有被活劳动抓住,在生产过程中加以运用,才能使它们由可能的使用价值变为现实的和起作用的使用价值。"活劳动"只能是作为劳动者的人,即劳动者使得生产力中物的因素由潜在生产力转化为现实生产力。因此,必须把物质对象性因素和劳动本身,和作为劳动过程的设计者、发动者、组织者和承担者的劳动者联系起来,才能从根本上揭示和理解这些因素的形成和所具有的特性。简言之,在生产力系统中,只有劳动者才是唯一能动的要素。生产工具的制造、操作和改进以及劳动对象的利用和革新,都是通过劳动者而实现的。没有劳动者,劳动对象和劳动资料只不过是一堆死物,不能成为现实的生产力。所以,劳动者是生产力系统的首要因素。

这样,如果把劳动者看作同水力、蒸汽力、马力等一样,仅仅是增加物质财富的手段,那么,就只能得出贬低生产力中作为劳动者的人的应有地位这一错误认识。也就是说,劳动者在生产力发展中不是一般的力量,而是主体力量,即历史活动得以展开的力量、历史规律得以作用的力量。对此,马克思曾指出:生产力是"劳动主体的生产力"①,劳动者这个"主体不是以单纯自然的,自然形成的形式出现在生产过程中,而是作为支配一切自然力的活动出现在生产过程中"②。也就是说,要促进生产力的发展,除了要促进生产资料的更新以外,根本的是要促进劳动主体的发展。因此,在内涵上,劳动者是生产力中唯一能动的因素,是首要的因素;在外延上,劳动者又必然成为了生产力形成和发展的主体力量。

生产力作为以劳动者为主体的现实物质力量,在根本上是劳动者的本质力量的对象化。对此,马克思曾指出:"蜘蛛的活动与织工的活动相似,蜜蜂建筑蜂房的本领使人间的许多建筑师感到惭愧。但是,最蹩脚的建筑师从一开始就比最灵巧的蜜蜂高明的地方,是他在用蜂蜡建筑蜂房以前,已经在自己的头脑中把它建成了。劳动过程结束时得到的结果,在这个过程开始时就已经在劳动者的表象中存在着,即已经观念地存在着。他不仅使自然物发生形式变化,同时他还在自然物中实现自己的目的,这个目的是他所知道的,是作为规律决定着他的活动的方式和方法的,他必须使他的意志服从这个目的。"③马克思还强调:"如果整个过程从

①《马克思恩格斯全集》第30卷,北京:人民出版社1995年版,第488页。
②《马克思恩格斯文集》第8卷,北京:人民出版社2009年版,第174页。
③ 马克思:《资本论》第1卷,北京:人民出版社2004年版,第208页。

其结果的角度,从产品的角度加以考察,那么劳动资料和劳动对象二者表现为生产资料,劳动本身则表现为生产劳动。"①因而,劳动者在生产力发展中既是生产的力量,又是创造的力量、发展的力量。

其一,作为生产的力量,劳动者通过彼此间的协作互动,合理配置劳动工具和时间,把异己的东西逐步转换成适合人自身需要的产品,从而开启人类生产、交换、分配、消费的社会过程。

其二,作为创造的力量,劳动者把自己的体力和智力与整个生产过程融为一体,生产既是人的体力的发挥,又是人的智力的充分展示,这种能量的置换过程为人类发展提供了源源不断的物质基础。

其三,作为发展的力量,劳动者通过生产不仅为社会进步奠定了从无到有的物质基础,而且为自身素质的提升和力量的壮大提供了从弱到强、从贫乏到丰盈、从片面到全面的现实条件。

劳动者的生产活动不仅改变着社会环境,而且也改变了自身状况,这是社会发展与人的发展内在一致关系的生动表现。社会发展最终是为了人的发展,也必将为人的进一步发展提供可能。这对生产力的发展来说,意味着劳动者是在实践中不断获得提升的主体力量。

2. 劳动者是在实践中不断获得提升的主体力量

随着社会生产的发展,人们不断向生产的广度和深度进军。劳动对象范围的不断扩大、劳动工具的不断更新,都充分反映了人类控制自然和改造自然的能力在逐步提高。劳动者凭借他们的生产经验、劳动技能和科学文化知识,不断变革和改进生产工具,他们在提高自身素质和能力的同时,不断把生产力推向前进。对此,马克思恩格斯曾指明:"后来的每一代人都能得到前一代人已经取得的生产力并当做原料来为自己新的生产服务",这形成了"人们的历史中的联系"②。

生产工具能"显示一个社会生产时代的具有决定意义的特征"③,因而是衡量生产力发展水平的客观标尺。从原始社会石器的使用到奴隶社会铜器的使用、再到封建社会铁器的使用、最后到资本主义社会机器的使用,既表征着生产力的不断发展,又显示出劳动者自身素质和能力的不断

---

① 马克思:《资本论》第1卷,北京:人民出版社2004年版,第211页。

②《马克思恩格斯文集》第10卷,北京:人民出版社2009年版,第43页。

③ 马克思:《资本论》第1卷,北京:人民出版社2004年版,第210页。

提升。"饥饿总是饥饿,但是用刀叉吃熟肉来解除的饥饿不同于用手、指甲和牙齿啃生肉来解除的饥饿。因此,不仅消费的对象,而且消费的方式,不仅在客体方面,而且在主体方面,都是生产所生产的。"①用马克思的这句话来说明作为历史主体的人的自身素质随着社会发展而不断得到提升,也是比较恰当的。

原始社会,石器的使用说明"人的最初的工具是他本身的肢体"②。人们直接依附于大自然。他们的劳作极其盲目和被动,他们往往把自己同自然的现象和力量合为一体,不能成为自己人身的主人。因此,原始人还不是真正意义的生产主体。这是由原始社会极为低下的生产力水平所决定的。在作为人类第一个文明社会的奴隶社会中,青铜器的使用标志社会生产力得以初步发展。奴隶作为奴隶社会最基本的劳动者,已具有了一定的生产经验和技能,并且发明了一些萌芽状态的科学技术。此时,劳动者自身的素质和能力已大大向前跨越了一步,已能够"通过他所作出的改变来使自然界为自己的目的服务,来支配自然界"③。奴隶运用较为先进的工具促进了农业、畜牧业、手工业的较大发展,促进自身生产能力的不断提高。进至封建社会,铁器工具的广泛使用,使得生产力发展跨上了新台阶。农民借助手中的铁器工具促进了农田灌溉、桥梁建设以及其他行业和科学技术的迅速提高,促进自身生产素质的极大提升。劳动者已经不仅掌握了较多的生产经验和技术,自觉地从这些经验和技术中总结出了科学知识,并逐渐将之上升为具有实践指导意义的理论体系。这样,劳动者能够利用已知的自然规律,更好地利用自然、驾驭自然、改造自然。人在改造自然的过程中得以发展自己的体质、智慧,最终提高了自身的劳动能力和创造能力。进入机器时代的资本主义社会,工人借助机器工具促进了航海技术、商业贸易以及其他现代工业的突飞猛进,标示出工人阶级成为现代先进生产力的生力军。

劳动者主体素质的不断提高,不仅直接体现在其身体劳作机能的不断丰富方面,而且也涵盖于其思维方式乃至社会意识的养成和发展方面。

原始社会的人们受制于极为低下的生产力条件,思维幼稚、语言简单、行为朴素,在观念上还只是直观地、本能地把自己与共同体融为一体,

①《马克思恩格斯全集》第30卷,北京:人民出版社1995年版,第33页。
②《马克思恩格斯全集》第32卷,北京:人民出版社1998年版,第109页。
③《马克思恩格斯文集》第9卷,北京:人民出版社2009年版,第559页。

因而其精神世界是单纯而又贫乏的。后来的奴隶社会和封建社会,由于社会生产力的提高,人们的思维方式由直观思维发展到逻辑思维,广大奴隶和农民在劳动中有可能把丰富的生产经验总结为科学知识。而且,体力劳动和脑力劳动的分工,使得天文学、农学、数学、物理学、医学、哲学、历史学等学科初步形成。科技文化的发展源于劳动者的辛勤劳动,这一系列伟大的智慧结晶又反过来为劳动者认识剥削阶级的统治、思考自身的地位等社会问题提供了理论基础,从而逐步实现了人类从探寻自然规律进展到研究社会规律。劳动者在生产中越来越有可能实现从盲目的主体到自觉的主体的飞跃。资本主义大工业的到来,开启了人类现代文明。生产的社会化,不仅加强了劳动者之间的协作关系,而且为人们把各种现象联系起来作为整体进行思考提供了条件。在资本的扩张、利润的增殖中,工人的体能得到极大发挥;在与机器的竞争、与技术的较量中,劳动者的智能得到空前发展。前者促进生产技术不断更新,后者使得现代科学日臻发达。最终,这些为无产阶级改造不合理社会提供了智力条件。这一历史进程本身,也是劳动者作为社会精神财富创造者的深刻证明。

就社会不公或社会公正的主观感受来说,奴隶社会的奴隶,封建社会的农民,尽管深受压迫,根本没有公正可言,但在大多数情况下,奴隶和农奴并没有多少社会不公的愤慨感触。历史地审视大多数奴隶主和封建主的所作所为,不论他们占有多少社会财富,他们似乎永远不知足,并不认为他们获取财富的方式是不公正的,反而以为剥削、奴役另一部分人是天经地义的。人有不公正感,社会才有不断向公正迈进的智力支持。从公正与不公正作为一种观念的角度来说,其实它是受一定社会物质生活条件所制约的。被剥削劳动人民对社会不公生活从最初的麻木不仁到后来的自觉反思乃至强烈反抗,是一个随着生产力的发展而不断推进的过程。封建社会的劳动人民,至多也只会提出“等贵贱、均贫富”的口号,绝对提不出平等参政议政的要求。自然经济条件下,即使处于社会基本矛盾激化时期的奴隶或农奴强烈地提出平等的要求,最终也只能带来新的不平等甚至是更大的不平等(要么起义被统治阶级血腥镇压,要么革命促进了更高级私有制社会的到来)。只是到了以商品经济为基础的资本主义市民社会,才真正催生出现代意义的平等诉求。因为商品作为等价交换的劳动产品,天然地具有平等的要求,交换主体双方地位平等是实现正常商品交换的基本前提,所以商品的生产者、经营者、使用者产生平等的要求实在是正常不过的事情。对此,马克思指出:"平等! 因为他们彼此只是作为商品占有者发生关系,用等价物交换等价物"①,"如果说经济形式,交换,在所有方面确立了主体之间的平等,那么内容,即促使人们去进行交换的个人和物质材料,则确立了自由。可见……作为纯粹观念,平等和自由仅仅是交换价值的交换的一种理想化的表现。"②应该说,资本主义商品生产的发展培育了广大劳动阶级的社会公正理念。现代无产阶级的社会公正追求成为了促进真正公正社会到来的精神动力。

　　由上不难发现,社会公正发展是生产力发展的必然结果,但社会生产力的发展总是一定历史条件下劳动者所主导的发展,离开了劳动者聪明才智和主体积极性的发挥,生产力的发展就不可能实现。正因为如此,历代统治阶级所推行的社会改革也无一例外地是以提高劳动者的生产积极性为前提的。奴隶社会取代原始社会促进了生产力的发展,很重要的一个原因就在于,奴隶主阶级把俘虏变为奴隶,从而保存了劳动力,促进了社会生产的发展。封建社会取代奴隶社会的进步意义在根本上来自对劳动者的一定程度的解放,农民在生产中表现出某种主动性和积极性,从而促进了生产力的发展。资产阶级国家提出"法律面前人人平等"的原则,规定公民在法律上享有言论、出版、集会等人身和其他基本人权,无疑激发了新兴工人阶级的生产积极性,从而提高了社会生产力。在劳动者主体力量的作用下,生产力发展导致了原始公正状态的毁灭和人类社会不公状态的发生、发展,而且也导致了以专制、等级和特权为特征的封建制度的解体,从而使资产阶级社会公正得以实现。同样的道理,资本主义社会发展也必然导致资本主义社会公正状态的消灭和社会主义社会公正状态的产生。借用马克思"人们的社会历史始终只是他们的个体发展的历史"③的这一名言,我们不妨说:社会生产力的发展史始终是劳动者主体力量发展的历史。

　　劳动者用自己的辛勤劳动创造了社会财富(包括物质财富和精神财富),用自己的聪明才智促进了生产力发展,所以,他们应该是社会历史的真正主人。然而恰好相反,在私有制以来的阶级社会中,劳动者是社会的

---

　　① 马克思:《资本论》第1卷,北京:人民出版社2004年版,第204页。

　　②《马克思恩格斯全集》第30卷,北京:人民出版社1995年版,第199页。

　　③《马克思恩格斯文集》第10卷,北京:人民出版社2009年版,第43页。

受苦受难者,不但没有成为其所处社会的主人,反而深受剥削阶级的奴役和压迫。这样一来,随着生产力的不断发展,旧的生产关系逐渐成为新的社会进步的严重束缚。在这一过程中,作为生产力主体的劳动者必然成为不公社会的革命者。

(二)阶级斗争是社会公正发展的基本动力

阶级是社会发展的产物。有阶级,就有阶级矛盾,就有阶级斗争。历史上,正是劳动者阶级和新兴革命阶级所进行的反对腐朽没落阶级的斗争推动了社会公正的不断发展。

1. 奴隶阶级和新兴地主阶级反对奴隶主阶级的斗争使人获得了生命权利

人生自由是社会公正的一个基本前提。没有人生自由,谈所谓社会公正必然陷于荒谬。人在本质上应该是自由的[①],可以通过选择去实现人生的意义和价值而不会听凭命运安排或环境决定。那么,什么是人生自由呢? 人生自由是以生命的存在为基础的人生行动自由,即探索符合人的本质和能力的自由。这种自由是具体的、现实的,在不同社会环境下有不同表现。然而,人生自由既不是上帝的恩赐,也不是自然进化意义上的天赋,而是人在现实社会中争取过来的。因此人的生命存在、维护和保存人的生命是社会公正的基础。人类发展史上,为获得这个最起码的基础,人们进行了长期的不懈的斗争。

如前所说,原始社会是一个公正的社会,这也仅仅是同一氏族内部成员之间的关系而言的,实际上,不同的氏族、部落之间常常因为争夺不多的食物来源和生活区域而产生冲突和复仇。然而,这种局限于氏族内部的公正又是极为粗陋的。因为,当时的人刚刚从动物界中分离出来,在一切本质方面是和动物本身一样不自由的。任何一个稍有历史知识的人都知道,在原始社会早期,在严酷的自然环境面前,个体不可能通过劳动来

---

① 在柏林看来,自由就是自主,就是实行自我意志的障碍之消除。如果这种障碍是存在于身外,则该障碍的消除之自由,便是消极自由;如果这种障碍是存在于自己身内,则该障碍的消除之自由,便是积极自由。在历史唯物主义看来,人的自由通过人的实践活动积极争取而来,包括经济自由、思想自由、政治自由和人身自由。(参见霍布斯:《利维坦》,黎思复等译,北京:商务印书馆1987年版,第146页。)

满足自己的需要,只有结成群体并按照平等规则行事才能维持每个人的生存。原始人靠获取现成的天然对象作为自己的食物,经常仅仅能维持简单的生存,有时甚至难以养活全体氏族成员。在那种生产力十分低下的情况下,杀死和吃掉战争中的俘虏以及同族中的老人是再平常不过的事。

从人类进入阶级社会以后,原始社会的食人之风在奴隶社会得到了消除,人的生命权得到了某种肯定,但这种肯定并不是奴隶作为人的意义上的肯定(在奴隶主眼中奴隶不是人,只是会说话的工具),而是奴隶作为奴隶主的财产意义上的肯定,奴隶的人身同他的劳动成果一样是奴隶主的私有财产。在奴隶社会中,占人口极少数的剥削阶级获得了自由和特权,而占人口绝多数的奴隶的生命权利仍然是无保障的。奴隶主可以任意买卖、役使、虐待以及处死奴隶,甚至可以用奴隶殉葬。奴隶社会末期,奴隶阶级和新兴封建主阶级所进行的斗争,最终埋葬了奴隶社会,迎来了一个新的社会:封建社会。

在封建社会中,以往那种殉人、祭人的现象逐渐消弭。"在中国到春秋战国时代,就开始有人站出来反对殉葬。说杀殉'非礼也'。汉代以后,陪葬的只是木俑、陶俑。到了宋代,因纸冥器流行,木俑、陶俑在一般墓葬中已很少见,纸人作为殉祭的代用品被广泛使用。也就是说在生产力发展的基础上,农民作为劳动力的人生价值得到了某种程度的肯定,但是这种肯定也不是农民作为人的意义上的肯定,而在农民作为地主地租的来源意义上的肯定"[①]。

这意味着,人一旦摆脱了直接的人身依附关系,就开始获得一定意义的生命权利。

2. 农民阶级和新兴资产阶级反对地主阶级的斗争使人获得某种政治权利

在封建等级制度下,劳动者也还只有有限的人身自由权。这是因为,封建社会同样是一个极少数人占有社会生产的社会。封建地主对农民阶级依然在经济上实行赤裸裸的剥削、在政治上实行野蛮的统治、在文化上实行剥夺式的垄断。

[①] 陶富源:《终极关怀论——人的哲学之悟》,合肥:安徽大学出版社2004年版,第274页。

在生产力的不断发展中,封建制生产关系的弊端逐渐暴露出来。随着地主阶级对农民进行剥削和压迫的日益加重,农民的反抗和斗争连绵不断。所以,封建社会的历史既是一部生产发展的历史,也是一部广大农民反抗地主阶级剥削和压迫、不断推动社会前进的历史。农民的反抗斗争,从抗捐抗税,发展到反对封建剥削和封建等级制度。在中国,封建社会中期的宋朝爆发的王小波、李顺领导的农民起义在历史上第一次提出了"均贫富"的口号,到钟相组织的农民起义,又首次完整地提出了"等贵贱、均贫富"的口号,这表征着农民不但要求经济上平均,并且要求政治上平等。因而,反对封建社会根本经济制度和政治制度,代表了农民阶级最革命的思想。然而农民阶级的局限性,使他们的斗争不可能靠自身的力量实现政治平等。在西欧,封建社会末期,随着资本主义生产关系的出现和发展,农民阶级和资产阶级的斗争,才为摆脱封建的桎梏,消除封建的不平等,获得人的政治解放、政治权利提供了可能。

随着资本主义萌芽的成长,新兴资产阶级作为革命力量要求推翻地主阶级的统治,从根本上建构一种以平等的独立人格为形式的商品经济私有制。正如西方学者巴林顿·摩尔在考察现代工业资产阶级的成长历史后所指出的:社会能否变革,取决于"社会中能否产生出一个精明强干而又冷酷无情的阶级。他在社会中崛起并推动社会变革。关于这个阶级,在英格兰有乡绅和早期的工业资本家"①以"自由、平等、博爱"为旗帜的资产阶级革命的成功,彻底摧毁了人与人之间的直接依赖关系,确认了人与人之间以人格平等为标志的资本主义民主制度。

这就是说,商品经济取代自然经济,实现了每个社会成员从不平等的宗法政治等级关系中解放出来,每个个体都以独立与自主的人格身份而自愿地投入到某种具体的自由竞争的经济活动之中,从而使人获得了某种现代意义的政治权利。

3. 工人阶级的斗争必将使人获得自由和全面发展的权利

由资本主义制度取代封建制度,是历史的必然。资本主义生产方式在它的上升时期解放和发展了生产力,它带来了比过去一切时代还要多、还要大的生产力。显然,资本主义相较于先前的社会来说,是一

---

① ［美］巴林顿·摩尔:《民主和专制的社会起源》,拓夫等译,北京:华夏出版社1987年版,第312页。

个进步的社会。但是,资本主义社会相较于彻底消灭人剥削人的社会来说又是不公正的。因为,资本主义没有结束人类社会的私有制历史,资本主义生产关系所决定的人对物的追逐和占有机制,使得少数人的自由最终剥夺了多数人的自由,资本主义形式上普遍平等的多数人的权利,在实际社会生活中演绎为少数人的特权。这集中表现在,资本家以残酷而又隐蔽的剥削方式,给无产阶级和广大劳动人民带来了极大的苦难,加剧了资本主义制度所固有的各种矛盾。在资本主义社会里,生产的社会化,要求生产资料和劳动产品归社会占有,并由社会进行统一的计划管理和分配。但是,资本主义生产社会化的过程是在私有制的基础上实现的。生产尽管社会化了,生产资料和劳动产品却仍然属于资本家私人占有。这样,生产的社会性和占有制的私人性之间就发生了深刻的矛盾。这一矛盾"已经包含着现代的一切冲突的萌芽"①,它是资本主义社会各种矛盾的总根源。随着资本主义生产的发展以及基本矛盾的激化,无产阶级的革命斗争日益高涨,无产阶级在斗争中逐步成长、渐次壮大。

毋庸讳言,资本主义社会发展的一个伟大贡献在于,创造了人类有史以来最发达的社会生产力和最革命的无产阶级,并把无产阶级的实践活动建立在现代生产力发展的基础之上。这就是说,由于资本主义制度本身无法克服它所固有的社会大生产与生产资料私人占有之间的矛盾,日益觉醒的无产阶级在革命理论的指导下必然会推翻资本主义。工人阶级的革命不再满足于资产阶级革命所实现的在形式上承认的政治权利平等,而且关注这种政治平等得以实现的经济前提,即社会的平等。为了实现这一点,工人阶级革命行将彻底结束私有制历史,从而建立起社会主义,逐步实现共产主义。用马克思的话来说:"这种社会主义就是宣布不间断革命,就是无产阶级的阶级专政,这种专政是达到消灭一切阶级差别,达到消灭这些差别所由产生的一切生产关系,达到消灭和这些生产关系相适应的一切社会关系,达到改变由这些社会关系产生出来的一切观念的必然的过渡阶段。"②

显然,无产阶级的革命是彻底的,不仅要消灭私有制,而且要消灭由资本主义私有制所决定的社会观念和意识形态。只有在人们获得了高度

①《马克思恩格斯文集》第3卷,北京:人民出版社2009年版,第551页。
②《马克思恩格斯全集》第10卷,北京:人民出版社1998年版,第220页。

发达的生产力之时，人们才能不再受自身自然的束缚，而只有在这种不存在任何外在束缚的社会条件下，人与人之间才可能结成一种真正平等的关系。工人阶级彻底改变资本主义社会关系的斗争必将使人获得真正意义的社会公平。

由上可见，劳动者主体素质的不断提高，彰显了社会的发展与人的发展的逐渐一致；阶级斗争的深入进行，展示了人类由有阶级的不公社会向无阶级的公正社会的发展方向。而这两者都是以生产力的不断发展为最终动力的。离开了生产力，社会公正的动力机制就变得不可捉摸、不可理解。所以，马克思恩格斯深刻指明："对现存社会制度的不合理性和不公平……只是一种征兆……用来消除已经发现的弊病的手段，也必然以或多或少发展了的形式存在于已经发生变化的生产关系本身中。这些手段不应当从头脑中发明出来，而应当通过头脑从生产的现成物质事实中发现出来。"[①]

三、社会公正发展的历史趋势

历史唯心主义者由于不懂社会公正发展的客观规律，而往往把社会公正发展最终归结为人性的体现和实现。比如，莱布尼茨曾明确用"前定和谐"来说明资本主义私人利益的合理性、恒久性：资本主义社会的和谐是由上帝预先安排好的，并是由上帝这个无所不能的伟大力量所保证的；即便是资产阶级为蝇头小利而进行毫无休止的明争暗斗，也被他们披上"和谐"的华丽外衣[②]。古典自由主义和近代功利主义，都把社会公正发展最终归结为个人的权利、利益、自由以及幸福的满足和实现。边沁指出，在资本主义社会里，"个人的利益是一切行动的动力。然而，一切利益，如果正确加以理解，又处于内在的和谐状态中"[③]。当然，实现每个人的幸福无疑是社会发展的根本旨归，但是，如果没有社会共同富裕作为前提保

①《马克思恩格斯文集》第3卷，北京：人民出版社2009年版，第547页。

② 袁杰：《马克思恩格斯对资本主义社会和谐虚伪性的批判》，载《马克思主义研究》2008年第10期，第35页。

③ 谭培文：《马克思主义经典著作选读与导读》，北京：人民出版社2005年版，第250页。

障,难免会陷入霍布斯所断言的"人对人是狼"的境地。与之根本不同,在唯物史观看来,随着文明社会"管理上的民主,社会中的博爱,权利的平等,教育的普及,将揭开社会的下一个更高的阶段"[①]步伐的愈益推进,实现社会公正是不可移易的趋势。社会运行规律决定社会公正发展是社会整体意义上的人类进步,社会公正发展的最终归宿是人类在不断超越资本主义的基础上而逐渐实现共产主义。

(一)社会主义公正取代资本主义不公是历史必然

资本主义不公状态逐步发展到共产主义公正状态,是一个自然历史过程。这一过程以社会物质基础的不断发达和最革命阶级的不断觉醒为直接根据。也就是说,资本主义在物质基础和阶级力量上为共产主义公正社会的到来提供了现实前提。

1. 资本主义生产力的发展为社会主义公正社会的实现准备物质基础

资本主义相较于以往的私有制社会,重要特点之一是建立在社会化大生产基础之上,能够创造和积聚有史以来人类最高的生产力,因而为彻底消灭剥削、压迫等种种社会不公现象准备了物质基础。这集中表现在以下几个方面:

第一,资本主义生产力的发展为生产的社会化奠定了一定物质基础。机器工具的广泛使用,促进了资本主义机器大工业的发展。而机器大工业的发展要求生产的高度社会性。具体说来:其一,生产资料的社会化。在之前的封建社会,小生产的生产资料只能供个人或少数人使用。而资本主义机器工具的采用,相应地建立起现代工厂车间,生产的规模史无前例,并愈益扩大。庞大的机器体系需要成千上万的劳动者集中起来作业。其二,生产过程的社会化。封建社会的手工作坊各自独立,彼此很少联系。而资本主义制度下,同规模巨大的资本主义企业相适应,不仅工厂内部需要许多工人集体劳动、互相协作,而且在各个部门之间也发生了密切联系,必须相互协作,才能使生产顺利进行。其三,劳动产品的社会

---

①《马克思恩格斯文集》第4卷,北京:人民出版社2009年版,第198页。

化。封建小生产者的劳动产品是他个人的产品,因为每一件产品从头到尾全是他个人劳动的结晶。而资本主义工厂里的产品,是许多工人共同劳动的产物,它们必须经过多道工序、许多工人协作才能完成。每件产品都是工人集体劳动的结果,它本身也就社会化了。

生产的社会化的不断提高,预示着人们共同劳动、平等合作关系建立的可能。

第二,资本主义生产力的发展为私有制的消灭奠定了一定物质基础。资本主义生产力的高度发达,社会财富的不断积累,为所有人获得财富、消除一部分人对另一部分人的剥削提供了可能。而且,生产的社会化,要求生产资料和劳动产品归社会占有,并由社会进行统一的计划管理和分配。但实际上,资本主义生产化的过程是在私有制的基础上实现的。这样,生产的社会性与占有制的私人性之间就发生了深刻的矛盾。这一矛盾作为资本主义发展的基本动力,预示着其前景必然是社会主义公有制取代资本主义私有制。这正如马克思在《资本论》中所总结的:"从资本主义生产方式产生的资本主义占有方式,从而资本主义的私有制,是对个人的、以自己劳动为基础的私有制的第一个否定。但资本主义生产由于自然过程的必然性,造成了对自身的否定。这是否定的否定。这种否定不是重新建立私有制,而是在资本主义时代的成就的基础上,也就是说,在协作和对土地及靠劳动本身生产的生产资料的共同占有的基础上,重新建立个人所有制。"①根本而言,重建"个人所有制"使得劳动从根源上逐渐摆脱二重性的分化,成为真正的社会劳动。而且,建立于这一所有制基础,人们将会实现"个体"劳动与"协同"劳动、"单个人"与"类成员"的一致,从而为建立于这一经济制度基础上的人的自由而全面发展提供保证。

第三,资本主义生产力的发展为人的全面发展奠定了一定物质基础。资本主义生产力的发展将"为一个更高级的、以每一个个人的全面而自由的发展为基本原则的社会形式建立现实基础"②。这是因为,资本冲破了自然经济形态下所形成的,以血缘关系为主要纽带的狭隘的地域关系,创造了人与人之间的广泛交往关系和生产协作关系,使人由自然性的存在物发展成为社会性的存在物。在资本主义生产过程中,大工业的分工虽然造成了劳动力的片面化,但与之前的采业社会(原始社会)、农业社

①马克思:《资本论》第1卷,北京:人民出版社2004年版,第874页。

②马克思:《资本论》第1卷,北京:人民出版社2004年版,第683页。

会(奴隶社会和封建社会)的分工相比,在内涵上是以机器工具的不断革新为基础,在外延上是以市场经济的激烈竞争为背景,因而有极大的提升。陷于这种生产环境之中的工人,在与机器的较量中,为了不被机器排挤掉,必须努力在教育和操作技能上完善自己,其结果是"用适应于不断变动的劳动需求而可以随意支配的人,来代替那些适应于资本的不断变动的剥削需要而处于后备状态的、可供支配的、大量的贫穷工人人口;用那种把不同社会职能当做互相交替的活动方式的全面发展的个人,来代替只是承担一种社会局部职能的局部个人"①。

　　第四,资本主义生产力的发展为世界性交往的普遍建立奠定了一定物质基础。资本主义生产力的巨大飞跃,使资产阶级在一国范围内建立了统一的国家,在国与国之间建立了统一的市场,创造了先进的交通工具和现代市场,促进了人类社会由民族历史向世界历史的转变。正如马克思恩格斯在《德意志意识形态》中所指出:"大工业创造了交通工具和现代的世界市场,控制了商业,把所有的资本都变为工业资本,从而使流通加速(货币制度得到发展),资本集中。大工业通过普遍的竞争迫使所有个人的全部精力处于高度紧张状态。它尽可能地消灭意识形态、宗教、道德等等,而在它无法做到这一点的地方,它就把它们变成赤裸裸的谎言。它首次开创了世界历史,因为它使每个文明国家以及这些国家中的每一个人的需要的满足都依赖于整个世界,因为它消灭了各国以往自然形成的闭关自守的状态。"②由此,以往存在的那些限制民族和国家交往的自然隔阂和屏障被逐一打破,民族与民族、国家与国家越来越成为一个整体。同时,资本主义大工业向全球的发展,使得地域性的个人为世界历史性的个人所代替。然而,在根本上,世界性交往的建立是资本主义商品经济发展的必然产物。资本的贪婪本性,必然把一国内的剥削体制导向全球所有被压迫的落后民族国家,从而在全球范围内普遍地产生了无产者,也使得每一民族的变革有赖于其他民族的变革,最终为全世界无产者的联合作战建立了基础。

　　由上可见,资本主义促进了生产力的巨大发展和社会文明的巨大进步,造就了人类历史的辉煌,但是这种"辉煌"是短暂的。"文明每前进一步,不平等也同时前进一步。随着文明而产生的社会为自己所建立的一切机

---

① 马克思:《资本论》第1卷,北京:人民出版社2004年版,第561页。

②《马克思恩格斯文集》第1卷,北京:人民出版社2009年版,第566页。

构,都转变为它们原来的目的的反面。"①恩格斯在《反杜林论》中的这一论述非常适合对资本主义生产发展的评价。资本的积累和发展是建立在对广大劳动人民的剥削和压榨基础之上的。马克思对此一针见血地指出："最勤劳的工人阶层的饥饿痛苦和富人建立在资本主义积累基础上的粗犷的或高雅的奢侈浪费之间的内在联系,只有当人们认识了经济规律时才能揭露出来……在这方面,任何一个公正的观察者都能看到,生产资料越是大量集中,工人就相应地越要聚集在同一个空间……让我们来赞美资本主义的公正吧!"②这里所言的"资本主义的公正",显然是讥讽反语,即表观的资本主义"公正"实际上是很不公正的!因此,在资本主义社会,以高度发达的生产力为物质前提的人的发展、生产关系的变革,也到了最深刻、最彻底的时候了。用马克思的话来说,资本主义取代封建主义使得"一切社会状况不停的动荡,永远的不安定和变动","一切新形成的关系等不到固定下来就陈旧了。一切等级的和固定的东西都烟消云散了,一切神圣的东西都被亵渎了"③。资本主义产生了空前规模的资本和生产力,其"已经不能再促进资产阶级文明和资产阶级所有制关系的发展;相反,生产力已经强大到这种关系所不能适应的地步,它已经受到这种关系的阻碍;而它一着手克服这种障碍,就使整个资产阶级社会陷入混乱,就使资产阶级所有制的存在受到威胁"④。"只有这时废除私有制才不仅可能,甚至完全必要,劳动的进一步社会化,土地和其他生产资料的进一步转化为社会使用的即公共的生产资料,从而对私有者的进一步剥夺,就会采取新的形式。现在要剥夺的已经不再是独立经营的劳动者,而是剥削许多工人的资本家了"⑤。

2. 无产阶级力量的壮大为社会主义公正社会的实现准备阶级基础

在资本主义生产力的突飞猛进以及资本主义剥削的日益加剧中,无产阶级的主体意识得到增强,无产阶级队伍不断成熟,从而无产阶级的革命力量逐渐壮大起来⑥。

---

①《马克思恩格斯文集》第9卷,北京:人民出版社2009年版,第147页。
② 马克思:《资本论》第1卷,北京:人民出版社2004年版,第757–761页。
③《马克思恩格斯文集》第2卷,北京:人民出版社2009年版,第34–35页。
④《马克思恩格斯文集》第2卷,北京:人民出版社2009年版,第37页。
⑤ 马克思:《资本论》第1卷,北京:人民出版社2004年版,第873页。
⑥ 马克思主义的这一发现是西方马克思主义学者无可比拟的,无论是卢卡奇、柯尔施等人的总体性哲学,还是葛兰西的阵地战,抑或法兰克福学派的文化批判和心理革命,由于过度强调无产阶级革命意识的重要性,因而他们的观点不可避免地滑向了主观唯心主义。

第一，无产阶级在剥削中日益觉醒。随着机器大工业对工场手工业、雇佣劳动制度对封建生产关系的取代和发展，社会上出现了一个大工业资本家，同时也形成了作为其对立面的无产阶级。社会化大工业的发展、工业中心城市的形成和工厂制度的建立，不仅使无产阶级数量迅速扩大，而且使无产阶级遭受的剥削日益加重。无产阶级比以往任何被奴役的阶级都凄惨，是资本主义制度中受压迫、受剥削最深的阶级，也是人类最苦难的群体。对此，恩格斯在《英国工人阶级状况》中，马克思在《资本论》里，都列举了大量的惊心动魄的事实，说明了工人成为"把自己的产品作为资本来生产的阶级方面，是贫困、劳动折磨、受奴役、无知、粗野和道德堕落的积累"[1]。资本主义工厂极端严厉的规章，资本家以罚款、减薪或解雇等手段施加的压制，工作场所的不卫生、劳动的艰苦，给工人阶级造成的贫穷、灾难、死亡达到了难以想象的惊人程度。资本家却不顾工人死活，采取延长劳动时间、增大劳动强度、降低工人工资、廉价雇佣女工和童工等手段，拼命压榨工人血汗。因而，马克思恩格斯在《共产党宣言》中愤慨地指出："农奴曾经在农奴制度下挣扎到公社成员的地位，小资产者曾经在封建专制制度下挣扎到资产者的地位。现代的工人却相反，他们并不是随着工业的进步而上升，而是越来越降到本阶级的生存条件以下。工人变成了赤贫者，贫困比人口和财富增长得还要快。"[2]

起先，无产阶级在反抗中以捣毁机器、烧毁工厂等为主要形式，因为当时他们认为自己受剥削、受压迫的根源在于这些物质设备。后来，随着资本家变本加厉式剥削的加重，无产阶级意识到贪婪的资本家才是自己的敌人。于是，他们的反抗也就变成了罢工等形式，他们开始为改善条件、提高工资、缩短劳动时间等而进行经济斗争。虽然资本家在劳动时间等方面做出过些许让步，但终究不能改变工人被剥削的命运。资本主义经济危机的不断爆发和资本主义固有矛盾的不断暴露，使工人阶级终于认识到：贫困的根源既不是机器、厂房，也不是个别资本家或多个资本家，而是资本主义社会制度，必须推翻资本主义才能真正赢得自身解放。19世纪30年代初至40年代初爆发的法国里昂工人起义、英国工人宪章运动、德国西里西亚纺织工人起义，标志着工人阶级反对资产阶级的斗争从自发走向自觉，无产阶级作为独立的、直接反对资产阶级的政治力量登上

---

① 马克思：《资本论》第1卷，北京：人民出版社2004年版，第744页。

②《马克思恩格斯文集》第2卷，北京：人民出版社2009年版，第43页。

了历史舞台。

在资本主义发展中得以觉醒的无产阶级,也在斗争实践中成为最有远大前途的革命阶级。

第二,无产阶级是最有远大前途的阶级。无产阶级的阶级地位和特点决定其成为最有远大前途的阶级,因而是实现社会主义的革命力量。首先,无产阶级最具先进性。无产阶级与最先进的经济形式相联系,随着大工业的发展而不断发展、壮大。作为现代大工业的产物,无产阶级代表着社会发展的方向,是先进生产力的代表者,它要求消灭资本主义的生产关系和一切旧的生产关系,建立适应生产力迅速发展的社会主义生产关系。其次,无产阶级最具革命彻底性。无产阶级来自资本主义社会的最下层,受压迫、受剥削最深。他们除了本身的劳动力以外,一无所有,不占有任何生产资料,没有什么财产,因而最富有彻底革命精神。对此,马克思恩格斯指出:"在当前同资产阶级对立的一切阶级中,只有无产阶级是真正革命的阶级。其余的阶级都随着大工业的发展而日趋没落和灭亡,无产阶级却是大工业本身的产物。"①最后,无产阶级最具组织纪律性。无产阶级由于同大机器生产相联系,整天集体劳动在大机器生产的环境中,而大机器生产的高度集中性和连续性,使无产阶级养成了高度的组织性和纪律性,最容易团结起来,去反对共同的敌人。这就是说,与社会化大生产相联系的无产阶级,具有完全不同于历史上任何其他阶级的阶级本质和特点。他们可以在斗争中团结起来、组织起来,形成自己的政治力量和思想力量,为本阶级利益进行斗争。这里所述的三大优点显示出:无产阶级成为了变革资本主义的决定力量。也就是说,无产阶级本身包含在人民中,是人类解放的关键,也是人类解放的主体力量。无产阶级是苦难人民中最苦难的部分,人民的苦难最集中地表现在无产阶级那里,无产阶级的解放是人民最集中、最彻底的解放。无产阶级只有解放全人类,才能最后解放自己。

可见,无产阶级不仅是现代社会一切苦难的承担者,而且还是这个社会赖以存在的大工业的承担者。资本主义生产方式的基本矛盾,就是资产阶级生存条件所固有的矛盾。资产阶级作为生产资料的占有者,离开作为它的对立面的无产阶级就不能生存,而无产阶级只有彻底消灭一切

---

① 《马克思恩格斯文集》第2卷,北京:人民出版社2009年版,第41页。

形式的私有制,才能代表社会进步和人类解放的方向。因而,无产阶级历史地成为了未来新社会的创建者。

第三,无产阶级革命是最彻底的革命。无产阶级革命不仅要推翻资产阶级这样一个阶级的压迫和剥削,而且要废除一切生产资料私有制,消灭一切人对人的剥削和压迫。其一,无产阶级革命行将消灭私有制。在历史上,奴隶和奴隶主间的阶级斗争在奴隶社会私有制的基础上发生,在封建社会私有制的产生中消亡,即斗争的结果只是用一种新的私有制代替了另一旧的私有制。同样,农民和地主间阶级斗争的最终结果是用资本主义私有制取代了封建主义私有制。这种私有制"新陈代谢"的历史进程不但不能使社会不公的状况得到根本改变,反而造成不公社会发展到最高形态——资本主义。作为现代社会先进生产力代表的无产阶级,就是要在充分利用人类文明的成果,尤其是资本主义文明成果的基础上彻底铲除私有制,从而为人类生产力的发展打开最为广阔的通途。其二,无产阶级革命行将消灭三大社会差别。工农差别、城乡差别以及体脑差别是社会生产力不发达条件下的旧式分工所造成的,是社会不平等的具体表现。只有消灭私有制,才能消灭旧式分工,而只有消灭旧式分工,才能彻底消灭私有制。无产阶级对抗资产阶级的压迫和剥削,要求从根本上反对一切社会差别,消解一切不平等现象。因而消灭三大社会差别是无产阶级斗争的重要任务。其三,无产阶级革命行将消灭阶级。消灭资产阶级只是实现了政治解放,消灭一切阶级才能实现人类解放。在这个意义上说,无产阶级斗争不仅要消灭一切剥削阶级,而且要消灭包括自身在内的一切被统治阶级。阶级得到彻底消灭,社会生产力就能获得根本解放,人类就能逐步走向真正的公正社会。

总之,无产阶级的根本利益与广大劳动人民的根本利益是一致的,是带领人民改变不公社会的革命力量。日益壮大的无产阶级为社会主义公正社会的到来准备了阶级基础。

资本主义所创造的比以往一切社会还要多、还要大的生产力是社会主义公正社会的物质基础,资本主义所孕育的无产阶级则是实现社会主义公正社会的主体力量。恩格斯曾指出:"在黑格尔那里,恶是历史发展的动力的表现形式。……自从阶级对立产生以来,正是人的恶劣的情欲——贪欲和权势欲成了历史发展的杠杆,关于这方面,例如封建制度的和资产阶级的历史就是一个独一无二的持续不断的证明。"①从这个视角来看,尽管资本主义从原始积累到不断扩张,从道德层面来说是不可饶恕的罪恶,人类永远不应该忘记资本发展过程的罪恶性,但资本主义为人类真正公正社会的到来积累了现实基础:当"主体力量"——现代无产阶级充分发挥"物质基础"——资本主义社会化生产力的作用,公正社会的到来就成为不可阻挡的历史趋势。换言之,无产阶级通过社会革命和社会建设,在批判改造资本主义的基础上最终会迎来社会主义公正社会。因而马克思恩格斯概括道:"共产主义的产生是由于大工业以及由大工业带来的后果……是由于由此产生的无产阶级和资产阶级之间的阶级斗争。"②

(二)共产主义公正是人类社会公正的发展方向

资本主义的发展不能从根本上克服其自身的不公性,反而为无产阶级实现社会主义公正提供了直接的现实条件。社会主义公正社会的建立,还只是共产主义公正的阶段性实现。不断创造条件实现共产主义,才是人类社会公正的发展方向。

无产阶级的斗争将消灭资本主义这个人类历史上最高类型的私有制社会,资本主义的灭亡、社会主义的胜利,这是同一过程的两个相互依存的方面。对此,马克思恩格斯指出:"社会主义现在已经不再被看做某个天才头脑的偶然发现,而被看做两个历史地产生的阶级即无产阶级和资产阶级之间斗争的必然产物。"③这就是说,社会主义社会以无产阶级反对资产阶级的阶级斗争推翻资本主义社会为产生前提,是符合社会发展规律的必然趋势。同时,社会公正的实现受既定的社会政治经济文化条件的制约。这决定了共产主义公正社会的实现是阶段性和过程性相统一的。马克思通过研究,揭示出无产阶级所追求的共产主义社会在客观上经历两大时期:(1)"共产主义社会第一个阶段";(2)"共产主义社会高级阶段"。前者为社会主义时期,后者是指共产主义时期。这表明,真正的公正社会是逐步实现的,社会主义公正最终要发展到共产主义公正。

社会主义公正与共产主义公正的前后相继性,在一定程度上是由这

①《马克思恩格斯文集》第4卷,北京:人民出版社2009年版,第291页。
②《马克思恩格斯文集》第1卷,北京:人民出版社2009年版,第672页。
③《马克思恩格斯文集》第3卷,北京:人民出版社2009年版,第545页。

两个阶段的平等原则的内在一致性所决定的。这里的"平等原则"是多维度、全方位的,用恩格斯的话来说:"平等应当不仅仅是表面地,不仅仅在国家的领域中实行,它还应当是实际的,还应当在社会的、经济的领域中实行。"①"国家的领域"的平等,可以理解为权利平等,即每个社会成员所享有的权利和所得到的权利都是相同的、平等的,没有任何人享有任何特权,社会规制也不允许存在任何歧视;"社会的领域"的平等,可以理解为机会平等,即社会为每个社会成员追求自身权益、自我发展和自我完善提供平等的机会和条件,包括教育、就业、医疗健康以及各种公共服务等方面的平等;"经济的领域"的平等,可以理解为结果平等,即指社会成员在经济地位、经济生产、收入、财富、各种社会福利等方面的平等,由于这往往是国民收入等分配的最终结果,所以称之为结果平等。当这些不同维度、不同方面的平等落到实处,就是"实际的平等",这正是社会主义、共产主义的优越性之一,因为,资本主义的平等原则比以往社会的平等原则大大进了一步,但其总体上是形式上的平等(有时这种形式平等也是难以确保的),而不是实质的平等,社会主义、共产主义的平等是彻底消灭特权的平等,是各个领域得到全面贯彻和确保的平等,因而是真正实质的平等。

权利平等、机会平等为结果平等(分配公平)创造了重要条件,也必然通过结果平等(分配公平)得以彰显,结果平等(分配公平)反过来又促进和确保了权利平等、机会平等。所以,结果平等(分配公平)是社会公正的根本表征。因之,波兰学者 W.兰在谈到"按劳分配"和"按需分配"时指出:"这两条原则从属于更高的原则,即实际的机会均等原则。这是社会平等的根本原则,马克思主义公正观的核心。无论是社会主义阶段还是共产主义阶段,机会均等都是最高公正原则,尽管它在两个阶段的实现方式有所不同。"②

"按劳分配"与"按需分配"这两条原则是历史地生成的。仅就"按需分配"来说,其在迄今的人类历史上依稀存在。比如古代的一些宗教团体内部,就是实行财富共有,按基本需求分配食物和日常用品。在革命队伍中实行的供给制,也是根据实际需求制定的。在产品极为匮乏的情况下,为维持团体成员的生存,按生存需求平均分配生活必需品具有一定的合理性,这也就以较为低级的形式再现了按需分配的天然合理性。在今天

①《马克思恩格斯文集》第9卷,北京:人民出版社2009年版,第112页。
②程立显:《伦理学与社会公正》,北京:北京大学出版社2002年版,第255页。

的现实生活中,随着社会物质生产的不断发展,需要在生产过程中的作用越来越明显,一些大企业已经自觉实行根据用户的需要来生产,而不是生产出一大堆商品闲置在那里,等着人们来买。"按需分配"必将随着社会生产的不断发达而成为人们分配社会财富的基本准则。

从这个意义上说,社会主义公正是共产主义公正的阶段性实现,这可以从社会主义的分配公平,即按劳分配上获得说明。

1. 社会主义的按劳分配

社会主义最重要的特征是生产资料公有制。这实现了人类历史的一个重大变革,即恢复了广大劳动人民的社会主体地位。从社会公正的维度来看,人们的劳动所付与劳动所获取得了一致性的基础。其一,公有制的社会制度从根本上消除了阶级剥削和阶级压迫,从而为广大劳动人民的劳动和其他人权提供了坚实保障。人与社会之间由私有制社会的紧张关系变换为公有制条件下的和谐关系。其二,人的劳动的自主性得以实现。人的劳动是人的本质力量的再现。在以往的私有制社会中,由于极少数人占有社会劳动,绝大多数人的劳动因而不能展示他们自身的主动性、积极性、创造性。劳动作为广大劳动人民的异己力量而存在,支撑和造就了富人的天堂、穷人的地狱。社会主义社会生产资料公有制的确立,恢复了劳动人民作为劳动者主体的地位。社会主义劳动体现了劳动者的自由度和个体创造性。其三,人们按照自己的劳动付出享受劳动成果。人们通过劳动付出建构了个人与他人、个人与社会的平等、和谐关系,实现了彼此间社会地位的起点平等、社会生产的过程平等、社会分配的结果平等。

在社会主义社会,还不可能一下子把"资产阶级的法权"都消灭掉。这主要体现在社会的分配方式——按劳分配方面。按劳分配,即劳动成果在劳动者之间的分配,以劳动的数量和质量进行,其本身是商品经济条件下价值规律在分配领域里的延伸和转型,对此,马克思在《哥达纲领批判》一文中明确指出:"至于消费资料在各个生产者中间的分配,那么这里通行的是商品等价物的交换中也通行的同一原则,即一种形式的一定量劳动同另一种形式的同量劳动相交换。"[①]社会主义社会的按劳分配,即多

---

① 《马克思恩格斯文集》第3卷,北京:人民学出版社2009年版,第434页。

劳多得,少劳少得,不劳动者不得食,在本质上是一种形式的劳动和另一种形式的等量劳动相交换。不可否认的是,这种形式实现了劳动平等和分配平等,彰显着人的社会地位的平等,与资本主义按资分配相比,是根本性的社会巨变和进步。但是,这种分配方式本身是社会主义时期经济政治文化条件不够发达的产物,其一定程度的历史局限性还是较为明显的:

第一,作为衡量分配公正的标尺——劳动仍具有资产阶级法权色彩。资本主义商品经济社会铲除了前资本主义社会所具有的血缘、宗法等级关系,把人恢复为平等的权利主体。进入市场竞争的主体都是受法律所保护的。这种主体以财产私有为存在基础、以个体利益至上为奋斗目标。劳动交换和商品买卖一样,看做是私人间的利益交换。劳动是人之为人的资本,也是个人天然的特权。劳动本身有简单劳动和复杂劳动之分,复杂劳动是简单劳动的倍加,这种倍加的速度随着现代科技的发展不断加剧,体现在劳动成果上,将会出现两极分化。在劳动仍是人们谋生手段的历史时期,劳动者的个体差异也会造成劳动成果的分配不公。比如,失业者、半失业者、患病者、残疾者等特殊群体,无法就业,无法践行劳动者的权力,自然无劳动收入可言,只能成为依靠救济的赤贫者。此外,能够实现劳动权力的劳动者的生理条件、体质强弱、年龄大小等多种因素都存在显著差异,由此决定了劳动能力、强弱不同,这样用同一个劳动标准或尺度去衡量他们,也存在着不平等问题。正因为如此,马克思把反映按劳分配规律要求的按劳分配原则视为资产阶级法权。社会主义社会直接从资本主义社会发展而来,不可避免地把劳动权利作为社会主人的根本权利,由于生产力不够发达,劳动仍然当做人们谋生的主要手段,所不同的是,资本主义的劳动是以个体为本位的劳动,社会主义的劳动是以集体为本位的劳动。

第二,社会主义的劳动仍然受一定意义的"旧式分工"制约。社会主义生产力水平有限,旧式分工依然存在。限于分工,高科技的职业教育培训、最新的科技成果无法在短期内向全社会普及,高科技引领下的复杂劳动成为一部分人的专利,而简单劳动仍将伴随相当多人的终生。因此,在劳动面前,劳动者表面上似乎是平等的,而实际上是不平等的。也就是说,不同岗位的劳动者虽然获得了社会生产的主体地位,相互之间建立了平等互助关系,但是受具体劳动岗位的限制,每个劳动者的锻炼机会和才能展示限定在一定的范围之内,劳动还只是人们生产的手段、生活的手段,尚不能成为有效体现个性、发展个性的根本途径,这样,公有的生产资料实际上是由具有不同技能的个别的劳动者分别加以使用的,这必然会造成生产资料占有在事实上的差别,由此所决定的按劳分配的平等性或公正性在这里也只能在非常有限的和相对的意义上而存在。

第三,社会主义社会生产力的发展与人的全面发展条件的实现相比还有很大差距。马克思充分肯定,劳动是经济社会发展的强大推动力。他曾多次引用和称赞威廉·配第的名言:劳动是财富之父,土地是财富之母。劳动不仅是财富或使用价值的创造者之一,而且还是商品价值的唯一源泉。对社会发展来说,劳动不仅创造商品,还创造人类,创造世界,创造历史。以此不难发现,按劳分配,根据劳动的多少优劣给予报酬,鼓励多劳动者多得,能够促进劳动者为社会贡献出更多更好的劳动,创造出更多更优的财富,进而促进整个社会国民收入更好更快的发展。但在社会主义时期,劳动还主要是人们谋生的手段,劳动付出的质量同生活水平的高低成正比,劳动尚不能成为人们的一种自觉需要和积极享受。同时,劳动交换不是在生产者个人之间自发进行的,也不是由价值规律和市场法则所自发调节的,而是以工资的形式由国家统一进行调节。

显然,尽管社会主义公有制的目的是满足广大社会成员的共同富裕,保证每一个人生存、发展和享受的权利,但社会主义时期的分工仍不够合理、劳动依然是谋生的手段等原因的存在,使得以按劳分配为表征的社会主义社会公正在每个人身上的体现程度不会完全一样,尚难确保社会财富分配结果的真正公平。只有到了共产主义社会的高级阶段,才能最终克服社会主义公正的局限性。

共产主义公正是人类社会公正的发展方向,这一定意义上标示在共产主义的分配形式——按需分配上。

2. 共产主义的按需分配

在共产主义高级阶段,由于生产力的高度发展和人们的精神文化素质的极大提升,以往社会的落后体制和不良痕迹已完全得到消除,人们已完全超出了资产阶级法权的限制,有条件把"各尽所能,按需分配"当做调节相互关系的准则。

按需分配，从根本上说，标志人摆脱外界的束缚而成为自己的主人、自然的主人和社会的主人，它包括：人们自由地选择自己的职业、工作岗位、生产行为和生活方式；劳动之余有充裕的时间让人的心灵自由；由于消除了城乡对立和体脑对立的差别，人的智力、体力能够充分健康地发展；人在德、智、体、能、业等方面能得到全面发展。人与人之间、人与社会之间和谐相宜，人的贡献和满足之间相称、相平衡；人人劳动，人人各尽社会义务；人们共同占有生产资料和生活资料，人人共享劳动成果；人人享受平等的教育权。这是一种真正保证人的自由和平等的理想境界。由此，按需分配最大程度地体现了社会发展的公正性维度。

第一，需要与劳动的紧密结合，彰显了劳动的自愿性、自觉性和自主性。在共产主义社会，由于生产力的高度发达，劳动不再是仅仅作为维持生活的手段，而是成为了体现人的发展需要的重要途径。也就是说，人的日益增长的物质文化需要是促进人们努力劳动、发展生产的内在动力，人的日益丰富的智力创新劳动是满足人们一切需要、展现自身价值的根本方式。劳动成为生活的第一需求，是快乐、享受、发展的标志，需要作为人生的最重要条件，是自由、平等、权利的结晶。在这样的条件下，没有强制性的劳动，也没有被劳动所奴役的人。人们是自由、自觉、自愿的。劳动不断满足人们旧的需要，又不断催生人们新的需要。人在劳动中真正成为了自身的主人。

第二，需要的社会性与个体性的有机统一，确保了人之为人的权利享有。人的生产、生活、发展都是以社会的存在为前提和基础的，离开社会，人难以成其为人。同样，社会是人的社会，人是社会的主体力量，离开人，社会无法延续和发展。即人与社会是内在一致的，人的发展与社会的发展是辩证统一的。共产主义社会中，人在劳动中的平等地位为人们施展才能提供了前提和基础。同时，社会发展所需要的一切条件通过每个人自由自觉自愿的劳动得到保障。也就是说，集体本位的价值取向和个性受尊的根本要求是高度关切的。每个人的劳动既是为了自身的发展，又是为了他人和社会的整体进步。人的社会价值和个人价值合二为一，使得人成为社会主体的人，社会成为人人发展的社会。在每个人各尽所能前提下的需要，是人的物质、精神、文化、心理等各个方面需要的总和，最大程度地体现了人的社会性、能动性，因而确保了人之为人的权利享有。

第三,按需分配为实现人的全面发展提供了重要条件。需要是人的根本特性,也是人的存在和发展的核心因素,更重要的是,它是人的全面发展的基本内容。需要的满足唯有通过社会生产得以实现。社会的产品能够实现按需分配,在客观上不仅表明社会对人的需要的尊重,而且标示社会发展确实是为了人的发展。这在根本上克服了按劳分配的局限性。按劳分配着重于人的自然性需要,社会是为了生产而生产,即生产是目的,人本身是手段;按需分配,注重于人的社会性需要,为了发展而生产,即社会发展是目的,生产本身是手段。因而,按劳分配尊重人权,主要是尊重所有人的生存权;按需分配尊重人权,更重要的是尊重每一个人的发展权和享受权。故此,按需分配更符合人权要求,为实现每个人的全面发展提供了更为重要的现实条件。

可见,只有社会的发展能够为每个人的平等生存和自由发展提供充分条件,整个人类的发展和每个个人的发展相统一时,这样的社会才是公正的。这到共产主义才会成为现实。通过社会主义的长期建设和发展,人类最终将实现人人"按需分配"的共产主义。

必须指出的是,按劳分配与按需分配虽然有着不同的公正性维度,但都标示着人类社会公正发展的根本趋势,二者相较于以往私有制社会先后呈现的那种按地位分配、按权力分配、按资本分配等分配方式要进步得多,能够不断促进人的全面发展。而且,按劳分配与按需分配是彼此联结的。在共产主义社会公正发展的历史长河中,按劳分配是按需分配的必要准备,按需分配是按劳分配的必然结果。割裂人类公正发展的阶段性和过程性,实现社会公正只会陷入空想的乌托邦。同时,在人类发展的特定时期,社会公正是具体的、历史的。在阶级社会中,社会公正还具有阶级性。"公平则始终只是现存经济关系的或者反映其保守方面、或者反映其革命方面的观念化的神圣化的表现。希腊人和罗马人的公平认为奴隶制度是公平的;1789年资产者的公平要求废除封建制度,因为据说它不公平。……所以,关于永恒公平的观念不仅因时因地而变,甚至也因人而异"①,马克思恩格斯这一论述对于说明社会公正"因时因地而变,甚至也因人而异",同样也是适用的。

---

① 《马克思恩格斯文集》第3卷,北京:人民出版社2009年版,第323页。

　　共产主义公正相对于以往阶级社会、尤其指资本主义社会来说，是人类最为理想的目标。但是，人类追寻公正的过程，就是人类社会由落后到发达、由不合理到合理的无限发展过程，因而，共产主义决不会终止人类对社会公正的追求，这就是说，共产主义公正社会本身是一个不断发展、不断深化的过程。即便实现了共产主义社会，人类还会产生新的社会公正追求。社会公正发展的理想境界是历久弥新的。

　　行文至此，有必要强调的是，前文所提及的英美分析马克思主义的"马克思赞成正义"和"马克思反对公正理念"之争，实质上就是一场如何看待马克思社会公正观理论基础的争论。无论对马克思社会公正思想持赞成意见抑或反对意见，其共同缺陷都在于：误读了历史唯物主义，误解了马克思的社会历史观。因为，持赞成意见者侧重于挖掘马克思社会历史观的伦理价值，并试图重建马克思主义的道德基础；持反对意见者致力于挖掘马克思思想中的科学价值，揭示马克思社会历史观的"历史必然性"规律。在根本上，它们是西方历史上的"人道主义的马克思"与"科学主义的马克思"之争在公正问题上的具体表现和延伸。进一步而言，作为科学的社会历史观，历史唯物主义有其自身的特点，它对社会发展之科学性的探求中蕴含着价值性的诉求，强调合目的性与合规律性的统一，表现在方法上就是重视历史尺度与价值尺度、科学理性与价值理性的统一。这也就是说，马克思的社会历史观是其社会公正思想的理论基础，马克思的社会公正思想是其社会历史观的价值诉求，割裂二者的内在关系，就会陷入将马克思社会公正思想虚无化、抽象化，甚至神秘化的境地。

　　总之，马克思社会公正思想以唯物史观为理论根据，因而能够在人类思想史上首次科学揭示社会不公的产生根源和实现公正社会的历史必然性。立基于唯物史观的马克思社会公正思想，与马克思的整个学说一样将不断得到人们的坚持和发展。

第二章 马克思社会公正思想
的形成过程

马克思社会公正思想是马克思作为马克思主义者的社会公正观。马克思的马克思主义世界观的形成有一个过程。与此相应,马克思社会公正思想也经历了一个形成过程①。即从理想主义公正观到理性主义公正观,再到人本主义公正观,最后形成了历史唯物主义公正观。

一、理想主义公正观

1835年夏至1841年春,大体是马克思形成理想主义②公正观的阶段。

理想主义公正观,是指马克思在西方传统理性主义、德国康德和费希特自由思想以及黑格尔辩证法精神的影响下,对人类幸福和人性自由的一种希冀和追求。此时的马克思力求通过博览群书探寻人生梦想,希望以理想中的"应然"来关切现实生活的"实然"。这里所谓的"理想主义",标示学生时代的马克思对"应有"和"现有"矛盾的反思,借助初步的人生目标去回应现实生活所面临的问题,诸如职业选择与人类幸福的关系、人

---

① 当代西方学者对此方面的误读尚存在,如意大利学者德拉–沃尔佩在《卢梭和马克思》一书中探寻马克思和卢梭的之间联系的同时,过度否定了马克思与黑格尔之间的思想联系。加拿大皇家学会的凯·尼尔森认为马克思恩格斯在平等、正义等问题上的论述,往往是出于当时论战的需要,因而没有系统提出自己的正义观。(参见黄继锋主编:《马克思主义基本原理在当代西方》,北京:中国人民大学出版社2013年版,第274、281页。)这些见解都是不符合事实的。

② 这里的"理想主义",展示的是马克思中学学习以及大学求读期间对腐朽旧势力的反抗精神和疾恶如仇的正直襟怀,对真理和美好事物的执着追求以及抨击邪恶、针砭时弊的战斗风格。尽管学界对此时期马克思思想评价不一,但我们不能忽视马克思中学毕业作文以及博士毕业论文的社会观照态度,这些应该成为马克思社会公正思想发展历程中的一个重要阶段。

的自我意识与思想自由的关系,等等。尚未投身社会实践活动的马克思对社会公正的初步思考,是与自己的成长环境及其思想熏陶分不开的。

从马克思的成长环境来说,家庭、学校、社会等各个方面为学生时代的马克思树立理想主义的人道情怀奠定了现实基础。具体而言:其一,在家庭方面,马克思出生在一个有教养的家庭,父亲是一个主张资产阶级自由主义的进步律师(曾期望马克思将来和他一样,做一名富有同情心和正义感的律师)①,一直非常关注马克思在精神上的健康成长,他以高尚的道德情操和开明的自由精神培育、影响了马克思的思想与性格。其二,在邻里方面,马克思上小学时的邻居冯·威斯特华伦先生经常给儿时的马克思朗诵富有古希腊罗马文化和浪漫主义文学底蕴的诗歌,讲述法国空想社会主义者圣西门、傅立叶等人的思想,从而培育了马克思的正直情怀。其三,在学校方面,马克思求学的特利尔中学有一批民主派的优秀教师,同时,法国革命等社会事件的余波也不时波及他的校园生活,促使少年马克思养成用所学知识积极评论现实的风格。进入大学以后,马克思系统接触了富有理性传统的德国古典哲学,吸取了康德、费希特、谢林等人的自由思想。其四,在社会方面,马克思所在的家乡特利尔城由于受法国大革命影响,自由主义、人道主义和启蒙思想较早地在这里广为流传,自由、平等、博爱等观念深入人心。在这种文化氛围的陶冶中,马克思最初能够以人性自由等思想来表达自己的社会公正追求。

柏林大学期间的学习促进了马克思对大量的人生问题进行积极思考,马克思社会公正诉求与马克思人生理想融为一体。马克思所接触到的康德和费希特的自由原则以及黑格尔的辩证法精神成为马克思对人生幸福、人性自由等问题进行探索的哲理基础。康德、费希特哲学的一个重要特点,是崇尚自由。在康德看来,自由是每个人与生俱来的特性,这种自由主要指意志自由、道德自由。费希特继承和发展了康德重视自由的思想,但与康德强调意志自由不同,费希特更注重自我自由,认为自我自由是全部理性的唯一条件,是人的主体能动性的外在表

---

①　在西方,正义与法律有相互贯通之处,详见本书导论中的说明。尽管马克思后来没有以律师为职业,但通过父亲的为人处事还是将正义与法律紧密地对接起来。比如,《莱茵报》期间的马克思对法律及其公正性有着如此深刻性的解读:"如果认为在立法者偏私的情况下可以有公正的法官,那简直是愚蠢而不切实际的幻想! 既然法律是自私自利的,那么大公无私的判决还有什么用处呢? 法官只能一丝不苟地表达法律的自私自利,只能无所顾忌地运用它。在这种情况下,公正是判决的形式,但不是判决的内容。"(《马克思恩格斯全集》第1卷,北京:人民出版社1995年版,第287页。)

征。总体上,康德、费希特哲学有一个明显的特点,即把"应有"和"现有"、理想和现实对立起来,用"应有"批判"现有"、用理想批判现实。马克思一开始的法学研究和文学活动就采用了这种方法——以"应有"批判"现有",但是,最终显得空洞而无内容。由此马克思逐渐意识到:"康德和费希特喜欢在太空遨游,寻找一个遥远的未知国度,而我只求能真正领悟在街头巷尾遇到的日常事物!"①在亲身体验柏林大学黑格尔学派和历史学派的激烈论争之后,马克思发现,必须获得一种能更加合理解释现实的哲学世界观,才有可能在法学或其他研究领域取得真正的突破。1837年夏天,不到20岁的柏林大学学生马克思,"从头到尾读了黑格尔的著作,也读了他大部分弟子的著作"②。他在黑格尔哲学中找到了比较好的消泯客观现实和精神现实、应有和现有之间矛盾的办法。因此,黑格尔哲学就成为他此时思想的暂泊地,他由康德、费希特哲学转向了黑格尔哲学。通过参加青年黑格尔派的活动,马克思既深刻地认识到黑格尔辩证法思想的革命性,又清醒地体悟到黑格尔调和哲学和宗教的妥协性。因此,借助黑格尔的理性辩证法和青年黑格尔派的自我意识哲学作为思想武器是时代提供的契机。在这种思想历程中,马克思系统研究了古希腊晚期的伊壁鸠鲁主义、斯多葛主义和怀疑论哲学。通过研究,马克思认为,希腊哲学在亚里士多德以后的发展和黑格尔以后的青年黑格尔运动有着惊人的相似:在这两个时期,个性自由和自我意识都成了时代精神的体现。由此,马克思断定自由思想和自我意识哲学是人们争取自由和解放的时代精神的体现。

马克思理想主义公正观的具体内容可以简要地概括为这样相互关联的两个方面:追求人类幸福是人的天性;自我意识的本性是自由。前者主要表现在马克思的中学毕业作文《青年在选择职业时的考虑》之中,后者集中于马克思的博士毕业论文《德谟克利特的自然哲学和伊壁鸠鲁的自然哲学的差别》里。

(一)追求幸福是人的天性

为人类幸福而工作的价值理想是《青年在选择职业时的考虑》一文的

---

①《马克思恩格斯全集》第1卷,北京:人民出版社1995年版,第736页。
②《马克思恩格斯全集》第47卷,北京:人民出版社2004年版,第15页。

中心内容,有学者如此评述马克思的这篇自由命题作文:"基本思想还是启蒙主义的"、"展示了人生志向和幸福观"①。马克思超越对地位、功利的追求,把思想的着眼点投放到人类幸福与自身的完善上,并以此来体现人类的地位和尊严。他认为,人类的幸福和自身的完善不是相互对立的,而是相互贯通的。马克思明确把这种认定视为"人类的天性"使然。以"人类的天性"为逻辑基点,显示了马克思对"应有"人生职业选择公正与否的一种追问:

其一,人的尊严体现在为人类工作的职业选择中。马克思指出,人的天性显示人是社会的人,一个有用的人是能够完成自己使命(即使人类和他自己趋于高尚)的社会成员。能使我们获得最高尊严的职业也就是一种能给我们提供最广阔的场所来为人类工作的职业。尽管人类的幸福和每个人自身的完美是两种利益,但"不应认为,这两种利益会彼此敌对、互相冲突,一种利益必定消灭另一种利益"②。个人价值和社会价值可以统一起来,一个人只有选择为人类的幸福而工作的职业,他才会真正使自身得到完美。这就是说,个人利益与社会利益会发生矛盾,在这种情况下,为了社会利益而牺牲个人利益是必要的,为社会奋斗的人生才是有意义的人生。

其二,全人类的幸福是每个人职业选择的价值目标。马克思以强调的语气选用了三个短语——"最伟大的人物"、"最幸福的人"、"最能为人类而工作的职业",也就是说,选择了最能为人类而工作的职业的人,就是最伟大的人物,就是最幸福的人。他说:"在选择职业时,我们应该遵循的主要指针是人类的幸福和我们自身的完美。""人类的本性是这样的:人们只有为同时代人的完美、为他们的幸福而工作,自己才能达到完美。如果一个人只为自己劳动,他也许能够成为著名的学者、伟大的哲人、卓越的诗人,然而他永远不能成为完美的、真正伟大的人物。历史把那些为共同目标因而自己变得高尚的人称为最伟大的人物;经验赞美那些为大多数人带来幸福的人是最幸福的人。""如果我们在选择了最能为人类而工作的职业,那么,重担就不能把我们压倒,因为这是为大家作出的牺牲;那时我们所享受的就不是可怜的、有限的、自私的乐趣,我们的幸福将属于千百万人,我们的事业将悄然无声地存在下去,但是它会永远发挥作用,而

---

① 孙伯鍨:《探索者道路的探索》,南京:南京大学出版社2002年版,第51页。
②《马克思恩格斯全集》第1卷,北京:人民出版社1995年版,第459页。

面对我们的骨灰,高尚的人们将洒下热泪。"①可见,马克思把个人的职业选择与全人类的幸福紧密地联系在一起,表现出他献身人类事业的忘我精神境界。

应该说,马克思此时对社会公正问题的思考还是非常朦胧的,只是一种强调个人在道德上的自我实现的启蒙世界观表现,是人生理想与现实关切相结合的初步展示,换言之,马克思此时的社会公正追求还是素朴道义论的人类幸福遐想,他的这一思想在其博士论文中则得到了深化。

(二)自我意识的本性是自由

在深刻阐发黑格尔辩证法思想的基础上论证自我意识的独立性和能动性是马克思博士论文的主题。在博士论文中,马克思吸取了西方传统自由思想,并借助黑格尔的辩证发展观,认为哲学具有争取自由和解放的时代精神的本质,力求从自我意识和精神自由的角度来解答当时德国的政治和社会生活问题。显然,马克思此时的理想主义公正观有着转向社会现实的倾向,相较于自己在中学时期的社会理想向前跨越了一步:

第一,人的自我意识是自由的。伊壁鸠鲁哲学坚持反神论的立场。其针对当时人们对天体的恐惧和迷信思想,认为原子不仅是万物的本原,而且是自我意识的原型和象征。马克思因此认为,伊壁鸠鲁的唯物主义原子论体现了人类自由。基于此种认识,马克思运用黑格尔的辩证法,把伊壁鸠鲁分散的、不系统的思想发展为一种完整的体系。他从世界的本质(原子)开始,通过原子的直线运动——偏斜运动——排斥运动等辩证环节,把本质的世界、现象的世界、感性个别的自我意识统一起来,构造了关于宇宙的辩证发展的完整思想。在他看来,这一辩证发展过程的核心——偏斜运动赋予了自我意识以绝对性和自由。根本而言,伊壁鸠鲁的这一无神论思想适合马克思批判封建专制制度的精神支柱——宗教神学的需要。所以,在博士论文的序言中,马克思鲜明地表述了自己的战斗无神论思想:"哲学并不隐瞒这一点。普罗米修斯的自白'总而言之,我痛恨所有的神'就是哲学自己的自白,是哲学自己的格言,表示它反对不承认人的自我意识是最高神性的一切天上的和地上的神。不应该有任何神同

---

①《马克思恩格斯全集》第1卷,北京:人民出版社1995年版,第459页。

人的自我意识相并列。"①这就是说,马克思指明人因有自我意识而自由,主张用"自我意识"哲学去反对"一切天上的和地上的神"。当时的德国,宗教神学是封建制度的精神支柱和压制自由的重要力量,因此,要反对封建专制制度就必须反对宗教神学。借助伊壁鸠鲁的原子世界,马克思的博士论文展现了一幅追求人的价值、尊严、自由与平等的图景。"痛恨所有的神",说明马克思已经开始把目光投到宗教观念同现实世界的联系上来了。马克思因而反对宗教,反对宗教对哲学和个人的压制,要求把人从宗教的束缚下解放出来,认为人的自由不仅是内在的,也是外在的,不仅在于自主精神活动,也在于自主精神活动所赖以实现的基础和条件。

第二,人应该在同周围现实的关系中获得自由。虽然借助伊壁鸠鲁哲学表达了自己崇尚自由的理想,但马克思并不赞成伊壁鸠鲁把自由理解为脱离现实世界的自我意识的心灵宁静的看法。马克思创造性地指出,不能抽象地理解自由,不能通过把人同周围环境分开并把二者绝对对立的办法来实现自由。只有不把人看做是抽象的个别性,而是从人同周围环境的密切联系和相互作用中来考察人的时候,自由问题才能得到解决。因而,马克思声称"在自身中变得自由的理论精神成为实践力量,作为意志走出阿门塞斯冥国,面向那存在于理论精神之外的尘世的现实,——这是一条心理学规律"②。这表明马克思具有开拓性的变革精神。换句话说,马克思在博士论文中已开始把人同周围环境的关系作为研究的重要问题,并认为只有通过改变周围环境才能实现自由。可以说,马克思追求人性自由的思想为他日后直接投身政治斗争奠定了思想基础。

必须指出的是,马克思在其博士论文中所论证的"自由",还是一种自我意识的自由,是隐含在人的精神世界中的自由,强调的是观念的自主性(即普罗米修斯式的精神自由),始终依附于自我意识,以自我意识为载体。

因而,学生时代的马克思当时尚没有正式进入社会实践活动,并不了解实现社会公正的客观物质基础,只能把它归结为自我意识的自由本性,还不知道人究竟通过什么中介同周围现实发生关系,也不清楚周围环境具体地包括哪些内容。这使得他的社会公正思想具有抽象性,还只是对

①《马克思恩格斯全集》第1卷,北京:人民出版社1995年版,第12页。
②《马克思恩格斯全集》第1卷,北京:人民出版社1995年版,第75页。

人类生活"应有"状态的一种初步发问。换句话说，马克思初步借用哲学理念对社会公正的探究，是建立在对人类自由本性信仰的基础之上的，其所体现的社会公正思想充满学究气，在根本上是在理想的天空寻求社会公正的路途。

二、理性主义公正观

1842年初至1843年初，大体是马克思的理性主义①公正观阶段。在此阶段，黑格尔的理念论哲学是马克思进行民主主义斗争的主要思想武器。走向社会实践后的马克思站在激进的资产阶级民主主义立场上，借助黑格尔的唯心主义辩证法思想强烈地批判了封建专制统治，论证、呼吁人的自由、独立和解放，表达了对劳动人民命运的深切关注和同情。

理性主义公正观，即以实现资产阶级人权为公正尺度的理论观点，认为只要建立人人平等的理性王国，崇尚人民自由的精神，就能使人从君权和神权的压迫下解放出来。

理性主义公正观的提出可追溯到18世纪的启蒙思想家。这些思想家以孟德斯鸠、卢梭为代表，为了反对封建阶级和教会的黑暗统治，他们用人权反对教会的神权，用平等反对封建阶级的特权，用正义抨击封建阶级和教会的横征暴敛，用理性自由和真理面前人人平等批判中世纪的教条。恩格斯曾高度评价他们是为18世纪革命的到来启发过人们头脑的伟大人物，认为现代社会在理论形式上最初表现为这些启蒙学者"所提出的各种原则的进一步的、据称更彻底的发展"②。启蒙思想家所提出的永恒正义、基于自然的平等以及不可剥夺的人权等各种理性原则启发了黑格尔。

---

① 在中国传统社会，"理性"更多地是指伦理道德观念。而在西方古代社会，"理性"源出于逻各斯(logos)和奴斯(nous)这两个词。这两个词所表达的既是客观宇宙法则，又是一种高级的认识能力。到了西方近代社会，理性本身及理性原则——如自由、平等、正义等被明确定义为世界的本质，黑格尔宣称："理性与自由永远是我们的口号。"(苗力田主编：《黑格尔通信百封》，上海：上海人民出版社1981年版，第38页。)我们此处所言说的"理性主义"是指以黑格尔理念论哲学(即主张万事万物是理念的分有)为理论前提的一种社会价值诉求，认定国家、法等一切社会制度都是理性这种普照之光的派生物，反过来，国家和法等社会设施应该关照和维护人民的权利和利益。

②《马克思恩格斯文集》第3卷，北京：人民出版社2009年版，第523页。

黑格尔崇尚理性主义,用理性崇拜代替神的崇拜。在黑格尔看来,理性即自我意识,自我意识的本性是崇尚自由,自我意识生生不息、不断演绎,成为世界发展的决定力量,因而实现人的自由是世界历史发展的真谛。青年黑格尔派反对黑格尔调和哲学和宗教的思想,坚决用自我意识去批判宗教,否定神的作用,肯定人的作用。这样,形成了在黑格尔那里集中体现出来,而在青年黑格尔派那里得到发展的崇尚人的自由、平等精神的理性主义公正观。

马克思在对黑格尔哲学的批判中逐渐接受了理性主义公正观。黑格尔指出,世界万物不过是自由观念的发展,也必将是一个历史过程。这样,他提出了探究人们的思想动机后面的更为深刻的历史动力问题,并把它们归结为贯穿在人们的历史活动之中但存在于人们意识之外的"理性"的辩证运动。黑格尔还进一步指出,自由之成为现实乃是理性的绝对目的,国家作为普遍性和特殊性的统一也就是自由的实现。马克思由此所得到的启示是,"必须从对象的发展上细心研究对象本身,而决不允许任意划分;事物本身的理性在这里应当作为一种自身矛盾的东西展开,并且在自身中求得自己的统一"①。青年黑格尔派强调黑格尔哲学的自我意识和理想自由,通过对宗教和专制主义的批判而提出了对现存社会的改造问题。这一点直接影响了走向社会的马克思。对旧制度不妥协的革命立场和对社会下层人民的深情关切,需要马克思深入探索根本改造现实社会政治的道路,但黑格尔哲学并不从现实的物质关系出发,它仅仅把精神看做是世界的"本质",这就导致把改造世界的现实问题变成绝对精神实现自身的思辨问题。直面社会现实的马克思逐渐遇到了革命民主主义的政治立场和青年黑格尔派的唯心主义哲学之间的对立。在克服这种对立的过程中,在批判地吸取黑格尔理念论哲学的基础上,马克思逐步展示出自己的理性主义公正观。这一思想历程在《莱茵报》时期得到了体现。

《莱茵报》期间,马克思主要遇到三个最实际的问题:关于书报检查和出版自由的问题、关于林木盗窃法的辩论以及摩泽尔河沿岸农民的贫困问题。马克思通过研究这些重大现实问题,使得自己的思想较先前有了很大的变化,既看到了物质利益在历史活动中的作用,又看到了等级差别的客观存在;既看到了法的客观性,又看到了社会关系对人的独立性、客观性。总

---

① 《马克思恩格斯全集》第47卷,北京:人民出版社2004年版,第8页。

体上,《莱茵报》时期的马克思把理性看成世界的本质,试图从理性出发去说明一切事物和现象,他的自由观是理性自由观,他的国家观是理性国家观。

（一）国家是绝对理性的象征

根据黑格尔的理念论哲学,马克思认为,"国家应该是政治理性和法的理性的实现"①。在标志马克思"作为革命民主主义者开始了政治活动"②的《评普鲁士最近的书报检查令》这一政论文章中,马克思揭露了官方所颁布的书报检查令的伪善本质,即书报检查法的目的不是要保障国家公民在法律面前的平等地位,而是要维护反动势力的利益。马克思进而论述了实行新闻出版自由的必要性,即出版自由就是人们探讨真理的自由,出版物的任务只在于体现真理,人们对真理的自由探讨是人的精神自由所决定的。借助书报检查令,普鲁士政府把反动统治者的观点和要求提升为法律,以压制广大人民群众的言论自由。因此,普鲁士封建制国家是和人民根本对立的。马克思得出结论说:"整治书报检查制度的真正而根本的办法,就是废除书报检查制度。"③这就是说,书报检查所产生的恶果不应归咎于政府和官员的不法行为,而是书报检查制度本身的必然痼疾,是不合理的封建专制的伴生物,因此,现实的普鲁士国家决不是理性和道德的国家,而是需要彻底改造的非理性的基督教国家。同样,当法庭在审判"林木盗窃案"过程中站在林木占有者的立场上说话时,马克思愤怒地斥责道:"这种把林木所有者的奴仆变为国家权威的逻辑,使国家权威变成林木所有者的奴仆。整个国家制度,各种行政机构的作用都应该脱离常规,以便使一切都沦为林木所有者的工具,使林木所有者的利益成为左右整个机构的灵魂。一切国家机关都应成为林木占有者的耳、目、手、足,为林木占有者的利益探听、窥视、估价、守护、逮捕和奔波。"④国家不应该这样! 国家应当是理性的体现,应当为一切人服务而不应为林木占有者的私人利益服务。如果法庭(国家的代表)实际上成为为私人利益服务的工具,那么

①《马克思恩格斯全集》第1卷,北京:人民出版社1995年版,第118页。
②《马克思恩格斯全集》第1卷,北京:人民出版社1995年版,第1008页。
③《马克思恩格斯全集》第1卷,北京:人民出版社1995年版,第134页。
④《马克思恩格斯全集》第1卷,北京:人民出版社1995年版,第267页。

真正的国家就应当大声疾呼："你的道路不是我的道路,你的思想不是我的思想!"①这样的国家就应当灭亡:"正像在自然界中,当某种存在物完全不再符合自己的使命时,解体和死亡就会自然到来一样,正像世界历史会决定,一个国家是否完全同国家观念相矛盾,以致不值得继续存在一样……它的存在仅仅是一种假象和骗局。"②在马克思看来,平等、自由也是理性的要求,是"理性的普遍阳光所赐的自然礼物"③,真正的国家、社会就应当体现平等和自由。但是,莱茵省法庭在审判"林木盗窃案"时,没有把大小公民一律看待,偏袒大公民(林木占有者),这是违背国家的理性本质的,是不公正、不平等的。

(二)出版自由是公民的权利

在马克思看来,理性、精神自由和出版自由是一致的。由于理性是独立于任何个人而存在的客观真理,因此它不属于任何人所专有,是普遍的。然而,书报检查制度却把出版自由限制在少数书报检查官身上。对此,马克思义正词严地批判道:"你们赞美大自然令人赏心悦目的千姿百态和无穷无尽的丰富宝藏,你们并不要求玫瑰花散发出和紫罗兰一样的芳香,但你们为什么却要求世界上最丰富的东西——精神只能有一种存在形式呢?我是一个幽默的人,可是法律却命令我用严肃的笔调。我是一个豪放不羁的人,可是法律却指定我用谦逊的风格。一片灰色就是这种自由所许可的唯一色彩。每一滴露水在太阳的照耀下都闪烁着无穷无尽的色彩。但是精神的太阳,无论它照耀着多少个体,无论它照耀什么事物,却只准产生一种色彩,就是官方的色彩!精神的最主要形式是欢乐、光明,但你们却要使阴暗成为精神的唯一合适的表现;精神只准穿着黑色的衣服,可是花丛中却没有一枝黑色的花朵。精神的实质始终就是真理本身,而你们要把什么东西变成精神的实质呢?谦逊。……精神的谦逊总的说来就是理性,就是按照事物的本质特征去对待各种事物的那种普遍的思想自由。"④限制自由的

---

①《马克思恩格斯全集》第1卷,北京:人民出版社1995年版,第261–262页。
②《马克思恩格斯全集》第1卷,北京:人民出版社1995年版,第348页。
③《马克思恩格斯全集》第1卷,北京:人民出版社1995年版,第163页。
④《马克思恩格斯全集》第1卷,北京:人民出版社1995年版,第111–112页。

出版法、书报检查制度都应当废除。马克思所要争取的出版自由是人民的思想自由,是人民的权利。马克思在《莱茵报》上发表的《第六届莱茵省议会的辩论(第一篇论文)》一文,已明确把理性具体化为"人民精神"。尽管这时他对"人民"一词的理解还比较空泛,但已不是抽象的客观精神或人类精神,而明确是指大多数人,尤其是广大贫苦阶层。马克思通过考察发现,各个社会等级是从自身的利益来看待出版自由的。诸侯等级极力维护书报检查制度;贵族等级极力为书报检查制度辩护;市民等级把出版自由仅仅解释为新闻职业的自由;农民等级在维护新闻出版自由时捍卫了普遍利益。因而,上层等级捍卫的是私人利益,只有贫苦的劳动群众捍卫了普遍利益。马克思由此断定,理性自由的支柱不存在于权贵中,而存在于受压迫的劳动人民中。马克思还进一步提出自由报刊应具有人民性,代表人民精神的观点,认为自由报刊是人民精神的洞察一切的慧眼,是人民自我信任的表现,是把个人同国家和世界联结起来的纽带,是人民用来观察自己的一面镜子。在此基础上,马克思把争取出版自由同彻底变革现存社会制度联系起来,认为争取出版自由不仅要废除书报检查制度,而且要从根本上变革现存的等级代议制。

可以看出,马克思此时期的自由诉求,开始付诸实践。他借助言论自由、出版自由,尤其是哲学的自由(与外部世界对话的自由),去评论社会问题,同当局进行激烈的斗争。在他看来,自由应该是个政治问题。当然,这里的"政治",并不是现实政治,也不是今天人们所谓的与经济、文化等相对应的政治,而是马克思憧憬中的理性政治,即美好的社会秩序。

(三)法权是私人利益的工具

马克思借助理性,论述了物质利益同国家和法的关系,公开捍卫贫苦群众的利益,抨击普鲁士的国家和法律制度。在《关于林木盗窃法的辩论》中,马克思针对普鲁士政府提交省议会通过的一项把未经林木占有者许可在森林中捡拾枯枝的行为以盗窃论罪的法案,从法学角度为政治上和社会上一无所有的贫苦群众辩护。马克思认为,按照黑格尔的理性原则,现代国家是理性的代表,它应该平等地看待它的公民。因此,保护林木占有者的物质利益和保护林木违反者的物质利益是国家和法的公正性的两个基本维度。此时的马克思看到,维护社会公正依赖于对国家和法的改革。然而,现实与理论恰恰相反,在"现实的苦恼问题"面前,他发现国家和法是专门为林木占有者的物质利益服务的。在普鲁士,贫穷的人民历来就有捡枯枝的习惯,而普鲁士法律竟然因为富人的私人利益将穷人捡枯枝的行为当成盗窃。林木占有者的利益成为左右国家和法的幽灵,私人利益操纵了普遍的国家和法,"使国家权威变成林木所有者的奴仆"①,"盗窃林木者偷了林木所有者的林木,而林木所有者却利用盗窃林木者来盗窃国家本身"②。普鲁士的国家和法是由林木占有者的物质利益所控制的。社会现实以强者的利益就是正义的方式冲击着马克思此时的自由观念:原来不是国家和法决定人们的物质利益,而是人们的物质利益决定国家和法。正是维护私人利益、私有财产的自私逻辑,使国家权威变成林木所有者的奴仆,使整个国家制度沦为林木所有者的工具。理性在这里受到了私人利益的莫大戏弄。马克思当时由于缺乏政治经济学的研究,还不可能认识到这内在的根本原因就是经济关系,只是谴责了私有者的贪婪和残忍,而没有否定私有财产本身。也就是说,法权本该作为理性象征保护所有人的利益,现在成为了部分人的利益的工具。其内在原因何在,此时的马克思还无法断定。但国家和法与物质利益关系问题的提出,说明马克思已经觉察到了社会的贫富对立和阶级对立,认识到物质利益的差别使社会划分为不同的等级,对私人利益的考虑支配着人们的思想和行动,也支配着国家官员和立法机关代表的决策行为。

由此,马克思断定法权与利益有内在联系,认为利益机制比人类理性更能决定法权现象的性质和功能。这从他发表在《莱茵报》上的最后一篇文章《摩泽尔记者的辩护》中明显地表现了出来。《摩泽尔记者的辩护》是马克思根据广泛收集的大量文件和资料以及对摩泽尔河沿岸地区农民贫困原因的深入考察写成的。马克思触摸到了隐藏在各种社会关系后面的客观本质,加深了对社会生活和国家问题的理解。他在文章中阐述了一个极其重要的思想:"人们在研究国家状况时很容易走入歧途,即忽视各种关系的客观本性,而用当事人的意志来解释一切。但是存在着这样一些关系,这些关系既决定私人的行动,也决定个别行政当局的行动,而且就像呼吸的方式一样不以他们为转移。只要人们一开始就站在这种客观

①《马克思恩格斯全集》第1卷,北京:人民出版社1995年版,第267页。
②《马克思恩格斯全集》第1卷,北京:人民出版社1995年版,第277页。

立场上,人们就不会违反常规地以这一方或那一方的善意或恶意为前提,而会在初看起来似乎只有人在起作用的地方看到这些关系在起作用。"①这说明,在私人利益和国家的对立中,卑鄙下流的并不总是私人利益。

马克思进而揭示出,摩泽尔地区农民贫困状况同国家管理机构有直接联系。他指明,摩泽尔河岸地区的农民贫困状况同时也就是管理工作的贫困状况,这种贫困状况同时体现了现实和管理原则之间的矛盾。他剖析了普鲁士的官僚等级制度和把公民分为两类即管理机构中积极的、自觉的公民和作为被管理者的消极的、不自觉的公民的原则,揭示了既存在于管理机体自身内部、又存在于管理机体同被管理机体的联系中的官僚关系。这种官僚关系的本质即是,任何官员只服从于上级,只执行早已由上级规定的原则而不能作丝毫改变。在官僚机构和被管理者之间,则存在着一种敌视的关系。任何被管理者对管理状况的不满,都必然归结为他本身不怀好意。这就势必造成治理者和居民之间的尖锐冲突。在这种情况下,要消除冲突,必须借助于第三个因素,这就是自由报刊。可见,虽然马克思初步看到了物质利益必定支配着国家立法活动这一事实,但他一时还不能从中作出相应的革命结论。他只能继续诉诸理性和法,力图从原有的哲学信仰出发去解决理性和现有的矛盾。

马克思在接受黑格尔哲学的过程中发现了黑格尔哲学的弊端,即黑格尔的理性思想无法合理地解释现实社会的法律和经济问题的矛盾。为走出思想上的困惑,他逐渐开始了新的理论探索,这种探索路向正如恩格斯所总结的:"正是他对林木盗窃法和摩泽尔地区农民处境的研究,推动他由纯政治转向研究经济关系,并从而转向社会主义。"②

起先是马克思怀疑黑格尔进而展开批判黑格尔的法哲学思想。在《黑格尔法哲学批判》中,马克思通过对黑格尔《法哲学原理》的深入研究和批判,阐释了王权、行政权、立法权问题以及君主制和民主制、君主主权和人民主权的矛盾问题,奠定了社会公正思想的市民社会基础。这是马克思思想发展的一个重要转折。后来马克思回顾自己这一时期的思想时写道:"我的研究得出这样一个结果:法的关系正像国家的形式一样,既不能从它们本身来理解,也不能从所谓人类精神的一般发展来理解,相反,它们根源于物质的生活关系,这种物质的生活关系的总和,黑格尔按照

①《马克思恩格斯全集》第1卷,北京:人民出版社1995年版,第363页。

②《马克思恩格斯全集》第1卷,北京:人民出版社1995年版,第10页。

18世纪的英国人和法国人的先例,概括为'市民社会',而对市民社会的解剖应该到政治经济学中去寻求。"①对此,恩格斯也指出:"黑格尔的思维方式不同于所有其他哲学家的地方,就是他的思维方式有巨大的历史感作基础","这个划时代的历史观是新的唯物主义观点的直接的理论前提……马克思过去和现在都是唯一能够担当起这样一件工作的人,这就是从黑格尔逻辑学中把包含着黑格尔在这方面的真正发现的内核剥出来,使辩证方法摆脱它的唯心主义的外壳并把辩证法在使它成为唯一正确思想发展形式的简单形态上建立起来。马克思对于政治经济学的批判就是以这个方法作基础的。"②这就是说,此时期马克思世界观的转变与马克思对黑格尔法哲学的批判是同步进行的,而对黑格尔法哲学的批判又构成了马克思资本主义政治经济学批判的理论前提。

随后,在《论犹太人问题》一文中,马克思接受了费尔巴哈哲学人本学的人道主义原则,区分了人权与公民权。公民权指政治自由,自由权是每一个公民应该具有、然而在现实中还不具有的基本自由,因此需要在现实的经济和阶级斗争中实现和确定公民的政治自由。即马克思认为自由是人们争取结果而非天赋的权利,只有摆脱各种限制和束缚,争取自由的独立和解放,作自己的主人,人才拥有自由。与之不同,"人权"即一般的规定,国家公民的普遍权利。实际上它无非是市民社会成员的权利,即脱离了人的本质和共同体的利己主义的权利。他第一次对无产阶级的权利要求作了较为充分的论述,从中看到了探索人的解放问题的新思路。在《〈黑格尔法哲学批判〉导言》中,马克思指出,哲学把无产阶级当做物质武器,而无产阶级把哲学当做精神武器,宣布向旧社会制度开火,这已不是纯粹的诉诸理性的批判,而是开始争取武器的革命。马克思因而表现出日益鲜明的无产阶级社会公正观的倾向。这就是说,随着对黑格尔理念论哲学批判性认识的深化,马克思把对社会公正问题的理解逐渐上升到新境界。

总之,马克思理性主义公正观具有明显的黑格尔主义色彩,体现的是一种唯心主义历史观。应当指出的是,马克思对普鲁士封建专制制度的批判,为其以后对资本主义制度的批判打下了基础;他对劳动人民命运的关切和同情,也为其以后进一步转向无产阶级、共产主义立场准备了条件。

①《马克思恩格斯全集》第31卷,北京:人民出版社1998年版,第412页。

②《马克思恩格斯选集》第2卷,北京:人民出版社1995年版,第42—43页。

三、人本主义公正观

1843年初至1844年底，大体是马克思的人本主义公正观阶段。人的生存状况是马克思关注的中心问题。在这当中，对现实社会的批判和对人类命运的关心是相辅相成的。此阶段，马克思借助费尔巴哈抽象人本学的思想，提出"劳动异化"及其扬弃的理论，对资本主义社会中人剥削人、人压迫人的不公社会现实进行了尖锐揭露和批判，对处于悲惨境遇的工人阶级给予了深切关怀，指明工人阶级解放的唯一出路就是扬弃异化劳动，即达于共产主义的前景。显然，马克思此时在政治上已确立了无产阶级、共产主义的立场。

人本主义公正观是以"抽象的人"为公正尺度的理论观点，主张用"人"取代"神"，扬弃人的异化，树立人的尊严，实现人的解放。马克思人本主义公正观的提出是以德国古典哲学，尤其是费尔巴哈的人本主义为思想前提的。

人本主义是德国古典哲学中自康德以来而到费尔巴哈那里得以丰富的确立人的共同本质、在抽象的"类"的意义上主张以人为本的精神。人本主义公正观，有两个核心思想：人是目的，人是类存在物。

"人是目的"的论断最初由康德提出。康德极力强调个人的作用，这一点体现在他对国家起源与本质的阐释中，也体现为他对自由的批判性诉求。康德以人性论和社会契约方式说明国家起源。他认为人们在"自然状态"下战争频发，个人占有只是相对的、暂时的、无保证的，人们为了和平，为了自己的占有是绝对的、长久的和有保证的，便通过契约抛弃了以私利为基础的自然状态，进入以公共承认的法律为行为准则的文明社会即国家状态。因此，国家的目的就是保证个人的安全与占用。康德主张一个国家公民状态是建立在如下诸原则之上：(1)社会中的每一个分子，作为人是自由的。(2)社会中的每一个分子作为臣民及其相互关系都是平等的。(3)一个普通整体中所有公民，都是独立的。对康德来说，国家不过是一种共同的权力，其目的是使私人活动保持和谐。国家为公民、社会提供自由和法律，使人们的共同生活成为可能。国家能够提供一个有序的社会,在这个社会中,人们可以以自己认为合适的方式追求自己的利益。可见,人是目的,意味着人人一律平等,"表达了康德对人的尊重,反映出德国资产阶级向封建统治者要求独立、自由、平等的进步愿望,喊出了反对封建专制的革命呼声,包含着资产阶级人权、民主的内容"。①在康德之后,费希特、谢林和黑格尔在一定意义上都指认,人作为有理性的生物,自由是其本质。自由即人的自决、自立和自律,未来社会应该是人人平等、人人自由,全体社会成员共同完善、和谐一致的场景,因而无不强调人的独特的尊严和价值。

到了费尔巴哈那里,"人是目的"的思想进展到"人是类存在物"的观点。费尔巴哈主张人在道德上所赢得的价值和尊严,主要来自人的区别于动物的"类"的本质,即理性、意志和爱。费尔巴哈在反对宗教,反对黑格尔思辨哲学的斗争中,以人来代替自我意识,以人的本质来代替神的本质,重新确立了人在哲学中的地位。具体言之,费尔巴哈用具体的、感性地存在着的人取代了抽象的自我意识,确立了人在社会中的主体地位,不仅把人看做是自然存在物,而且把人视为相互需要和喜爱交往的社会的存在物。这就是,针对黑格尔把"绝对精神"当做绝对主体的唯心主义,费尔巴哈明确提出"主体是人"的唯物主义观点,他宣称"新哲学将人连同作为人的基础的自然当做哲学唯一的,普遍的,最高的对象——因而也将人本学连同自然学当做普遍的科学"②。这就是说,费尔巴哈从自然主义出发,假定人有一种自然存在的或先在具有的使人作为人而存在的"类本质",在宗教观念的影响下,人把自己的本质给了上帝,自己成为上帝的奴仆,这就是人在宗教中的自我异化。只要消除了宗教观念,就能把人的类本质还给人自己,人就能真正成为人。费尔巴哈称自己的哲学体系为"人本学",就是为了强调"人"是自然界的一部分,天上的神是人幻想出来的,神的规定性是人的规定性。费尔巴哈的人本主义确立了人的无上地位,把上帝人化,把人神化。但是,费尔巴哈既不懂得人们相互之间进行交往的真实基础,也不懂得"社会"一词除了人们的感情联系之外还包括哪些现实内容,他仅仅从人们生理的和情感的需要去理解他们之间的交往。因而,费尔巴哈把人作为出发点,尽管形式上是现实的,但在内容上还是把人视为孤立的人类个体。

---

① 陈闻桐、朱士群:《近现代西方政治哲学引论》,合肥:安徽大学出版社1997年版,第136页。
②《费尔巴哈哲学著作选集》上卷,荣震华等译,北京:商务印书馆1984年版,第184页。

费尔巴哈人本主义对马克思早期思想的影响是明显的。马克思在《德法年鉴》期间往往借用费尔巴哈的一些范畴,诸如"类本质"、"人的本质复归"等来表述自己的共产主义观,以致招来了理论界对自己思想的误解,诚如他所说:"当时由于这一切还是用哲学词句来表达的,所以那里所见到的一些习惯用的哲学术语,如'人的本质'、'类'等等,给了德国理论家们以可乘之机去不正确地理解真实的思想过程并以为这里的一切都不过是他们的穿旧了的理论外衣的翻新。"①可以看出,开始接触费尔巴哈哲学思想的马克思,认为费尔巴哈用现实的肉体的人取代了黑格尔和青年黑格尔派的抽象的自我意识,为德国的哲学思想奠定了唯物主义基础。他高度评价了费尔巴哈:"到底是谁揭露了'体系'的秘密呢? 是费尔巴哈。是谁摧毁了概念的辩证法即仅仅为哲学家们所熟悉的诸神的战争呢? 是费尔巴哈。是谁不是用'人的意义'(好像人除了是人之外还有什么其他的意义似的!)而是用'人'本身来代替包括'无限的自我意识'在内的破烂货呢? 是费尔巴哈。而且仅仅是费尔巴哈。"②受费尔巴哈的启发,马克思认为"我们的全部意图只能是使宗教问题和哲学问题具有自觉的人的形态,就像费尔巴哈在批判宗教时所做的那样"③,因而决定从人本身出发去说明问题。

在费尔巴哈人本主义思想的直接启发下,马克思背叛了原有的资产阶级立场而转到无产阶级立场上来,从批判封建专制制度转向批判资本主义制度,从一般地关心劳动人民转而诉诸无产阶级,并进而成为无产阶级利益的忠实代表。马克思人本主义公正观集中体现在《1844年经济学哲学手稿》(以下简称《手稿》)之中,具体内容有如下两个方面。

(一)异化劳动批判

在马克思看来,人的类本质既不是黑格尔所说的作为绝对观念派生和分有的"自我意识",也不是费尔巴哈所认为的以自然为基础的人的"意志、理性和情感",而是人的"自由自觉的活动",即劳动。人的本质的异化,归根到底是人的劳动的异化。什么是劳动异化? 马克思指

---

①《马克思恩格斯全集》第3卷,北京:人民出版社1960年版,第261–262页。

②《马克思恩格斯文集》第1卷,北京:人民出版社2009年版,第295页。

③《马克思恩格斯文集》第10卷,北京:人民出版社2009年版,第9页。

出:"对于通过劳动而占有自然界的工人来说,占有表现为异化,自主活动表现为替他人活动和表现为他人的活动,生命的活跃表现为生命的牺牲,对象的生产表现为对象的丧失,转归异己力量、异己的人所有。"①即是说,劳动作为人的本质的自由自觉活动,在资本主义雇佣制度下变成了异化了的东西,即异化为奴役和支配人的、与人对立的异己力量。这一异己力量表现在四个方面:其一,从劳动结果看,劳动者同劳动产品相异化。马克思指出,工人的劳动产品不归工人所有,而归资本家所有,并成为资本家进一步剥削和压迫工人的手段。"工人生产的财富越多,他的产品的力量和数量越大,他就越贫穷。工人创造的商品越多,他就越变成廉价的商品。物的世界的增值同人的世界的贬值成正比。"②也就是说,工人生产的产品越多,就越造成资本家的富有,进而在资本家的眼中,工人就越显得贫穷和低贱。马克思由此揭示出财富的积累同人的异化的积累之间的可恶的关联。其二,从劳动过程看,劳动者同劳动活动相异化。按马克思的观点,劳动是人的本质力量对象化的一种活动,是使人的智慧和体力获得发展的一种活动,因而是劳动者感到幸福和愉悦的活动。但是,在异化劳动中,工人不是肯定自己,而是否定自己;不是感到幸福,而是感到不幸;不是自由地发挥自己的体力和智力,而是使自己的肉体受折磨,精神遭摧残。所以,"只要肉体的强制或其他强制一停止,人们会像逃避瘟疫那样逃避劳动。"③其三,从人自身看,人与自己的类本质相异化。在马克思看来,人的类特性是自由自觉的活动。这里说的"自由",是指人对规律的认识和把握,是指人"按照任何物种的尺度来进行生产"的能力;而"自觉"则是指人摆脱了本能冲动和肉体需要的状态以后,能在理性支配下自愿从事某种活动的心理状态。然而异化劳动则使人的自由自觉的特性丧失,变成对人来说是异己的本质,变成维持他的个人生存的手段。其四,从人之间看,人与人相异化。马克思通过对上述劳动者同自己的劳动产品、自己的劳动活动、自己的类本质相异化等方面的分析指出,雇佣劳动所造成的直接后果就是人与人相异化,即他自己所说:"凡是适用于人对自己的劳动、对自己的劳动产品和对自身的关系的东西,也都适用于人对他

①《马克思恩格斯全集》第3卷,北京:人民出版社2002年版,第279-280页。
②《马克思恩格斯全集》第3卷,北京:人民出版社2002年版,第267页。
③《马克思恩格斯全集》第3卷,北京:人民出版社2002年版,第270-271页。

人、对他人的劳动和劳动对象的关系。"①

不能忽视的是,《手稿》中的劳动异化理论,就"思维框架来说,是属于费尔巴哈人本主义的,其出发点和归宿点都是理想化的劳动。但从哲学的理论内容来说,劳动异化这一概念的提出,表明青年马克思已经大大超越了费尔巴哈。"②这表现在:其一,费尔巴哈把人的本质的异化仅仅看成是宗教领域的现象,《手稿》已经把异化现象的认识扩展到资本主义社会的思想文化、政治经济和生产劳动等领域。其二,费尔巴哈用精神原因来说明宗教异化,马克思则用社会物质生产劳动来揭示社会异化的根源,说明马克思初步看到了社会物质关系在社会中的基础地位和作用。其三,从根本上说,马克思的劳动异化理论,剖析了无产阶级和资产阶级的对抗关系,揭示和批判了资本主义社会的不公正,并为消除这种不公正指明了方向。

马克思在对异化劳动进行批判的过程中表达了自己的社会公正诉求:

第一,劳动者过着非人的痛苦生活。国民经济学"从私有财产的事实出发",总是把资本家的利益当做最后根据,断定劳动是唯一不变的物价,是人的能动的财产等,看不到雇佣劳动的剥削本质。马克思则相反,他在肯定劳动伟大作用的同时,又根据"当前的经济事实"揭示出雇佣劳动给劳动者带来的非人化的后果:工人生产了一切财富,自己却一无所有;工人造就了资本主义的繁华,自己却陷入苦难的深渊。这就是说,资本主义社会工人的悲惨生活,不仅仅表现在社会产品的分配中,更为重要的是,体现在生产过程、体现在劳动者和生产的关系中,即体现在"劳动异化"中。马克思坚定地站在工人阶级的立场上,给予处在受奴役地位的无产阶级以深切同情,同时彰显了要对资产阶级的残酷剥削进行严厉控诉。

第二,资本家对工人进行残酷的剥削。在这方面,马克思以资本及其利润为考察的着眼点。马克思初步察觉了资本的秘密,他说:"资本,即对他人劳动产品的私有权。"③即资本家凭借资本能够对劳动及其产品进行绝对统治和支配,能够对工人阶级进行剥削和压迫。处于资本家强迫和压制之下的工人的劳动,给资本家带来的是无穷的富有和欢乐,给工人自

---

① 《马克思恩格斯全集》第3卷,北京:人民出版社2002年版,第274-275页。
② 陶富源:《青年马克思与费尔巴哈》,合肥:合肥工业大学出版社2006年版,第95页。
③ 《马克思恩格斯全集》第3卷,北京:人民出版社2002年版,第238页。

己带来的却是无尽的贫困和痛苦。这说明,在异化劳动中,工人生产出一种与劳动格格不入的属于资本家的残酷剥削关系。资本家成为工人异己的、敌对的强大力量,工人成为资本及其利润的工具、成为工资的奴仆。在此基础上,马克思进而发现工人遭受盘剥是资本主义社会的基本规律,因为在这个社会中,有着产生剥削现象的经济根源。

第三,工人遭受剥削的经济根源是私有制。马克思认为,资本主义雇佣劳动制度与资本主义生产资料私有制有着必然联系,只有把劳动异化理解为私有财产的本质才能说明问题,也就是说,私有财产的起源问题和异化劳动密切相联,二者都是人类发展进程中的不可避免的现象。通过对异化劳动表现特征的考察,马克思揭示了劳动异化和私有财产的相互规定关系。一方面,劳动异化产生私有财产,私有制是异化劳动的必然后果。另一方面,私有制是劳动发生异化的条件,强化着劳动异化。马克思断言:"私有财产的关系潜在地包含着作为劳动的私有财产的关系和作为资本的私有财产的关系,以及这两种表现的相互关系。……劳动和资本的这种对立一达到极端,就必然是整个关系的顶点、最高阶段和灭亡。"①比如,劳动和资本的分离使得人越来越走向自我异化。资本家凭借资本、地产和劳动的分离,追逐一切利润;工人则苦于这种分离,时刻为物质的生活资料而斗争。这样,马克思的考察表明,"劳动异化"与资本主义私有制有着必然联系,即前因后果联系,而私有制直接导致资本主义的阶级剥削和阶级压迫,这种剥削现象的最直观表现就是工人的非人生活。我们可以把马克思的这一逻辑路向归结为:异化劳动→私有制→阶级剥削和压迫→工人的非人生活。由此,马克思在异化劳动批判中第一次揭示了工人遭受剥削的经济根源,为无产阶级消灭资本主义私有制的革命准备了重要理论前提。

(二)异化劳动超越

马克思对人生存状况的关注并没有停留在"非人化"、异化的探讨上,而是作了更为深入的剖析:"我们已经承认劳动的异化、劳动的外化这个事实,并对这一事实进行了分析。现在要问,人怎么使他的劳动外化、异

---

① 《马克思恩格斯全集》第3卷,北京:人民出版社2002年版,第283页。

化？这种异化又怎么以人的发展的本质为根据？我们把私有财产的起源问题变为外化劳动对人类发展的进程的关系问题，就已经为解决这一任务得到了许多东西。因为人们谈到私有财产时，认为他们谈的是人之外的东西。而人们谈到劳动时，则认为是直接谈到人本身。问题的这种新的提法本身就已包含问题的解决。"①马克思由此深刻地揭示了人的生存状况同物质资料占有方式、同社会的生产方式的内在关联，从而把社会改造同人的解放联系起来。在马克思看来，异化劳动构成了资本主义制度发展和灭亡的过程，超越异化劳动是工人阶级解放的根本出路。在《手稿》中，马克思就超越异化劳动的关键、途径和目标等方面进行了初步阐释。具体而言：

第一，超越异化劳动的关键是消灭私有制。私有财产是异化劳动的结果，它也必然随着异化劳动的消亡而消亡。马克思强调："自我异化的扬弃同自我异化走的是一条道路。"②这里的"扬弃"并不是要扬弃劳动本身，而是要扬弃劳动的一定的社会形式即资本主义生产资料私有制，并在此基础上建立共产主义公有制。这就是说，超越异化劳动同消灭资本主义私有制是内在同一的。在马克思看来，蒲鲁东、傅立叶、圣西门等人的粗陋的共产主义，虽然也要求否定私有财产，但只是主张用"普遍的私有财产"去反对个别人的私有财产，企图使人人都成为私有者，没有认识私有财产的本质。所以从实质上看，它们不是要消灭私有财产。马克思认为，私有财产的消灭必须从根本上进行，必须彻底铲除产生私有财产的一切社会关系。无产阶级不是以提高工人工资或保持工资水平等等以实现工人物质享乐的粗俗唯物主义为目标，绝不仅仅是改变私有财产的某些外在形式，所以，要实现包括工人和资本家在内的整个人的社会关系的根本性变革。这样才会真正实现财产占有的公平，达到人们经济地位的平等。

第二，超越异化劳动的途径是工人阶级的政治解放。马克思指出，异化劳动是私有财产的根源这一论断意味着，整个人类奴役制就包含在工人同生产的关系之中，一切奴役关系只不过是这种关系的变形和后果，"社会从私有财产等等解放出来、从奴役制解放出来，是通过工人解放这

①《马克思恩格斯全集》第3卷，北京：人民出版社2002年版，第279页。
②《马克思恩格斯全集》第3卷，北京：人民出版社2002年版，第294页。

种政治形式来表现的。"①这表明马克思已初步从经济学视野将劳动异化理论和社会革命学说结合起来,探讨了无产阶级进行社会革命的历史使命。至于工人解放的具体途径,青年马克思尚处于探索之中,没有匆忙做出结论。但是,关于工人政治解放的大致方式,马克思在《手稿》中做了预设。他说:"整个革命运动必然在私有财产的运动中,即在经济的运动中,为自己既找到经验的基础,也找到理论的基础。"②这意味着,政治革命无论是实践中还是理论上都应该把经济运动当做前提。马克思进而指出:"宗教的异化本身只是发生在意识领域、人的内心领域中,而经济的异化是现实生活的异化,——因此对异化的扬弃包括两个方面。"③也就是说,为了消灭宗教异化和社会上的一切异化现象,就必须通过无产阶级革命消灭私有制。在马克思看来,客观的经济生活即私有财产的运动(包括生产和消费)是生产的普遍规律,而宗教、家庭、国家、法、道德、科学、艺术等等主观领域是生产的特殊方式,并且受生产的普遍规律的支配。马克思看到了社会物质关系对于社会精神现象的决定作用,对无产阶级革命的物质和精神的制约因素做了初步考虑,这是空想社会主义远不可及的。

第三,超越异化劳动的目标是实现共产主义。马克思认为,作为私有财产的积极扬弃和通过工人阶级的解放达到人的本质的真正占有就是共产主义。也就是说,超越异化劳动的目的,是通过无产阶级的革命,消灭资本主义,实现共产主义,即实现人性的复归。他指出:"共产主义是私有财产即人的自我异化的积极的扬弃,因而是通过人并且为了人而对人的本质的真正占有;因此,它是人向自身、向社会的即合乎人性的人的复归,这种复归是完全的,自觉的和在以往发展的全部财富的范围内生成的。"④这里指明,共产主义社会以超越异化劳动为先决条件,但共产主义并不取消私有财产和人的自我异化过程所产生的积极成果,而是保存了以往发展的全部财富,它否定的只是一定的社会关系,而不是劳动和财富本身。同时,在共产主义条件下,人恢复了自己的类本质,由虚幻的主体转换为真实的主体、由单面的主体变为全面的主体。马克思进而指出:"而要扬弃现实的私有财产,则必须有现实的

①《马克思恩格斯全集》第3卷,北京:人民出版社2002年版,第278页。
②《马克思恩格斯全集》第3卷,北京:人民出版社2002年版,第298页。
③《马克思恩格斯全集》第3卷,北京:人民出版社2002年版,第298页。
④《马克思恩格斯全集》第3卷,北京:人民出版社2002年版,第297页。

共产主义行动。历史将会带来这种共产主义行动,而我们在思想中已经认识到的那正在进行自我扬弃的运动,在现实中将经历一个极其艰难而漫长的过程。"①超越了异化劳动的共产主义是社会发展的趋势,但也必定是一个长期奋斗的过程。但是,马克思此时把共产主义命名为"完成了的自然主义"或"完成了的人道主义",在理论上是不成熟的,与他后来的科学共产主义理论不可相提并论。

总之,劳动异化理论表达了马克思对社会公正的强烈诉求。通过异化劳动批判,马克思揭露了资本主义社会的不公正、不合理和反人道,否定了私有制的神圣性、永恒性;通过异化劳动超越,马克思初步论证了共产主义的合理性、必然性。应当指出,马克思此时的社会公正思想还带有无法抹去的费尔巴哈人本主义的色彩,仍然具有唯心主义历史观的性质。在马克思看来,私有财产之所以应当被扬弃,不是因为它和历史的现实发展规律相矛盾,而是因为它和人的本质的要求相矛盾;共产主义之所以是必然的,也并非因为它和历史的客观规律相一致,而是因为它和人的理想本质的要求相一致。尽管马克思赋予了人的类本质以劳动的内涵,因而他对共产主义的理解是以劳动为基本线索的,但他此时所理解的劳动是所谓"自由自觉的劳动",是一种超历史的、"应有"意义上的劳动,真正现实的劳动即私有制下的劳动是被作为异化劳动而在被批判的意义上使用的;尽管他已经把对共产主义的信仰与对现实资本主义私有制度的批判结合了起来,但此时的他还只是把对共产主义的信仰与对私有制度的外在的、抽象的批判结合在一起,还没有与揭示私有制度的内在矛盾的科学批判相结合。

四、历史唯物主义公正观

1845年2月,是马克思的历史唯物主义公正观形成和不断成熟阶段的开始。当时,马克思被法国政府驱逐,来到比利时的布鲁塞尔。在布鲁塞尔,马克思重新阅读了费尔巴哈的著作,认识到了费尔巴哈人本主义哲

---

① 《马克思恩格斯全集》第3卷,北京:人民出版社2002年版,第347页。

学的根本缺陷,开始批判费尔巴哈,并逐步摆脱费尔巴哈的影响。1845年秋至1846年5月,马克思恩格斯合写了一部重要著作——《德意志意识形态》。在这部著作中,马克思恩格斯第一次系统阐述了自己的新世界观理论。随着新世界观的确立,马克思的社会公正观也发生了根本的转变,即从人本主义公正观转向历史唯物主义公正观。1848年2月,随着马克思主义纲领性文献《共产党宣言》的诞生,历史唯物主义公正观第一次获得了较为全面的表述。

所谓历史唯物主义公正观,指的是马克思基于人的社会性和社会基本矛盾及其内在规律,把先前的思想家所认为的"普遍的人"还原成一定生产方式中的具体的"现实的人",把"普遍的人"的解放要求具体化为"现实的人"的劳动的解放、阶级的解放乃至全人类的解放,由此指明社会公正的实践机制是:通过无产阶级革命,进行社会根本制度变革,经过较长时期的社会主义建设,在生产力高度发达的基础上,消灭私有制,消灭阶级,消灭一切社会差别,从而实现人的自由而全面发展的共产主义社会。

历史唯物主义公正观并不是凭空出现的,而是马克思在批判费尔巴哈人本主义以及继承空想社会主义公正观的基础上提出的。

既然从劳动本身去说明异化劳动的根源,那么就必然要引导到承认劳动的内在矛盾。正是由于这个矛盾的运动,才在一定阶段产生了私有制,产生了阶级剥削和阶级压迫等一系列被马克思称之为异化的现象。随着生产力与生产关系的矛盾及其所派生的经济基础与上层建筑的矛盾的不断发展和不断解决,必将最终消灭一切异化现象,实现人类的彻底解放。马克思在理论上的这一转变,是从《神圣家族》开始的。在《神圣家族》中,马克思恩格斯已经把现实的物质生产作为历史的基础,提出了历史的发源地不是在天上的云雾中,而在尘世的粗糙的物质生产中的观点,并得出了不去认识某一历史时期的工业和生活本身的直接的生产方式,就不能真正地认识这个历史时期的重要结论。马克思还从人对物质生活资料的依赖关系,指出了人们在物质生产过程中的必然发生的相互关系,从而接近了对生产关系思想的发现。

随着历史唯物主义立场的初步形成,马克思清醒地认识到了费尔巴哈人本学的弊端:"当费尔巴哈是一个唯物主义者的时候,历史在他的视野之外;当他去探讨历史的时候,他不是一个唯物主义者。在他那里,唯物主义和历史是彼此完全脱离的。"①由此,马克思对费尔巴哈的态度也发生了根本变化,即从对他的"崇拜"变成了公开的批判。在《关于费尔巴哈的提纲》这个批判的纲领性文献之中,马克思将批判的锋芒直接指向费尔巴哈的人本主义。马克思所批判的并不是费尔巴哈以人作为他的哲学的中心和出发点,而是批判费尔巴哈在研究人时,始终没有真正理解人,而是把人自然化、抽象化,并用这种抽象化和自然化了的"人"去解释社会历史现象。马克思因此提出"人的本质不是单个人所固有的抽象物,在其现实性上,是一切社会关系的总和"的著名论断。马克思对费尔巴哈人本主义的扬弃,从社会公正思想的角度来说,可以归结为三个方面:其一,以人作为自己理论关注的中心,并从唯物史观的角度来认识人、理解人;其二,以人的自由和解放作为自己理论研究的主题;其三,把人的自由和全面发展作为共产主义的价值目标。可见,在马克思看来,如果不能科学理解人的本质、人的关系、个人与社会的辩证统一性,也就无法理解社会公正的历史必然性及其实现路径。

关于社会公正的历史必然性及其实现路径在19世纪上半叶的空想社会主义那里有过初步探讨,这为马克思历史唯物主义公正观的最终确立提供了另一重要的理论前提。

空想社会主义公正观是一种主张消灭资本主义、实现社会主义的社会价值观。其思想包括:第一,从社会发展的角度批判资本主义。在对社会现实的批判方面,空想社会主义者比以往的思想家们要坚决而深刻得多。他们从一开始就提出了消灭剥削和实行社会平等的主张。马克思主义诞生前的圣西门、傅立叶、欧文等人,开始把历史看作由低级向高级有规律地发展的过程,试图说明社会主义是历史发展的合规律的结果。圣西门断言社会历史并非偶然事件的简单联结,而是跟宇宙一样按规律发展的,人类社会是不断上升和连续发展的,每个新社会制度都要比先前的制度更加进步。第二,用生产状况和所有制去说明整个社会的性质。圣西门最先提出所有制是社会制度的本质这一思想,他还尝试用产业发展的需要去说明所有制的状况。傅立叶同样试图用生产状况说明每一历史时期的社会特征,并提出关于资本主义社会"新增的生产力"要求消灭私有制的观点,看到了生产力的巨大社会作用。第三,初步肯定了阶级斗争

---

① 《马克思恩格斯文集》第1卷,北京:人民出版社2009年版,第530页。

在社会历史发展中的作用。圣西门曾经用财产从僧侣和贵族手中向实业家手中转移以及他们之间的阶级斗争，来说明法国自15世纪到18世纪的整个历史过程。在具体分析法国大革命时他认为，这"是阶级斗争，并且不仅是贵族和资产阶级之间的，而且是贵族、资产阶级和无财产者之间的阶级斗争"①。第四，对取代资本主义的未来社会作了许多有价值的猜测。例如消灭国家，消灭财产私有制，消灭雇佣奴隶制度，消灭城乡对立和工农差别，消灭体力劳动和脑力劳动的差别，建立财产公有制，实行有计划的生产以及把国家变成单纯管理生产的机关，等等。对于展现其中的社会公正思想，马克思评价道："所有这些主张都只是表明要消灭阶级对立。"②空想社会主义对资本主义的无情揭露和抨击，为启发工人觉悟提供了极其宝贵的素材，对未来理想社会制度的天才猜测和描绘，为马克思社会公正思想提供了极为有益的借鉴。马克思在吸收空想社会主义思想资源的基础上，确认社会公正是与消灭私有制、消灭社会三大差别以及实现人的全面发展紧密联系在一起的。

必须指出的是，空想社会主义者的全部批判和他们对未来社会的设想，仍然是建立在非科学的世界观之上的。对抽象人性的迷恋和对群众历史作用的轻视，是他们世界观的根本缺陷。马克思恩格斯在制定科学社会主义理论的过程中，科学地评价了空想社会主义，认为空想社会主义是在无产阶级和资产阶级之间斗争还不发展的最初时期出现的，尽管带有空想的性质，但其思想包含着批判的成分，在历史上起过积极作用。对此，恩格斯总结出："德国的理论上的社会主义永远不会忘记，它是站在圣西门、傅立叶和欧文这三个人的肩上的。虽然这三个人的学说含有十分虚幻和空想的性质，但他们终究是属于一切时代最伟大的智士之列的，他们天才地预示了我们现在已经科学地证明了其正确性的无数真理。"③马克思在扬弃空想社会主义公正观的基础上，确立了历史唯物主义公正观。

历史唯物主义公正观的最终确立是在《德意志意识形态》中。马克思恩格斯在这部著作中第一次弄清楚并简要陈述了生产力和生产关系的辩证关系。在批判了黑格尔法哲学之后，马克思得出一个结论：社会存在决定社会意识。正如有的学者所指出："这个新的发现向前跨出了决定性的

①《马克思恩格斯文集》第3卷，北京：人民出版社2009年版，第530页。
②《马克思恩格斯文集》第2卷，北京：人民出版社2009年版，第64页。
③《马克思恩格斯文集》第2卷，北京：人民出版社2009年版，第218页。

一步：它给了人们了解社会全部结构和历史全过程的一把钥匙，在《德意志意识形态》中展开的唯物主义历史观的全部观点，是它的结果，同时这也是第一次对科学共产主义理论的哲学论证。《德意志意识形态》中其他的基本特征都是从这个重要的发现中派生出来的。"①这就是说，从《德意志意识形态》开始，马克思把自己的整个思想，包括社会公正思想真正奠定在科学的理论基础之上。

随后，在《共产党宣言》这部科学社会主义的纲领性文献中，马克思恩格斯第一次把实现人类社会公正归结为无产阶级的解放诉求，他们主要从社会不公的根源、资本主义社会不公的实质以及无产阶级实现公正社会的必然路径等三个方面指明，无产阶级的社会公正观是一种关注广大劳动阶级的生存和生计、生产和生活以及自由全面发展的社会价值观。这在一定意义上昭示出：促进人的生活幸福、实现人的全面发展是历史唯物主义公正观的核心蕴涵。

马克思历史唯物主义公正观形成时期的具体思想主要有以下三个方面。

（一）以现实的人为出发点

在《德意志意识形态》中，马克思恩格斯指明："我们不是从人们所说的、所设想的、所想象的东西出发，也不是从口头说的、思考出来的、设想出来的、想象出来的人出发，去理解有血有肉的人。我们的出发点是从事实际活动的人……"②又说，"这是一些现实的个人，是他们的活动和他们的物质生活条件，包括他们已有的和由他们自己的活动创造出来的物质生活条件"③构成社会历史发展的动因和基础。这里暗含两层思想："现实的人"是社会历史的主体，人们的生产实践活动成为社会历史发展的内在动因。

1. "现实的人"是社会历史的主体

所谓"现实的人"，是有生命的个人，是从事实际活动的人，是在一定

---

① 侯惠勤：《正确世界观人生观的磨砺——马克思主义著作精要研究》，南京：南京大学出版社1996年版，第152–153页。

②《马克思恩格斯文集》第1卷，北京：人民出版社2009年版，第525页。

③《马克思恩格斯文集》第1卷，北京：人民出版社2009年版，第519页。

的物质生活条件中活动和表现他们自己的人，即那些"发展着自己的物质
生产和物质交往的人们，在改变自己的这个现实的同时也改变着自己的
思维和思维的产物"①。这一概括本身蕴含着人的社会历史主体的深刻意
义。具体说来：

其一，"现实的人"是肉体的人。人首先是生命存在物，与众多动物一
样有着感官系统、生理需求。不食人间烟火、不求需要利益的人不是现实
的人。马克思在《1844年经济学哲学手稿》中对黑格尔哲学进行批判的
过程中作了这样的说明："说人是肉体的、有自然力的、有生命的、现实的、
感性的、对象性的存在物，这就等于说，人有现实的、感性的对象作为自己
本质的即自己生命表现的对象；或者说，人只有凭借现实的、感性的对象
才能表现自己的生命。"②因此，黑格尔眼中的"理性的人"，是超验的人，在
现实生活中是不存在的。人作为一种肉体存在，是人之存在的自然基础，
也是人的其他属性得以存在的前提、得以发展的载体。

其二，"现实的人"是生产劳动的人。马克思在《关于费尔巴哈的提
纲》中已表达了这样的思想，即唯心主义思想家不从人的实践活动去理解
人，结果只能片面夸大人的主观能动性；而包括费尔巴哈在内的旧唯物主
义只是直观地看到了人的感性存在，不把人视为感性活动的人，最终无法
理解人的对象性活动的本质。在《德意志意识形态》中，马克思进一步指
出了费尔巴哈"感性的人"的实质："费尔巴哈对感性世界的'理解'一方面
仅仅局限于对这一世界的单纯的直观，另一方面仅仅局限于单纯的感
觉"，因此，"费尔巴哈设定的是'人'，而不是现实的历史的人。"③也就是
说，社会无法离开人而存在，人是社会的人，社会是人的社会，人是社会赖
以存在和发展的主体力量，人们的生产创造活动是社会得以存在的直接
前提。马克思指出："全部人类历史的第一个前提无疑是有生命的个人的
存在。……任何历史记载都应当从这些自然基础以及它们在历史进程中
由于人们的活动而发生的变更出发。"④在马克思看来，社会生活中的人，
决不是鲁滨逊式的孤独的人，而是受到一定社会经济条件制约的人，人以
主体姿态出现在现实生活之中，是与社会生产实践密切联系在一起的。

①《马克思恩格斯文集》第1卷，北京：人民出版社2009年版，第525页。
②《马克思恩格斯文集》第1卷，北京：人民出版社2009年版，第209-210页。
③《马克思恩格斯文集》第1卷，北京：人民出版社2009年版，第527-528页。
④《马克思恩格斯文集》第1卷，北京：人民出版社2009年版，第519页。

马克思既反对黑格尔"理性的人",也反对费尔巴哈"感性的人",因为这两者都是抽象的空洞观念。

其三,"现实的人"是在一定社会关系中从事生产和其他活动的人。在马克思看来,费尔巴哈之所以把人看做"感性的人",是因为他"没有从人们现有的社会联系,从那些使人们成为现在这个样子的周围生活条件来观察人们……仅仅局限于在感情范围内承认'现实的、单个的、肉体的人',也就是说,除了爱与友情,而且是理想化了的爱与友情以外,他不知道'人与人之间'还有什么其他的'人的关系'"①。人是社会关系的主体。作为现实的人,不可能独立地存在,"不是处在某种虚幻的离群索居和固定不变状态中的人,而是处在现实的、可以通过经验观察到的、在一定条件下进行的发展过程中的人"②。人与人之间必然地会发生各种各样的联系,"以一定的方式进行生产活动的一定的个人,发生一定的社会关系和政治关系"③。显然,没有离开社会的个人,也没有离开个人的社会,社会问题只有放在人的高度才有意义,人的问题只有在社会中才能得到解决。

其四,"现实的人"是在变革自然和社会的实践中不断发展的人。与前面三点相联系,现实的人是现存世界的主体力量,现存世界的矛盾和冲突与人的利益和需求相生相灭,现存世界流变的根基最终总能在现实的人的利益关系中得到解释。人总是这样一种存在物,他并不满足于既有的生活和现实存在状况,总是力求创造新的生活,创造新的存在状况,使自己在规定性上不断求得充实和丰富。实践是主体人的"感性活动"、"客观活动"、"革命的""批判的"活动。实践活动是人凭借感官可以真实感觉到的客观过程;同时,实践又不是一般的感性活动,而是具有革命和批判意义的能动的感性活动。这就是说,变革自然和社会的实践是人特有的存在方式。一方面,人在实践活动中能动地作用于外界对象,使之按照人的目的发生变化,从而适合于人,服务于人,并因而成为人的本质力量的直观和确证;另一方面,人通过在改造外界对象的同时,也改造自身,不仅提高人的主体能力,而且促进整个人的生存状态的改变。因而,当现存世界的发展不能满足人的发展需求时,它就注定要被现实的人通过社会变革而实现破旧立新。

①《马克思恩格斯文集》第1卷,北京:人民出版社2009年版,第530页。
②《马克思恩格斯文集》第1卷,北京:人民出版社2009年版,第525页。
③《马克思恩格斯文集》第1卷,北京:人民出版社2009年版,第523-524页。

可见,"现实的人"是在实践这一根本存在方式中不断确证自己本质的人,是通过自己的活动不断推动社会历史发展的人。马克思这时所提出的"现实的人",一方面显示出,人的本质是由人们的社会关系所决定的,人们的各种观念包括公正价值观念、伦理道德观念都是人们对客观社会关系的主观映像,归根到底,人们总是基于当时的社会经济关系来建立自己的公平正义理念。实践尤其是物质生产活动是人之所以为人、人之所以为生活的主体,人之所以成为社会的人的现实基础,所以,认识社会公正现象和问题,就要把人放到现实生活过程、放到物质实践中去考察。现实的人成为社会问题的焦点,也是解决一切社会问题的动因和动力。人是社会生产力中唯一能动的因素,是一切社会活动和一切社会关系的承担者、表现者和实现者,因而,社会公正在根本上是人的问题,是人的平等问题,就是希望未来社会中没有任何单向的依存关系,任何人的主体性和创造能力都能得到实现和发展。真正的公正社会是一个消灭了人剥削人、人压迫人,实现了人人自由、人与人之间平等合作的社会。另一方面意味着,在资本主义压迫和剥削下的无产阶级是改造资本主义不公社会的主体力量。

2. 人们的生产实践活动成为社会历史发展的内在动因

马克思恩格斯从"现实的人"出发,析解了四个同时存在并一直在历史上起作用的人的活动的方面:其一,生产满足人们的物质生活资料的历史活动,即生产物质生活本身,这是一切历史的基本矛盾,是人类生存的第一前提。其二,已经得到满足的第一个需要本身、满足需要的活动和已经获得的为满足需要用的工具又引起新的需要,即物质生活的再生产。正是这种连续不断的生产和再生产构成了历史运动的永恒基础。其三,人类自身的生产,即种的繁衍。这是一切社会活动得以展开的主体性因素。其四,社会关系的生产,这是以前三种活动为前提的,它展示为双重关系:"一方面是自然关系,另一方面是社会关系"①,前者是生产力的发展,后者是生产关系的发展。

马克思把上述四个方面作为全部历史的最基本前提,并进而阐释社会精神生产对社会物质生存的依赖性:"在我们已经考察了原初的历史的

---

① 《马克思恩格斯文集》第1卷,北京:人民出版社2009年版,第532页。

关系的四个因素、四个方面之后,我们才发现:人还具有'意识'。……意识一开始就是社会的产物,而且只要人们存在着,它就仍然是这种产物。"①由此深入,马克思揭示出"社会进步的机制及其实现的形式"②,即:"从直接生活的物质生产出发阐述现实的生产过程,把同这种生产方式相联系的、它所产生的交往形式即各个不同阶段上的市民社会理解为整个历史的基础,从市民社会作为国家的活动描述市民社会,同时从市民社会出发阐明意识的所有不同的理论产物和形式,如宗教、哲学、道德等等,追溯它们产生的过程。这样做当然就能够完整地描述事物了(因而也就能够描述事物的这些不同方面之间的相互作用)"③。这样,整个社会在结构上被剖析为四个相互联系的层次:"生产力——生产关系(经济基础)——政治上层建筑——社会意识形态"④。生产力和生产关系、经济基础和上层建筑的辩证关系表明了社会结构各层次之间的制约关系,归根结底是生产力的变化引起了生产关系的变化,后者又引起了上层建筑的变化以及其他更复杂的社会现象的变化。人们在历史的每一阶段上都遇到既定的生产力总和和历史形成的关系,但他们的能动的实践活动又促进了生产力的进一步发展,从而迟早要引起上层建筑的相应的发展。这样,人类历史进步的机制就像自然历史过程一样清楚明了。

显然,是现实的物质生产方式决定着社会的发展变化,人的思想观念或者理想诉求不但不能作为历史前进的动力,反而受制于特定的社会经济文化条件,而且只能从一定的社会关系中才能得到理解。如果离开特定的社会历史条件去寻求社会公正,那么就只能是充满浪漫色彩的乌托邦。由于社会基本矛盾、基本规律的作用,人类社会的发展会经历一些基本的发展阶段或形态。历史条件的复杂多样性,使得这些社会发展阶段或形态会发生这样或那样的变形,但从人类社会发展的一般历史条件来说,这些发展阶段是必须经历的。所言即是,人类社会由不公状态逐渐走向公正状态是必然趋势,但真正公正社会的生成是通过不同阶段的不公社会逐步跃迁而来的。随着社会生产的不断发展,人类必然逐步消除一

①《马克思恩格斯文集》第1卷,北京:人民出版社2009年版,第533页。

② 孙伯鍨、侯惠勤:《马克思主义哲学的历史和现状》上卷,南京:南京大学出版社2004年版,第99页。

③《马克思恩格斯文集》第1卷,北京:人民出版社2009年版,第544页。

④ 孙伯鍨、侯惠勤:《马克思主义哲学的历史和现状》上卷,南京:南京大学出版社2004年版,第99页。

切奴役和剥削,最终实现彻底解放。

(二)使现存世界革命化

在《德意志意识形态》中,马克思把无产阶级以及所有人的解放视为社会公正的根本内容,但他不是空洞地、抽象地提出什么口号,而是把这一重要思想建立在消灭私有制和阶级这一要求之上的。这就是说,社会生产关系的合理化调整或变革是实现社会公正的最关键因素。如果只把目光盯在个人与个人之间劳动的分工和协作关系的变革,或者盯在个人的精神品格等方面,那是不可能真正找到实现公正社会的途径的。

马克思主要对以赫斯为代表的"真正的社会主义"进行了严厉批判。在马克思看来,"真正的社会主义"的实质是,把英法的空想社会主义和费尔巴哈的人本主义结合在一起,力图用费尔巴哈关于人的本质的异化和复归来阐述自己的社会主义观点,用费尔巴哈的"人的本质的异化"和"复归"学说揭示共产主义。鼓吹共产主义不是为了人的实际上的物质利益,而是为了追求"人"的某种永恒的"本质";主张以爱作为解决矛盾的手段,以人的本质作为历史的尺度,以人道主义作为最终目的,把实现社会主义的必要性归结为人道主义的要求。从而把无产阶级反对资产阶级的斗争,变成了空洞的关于"爱"的说教。因而,"真正的社会主义"成为了人道主义的美妙赞歌,根本不能科学揭示社会主义取代资本主义的必然性。为此,马克思恩格斯批判道:"真正的社会主义""所关心的既然已经不是现实的人而是'人',所以它就丧失了一切革命热情,它就不是宣扬革命热情,而是宣扬普遍的人类之爱了"①。马克思恩格斯后来的批判则更加深刻,说"真正的社会主义"是德意志各邦专制政府用以吓唬资产阶级的"稻草人",是政府用来镇压工人的毒辣的皮鞭和枪弹的"甜蜜的补充"②。

当时的马克思在批判不公社会现象的基础上,既严厉拒斥上述抽象的社会公正思想,又坚决提出对资本主义社会进行革命改造的具体方案,"实际上,而且对实践的唯物主义者即共产主义者来说,全部问题都在于使现存世界革命化,实际地反对并改变现存的事物。"③具体而言。

---

① 《马克思恩格斯文集》第1卷,北京:人民出版社2009年版,第590页。
② 《马克思恩格斯文集》第2卷,北京:人民出版社2009年版,第59页。
③ 《马克思恩格斯文集》第1卷,北京:人民出版社2009年版,第527页。

　　首先，断定异化的本质在于人的实践和存在方式。马克思不再从"人性"的观点来理解异化，而是从"现实的人"、从实践、从现实生活条件来理解异化，把异化理解为这样一种事实：人们活动的结果转化为一种人们不能驾驭反而受其控制的异己的力量。社会是私人利益体系，是人的物质生活领域，又是自在性领域，在社会生产不够发达的条件下，由于社会存在各种不同的甚至对立的利益集团，而每一个特殊的利益集团都是根据自己的利益要求来从事社会活动，由此社会处在任意的、自发的状态中，由分工所造成的任何一种私人利益都不代表社会的普遍利益，私人利益和普遍利益处于严重的对立状态中。在此夹缝中生存的人面临异化是必然的事情。这就是说，异化不是人的存在与人的类本质的分离，而是一定条件下人们的一种存在方式。生产力发展不充分，旧式分工、私有制以及阶级的存在是异化现象存在的现实依据。只不过借助资本的现代性，这一点尤为明显地得到表现。

　　其次，指明异化的根源在于分工和私有制。马克思恩格斯说："分工立即给我们提供了第一个例证，说明只要人们还处在自然形成的社会中，就是说，只要特殊利益和共同利益之间还有分裂，也就是说，只要分工还不是出于自愿，而是自然形成的，那么人本身的活动对人来说就成为一种异己的、同他对立的力量，这种力量压迫着人，而不是人驾驭着这种力量。"①当然，作为异化根源的分工指的是自发的分工、强制性的分工，即旧式分工。阶级社会的私人利益集中表现为阶级利益，国家所代表的实际上是在"普遍性"的形式下的特殊利益，即统治阶级的利益。在统治阶级的操纵下，国家不可能真正代表社会的普遍利益或切实反映社会的普遍意志，国家的本质就是一种"虚幻的共同体形式"，"是统治阶级的各个人借以实现其共同利益的形式"②。其实，"分工和私有制是相等的表达方式，对同一件事情，一个是就活动而言，另一个是就活动的产品而言"③，而分工和私有制的根源就是生产力发展的一定水平，即生产力有所发展，但发展又不够充分。所以马克思恩格斯认为，生产力的进一步发展是消灭分工、私有制和异化的"绝对必需的实际前提"④。

---

①《马克思恩格斯文集》第1卷，北京：人民出版社2009年版，第537页。
②《马克思恩格斯文集》第1卷，北京：人民出版社2009年版，第584页。
③《马克思恩格斯文集》第1卷，北京：人民出版社2009年版，第536页。
④《马克思恩格斯文集》第1卷，北京：人民出版社2009年版，第538页。

再次,揭示异化的消除条件即是社会公正的实现条件。马克思指出:"这种'异化'(用哲学家易懂的话来说)当然只有在具备了两个实际前提之后才会消灭。要使这种异化成为一种'不堪忍受的'力量,即成为革命所要反对的力量,就必须让它把人类的大多数变成完全'没有财产的'人,同时这些人又同现存的有钱有教养的世界相对立,而这两个条件都是以生产力的巨大增长和高度发展为前提的。"①其中,生产力的高度发展最为重要,"如果没有这种发展,那就只会有贫穷、极端贫困的普遍化;而在极端贫困的情况下,必须重新开始争取必需品的斗争,全部陈腐污浊的东西又要死灰复燃"②,因为最明显的事实在于,"只有在现实的世界中并使用现实的手段才能实现真正的解放;没有蒸汽机和珍妮走锭精纺机就不能消灭奴隶制;没有改良的农业就不能消灭农奴制;当人们还不能使自己的吃喝住穿在质和量方面得到充分保证的时候,人们就根本不能获得解放。'解放'是一种历史活动,不是思想活动,'解放'是由历史的关系,是由工业状况、商业状况、农业状况、交往状况促成的"③。随着生产力的普遍发展,人们将建立起普遍交往关系(即生产关系)。要变革生产关系,就必须依靠无产阶级队伍的壮大,并使之成为摧毁剥削制度的力量。无产阶级在取得政治统治后,对生产实行共产主义的调节,人们对于自己劳动产品的异己关系也将消灭,"人们将使交换、生产及他们发生相互关系的方式重新受自己的支配"④。

最后,阐释异化得以完全消除后的理想境界是共产主义的实现。历史唯物主义创立以后,马克思批判异化是为了完全消除异化,而完全消除异化是为了实现共产主义。因此,马克思着重论述了共产主义的实现机制。

其一,共产主义是以生产力的普遍发展和与此相联系的世界交往为前提的。"交往的任何扩大都会消灭地域性的共产主义。共产主义只有作为占统治地位的各民族'一下子'同时发生作用的行动,在经验上才是可能的,而这是以生产力的普遍发展和与此相联系的世界交往为前提的"⑤。

其二,共产主义就是推翻一切旧的生产关系的基础和任何阶级的统

①《马克思恩格斯文集》第1卷,北京:人民出版社2009年版,第538页。
②《马克思恩格斯文集》第1卷,北京:人民出版社2009年版,第538页。
③《马克思恩格斯文集》第1卷,北京:人民出版社2009年版,第527页。
④《马克思恩格斯文集》第1卷,北京:人民出版社2009年版,第539页。
⑤《马克思恩格斯文集》第1卷,北京:人民出版社2009年版,第538-539页。

治。"共产主义和所有过去的运动不同的地方在于:它推翻了一切旧的生产关系和交往关系的基础,并且第一次自觉地把一切自发形成的前提看做是前人的创造,消除这些前提的自发性,使这些前提受联合起来的个人的支配"①。"迄今为止的一切革命始终没有触动活动的性质,始终不过是按另外的方式分配这种活动,不过是在另一半人中间重新分配劳动,而共产主义革命则针对活动迄今具有的性质,消灭劳动,消灭任何阶级的统治以及这些阶级本身"②。

其三,共产主义就是改变现存状况的现实的运动。"共产主义对我们来说不是应当确立的状况,不是现实应当与之相适应的理想。我们所称为共产主义的是那种消灭现存状况的现实的运动。这个运动的条件是由现有的前提产生的"③。

其四,共产主义要使人们发生普遍的变化和一切人自由发展的必要地团结一致,就是个人之间的联合。"无论为了使这种共产主义意识普遍地产生还是为了实现事业本身,使人们普遍地发生变化是必需的,这种变化只有在实际运动中,在革命中才有可能实现"④。"它是各个人的这样一种联合(自然是以当时发达的生产力为前提的),这种联合把个人的自由发展和运动的条件置于他们的控制之下"⑤。

其五,共产主义的意识是从全体社会成员中的大多数中形成的无产阶级的彻底的革命意识。资本主义发展的"与此同时还产生了一个阶级,它必须承担社会的一切重负,而不能享受社会的福利,它被排斥于社会之外,因而不得不同其他一切阶级发生最激烈的对立;这个阶级构成了全体社会成员中的大多数,从这个阶级中产生出必须实行彻底革命的意识,即共产主义的意识,这种意识当然也可以在其他阶级中形成,只要它们认识到这个阶级的状况"⑥。

不难发现,"使现存世界革命化"就是集共产主义意识、共产主义理论和共产主义实践于一体的无产阶级的最彻底的革命运动。由此,马克思恩格斯在历史唯物主义的分析基础上得出了发展生产、消灭阶级、彻底改

---

①《马克思恩格斯文集》第1卷,北京:人民出版社2009年版,第574页。
②《马克思恩格斯文集》第1卷,北京:人民出版社2009年版,第542-543页。
③《马克思恩格斯文集》第1卷,北京:人民出版社2009年版,第539页。
④《马克思恩格斯文集》第1卷,北京:人民出版社2009年版,第543页。
⑤《马克思恩格斯文集》第1卷,北京:人民出版社2009年版,第573页。
⑥《马克思恩格斯文集》第1卷,北京:人民出版社2009年版,第542页。

变私有制社会是实现社会公正客观条件的重要结论。

（三）建构自由人联合体

资本主义是打着自由、平等、博爱的旗帜登上历史舞台的。资产阶级以天赋人权、人与人之间的天然平等等理念为思想武器，推翻了以封建等级制为主要标志的贵族统治。资产阶级所建立的资本主义社会是建立在以维护平等与公正为主要内容的资产阶级法权基础上的。资本主义社会实现了人们多少年来所梦寐以求的平等与公正，如买卖的平等、选举的公正等。在资本主义社会中有着无数的规则条文，这些规则条文，就其形式而言都是平等与公正的。从这一意义上说，把资本主义制度视为一种美好与进步的社会确实是有理由的。但是，在马克思看来，资产阶级所祈求与实施的那种平等与公正只是形式上的平等与公正，而不是实质上的平等与公正。这种平等与公正比起封建社会的等级制度来说当然是一种进步，而且人们也确实借助于这种平等与公正获得了许多权利，但是，倘若人们只是停留于这种平等与公正上，那么结果不会是人类的普遍解放，而是出现了一种两极分化，社会处于尖锐的对峙之中。对无产阶级和广大人民群众来说，不会因为有了这种平等与公正，生命就变得有意义①。

由此，在《共产党宣言》中，马克思主要从无产阶级实现人类解放使命的视野对社会不公的根源、资本主义社会不公的实质以及无产阶级实现社会公正的必然路径等进行了全面阐释，揭示出：受制于生产资料私有制，人们在经济结构中的不平等是最根本的不公正；由于最为明显的阶级剥削和压迫，资本主义社会是实质上的最不公正社会；进行社会革命，建构自由人联合体是实现社会公正的必由之路。可以说，建构自由人联合体与实现共产主义是对无产阶级奋斗实践的不同表达方式，二者在本质上是一致的。

第一，自由人联合体是对资本主义剥削压迫制度的否定。

马克思恩格斯从生产力和生产关系、经济基础和上层建筑的基本矛盾出发，说明社会不公的物质根源及其发展趋势是建构自由人联合体。"每一历史时代主要的经济生产方式和交换方式以及必然由此产生的社

---

① 陈学明：《马克思的公平观与社会主义市场经济》，载《马克思主义研究》2011年第1期，第6页。

会结构,是该时代政治的和精神的历史所赖以确立的基础……现在已经达到这样一个阶段,即被剥削被压迫的阶级(无产阶级),如果不同时使整个社会一劳永逸地摆脱一切剥削、压迫以及阶级差别和阶级斗争,就不能使自己从进行剥削和统治的那个阶级(资产阶级)的奴役下解放出来"①。这就是说,生产力是决定社会面貌、改变社会性质以及社会变革的最终原因,在阶级社会中,经济利益根本不同的剥削阶级和被剥削阶级之间的斗争是社会向前发展的直接动力。无产阶级的历史使命,就是消灭历史上最后一个剥削阶级——资产阶级,变阶级社会为无阶级社会,在解放全人类的基础上最终解放自己。

马克思历史唯物主义还深刻揭示出,无产阶级反对资产阶级的斗争是人类阶级斗争史的继续,是否定资本主义剥削和压迫的直接手段。"在过去的各个历史时代,我们几乎到处都可以看到社会完全划分为各个不同的等级,看到社会地位分成多种多样的层次"②,"而每一次斗争的结局都是整个社会受到革命改造或者斗争的各阶级同归于尽"③。这就是说,阶级斗争是阶级社会的普遍现象,其根源于生产资料私有制、根源于人们在社会的经济结构中的地位的不平等,这种不公正必然使得代表新的生产力的阶级崛起反抗,斗争的结局只能是不公正社会和对抗阶级同时随着历史的发展而消亡。因为无产阶级是这个人类历史上最先进、最革命、最有前途的阶级,能够担负起解放全人类的历史使命,所以,无产阶级斗争是实现人类解放的现实力量。无产阶级斗争,是直接指向资产阶级的斗争,无产阶级所要消灭的不是一般的私有制,而是资本主义私有制。彻底铲除资产阶级及其私有制,无产阶级才能获得自己的自由,进而实现全人类的自由。

自由人联合体是对资本主义经济剥削的否定。因为资本主义私有制使得无产阶级和劳动人民处于极度贫困的不幸遭遇之中。

马克思揭示出,资本主义不但和商品生产、货币交换的日益扩大相联系,而且和对外扩张掠夺、对内剥削压榨相联系。它取代封建关系的是赤裸裸的金钱关系。"它把宗教虔诚、骑士热忱、小市民伤感这些情感的神圣发作,淹没在利己主义打算的冰水之中。它把人的尊严变成了交换价值,用一种没有良

①《马克思恩格斯文集》第2卷,北京:人民出版社2009年版,第14页。
②《马克思恩格斯文集》第2卷,北京:人民出版社2009年版,第31页。
③《马克思恩格斯文集》第2卷,北京:人民出版社2009年版,第31页。

心的贸易自由代替了无数特许的和自力挣得的自由。总而言之,它用公开的、无耻的、直接的、露骨的剥削代替了由宗教幻想和政治幻想掩盖着的剥削"①。在这种境遇中,无产阶级和广大劳动人民所受的剥削是旷世空前的:"现代的工人只有当他们找到工作的时候才能生存,而且只有当他们的劳动增殖资本的时候才能找到工作。这些不得不把自己零星出卖的工人,像其他任何货物一样,也是一种商品"②,"他们不仅仅是资产阶级的、资产阶级国家的奴隶,他们每日每时都受机器、受监工、首先是受各个经营工厂的资产者本人的奴役"③。由此可见,资产阶级生存和统治的根本条件是工人的赤贫和成为廉价商品,资产阶级的财富越多,工人就越贫困;资本主义越发展,工人所受到的剥削就越深重,资本主义私有制是可鄙、可恨和可恶的。

自由人联合体是对资本主义政治压迫的否定。因为资本主义专制制度使得无产阶级和劳动人民面临极为卑微的非人生活。

尽管资本主义社会取代封建社会带来了人类历史的飞跃性进步,但它没有改变私有制社会的剥削本性。实质而言,资产阶级专政是一种极端的"专制",民主、自由、平等,不过是资产阶级的专利。资产阶级拥有所谓的"个性、独立性和自由",而使广大的无产阶级和劳动人民失去个性、独立性和自由;使得少数资产阶级能获得自由而全面的发展,而广大的无产阶级和劳动人民只能获得片面的发展,有的甚至因为物质财富和精神财富的极端贫困连片面发展的机会也没有。"现代的工业劳动,现代的资本压迫,无论在英国或法国,无论在美国或德国,都是一样的"④。各国资产阶级压迫无产阶级的本性是一样的,随着世界历史的到来,无产阶级和劳动人民不仅受到本国资产阶级的压迫,而且受到全球资产阶级的压迫。因而,资本主义社会是政治压迫最为深重和最为明显的社会,是使人不能成其为人的不公正社会。在这样的处境中,"无产者只有废除自己的现存的占有方式,从而废除全部现存的占有方式,才能取得社会生产力。无产者没有什么自己的东西必须加以保护,他们必须摧毁至今保护和保障私有财产的一切","无产阶级,现今的社会的最下层,如果不炸毁构成官方社会的整个上层,就不能抬起头来,挺起胸来"⑤。这里不难发现,政

①《马克思恩格斯文集》第2卷,北京:人民出版社2009年版,第34页。
②《马克思恩格斯文集》第2卷,北京:人民出版社2009年版,第38页。
③《马克思恩格斯文集》第2卷,北京:人民出版社2009年版,第38页。
④《马克思恩格斯文集》第2卷,北京:人民出版社2009年版,第42页。
⑤《马克思恩格斯文集》第2卷,北京:人民出版社2009年版,第42页。

治是经济的集中表现,经济关系上的私人占有是政治生活的强权压制的内在根源,要铲除私有制,首先必须推翻资产阶级的政治统治。

因此,马克思进一步深刻地揭示出,尽管各种反动的社会主义和保守的或资产阶级的社会主义企图从资本主义内部来寻求解救方案,但实际上是无济于事的,因为"他们不代表真实的要求,而代表真理的要求,不代表无产者的利益,而代表人的本质的利益,即一般人的利益,这种人不属于任何阶级,根本不存在于现实界,而只存在于云雾弥漫的哲学幻想的太空"①。他们拒绝一切政治行动,特别是一切革命行动,崇拜美轮美奂的"博爱"和抽象的"人性"。在马克思看来,无产阶级不讳言人性,但决不能诉诸人性。因为无产阶级在致力于社会全面进步、人类彻底解放的同时,也极力促进人的自由全面发展,促进人性的不断完善,而资本主义在不断创造社会对立和社会病态的同时,也不断地造成了人的异化和人性的扭曲。只有消灭资本主义私有制,取而代之的是与社会化大生产相适应的生产资料公有制,建构自由人联合体,才能最终克服资本主义的基本矛盾,为生产力的发展打开更广阔的通途;才能最终克服资本主义条件下劳动的异化和人的异化,使劳动者彻底摆脱受压迫的地位,实现无产阶级和全人类的解放。

可见,自由人联合体的历史基础是资本主义生产方式的矛盾运动。一方面,资产阶级所带来的生产力为自由人联合体奠定了物质基础;另一方面,资产阶级社会创造了自身的终结者——无产阶级,这是建构自由人联合体的历史主体。同时,资产阶级所开创的世界市场也为无产阶级建构自由人联合体提供了广阔的历史舞台。

正因为如此,马克思恩格斯断言"两个必然":"资产阶级的灭亡和无产阶级的胜利是同样不可避免的。"②

---

①《马克思恩格斯文集》第2卷,北京:人民出版社2009年版,第58页。

②《马克思恩格斯文集》第2卷,北京:人民出版社2009年版,第43页。对"两个必然"的理解,需要结合对马克思1859年在《〈政治经济学批判〉序言》中所提到的"两个决不会"的理解,即"无论哪一个社会形态,在它所能容纳的全部生产力发挥出来以前是决不会灭亡的;而新的更高的生产关系,在它的物质存在条件在旧社会的胎胞里成熟以前,是决不会出现的。"(《马克思恩格斯文集》第2卷,北京:人民出版社2009年,第592页。)"两个决不会"实际上指明社会主义取代资本主义的必然性归根结底是由生产力的发展水平决定的。只有当生产力达到一定程度、资本主义生产关系无法容纳社会生产力的发展的时候,社会主义取代资本主义才能够最终成为现实。因此,"两个决不会"思想是"两个必然"思想的题中应有之义。"两个必然"揭示的是社会主义取代资本主义的客观趋势,"两个决不会"则强调社会主义取代资本主义的长期性和艰巨性,二者是统一的。把二者联系起来思考问题,才能够全面地理解马克思"自由人联合体"思想的内在依据。

第二，自由人联合体是马克思对未来社会的构想。

在《共产党宣言》中，马克思明确提出了"自由人联合体"的思想。实际上，自由人联合体作为马克思对未来社会的构想，其理论维度在马克思恩格斯的一系列著作中都得到了展现。马克思开始研究国民经济学的时候，将人们共同活动的组织称为"共同体"或"国家"，指出蒲鲁东"粗陋的共产主义，不过是私有财产的卑鄙性的一种表现形式，这种私有财产力图把自己设定为积极的共同体"，而真正的共产主义是"废除国家的"①。随着对人们交往关系的考察，马克思恩格斯在《德意志意识形态》中区分了两种共同体：真正的共同体（真实的共同体）与冒充的共同体（虚幻的共同体）"只有在共同体中，个人才能获得全面发展其才能的手段，也就是说，只有在共同体中才可能有个人自由。在过去的种种冒充的共同体中，如在国家等等中，个人自由只是对那些在统治阶级范围内发展的个人来说是存在的，他们之所以有个人自由，只是因为他们是这一阶级的个人。从前各个人联合而成的虚假的共同体，总是相对于各个人而独立的；由于这种共同体是一个阶级反对另一个阶级的联合，因此对于被统治阶级来说，它不仅是完全虚幻的共同体，而且是新的桎梏。在真正的共同体的条件下，各个人在自己的联合中并通过这种联合获得自己的自由"②。真正的共同体，也就是指创造出新的共同体形式以满足人自由发展的需求，在那里，国家由凌驾于社会之上的力量变成社会自主管理的机关，人摆脱了对偶然性的依附和异己力量的束缚，获得了自由全面的发展和真正彻底的解放。因而，真正的共同体就是"自由人联合体"，也就是未来的共产主义社会。

"建构自由人联合体"这一思想贯穿于整个马克思主义学说之中。这里仅举三例：其一，恩格斯在1875年《给奥·倍倍尔的信》中，明确提出将"国家"改成"共同体"的思想："《共产党宣言》都已经直接指出，随着社会主义社会制度的建立，国家就会自行解体和消失。既然国家只是在斗争中、在革命中用来对敌人实行暴力镇压的一种暂时的设施，那么……当无产阶级还需要国家的时候，它需要国家不是为了自由，而是为了镇压自己的敌人，一到有可能谈自由的时候，国家本身就不再存在了。因此，我们建议把'国家'一词全部改成'共同体'（Gemeinwesen），这是一个很好的古

①《马克思恩格斯文集》第1卷，北京：人民出版社2009年版，第185页。
②《马克思恩格斯文集》第1卷，北京：人民出版社2009年版，第571页。

德文词,相当于法文的'公社'。"①其二,马克思在《资本论》第三卷中,将"共同体"上升为以时间经济为表征的"真正的自由王国":"自由王国只是在必要性和外在目的规定要做的劳动终止的地方才开始;因而按事物的本性来说,它存在于真正物质生产领域的彼岸。……社会化的人,联合起来的生产者,将合理地调节他们和自然之间的物质变换,将它置于他们的共同控制之下,而不让它作为一种盲目的力量来统治自己,靠消耗最小的力量,在最无愧于和最适合于他们的人类本性的条件下来进行这种物质变换。但是,这个领域始终是一个必然王国。在这个必然王国的彼岸,作为目的本身的人类能力的发挥,真正的自由王国,就开始了。"②这里显示出,一旦不受任何强制力量能够自觉运用外界规律使得自己的活动达到自由状态,人类共同体也就是"真正的自由王国"。其三,1894年9月3日,朱·卡内帕请恩格斯为1894年3月起在日内瓦出版的周刊《新纪元》找一段题词,用简短的字句来表述未来的社会主义纪元的基本思想,以别于但丁所言的"一些人统治,另一些人受苦难"的旧纪元。恩格斯作了如此回复:"马克思是当代唯一能够和那位佛罗伦萨人相提并论的社会主义者。但是,除了《共产党宣言》中的下面这句话(《社会评论》杂志社出版的意大利版第35页),我再也找不到合适的了:'代替那存在着阶级和阶级对立的资产阶级旧社会的,将是这样一个联合体,在那里,每个人的自由发展是一切人的自由发展的条件'。"③可见,"自由人联合体"是马克思恩格斯在对人的本质力量、人的存在方式以及人的活动规律进行全面考察的基础上提出来的。

综观前文所引证的文献,我们不难发现,"自由人联合体"有着以下几个方面的深刻蕴涵:其一,作为"自由人"的"人"是现实的人,生成、发展在一定的社会关系之中。"自由人"是"联合体"的元素,"联合体"是"自由人"的集合。其二,每个人的自由全面发展为共产主义社会共同体的发展提供前提和基础,共产主义社会共同体为每个人的自由全面发展创造条件和平台。这两个方面都以人从经济关系的束缚中解放出来为前提。其三,"自由人"是全面发展的人,是能够自主和自由地对待自己的生存条件、能够把个性的自由发展和丰富作为生活目标的人,人的全面发展是一

---

① 《马克思恩格斯文集》第3卷,北京:人民出版社2009年版,第414页。
② 《马克思恩格斯文集》第7卷,北京:人民出版社2009年版,第928-929页。
③ 《马克思恩格斯文集》第10卷,北京:人民出版社2009年版,第666页。

个随着生产力发展而不断进步的过程。过去的历史发展是同有限的社会生产联系在一起的,在那里人获得自由的程度和需要满足的程度是有限的。只有当社会生产力和生产关系发展到比较高的阶段,达到阶级剥削和阶级压迫现象彻底消失的时候,人才能真正得到全面发展。到那时,也就是共产主义的实现。其四,人的全面发展是一个实实在在的实践过程。它同无产阶级所进行的社会主义革命和建设紧紧联系在一起。换言之,离开社会主义事业,人的全面发展只能流于空谈和空想。

根据马克思恩格斯在《共产党宣言》中的阐述,"自由人联合体"具有符合人的人格尊严和权利享有的三个显著特征:其一,在物质生产领域,人成为自然界的主人,劳动成为人的生活的第一需要。"在资产阶级社会里,活的劳动只是增殖已经积累起来的劳动的一种手段。在共产主义社会里,已经积累起来的劳动只是扩大、丰富和提高工人的生活的一种手段"①。其二,在社会生活领域,人成为社会的主人、自身的主人,人与人之间和谐相融。"随着贸易自由的实现和世界市场的建立,随着工业生产以及与之相适应的生活条件的趋于一致,各国人民之间的民族分隔和对立日益消失。无产阶级的统治将使它们更快地消失"②。其三,在精神文化生活领域,人是精神境界极为健康而丰富的、自由自觉的人。每个人的自由发展成为一切人自由发展的条件。这就是说,自由人联合体能够保证个人之间的关系是平等的发展自己能力的关系,即"每个人"都能得到自由而全面的发展,这一发展和人类社会发展(即一切人的发展)在本质上是一致的。

因此,"自由人联合体"是马克思基于唯物史观分析人类发展史以及资本主义社会矛盾运动而对未来社会的展望。可以说,"共产主义"这一表述能够很好地体现理想的社会境界,"自由人联合体"则更能够体现这一理想社会的实现过程。

第三,自由人联合体的建构途径在于无产阶级的不断社会革命。

其一,无产阶级具有"两个决裂"的斗志。"两个决裂"是《共产党宣言》对自由人联合体建构途径的扼要概括:"共产主义革命就是同传统的所有制关系实行最彻底的决裂;毫不奇怪,它在自己的发展进程中要同传统的

---

①《马克思恩格斯文集》第2卷,北京:人民出版社2009年版,第46页。
②《马克思恩格斯文集》第2卷,北京:人民出版社2009年版,第50页。

观念实行最彻底的决裂"①。其中,"第一个决裂"强调建构自由人联合体就是对私有制进行根本否定:不仅仅根本否定资本主义的私有制,而且根本否定全部的以往社会的私有制。"第二个决裂"意味着,建构自由人联合体就是对私有观念为核心的意识形态进行根本否定,即对建立在私有制基础上的剥削阶级的意识形态的根本否定。私有制作为一种社会存在必然产生和形成与之相适应的社会意识,建立在经济基础之上的意识形态在私有制和阶级社会中必然具有阶级性。建构自由人联合体要从根本上否定和消灭私有制,逻辑上必然导出对建立在私有制基础上的私有观念为核心的意识形态的根本否定和消灭。换言之,不根本否定和彻底批判剥削阶级的意识形态,就不可能从根本上否定和消灭私有制。

其二,无产阶级采取"一步一步"的践行。无产阶级进行彻底的社会革命是建构自由人联合体的根本途径,也是长期奋斗的过程,无产阶级"将一步一步地夺取资产阶级的全部资本"②。因为共产主义的自由人联合体不是由人们的想象随便建立的,而是生产、生活和科学文化发展的必然结果。

对此,马克思指出,无产阶级第一步就是使自己上升为统治阶级,争得民主,也就是通过革命建立无产阶级专政。无产阶级丧失了生产资料,而且被无政府的竞争所分散,因而相对于资产阶级来说处于劣势,无产阶级为了夺权,除了组织,没有别的武器。这个组织就是为绝大多数人谋利益的共产党。

在共产党的组织和领导下对资产阶级的夺权革命,无产阶级会受到资产阶级的暴力镇压和顽固反抗。与此相应,无产阶级必须采取暴力革命形式来夺取政权。这便是无产阶级斗争的客观规律。阶级斗争只是实现所有制变革的手段。无产阶级运动的最终目标是劳动阶级和全人类的自由和解放,阶级斗争与无产阶级专政就是在一定条件下达到这一目标的途径和方法。这显然意味着,无产阶级专政不是少数人的统治,而是一个阶级的统治;同时,无产阶级决不会取消以往的阶级革命所带来的积极成果(比如资产阶级革命所带来的政治民主),相反,无产阶级还要利用这些文明成果来推进社会主义革命。

在此基础上,无产阶级对资产阶级的社会进行改造,为向共产主义过

①《马克思恩格斯文集》第2卷,北京:人民出版社2009年版,第52页。
②《马克思恩格斯文集》第2卷,北京:人民出版社2009年版,第52页。

渡准备物质的、精神的条件：首先，尽可能快地增加生产力的总量；其次，剥夺资产阶级财产，消灭私有制；再次，促使城乡之间的对立逐步消灭；最后，把教育同物质生产结合起来。这就是无产阶级的社会公正实践机制，即取得无产阶级专政，进行社会制度变革，经过较长时期的社会主义建设，逐步实现具备人的全面发展条件的共产主义社会。因此，社会主义、共产主义的公正之所以超越了资本主义的公正，就在于其不仅扬弃了人类历史上所具有的形式公正，又增添了后者所没有的具有丰富内容的事实公正。

马克思从辩证和历史的唯物主义世界观视域论证了只有建构"自由人联合体"才能达于共产主义公正的光明前景，最终实现无产阶级和全人类的解放。因此，马克思历史唯物主义公正观，阐发了"人"的社会本质，深刻分析了实现社会公正与变革社会关系的内在联系，并从实践斗争的角度指明了无产阶级实现公正社会的现实途径。

综上所述，我们不难得出这样几个结论：

其一，社会公正思想贯穿在马克思整个理论诉求和实践活动之中。无论是少年时期，抑或是青年时期，还是走向成熟时期，马克思在其一系列著作中都有着自己特定内容的社会公正追求。

其二，马克思所追求的社会公正与实现人的自由和解放是内在统一的。马克思所关切的人是现实的人，尤其是指以自己的劳动创造了社会财富的广大劳动人民，也指受不公正社会制度所奴役的所有人（包括统治阶级）。在对人的解放道路的理论探索中，马克思实现了从考察人的不公正生存现状到考察不公正社会制度的转变。

其三，随着唯物史观的诞生，马克思的社会公正思想开始走向科学。马克思社会公正思想是与时俱进的，随着马克思对无产阶级解放道路的不断探索而不断深化，也必将随着全世界人类解放事业的深入推进而不断展现其无穷魅力。

第三章 马克思社会公正思想的本质规定

马克思社会公正思想的内容十分丰富和深刻。[①]从其本质内涵来说，它是关于以彻底消灭阶级为根本要求的、所有人平等权利和平等义务相统一的，并获得自由而全面发展条件的学说。下面从价值主体、基本要义、根本要求、价值旨归等四个方面就马克思社会公正思想的本质内涵展开说明。

一、所有人共同享受的公正

社会公正问题是一种历史的生成。在人类历史上，自从私有制和阶级产生以来，才产生了社会公正问题，也才产生了"对谁公正"的追问。回答"对谁公正"的质疑，大致有两种相反的进路，一是对少数人而言的公正，二是对所有人而言的公正。剥削阶级的公正就是少数人的公正，只有马克思所言说的公正才是所有人的公正。

（一）剥削阶级公正是少数人的公正

维护一部分的利益、对少数人而言的公正，是阶级剥削压迫的伴生现

---

① 西方社会，自霍布斯、洛克、卢梭到康德的社会契约论乃至当今罗尔斯的正义论，主要关注的是社会生活的形式公正问题，即只讨论构成社会公正的逻辑前提(抽象的思辨与假设的人性)，是形式公正、程序公正。与之不同，马克思社会公正思想既涉及社会公正的原则、规范、价值取向，又涉及将这些原则、规范和价值取向如何贯彻到现实社会生活中去，是形式公正与实质公正的高度统一。

象。有阶级剥削和阶级压迫,就有对社会公正的追问,但不管何种形式的追问,最终以人们在社会物质生产中的地位为本源和基础。"思想、观念、意识的生产最初是直接与人们的物质活动,与人们的物质交往,与现实生活的语言交织在一起的。……意识在任何时候都只能是被意识到了的存在"①,马克思恩格斯的这一论述指明,人们关于社会问题的反映直接来自社会生活本身。因此,在私有制社会,有产阶级不惜一切代价从社会生产到社会意识都极力维护自己的优越地位,或者说,统治阶级的公正观总是他们自身意志和利益的观念形态。"只要与生产方式相适应,相一致,就是正义的;只要与生产方式相矛盾,就是非正义的"②。马克思在这里其实是顺着有产阶级的口气而批判了私有制社会的不公正性,即处于剥削和压迫地位的统治阶级极力维护其统治的合法性,对触犯其利益和意志的行为采取严厉打击和扼制,不容许有悖于自身利益的社会力量和社会关系得以存在,极力要求被统治阶级臣服于这种压迫和统治。概而言之,私有制社会意义的"公正"是属于少数人的公正,即剥削阶级的公正。

1. "少数人公正"的含义

这可以概括为以下两个方面:其一,就客观角度看,剥削阶级社会有一定程度的公正性,诸如谋求安定的社会秩序、协调自己所属阶级内部的各种利益关系、营造满足本阶级统治的精神文化环境(包括意识形态的构建),综合而论在客观也会一定程度地促进社会生产的发展,但这种公正性是对少数人而言的。其二,从主观方面来说,剥削阶级指认和维护仅仅属于它自己的那种局部领域的社会公正,这在相当程度上表现为某种等级社会的秩序与规范,始终维护着阶级统治和阶级剥削。前者通过社会发展的向度得以体现,即私有制的历史长河中,后一社会形态总比前一社会形态有所进步、有所发展,这种发展的成果最终只能被特定的统治阶级所享受;后者凸显在人的发展的向度,即社会发展的成果被一部分的人的发展所操控,剥削阶级利用自己占有社会生产的优势,获取社会发展成果,极力使社会秩序朝着利于自己意志和利益的方向发展。这样的两个方面,显示出私有制社会的发展与所有人的共同发展是相悖的。

在奴隶社会,公正只是对奴隶主阶级而言的,作为"会说话的工具",

---

① 《马克思恩格斯文集》第1卷,北京:人民出版社2009年版,第524–525页。
② 《资本论》第3卷,北京:人民出版社2004年版,第379页。

奴隶连基本的人格(即人之为人的最起码尊严和待遇)都没有,根本谈不上公正。进至封建社会,完全的人身束缚虽已被废除,但生产资料私有制的社会制度并未根本改变,社会的生产与分配、权利与义务依然分离对峙。社会对于农民阶级毫无公正可言。尽管在生产力发展的基础上,农民作为劳动力的人生价值得到了某种程度的肯定,但是这种肯定也不是农民作为人的意义上的肯定,而是在农民作为地主地租来源意义上的肯定。

封建社会的特殊经济、政治和文化结构导致利益(包括权利和义务)的分配严格按封建等级、宗亲血缘、门第进行。在这种等级制度下,农民作为社会生产者也只有有限的人身自由。所以,封建社会的公正在实质上是属于地主阶级的,这种公正的意旨恰恰维护了社会的不平等,尤其是那种专横的不平等。

到了商品经济充分发展的资本主义时代,资产阶级为彻底摧毁封建神权对人性的束缚,在社会舆论和法律形式上宣扬"天赋人权"、"人人平等"等社会公正口号。而且这样的正义呼声,不仅其形式与其实质不一致,就是形式本身也是相悖的,正如马克思在《路易·波拿巴的雾月十八日》中所指出的:"宪法的每一条本身都包含有自己的对立面,包含有自己的上院和下院:在一般词句中标榜自由,在附带条件中废除自由。"①而且,由于私有制是资本主义生产的本质,以现代大生产为标志的社会生产力与以生产资料私人占有制为核心的社会生产关系的内在矛盾,决定了资本主义条件下的社会生产与社会分配的分离、失衡与对立,社会公正的实现是以一部分人的公正权益的损失为代价的,所谓的公平竞争仍然是在根本权利即社会生产地位不公正基础上进行的。因而,资产阶级所谓以平等权利为核心的自由、平等、天赋人权三位一体的公平正义观,实际上是经济生活的法权关系的观念表现,这种法权关系只不过表明作为商品所有者(资产阶级)之间的地位和意志上的平等关系,诚如恩格斯所指出的:"资本主义对多数人追求幸福的平等权利所给予的尊重,即使有,也未必比奴隶制或农奴制所给予的多一些。"②这就是说,尽管资产阶级宣扬法律面前人人平等,人人自由。但实际上,这里的"自由"、"平等"是针对有产者而言的,统治阶级与被统治阶级在社会经济结构中是根本不平等的,

①《马克思恩格斯文集》第2卷,北京:人民出版社2009年版,第484页。
②《马克思恩格斯文集》第4卷,北京:人民出版社2009年版,第293页。

丧失财产的工人阶级被迫服从资本主义统治也是极其不自由的。因而，资本主义社会对于无产阶级没有现实的公正可言。

对于资产阶级所言的公正（诸如民主、自由、平等，等等），美国学者迈克尔·帕伦蒂在2007年出版的《少数人的民主》一书中开篇就说："本书的主旨就在于揭露政府的实质：它更多地代表了特权阶层的利益而不是大众阶层的利益，从原则上来说，它往往以牺牲我们的利益为代价，换取少数人的特权利益。"①这在一定意义上深刻表明，资产阶级所钟爱的"公正"在本质上是资产阶级对劳动大众进行统治的手段，是少数人剥夺多数人权益的武器。尽管资产阶级思想家在理论上制造了各式各样的公正观念，但丝毫无法改变资产阶级进行专制统治的现实。

"少数人公正"是私有制社会的统治阶级所极力指认的属于自己的公正，是一切剥削阶级公正观的核心内容。同时，必须指出的是，"少数人公正"在实质上是社会发展特定阶段的必然产物。

2. "少数人公正"的实质

"少数人公正"，就其表征而言，往往是统治阶级把对自己有利的政治法律思想、规章制度、道德标准、宗教信仰等，标榜为永恒的、普世的真理，并使用各种手段使人们普遍认同、接受和遵循。实质而言，"少数人公正"是私有制社会制度的基本表征，是社会条件决定私人利益关系的具体展示。也就是说，有什么样的生产方式，就有什么样的社会规范和社会秩序，用马克思的话来说："关键倒是在于：私人利益本身已经是社会所决定的利益，而且只有在社会所创造的条件下并使用社会所提供的手段，才能达到；也就是说，私人利益是与这些条件和手段的再生产相联系的。这是私人利益；但它的内容以及实现的形式和手段则是由不以任何人为转移的社会条件决定的。"②显然，人作为现实性的存在，既是"个人的存在"，同时又是"社会的存在"。归根到底，是人的社会存在决定人的个人存在。私有制的社会历史条件，使得剥削阶级能够压制和打击有悖于自己的利益和意志的一切社会关系。因此，在人类的奴隶社会到资本主义社会的历史中，真正能够得到维护的是少数人的切身利益，而绝大多数劳动人民的根本利益不能得到实现。私有制历史是一部少数人拥有公正的历史。

①［美］迈克尔·帕伦蒂：《少数人的民主》，张萌译，北京：北京大学出版社2009年版，第2页。
②《马克思恩格斯文集》第8卷，北京：人民出版社2009年版，第50页。

"少数人公正"是由人类发展到特定时期的私有制社会制度所决定的社会现象,因而,在与之相应的历史时期,其必然遭致被压迫阶级和广大劳动人民的抵制、反抗乃至革命。马克思在《德意志意识形态》中所提出的"真实的共同体"以及"虚幻的共同体"思想,揭示出社会发展的趋势必然是所有人的共同利益逐渐取代少数人的特殊利益。马克思还指明,能够发现这一伟大使命的只有共产主义理论家:"只有他们才发现在全部历史中'普遍利益'都是作为'私人'的个人创造的。他们知道,这种对立只是表面的……随着这种生存方式的消灭,这种对立连同它的统一也同时消灭。"①换言之,由于阶级分化以及由此所造成的阶级剥削和阶级压迫,社会公正对于统治阶级和被统治阶级来说有着各自不同的内涵。极少数统治阶级的专横和武断使得属于统治阶级的公正追求与被统治阶级的公正追求处于碰撞冲击之中。这种斗争的结果往往是,随着被统治阶级力量的强大,社会公正的范围逐步得到扩展。

诚然,随着生产力的发展和社会关系的不断调整、变革,社会公正的主体不断地得到扩大、发展,社会弱势群体的利益逐渐得到一定的实现和保护。由奴隶社会奴隶的无人身自由到封建社会农民的半人身自由再到资本主义社会工人的人身自由,这一历史进程本身就是最好的例证。但是,这一历史发展距离属于所有人的真正社会公正还相差很远。"少数人的公正"在私有制的社会范围之内是无法得到根本改观的,或者说,私有制条件下的"少数人的公正"不可能有朝一日自动生成为"多数人的公正"乃至"所有人的公正"。就拿资本主义民主政治所言说的"主权在民"来看,这里的"民"是一个法律意义上覆盖全体社会成员的概念,即获得了独立与自主的人格身份、有机会自愿地投入到某种具体的社会经济活动之中的每个社会成员。实际上普遍的人格平等是自由竞争活动的必要前提,商品经济的利益追逐中,某一个个体利益的实现是以另一些个体利益的损失为条件的。因而,资本主义主权在民的原则,在实际的资本主义社会政治生活中,成为一种不可能实现的原则。

"少数人公正"在实质上是人类历史特定阶段的必然现象,它与私有制同生共存。马克思深刻批判了资本主义的"少数人公正",并在全面考

---

① 马克思、恩格斯:《德意志意识形态》节选本,北京:人民出版社2003年版,第105页。

察人的社会性基础上指出共产主义公正是属于所有人的公正①。

(二)马克思社会公正是指谓所有人的公正

马克思社会公正思想的这一规定是在下列论述中得到展现和表述的。1864年,马克思在《国际工人协会成立宣言》中指出,工人阶级的解放,要求工人进行兄弟般的合作,要"努力做到使私人关系间应该遵循的那种简单的道德和正义的准则,成为各个民族之间的关系中的至高无上的准则"②。1871年,他在为国际工人协会起草的"共同章程"中明确地指出,"加入协会的一切团体和个人,承认真理、正义和道德是他们彼此间和对一切人的关系的基础,而不分肤色、信仰或民族"③。在《资本论》及其手稿中,马克思系统阐明,人必将在扬弃"人的依赖关系"和"物的依赖关系"的基础上,达到"个人发展和社会发展一致"的自我实现方式。因此,在马克思看来,社会公正是针对所有人之间的平等对待关系而言的。

马克思社会公正指谓的"所有人"这一价值主体的确认是以科学断定人的本质问题为前提的。

1."所有人公正"的理论前提

在马克思之前,资产阶级思想家在不同程度上宣称"人人平等",主张把"所有人"作为现代人权的价值主体。洛克提出"所有的人生来都是平等的"④,卢梭主张"每个人都生而自由、平等"⑤,斯宾诺莎认为"人人有天赋之权"⑥。但他们在方法论上是一种历史先验论,即从不同个体中抽象出某种共同性,并把它作为人之为人的规定,进而从中寻找权利发生的根据。比如,在洛克看来,人人平等是人的自然权利,拥有私有财产也是人的自然权利,私有财产还是人人平等的重要体现。这是因为,私有财产是

①这一点在一些当代西方学者那里也获得了认同。比如,美国政治理论家鲍威斯和金蒂斯在他们合著的《民主与资本主义》一书中提出,完整的民主概念应该包括个人自由权和人民主权两个部分,马克思的阶级政治学说充分强调了人民主权即"权利运用的社会责任",因而"为理解民主提供了无限空间"。([美]鲍威斯、金蒂斯:《民主和资本主义》,韩水法译,北京:商务印书馆2003年版,第240页。)

②《马克思恩格斯文集》第3卷,北京:人民出版社2009年版,第14页。

③《马克思恩格斯文集》第3卷,北京:人民出版社2009年版,第227页。

④[英]洛克:《政府论》下篇,叶启芳、瞿菊农译,北京:商务印书馆1986年版,第18页。

⑤[法]卢梭:《社会契约论》,何兆武译,北京:商务印书馆1982年版,第9页。

⑥[荷]斯宾诺莎:《神学政治论》,温锡增译,北京:商务印书馆1982年版,第216页。

"个人劳动"的产物,土地和其他一切东西固然是人所共有的,但是每个人对自己的人身享有天然的所有权,他用自己的身体所进行的劳动只能属于他自己,那些掺进他自己劳动的东西也必然成为他独自享有的东西,并因此排斥了其他人的共有权利。还比如,霍布斯认为趋利避害和自我保存是人的永恒不变的本性;斯宾诺莎认为作为人的本性的自保则表现为自私;孟德斯鸠认为人是极端自私而狡猾的动物;爱尔维修声称贪婪是主体人的本性。这些都是天赋人性的具体写照。

在资产阶级思想家的这种理论视角下,人不过是一群具有某种规定的类,是逻辑的抽象和理性的观念,即一种抽象的永恒不变的人类共性。人的社会联系以及社会联系得以发生的基础都没有进入研究的视野,人以及人的社会也因此被原子化或单子化了,人权因而被当做这种原子化的个人的固有物。这就是说,资产阶级学者往往剥离了人与社会的内在联系,把人视为抽象的人,把社会视为抽象的社会。所以,资产阶级人权观无异于神话,它掩盖了人权的现实基础和现实来源。

对此,马克思指出,资产阶级宣传无论多么迷人,只要私有制和雇佣劳动制仍然存在,"人人"并非平等享有"天赋人权"。"平等地剥削劳动力,是资本的首要的人权"①。建立在资本主义私有制基础上的人权只能是资产阶级理性王国的宣告。人权从来不是建立在空中楼阁里的道德律令,而是根基于现实的社会经济基础的利益关系,是人之为人的最基本的现实权利。冲破资产阶级人性教化的藩篱,马克思强调,"人的本质不是单个人所固有的抽象物,在其现实性上,它是一切社会关系的总和"②。

也就是说,马克思认为人是社会动物,人或人性的本质并不是个人所固有的抽象物,而是在人的社会生活实践中生成的,尤其是人的生产实践,对于每个人具有什么样的人性以及成为怎样的一个人起着决定作用。

因而,马克思从社会与个人内在统一的视角出发,把劳动作为形成真正人类共性等各种属性的基础,又把这种人类共性放到社会历史发展中去考察,并由此说明作为人之为人的共性又必然表现在每一个人的现实个性的展示之中。马克思将个人的利益与整个社会发展联系起来,立足

① 马克思:《资本论》第1卷,北京:人民出版社2004年版,第338页。
②《马克思恩格斯文集》第1卷,北京:人民出版社2009年版,第505页。

于社会共同体的视角来解决个人利益的问题。这一点在《德意志意识形态》中表现得尤为突出,他提出个人利益只有在社会共同体的利益中才能获得真实的展现,不仅肯定共同利益的价值指向性,而且也充分肯定个人利益的合理性,强调个人利益与社会共同利益之间的协调关系,揭示了个人与社会集体之间互促共进的真实关系。正如西方学者莫里森所指出的:"在一些情况下正义提出了这样一个要求即赋予人平等自由和安全应当在最大程度上与共同利益相一致。马克思则是将社会正义放在共同利益和个人利益关系中进行考察的,以增进共同利益来促进个人的发展。"①

　　这样,马克思所揭示的人的本质实际上包含着两个相互关联的基本内容:其一,人类的内在本质或人的一般本性,也就是人之为人而区别于其他动物的根本特征,诸如劳动、语言、思维等等;其二,个人(包括某一群体)的现实本质或人的个性,也即常驻于人自身的人类内在本质通过个体(或某一群体)在特定社会关系中的活动而表现出来的现实形态,比如物质生产、社会消费、精神信仰、理想追求等等。人所具有的共同的东西使人有别于他类(动物),单个人以其所归属的社会关系显示为丰富而生动的生命机体。这就是说,人类在自然界中的地位、人的社会存在及其历史条件、人的生产和生活方式、人的经济状况、社会关系和阶级特征等等方面的综合,决定和构成人的本质,即人在一定的社会关系中生存和发展,在人身上凝聚着和表现着一定的社会性。人从来都是指活生生的、处于具体社会联系中的、从事现实活动的社会的人。

　　基于对人的社会性的整体认识,"人"从其层级结构来说,可以分为个体的人、群体的人和整体的人。个体的人是指现实社会生活中的每个个人,群体的人是指属于一定阶级、阶层和民族的人,整体的人是从整个人类发展和解放而言的现实世界的所有人,这三个层次的"人"都不是超然世外、离群索居、不食人间烟火的人,而是现实的人、一定社会关系中的人。作为资产阶级民主革命理论基础的近代抽象人性论,从人的自然物质性角度来论证人的欲望、需求以及利己主义的合理性,它首先是以人与其他动物所共同具有的自然一致性为起点的,这无疑将人等同于动物。正如有学者所指出的:"按照它的解释,人的自然欲望和利己要求,主要以人对财产的占有为内容。同时,这种人对物的占有,又绝不是人以社会整

---

　　① 转引自李书阶:《马克思的正义观对构建和谐社会的意义分析》,载《湖北社会科学》2007年第5期。

体的形式来实现这种对物的自由支配,而是以个体的、排他的形式来完成这种占有。因此,在这种以个体对物的占有为内容的人对物的关系中,社会整体仅仅是作为个体实现他对物的占有的一种手段意义而存在的。这也就意味着,个体之间对物的关系,是一种互相间争夺的关系,因而人与人之间也必然是一种互相对立的关系。"①也就是说,资产阶级思想家无非是借助抽象的人性论来推断资本主义剥削的合理性以及资本主义制度的永恒性。因此,脱离人的社会性,"所有人"就只是一个空洞的抽象概念。马克思直接在批判资产阶级"抽象个人"的基础上而提出了"所有人"这一价值主体。

"社会的人"是"所有人"的理论前提,也就意味着,在马克思看来,既认可人的个性,又认可人的共性。人作为自然存在物有生存和延续的需要,人作为社会存在物又有要求发展和享受的权利。每一个人都具有先天的自然性,又具有后天的社会性。"不仅先天的自然性是普遍的,就是后天的自然性也有其普遍的成分。"②在这个意义上,"所有人"是现实社会"普遍的人",与"每一个人"、"一切人"具有内在一致性。"每一个人"着重于人的个体性,人的个体的总和构成了人类的整体,社会是由众多相互作用的个体联系起来的有机整体;"一切人"着重于人类的整体性,通过不同时代、不同阶级条件下的人的个体的存在和发展得到体现。在阶级社会,人的个体性和整体性通过阶级性得到集中表现。就社会公正的角度来说,阶级剥削和阶级压迫直接造成了社会不公。马克思所追求的社会公正是要消灭阶级以达到现实社会所有人的根本解放。马克思在论及人类解放时所言说的"每一个人"、"一切人",实际上是从不同角度对"所有人"的不同表述。因此,"所有人"、"每一个人"、"一切人"在本质上是一致的。

2. "所有人"这一价值主体的具体内涵

社会公正的价值主体在不同历史条件下有不同的具体内容。"所有人"作为马克思社会公正观的价值主体也是历史的、具体的。马克思共产主义的实践指向决定了"所有人"这一价值主体的具体内涵有以下三个

① 韩冬雪:《马克思主义政治哲学诸范畴初探》,长春:吉林出版集团有限责任公司2007年版,第42页。

② 陈学明:《以人为本:以"什么样的人"和"人的什么"为本?》,载《哲学研究》2009年第8期,第16页。

层次：

其一,所有被不公社会制度所扭曲的人。消灭社会不公,实现社会公正是马克思的伟大追求。在马克思看来,奴隶主与奴隶、地主与农民、资本家与工人等等所有这些统治阶级与被统治阶级,都是社会本身不够发达的产物,阶级对立的双方都是被扭曲的人。私有制社会制度是蔑视人、侵犯人、剥夺人的制度,只有彻底消灭不公制度,才能使人成其为人,最终获得解放。因此,从历史的视域考察人类解放的意义,"所有人"意味着一切被私有制社会所扭曲的人。

其二,所有被剥削被压迫的人民群众。马克思认为,人类社会发展归根到底是一部生产发展史,是人民群众的辛勤劳动史。人民群众,尤其是劳动群众是历史的创造者。奴隶的劳动创造了奴隶社会的财富,农民是封建社会文明成果的基本生产者,工人是资本主义生产的首要承担者。剥削阶级的思想家往往抹杀人民群众创造历史的伟大作用,而把历史的主体视为少数帝王将相、杰出人物。马克思决心把这个被颠倒了的历史重新颠倒过来。因而,从历史的创造者角度看,"所有人"首先是指一切被剥削被压迫的劳动人民。

其三,所有民族国家的无产阶级。马克思不仅立足人类发展的全部历史来揭示出人类获得解放的必然性,而且以资本主义这个人类历史的特殊阶段来深刻剖析人类解放的根本途径。在马克思看来,资产阶级政治革命推翻封建专制制度,使人获得"政治解放",但"政治解放"并不能消除私有财产对人的压迫。只有实现人类解放,彻底铲除私有制,才能使人成为自然的主人、社会的主人和自己的主人。实现人类解放的使命历史地赋予给了无产阶级。资本主义所开创的世界历史,不仅使得一个民族国家内的无产阶级联合斗争成为可能,而且为全世界无产阶级团结起来作战提供了条件。所以,从人类解放的根本路径来说,"所有人"是指所有民族国家的无产阶级。

上述"所有人"的三个层次,遵循从一般到特殊,从抽象到具体的逻辑路向,从而显示出,马克思社会公正思想是为所有人的解放服务的,但正如解放是一种历史活动一样,人是历史的人,"所有人"也是实然的、具体的。"所有人"核心部分在任何历史时期都指的是广大人民群众,无产阶级是人民群众根本利益的杰出代表。

（三）"所有人公正"的核心主体是人民群众

私有制社会中，社会公正的价值主体是占人口极少数的统治阶级。剥削阶级及其思想家极力维护属于自己的"社会公正"，认为符合统治阶级利益的事情和行为是公正的，而把违背和损害统治阶级的利益的事情看做是不公正的，或者说，他们普遍拒斥属于广大劳动群众的利益和公正，甚至把牺牲普通大众的利益当做维护社会公正的必然手段。西方思想史也表明，从柏拉图到当今罗尔斯，都尽可能为私有制社会辩护，都力求为统治阶级的"社会公正"提供理想蓝图。在他们的视野中几乎没有"人民群众"的概念，如果有的话，比如民主社会主义所主张的"共同的人性"，那也是极其抽象虚幻的概念。因此，有学者指出：民主社会主义者所标榜的"这种不加分析、笼统地提'为人服务'的观点，也是很成问题的。因为这里所指的人，除了应是现实的人、社会的人、阶级的人之外，还应当进一步指出是多数人还是少数人。为多数人还是为少数人服务，这是衡量真假马克思主义者的试金石"①。

马克思反对抽象的人性论和人道主义，对人民群众的历史地位和历史作用予以了科学理解，从而指明，实现社会公正就是为给广大人民群众提供更加合理的生存发展条件，社会公正最终是为了每一个社会劳动者的自由、解放和全面发展。具体说来：

其一，人民群众是社会发展的实践者、需求者。人民群众不仅是社会财富的创造者，而且是社会变革的决定力量，因而是社会进步的主体动力。任何个人只有把自己的力量纳入人民群众创造历史的洪流中，才能成为推动社会公正的积极力量，反之，那些损害群众利益、违背人心向背的思想和行为难免成为社会公正的破坏力量。无产阶级的解放事业是人民的事业，最终是为了实现整个人类的解放。马克思的确在不同场合讲到要"解放个人"，但是他在具体说明问题的时候，又总是强调无产阶级没有自己的私利，无产阶级是人民群众根本利益的实践者和维护者。每一个人的解放以全人类的解放和无产阶级的解放为前提。而且，"解放"是一种历史活动，不是思想活动，"解放"是由历史的关系，是由工业状况、商

---

① 石云霞：《当代民主社会主义公正观和民主观评析》，载《武汉大学学报(哲学社会科学版)》1998年第2期，第57页。

业状况、农业状况、交往关系的状况共同促成的。这些"客观状况"不是来自主观想象,也不是出于自然生成,而是产生在广大人民群众改造主客观世界的伟大实践中,即社会生产的发展、社会关系的进步。所以,无产阶级要想获得彻底解放就首先要使占社会绝大多数人口的人民群众得到解放,必须把全人类的解放事业作为一切奋斗工作的根本出发点。

其二,人民群众是社会公正的维护者、受益者。资产阶级思想家之所以认为资本主义社会是公正社会,原因之一在于,他们相信在资本主义制度下可以实现个人利益和普遍利益的统一。他们首先把作为社会主体力量的人作了抽象的理解。比如,在英国古典政治经济学家亚当·斯密看来,资本主义市场经济条件下的每一个人都是为了获得自身利益,都把他人作为谋取自身利益的手段。由于每个人的生产和需要可以相互补充,加之每个人都有一定的同情心,每个人的利己行为可以同时顾及利他性,所以,个人在实现自己利益的同时,也就自然而然地实现了普遍利益。显然,以斯密为代表的资产阶级思想家把人看做是脱离他人、脱离社会的原子式的个体,个人利益是至高无上的天然特权,个人利益就是社会利益,社会利益也就是个人利益。马克思恩格斯在谈到社会公平等等这些属于社会公正的重要元素是因时而异、因地而异、因人而异之时,在谈到资本主义社会是虚幻的利益共同体之时,都是在坚持个人与社会的辩证关系的基础上阐发的。也就是说,在马克思主义看来,从来没有脱离社会的个人,也没有脱离个人的社会,无产阶级所追求的理想社会是发挥一切人的积极性、实现所有人全面发展的社会,因而是一个真正自由而又平等的人之为人的社会,无产阶级所要解放的人是具体处于特定历史条件的、是所有受剥削制度所奴役的,包括私有制社会的统治者和被统治者,因而是一切真正能够体现社会发展动力和方向的人。这样的"人"在现实生活中主要体现为社会发展做出应有贡献的广大无产阶级和劳动群众。这在资本主义私有制社会是被漠视的异在力量,在马克思这里则是公正社会得以实现的主体动力。因而,真正公正的社会是以人民为本位的社会,既崇尚劳动人民的社会历史作用,又切实维护广大人民群众的根本利益。

其三,人民群众的各项权利要求和实际利益通过公正的社会制度得到保障。马克思所追求的公正社会拒斥各种个人本位主义,是一种以个人发展为根本归宿的群众本位的新型的公有制社会,即社会主义和共产主义。由于消灭了私有制和阶级对抗,实行按劳分配和按需分配的分配原则,社会各个方面的具体制度安排及其运行,更加有助于社会的发展和进步,能够逐步满足人民日益增长的物质文化需要,切实保障人们的具体经济利益、政治利益和文化利益得以实现,并最终创造出一切可行的条件以促进每个人的全面发展。

显然,在马克思的视野中,社会公正是指向所有人的,人人不分种族、肤色、性别、语言、宗教、政见、门第、财产、出身,享有同等发展。人作为社会的基本元素,本身是没有尊卑贵贱之分、上下等级之序的,每一个人都应该是平等的主体、自由的主人。无产阶级所崇尚的社会是一个人人拥有同样人格尊严和发展机会的社会,社会公正归属于广大劳动人民。在这个意义上,无产阶级及其政党所领导的社会经济政治文化的发展必须以人民的需求和愿望为出发点和落脚点,应该塑造一种开放、民主、和谐、宽容的社会环境,能够为普通民众施展聪明才智、体现个人价值提供广阔的平台和畅通的渠道。也就是说,促进社会公正的具体要求就是在现实社会的经济生活、政治生活、文化生活和社会生活等各个方面赋予并保障广大人民群众以普遍而又广泛的权利。

二、平等权利和平等义务的统一

马克思社会公正观的价值主体是指谓"所有人",那么,社会公正的根本要义是什么呢?有思想家将其诠释为一种"相称"关系。比如,亚里士多德用人的社会地位与社会作用的相称来进行说明[1]。穆勒则将之界定为个人在政治、经济、社会、文化等方面应享有自由、平等的权利,因此概括出社会公正的五个方面内容:其一,法律的公正——即尊重和保卫任何人的法定权利;其二,道德的公正——即维护任何人按照道德权利应得的东西;其三,报应的公正——即每个人应有其应得之报;其四,守信的公正——即履行契约,忠守约定;其五,无私的公正——即平等待人,对于一切人的权利要给予平等的保护[2]。而在近代伦理学者诺兰看来,社会公正就是要反对和排除那些有偏见的普遍原则和独断专行的权力:(1)带有歧视

---

① 苗力田主编:《亚里士多德全集》第8卷,北京:中国人民大学出版社1995年版,第279页。
② [英]穆勒:《功用主义》,唐钺译,北京:商务印书馆1957年版,第57页。

性或专断性的规则;(2)带有偏见去运用规则;(3)不受规则约束的社会反常状态,以及变化无常,不可预见的社会决策;(4)以权力剥夺正当权利("对黑人、妇女以及其他少数派成员公民权的否定")①。可见,马克思之外的不少思想家不同程度地发现,社会公正的基本内容涉及人的权利和义务之间的关系。

根本而言,社会公正作为一种价值判断,是对人与人的关系合理与否、对社会发展与人的发展之间相称与否的理性审视,自然关涉到价值目标与价值手段、价值主体与价值客体等之间的关系。权利与义务在价值视角上展现了人们之间的这些关系。

实际上,权利和义务是人类一定历史阶段的产物,剥削阶级指谓的公正就其基本内容是不平等基础上的权利和义务相分离,只有马克思社会公正观是一种平等权利和平等义务相统一的公正观。

(一)权利和义务的历史生成

马克思虽然没有专门就权利与义务下一个明确的定义,但他在科学审视人们的社会关系以及批判资产阶级天赋人权观的基础上,廓清了权利和义务的基本内涵。

1. 权利和义务是社会关系范畴

权利和义务,在马克思这里是社会关系范畴。"'权利'一般指人们应当享有的利益(包括物质的和精神的),它表明人们在社会生活中对于利益的'应得'关系。与'权利'相对的概念是'义务',它表明人们在社会生活中应尽的责任,应当付出的东西。"②这就是说,权利是人们为满足一定的需要,获求一定的利益而采取一定行为的资格和自由,客观的条件和主观的要求是其基本构成因素。没有客观的条件,主观的权利要求便无从产生;而一种条件若无人提出对它的主张或要求,也不可能成为权利。义务,是与权利相对应的一个概念,指的是人们为一定权利的获得而作出相应付出和承担相应职责。从这个角度来看,权利是社会的人作为价值主体方面的表征,义务是社会的人作为价值客体方面的体现,这一主客体之

---

① [美]诺兰:《伦理学与现实生活》,姚中兴译,北京:华夏出版社1988年版,第406页。
② 程立显:《伦理学与社会公正》,北京:北京大学出版社2002年版,第77页。

间是彼此相连、相互依存的关系。因此,权利和义务,既不仅仅是一种实体(即实践活动中的付出与回报)范畴,又不单纯是一种观念(即对利益关系的主观认同)范畴,而是一种价值关系范畴,是主客观的统一。这种统一,表现为人们自觉地意识到或认识到了自身的正当利益,就要采取或表现为通过一种积极主动的行为去获得它,并为之付出一定努力和代价。

社会公正从根本上来说起源于人们对利益的要求,对社会是否公正的评价是基于人的利益需要而进行的。利益①,即对人的生存条件予以必要的满足(包括有益于人的各种物品、事项、规则、秩序等),其作为主体人的需要的满足和实现,是人类一切活动的动因,是社会关系的本质。马克思曾这样概括利益在人的实践活动中的作用:"人们为之奋斗的一切,都同他们的利益有关。"②人类的一切活动都能从利益中得到说明和解释,社会从根本上来说就是人们为了满足自身需要、实现自身利益而结成的共同体,人类社会的发展就是人的利益关系的不断满足和逐步实现的过程。因之,社会主体人的利益是否得到满足既是社会公正的起因,又是社会公正的目的,人的权利与义务在根本上表现为人与人之间的利益关系。所以,有学者明确提出:"权利作为一种规定是抽象的,它需要通过其他媒介来表现和确认,在一切表现和确认权利的因素中,利益是最为根本的因素。对人的权利的尊重在根本上是对人的利益的尊重,人的利益是否得到合理的维护,能否得到合理的实现,所证明的也就是人的权利是否得到了尊重。在此意义上,作为人身关系的权利和义务最终就落实到人的利益上来了,从而使公正表现在人的利益的实现上。"③权利和义务最终受人们的利益关系所制约,因而在本质上是社会关系范畴。

2. 资产阶级天赋人权观的实质

权利和义务作为一对相互关联的社会关系范畴,其具体内容随不同的时代条件而有不同的表现。所以,马克思恩格斯对资产阶级革命时期所提出的人权表示了一定程度的赞赏。因为,在那神性操控人性、神道主导人道、神权压迫人权的封建专制条件下,资产阶级思想家强调张扬人

---

① 罗尔斯的《正义论》将之称为(goods),即"善的东西"或"好处",指有理性的人都想要享有的有价值的东西,包括自由、权利、平等、财富、健康、教养、自尊(生存意义),等等。

② 《马克思恩格斯全集》第1卷,北京:人民出版社1995年版,第187页。

③ 张康之:《在构建和谐社会中实现公正》,载《教学与研究》2006年第2期,第15页。

性,泯灭神性;要求弘扬人道,摆脱神道;积极崇尚人权,消除神权,而且以平等与特权相对抗,主张人生而平等并且始终平等无疑具有革命意义。对此,马克思恩格斯指出,资产阶级在其解放的过程中,"他们认为必须以人权的形式承认和批准现代资产阶级社会"①,"从今以后,迷信、非正义、特权和压迫,必将为永恒的真理、永恒的正义、基于自然的平等和不可剥夺的人权所取代"②。资产阶级人权观成为指引人们反对封建专制和神权政治的旗帜,大大推动了资产阶级革命的进程。在一定意义上,没有近代资产阶级人权观的倡导,也就没有资产阶级革命。

资产阶级革命时期的人权观反映了新兴资产阶级对人的权利与义务的积极追求,即反对封建专制对人的自由、平等等等社会权利和义务的漠视、侵犯与剥夺,认为封建专制阻碍了社会的进步、束缚了人的发展,因此要求铲除封建主义统治。但是,资本主义制度一经确立下来,资产阶级思想家又为辩护资本主义统治的合法性以及资本主义制度的永恒性而宣称资产阶级所拥有的一切权利是天赋的,其革命性逐渐褪色,其荒谬性逐渐呈现。资产阶级思想家宣称"天赋人权",即把人的权利看做是天赋的而不是来源于深厚的社会生活条件,似乎人的权利和义务与社会共始终。立足唯物史观的理论视角,马克思清醒地认识到资产阶级这种人权诉求的公正观的局限性和欺骗性。

进一步地说,资产阶级天赋人权观是一种离开社会发展事实的空洞判断。在马克思看来,权利和义务只能由特定社会的经济文化条件所决定,不可能是人类有史以来就有的。对此,恩格斯在《家庭、私有制和国家的起源》中提出两个重要观点:第一,在社会生产力极为低下的原始社会,人与自然处于直接同一之中,社会内部没有出现后来社会那样的分化与冲突,血缘关系是社会组织的基础,调整社会关系依赖于人们自愿遵守的那些世代因袭下来的、代表全体氏族成员共同利益和愿望的规则,无须任何特殊公共权力的强制,没有国家和法,即"在社会发展的这一阶段上,还谈不到法律意义上的权利"③。第二,"在氏族制度内部,还没有权利和义务的分别;参与公共事务,实行血族复仇或为此接受赎罪,究竟是权利还是义务这种问题,对印第安人来说是不存在的;在印第安人看来,这种问

①《马克思恩格斯文集》第1卷,北京:人民出版社2009年版,第324页。
②《马克思恩格斯文集》第9卷,北京:人民出版社2009年版,第20页。
③《马克思恩格斯文集》第4卷,北京:人民出版社2009年版,第53页。

题正如吃饭、睡觉、打猎究竟是权利还是义务的问题一样荒谬"①。人类的理性思维还不发达，人类对自我的意识还是很朦胧的，人与社会关系的意识混合于人与自然同一的整体神话世界中，人类还主要是借助于神话形式来理解和解释人与神（自然）以及人与人的关系。可见，原始社会的人们并没有明确的权利、义务要求，也就没有形成相应的权利观念和义务观念。因而，权利和义务并非与人类社会共始终。人类社会内部出现权利和义务的差别是在生产力有了一定的发展之后，随着国家的产生、法的形成而出现的。

在根本上，资产阶级天赋人权观是维护资本主义私人占有制度的理论武器。在资产阶级思想家看来，既然"权利"是人类的一种与生俱来的"自然的"关系，那么其内容也不过是人"自我保存要求和基于这种要求的对自然的改造以及在这个基础上所获得的经济利益"②。人先天的私有财产占有权利必然引发人与人之间的纷争和对立，这要求社会上的绝大多数个体以让渡自己的一部分自由以保证社会的稳定和发展。也就是说，社会利益纷争的根源只能到人的天性中去寻找，而不是到现实的生产关系中去寻找；资产阶级天然就拥有社会财富和相应的一切权利，工人阶级生来就只能拼命劳作和承担社会上的所有义务。显然，资产阶级"天赋人权观"企图用人性的永恒、人的权利的永恒来解释资本主义剥削和压迫的永恒，因而是以维护资本主义私有制为根基和宗旨。

无可否认的是，人类自奴隶社会以来就存在着权利与义务的差别，因而权利和义务的分离是阶级社会不公的基本特征。

（二）权利和义务分离是阶级社会不公的基本特征

1. 阶级社会人的权利和义务相分离的具体表现

权利和义务的分离，作为剥削阶级社会的客观情形具体表现在以下两个方面：

第一，生产方面，社会生产资料私人占有。人类社会以自然界为物质

①《马克思恩格斯文集》第4卷，北京：人民出版社2009年版，第178页。
② 韩冬雪：《马克思主义政治哲学诸范畴初探》，长春：吉林出版集团有限责任公司2007年版，第34页。

前提,社会发展所需的一切资源必须通过人的劳动才能获得。对此,马克思曾指出,一个社会的发展,"不在于生产什么,而在于怎样生产,用什么劳动资料生产"①。这在一定程度上昭示出,作为社会发展最终决定力量的生产力,是人改造大自然的现实的物质力量,是以劳动资料为基础的。人拥有自己的劳动、用自己的劳动为社会发展创造财富,也即劳动者和生产资料相结合,这应该是每个人最基本的权利和义务。但是,私有制的社会历史中,绝大多数人除了拥有自己的劳动力,是根本不占有生产资料的。这在经济根基上就造成人的权利与义务的分离,即少数人享受、多数人受苦。诚如恩格斯批判道:"大多数人总是注定要从事艰苦的劳动而很少能得到享受。……历史的进步整个说来只是成了极少数特权者的事,广大群众则注定要终生从事劳动,为自己生产微薄的必要生活资料,同时还要为特权者生产日益丰富的资料。"②私有制的社会历史无不显示出统治阶级占有生产资料、被统治阶级丧失生产资料这种最基本的人的权利与义务相对抗的情形。奴隶社会是人类历史上的第一个阶级社会,奴隶主阶级占有社会生产资料,因而它拥有自由和特权,而占人口绝大多数的奴隶则没有丝毫权利。封建社会作为人类历史的第二个阶级社会,等级制度森严,封建地主占有社会的全部财产,农民是卑微和无权的。资本主义社会是最高形态的私有制社会,在这个社会中,权利和义务的失衡与对立,集中表现为工人创造了社会价值,却丧失着自身价值。

第二,分配方面,劳动群众的成果被剥夺。与上面所述的一点紧密相连,统治阶级占有社会生产资料,就有条件剥夺被统治阶级的劳动成果,因之私有制社会历史演绎成了一部"劳者不获、获者不劳"的血腥剥削史。奴隶的劳动创造了奴隶社会的财富,奴隶主可以尽情掠夺奴隶的人身和一切劳动产品;农民是封建社会文明成果的基本生产者,地主占据着农民的劳动成果而坐享其成;工人是资本主义生产的首要承担者,资本家榨取了工人的劳动而发财致富。

可见,统治阶级独自享受所有权利,被统治阶级无偿承担一切义务,这在私有制社会中从生产到分配都体现得淋漓尽致。所以,"几乎把一切权利赋予一个阶级,另方面却几乎把一切义务推给另一个阶级"③是私有

① 马克思:《资本论》第1卷,北京:人民出版社2004年版,第210页。
②《马克思恩格斯文集》第3卷,北京:人民出版社2009年版,第459页。
③《马克思恩格斯文集》第4卷,北京:人民出版社2009年版,第197页。

制发展中的普遍现象,是阶级社会不公的基本特征。

权利与义务相分离的不公现象由于剥削阶级的统治而不断加剧。作为私有制社会的统治者,他们极力维护社会秩序,稳固自己的统治,不可能牺牲自己的根本利益去满足被统治阶级的发展需求。面对被统治阶级的反抗,统治阶级尽管有时也能通过适当的方式对社会的权利与义务机制作出一些调整,但是,他们终究不会改变那种"有权的无限有权,无权的无限无权"的社会境况。

这一点,中国封建社会"皇权至上"可谓是典型。在封建专制社会,皇帝是绝对权利的化身,老百姓是承担一切义务的工具。诚如梁漱溟先生在《东西文化及其哲学》中所提出的:"他所谓的权通常是威权的权,对于人能怎样怎样的权,正是同'权利'相刺谬的权。……中国人不当他是一个立身天地的人,他当他是皇帝的臣民。他自己一身尚非己有,哪里还有什么自由可说呢? 皇帝有生杀予夺之权,要他死他不敢不死,要他所有的东西,他不敢不拿出来,民间的女儿,皇帝随意选择成千的关在宫里,他们本不是一个'人',原是皇帝所有的东西,他们是没有'自己'的。"[1]

因此,与统治者的集团利益相应,统治阶级唯我独尊的权利意识是浓烈的,必然要求被统治阶级服从"只有义务、没有权利"的社会秩序。统治阶级的公正观也必然从人们的思想中强化着权利和义务相分离的社会蕴涵。这正如马克思所指出:"占统治地位的思想不过是占统治地位的物质关系在观念上的表现,不过是以思想的形式表现出来的占统治地位的物质关系。"[2]

2. 剥削阶级公正观认同权利和义务的分离

由于剥削阶级公正观割裂了个人与社会的辩证统一关系,在权利与义务的相互关系上也就出现了两种各偏一隅的理解模式:"一是整体主义模式,二是个体主义模式。"[3]整体主义模式的特点是:其一,坚持群体本位。以群体利益作为价值观的根据、价值评价的标准和价值追求的方向。其二,强调个体依从于群体,个体迁就于群体。个体没有独立的人格,也没有独立的生存和发展机会。其三,与社会经济政治文化发展落后

---

① 梁漱溟:《东西文化及其哲学》,北京:商务印书馆1999年版,第44-45页。
②《马克思恩格斯文集》第1卷,北京:人民出版社2009年版,第550-551页。
③ 陶富源:《终极关怀论》,合肥:安徽大学出版社2004年版,第38页。

相适应,群体利益是强权政治的呼吁。与之不同,个体主义模式的特点是:其一,坚持个人本位。个人需求的满足是人们行为的起点、动力和归宿。其二,力求个人超越群体、他人遵从自己。个人如一个个"单子"游离于集体之外,群体变成了没有凝聚力的空洞之物。其三,与社会生产的现代性相适应,独立个体性是私人利益最大化的彰显。如果说,整体主义模式在中国封建社会较为突出地话,那么个体主义模式在西方社会则表现得很明显。

当然,"重整体轻个体"的整体主义与"重个体轻整体"的个体主义在历史上都起过积极意义,都曾是其所属阶级进行社会变革的正义呼声。但是,中国传统社会的"整体主义"在根本上是围绕君主和臣民这一对关系而展开,而且君主把臣民视为国家的"私产",以整体抹杀个体,以整体的名义压制个人,压抑个人的主动性和积极性,是统治阶级的用民之道、御民之术;西方现代社会的"个体主义",似乎承认个人彼此间平等和独立的地位,注重个人独立自主的自由和意志,在实质上则是以个体否定整体,以个人利益取代社会利益。因此,二者都扭曲了社会与个人之间的关系,既扭曲了人的社会性,也扭曲了人的个体性,而且随着生产的发展和文明的进步,二者的弊端势必成为人类进一步发展的障碍。其实,人类的存在是以社会的形式存在和以个人的形式存在的合体。个人与社会在存在论意义上是相互依存、互为前提的,用马克思的话说,"社会——不管其形式如何——是什么呢? 是人们交互活动的产物……人们的社会历史始终只是他们的个体发展的历史,而不管他们是否意识到这一点"[①]。所以,这两种各偏一隅的理解模式是我们应该摒弃的。

也就是说,强调权利和义务分属于统治阶级和被统治阶级,是剥削阶级公正观的重要内容。以西方社会为例,从奴隶社会到资本主义社会,剥削阶级对人的权利与义务相分离是积极认可和宣扬的。面对奴隶社会人的权利和义务相分离的情况,一些奴隶主贵族思想家宣称"血统论",扬言有的人天生是奴隶主,而有的人生来就是奴隶。比如,柏拉图指出,社会分工天经地义,奴隶和奴隶主都应该各就其位,各尽其责。实际上,奴隶制社会并不具备尊重人、保护人的社会氛围,有的只是奴隶主阶级那种赤裸裸地剥削人、压迫人的社会政策,以法律确定的权利只是奴隶主的特

---

①《马克思恩格斯文集》第10卷,北京:人民出版社2009年版,第42-43页。

权,对此恩格斯批判地指出:"只要自由民和奴隶之间的对立还存在,就谈不上从一般人的平等得出法的结论。"①同样的情况也存在于封建社会。地主阶级为了维护这种不平等的社会秩序,利用宗教、神权等武器麻痹人的意志,极力宣称天命决定人的现世安排,人们只有顺从这种安排才能得到上天的眷顾,因而倡导禁欲论。资产阶级思想家也极力为权利与义务相分离的社会秩序进行辩护。资产阶级为了发展资本主义生产关系,铲平封建等级特权,提出权利面前"人人平等"的要求。实际上,它否认人是社会关系中的人,鼓吹阶级社会中存在超阶级的人的权利;它以流通领域的自由和平等来掩盖生产领域中的奴役和压迫,使人们仅注意"契约自由"和"买卖平等",而忽视其背后隐藏着残酷的剩余价值的榨取;它以理论的平等(法律、契约等)掩盖事实上的不平等,而漠视平等的理论与不平等现实的极不协调。资本主义社会无义务的人权实质是要让资产阶级享受不尽义务的特权,而将义务推给无产阶级却不让它享有最基本的"人权"。这就是说,资本主义统治者以各种法律条文和政策形式标榜人人自由、平等,在根本上也不过是为自身所属阶级的无限权利作铺垫。所以,马克思曾经极为赞赏地转述雅克·珀歇对19世纪法国"社会状况的批判性论述",并尖锐地指出:"人们跟我们大谈其对这个社会应尽的义务,对我们在这个社会中的权利,却避而不谈,也不付诸实现。"②这里的"人们"在资产阶级私利思想的长期熏陶下,不禁把自己所拥有的权利抛之脑外。

在马克思看来,权利与义务的分离在根本上是由私有制社会制度造成的,或者说,不平等的社会制度是权利与义务分化的基础。进一步地看,这种不平等最直观的表现就是人丧失了人应有的社会地位。作为统治阶级来说,其统治基础的薄弱性以及其统治手段的残暴性都显示出社会的非人状况,统治阶级时时处于自身难保、危在旦夕的境地,是不自由、不自觉的。作为被统治阶级来说,其所遭遇的物质贫困、政治压迫和精神摧残使得他们沦为生产的工具,根本不具备人所具有的社会地位,这就是阶级社会所发生的人的本质异化,即"动物的东西成为人的东西,而人的东西成为动物的东西"③。阶级社会权利和义务相分离的境况随着社会的发展必将退出历史舞台,对此,黑格尔曾这样指出:"如果一切权利都在一

---

① 《马克思恩格斯文集》第9卷,北京:人民出版社2009年版,第109页。
② 《马克思恩格斯全集》第42卷,北京:人民出版社1979年版,第305页。
③ 《马克思恩格斯全集》第3卷,北京:人民出版社2002年版,第271页。

边,一切义务都在另一边,那么整体就要瓦解。"①这就是说,权利和义务不对等的极端状况是,一方享有绝对的权利,而另一方则承担绝对的义务。建立在这种利益格局上的社会共同体不合理,也不可能长存。

因此,随着社会生产的发展和被统治阶级力量的壮大,权利和义务相分离的不公社会将被平等权利和平等义务相统一的公正社会所取代。

(三)马克思社会公正标示平等权利和平等义务的统一

1. 权利和义务的辩证统一关系

权利和义务的辩证统一关系,在中国历史上不乏为被统治阶级发出声音的社会公正观所认可。比如,管仲指明"仓廪实则知礼节,衣食足则知荣辱。"②"礼节"、"荣辱"作为社会成员应担负的职责,绝不可能凭空兑现,而恰恰是建立在"仓廪实"、"衣食足"的基础之上的。这在一定意义上强调了没有离开权利的义务。墨翟提出"义,利也",又说,"兼相爱,交相利","爱人不外己,己在所爱之中"③。这就是说,"利"在一定程度上应该理解为"公利",而不仅仅是某一个人得利,个人的利益包含在"公利"之中。司马迁认为"天下熙熙,皆为利来;天下攘攘,皆为利往"④。这实际上启示我们,离开人的社会利益关系,权利与义务的统一性是不可得到理解的。中国古人的素朴论断,无疑阐发了重视国家和社会的集体利益、又要尊重和保障社会成员的个人利益的思想,一定程度地主张和积极维护权利和义务的统一。但总体上,他们的主张还只是一种道德诉求,强调的只是对于适用人群、适用领域中的弱者的利益的某种体现和保护。较之不同,马克思以人与社会的辩证关系为依据,主张从具体的、历史的社会关系出发去说明权利和义务的统一性。

马克思认为,人是社会的人,社会是人的社会。人与社会的这种相互依存关系决定现实社会中的人拥有双重身份,即人既是价值客体又是价值主体。因此,人们要求从社会得到什么,首先就必须奉献什么,没有创

---

① [德]黑格尔:《法哲学原理》,范扬等译,北京:商务印书馆1961年版,第173页。
② 转引自程立显:《伦理学与社会公正》,北京:北京大学出版社2002年版,第62页。
③ 转引自程立显:《伦理学与社会公正》,北京:北京大学出版社2002年版,第62页。
④ 转引自程立显:《伦理学与社会公正》,北京:北京大学出版社2002年版,第62页。

造就没有享受,没有付出就没有回报。进而言之,权利与义务是关系范畴和价值范畴,是从人的价值本质中所体现出的个人与个人之间、个人与社会之间的需求和满足的关系。个人的价值表现为个人的社会价值和个人的自我价值这样两个相互联系的方面,个人要实现自我价值,要从社会得到尊重和满足,必须首先实现个人的社会价值,要为社会做贡献。这就决定了个人的权利享受要以他对社会所尽的义务为基础。如果没有前人所创造和积累的文明成果,没有社会中其他成员对社会的贡献,个人就谈不上享受社会权利。因此,当一个人享受着权利,以他人和社会所提供的条件在世界上生存时,他也要对他人、对社会负有一定责任。这种责任就是义务,否定了责任和义务,也就否定了权利本身。这就是说,权利本身蕴含着责任要求,权利本身受相应义务的制约。权利不是来自于人作为人的存在本身,而是来自于人所尽的义务,是人所尽义务的一种预支或回报。因此,马克思明确指出:"一个人有责任不仅为自己本人,而且为每一个履行自己义务的人要求人权和公民权。没有无义务的权利,也没有无权利的义务。"①他还强调:"每个人为另一个人服务,目的是为自己服务;每一个人都把另一个人当做自己的手段互相利用。这两种情况在两个个人的意识中是这样出现的:(1)每个人只有作为另一个人的手段才能达到自己的目的;(2)每个人只有作为自我目的(自为的存在)才能成为另一个人的手段(为他的存在);(3)每个人是手段同时又是目的,而且只有成为手段才能达到自己的目的,只有把自己当做自我目的才能成为手段。"②显然,只讲权利不讲义务,或只讲义务不讲权利都不是社会公正的根本内容。

马克思阐明权利和义务的辩证统一关系,是希望通过建立平等的社会制度去保障每一个人身上都得到权利和义务的统一。

2. 平等权利和平等义务相统一

"平等权利和平等义务的统一"作为马克思公正思想的基本要义,有以下相互关联的四个方面的含义:

第一,以人的社会地位的恢复为前提。一定的社会关系是人的权利和义务产生的现实基础,只有当人真正成为社会意义的人之后,才有条件

①《马克思恩格斯选集》第2卷,北京:人民出版社1995年版,第673页(注释170)。

②《马克思恩格斯全集》第30卷,北京:人民出版社1995年版,第198页。

谈到权利的享有和义务的履行。这就是说,消除了人作为私有财产和生产工具的情况下,人才能以社会的主人去进行生产、生活和享受,从而逐渐实现人与人之间、人与社会之间和谐相宜,人的贡献和满足之间相称、相平衡;人人劳动,人人各尽社会义务;人们共同占有生产资料和生活资料,人人共享劳动成果;人人享受平等的教育权等的理想境界。

第二,权利和义务在质上的统一。有权利者必须有义务,有义务者必须有权利。一定的权利总是对应着一定的义务,一定的义务总是连带着一定的权利,有多大程度的权利,就有多大程度的义务。每一个社会成员,有一份社会权利,同时也就有一份社会义务,负有一定的责任和使命。

第三,权利和义务在量上的一致。权利大的人尽更多的义务,尽义务多的人享有更大的权利,这是公正。反之,某些人权利很大却尽义务很少,或者尽义务很多但享有的权利很少,这就是不公正。

第四,以社会制度平等为保障。权利与义务作为社会关系范畴,依存于一定的社会制度。只有社会制度从形式到内容都是平等的,才能为人的权利与义务的平等提供根本保证。资本主义商品经济的发展,势必要求商品所有者的自由平等;要求劳动力买和卖的自由平等;要求在商品的价值规定上平等地看待一切人的劳动。资产阶级在法律条文上也的确规定了这类平等,但这种平等只不过是价值规律在资本主义社会关系和观念形态上的映像,是资产阶级借商品经济求生存发展的必要形式,是程序意义的公正,即形式公正。也就是说,资本主义雇佣劳动制度的存在,决定着权利的平等仅仅是对资产阶级而言的,而工人阶级除了出卖自己的劳动力是没有什么自由可言的。平等地剥削劳动力是资本主义权利平等的实质。真正体现平等精神的社会制度应该是强调平等权利与平等义务的和谐一致。所以恩格斯指出:"我建议把'为了所有人的平等权利'改成'为了所有人的平等权利和平等义务'等等。平等义务,对我们来说,是对资产阶级民主的平等权利的一个特别重要的补充,而且使平等权利失去道地资产阶级的含义。"①社会制度在形式上的平等固然重要,但更重要的是社会制度在内容上的平等。马克思主义要求彻底铲除社会生产私人占有制度,因而反对资产阶级片面的权利说教或义务说教,强调人的权利和义务的内在统一性。

---

① 《马克思恩格斯文集》第4卷,北京:人民出版社2009年版,第411页。

在反对私有制的基础上,马克思把人的劳动平等看作社会制度平等的重要基础。劳动是人之所以为人的根本资质和天然权利,离开劳动及其创造,那么,社会发展以及人本身发展所需要的一切条件都不可能得到实现。所以,马克思针对资本主义不公社会制度,着眼于现实的人、现实人的社会劳动,对未来社会制度从形式到内容的平等性进行了展望,主张在消灭了私有制的社会主义社会,人的劳动创造和社会享受相一致、人的责任和报酬相统一,因而建立"各尽所能,按劳分配"的分配制度。"各尽所能,按劳分配"是一种彻底地以劳动为尺度进行分配的制度,它从根本上否定了几千年来建立在私有制基础上"劳而不获、获而不劳"的人剥削人的分配制度,在分配上消除了人剥削人的不平等关系。一切劳动者都有按个人的能力为社会劳动的平等义务,同时又都有按所付劳动获得报酬的平等权利。这里的权利和义务在具体的历史阶段是辩证统一的。而在社会生产高度发达的共产主义社会,劳动本身成为人的生活的第一需要,社会就有条件逐步实现"各尽所能,按需分配"的分配形式。马克思在这里把"各尽所能"作为"按需分配"的前提,显然表征着人的劳动和创造是社会公正生成和发展的前提条件和现实基础。

可见,当一部分人只行使权利而从不履行义务,另一部分人只履行义务而被剥夺了权利,这样的社会是不公正的,这样社会中的人也理所当然是不自由不平等的。当所有人的权利和义务相平衡、相统一,这样的社会才是公正的,这样社会中的人才会拥有平等而自由的生活。因之,社会主义根本制度为人的权利与义务的对等实现提供了前提,需要通过社会生产的大力发展,切实关照每个人的自我价值与社会价值的和谐统一。

在马克思的视野中,人人平等地享有权利、履行义务的社会,最终通过彻底消灭阶级而得以实现。

三、以彻底消灭阶级为根本要求

中国古代社会的农民阶级把公正理解为享受财富的平等,即事实上的平等,而西方古典自由主义则把公正理解为程序性、规则性的概念,即规范性意义的"平等",近代空想社会主义把公正视为有产者的良心发现及其对社会弱者的同情,即道德遐想式的平等。他们的具体思想尽管大不相同,但都把公正视为超历史超阶级的社会诉求。历代剥削阶级更是把维护本阶级的公正作为执政的头等大事,主张通过社会改良去缓和阶级矛盾,即在不消灭阶级对立的条件下去实现他们所指认的那种社会公正。

马克思则按照阶级区分来理解社会公正,所有阶级社会都存在两个基本阶级,即统治阶级和被统治阶级,而被统治阶级就是受到不公正对待的人。其中,就资本主义社会而言,受到不公正对待的是无产阶级。这里的不公正对待即是指阶级剥削和阶级压迫,作为被统治阶级遭到异化,失去最起码的尊严、自由和权利,从而直接造成人与人之间的差别与对抗。因此,社会上只要有剥削阶级存在,社会不公就必然存在。在批判剥削阶级公正观的基础上,马克思指明彻底消灭阶级是社会公正的根本要求。

(一)剥削阶级公正观的阶级局限性

剥削阶级公正的阶级局限性,可以从主流思想家把公正作为超阶级范畴的理解和统治阶级对维护其社会秩序而进行改良的主张这样两个方面得到说明。

1. 认为公正是超阶级范畴

社会公正一直是阶级社会的思想家们所关注的重要问题。但历史上大多数居于主流地位的思想家,或依从于统治阶级的利益关系,或被统治阶级的意识形态所蒙蔽,还只是把公正视作超阶级的道德范畴。

苏格拉底认为,公正是一种美德,即人们知道在特定的环境中"如何行动","凡是做规矩所认可的事情的人,所做的是合乎公正的。而且也是他们应该做的"[①]。与苏格拉底同时代的德谟克利特指出:"公正要人尽自己的义务,反之,不公正则要人不尽自己的义务而背弃自己的义务。"[②]认为公正就是尽维护国家利益的义务。柏拉图认为公正的要义在于"全体公民无例外地,每个人天赋适合做什么,就应该派他什么任务,以便大家各就各业","当生意人、辅助者和护国者这三种人在国家里各做各的事而

---

① 周辅成编:《西方伦理学名著选辑》上卷,北京:商务印书馆1964年版,第65页。
② 周辅成编:《西方伦理学名著选辑》上卷,北京:商务印书馆1964年版,第87页。

不互相干扰时,便有了正义,从而也就使国家成为正义的国家了"①。这实际上暴露了柏拉图公正思想的阶级实质,即维护奴隶主阶级的统治。而亚里士多德则明确地把公正作为人的德性,认为公正是各种美德中最重要的一面,"公正是最重要的,它比星辰更加光辉","公正是一种完全的德性。它是尚未分化的、相关于他人的德性。有了这种德性,人们就不但能以德性对待自己,并且以德性对待他人。所以,公正不是德行的一个部分,而是整个德性;相反,不公正也不是邪恶的一个部分,而是整个邪恶","公正集一切德性之大成"②。他的公正思想至今仍有非常可贵的借鉴意义。

如果说古代的思想家还只是从纯粹的超阶级的道德诉求寻找公正的真谛的话,那么,西方近代以来的思想家则进一步从社会立法的角度对符合抽象人性论意义的公正进行确认。

近代资产阶级启蒙思想家爱尔维修认为公正是法律所确立的一种均衡状态,他说:"正义以既定的法律为前提。尊重正义以公民之间势均力敌为前提。保持这种平衡,是科学和立法的主要工作。一种有益的相互畏惧,强迫人们以正义相待。"③大卫·休谟则把公正定义为"得其所应得",公正即对私人财产所有权的维护。威廉·葛德文认为:"在同一个人的幸福有关的事情上,公平地对待他人,衡量这种对待的唯一标准是考虑受者的特性和施者的能力。所以,正义的原则,引用一句名言来说,就是:'一视同仁'。"④弗里德里希·包尔生对公正的总原则做了这样的表述:"正义作为一种道德习惯,是这样一种意志倾向性和行为方式,它制止自己对他人的生命与利益的干扰,而且,只要可能也阻止他人进行这种干扰。……只要力所能及,就自己不要做,也不让其他人去做不公正的事,或者用肯定的方式来表述'尊重并保护上述权利'","权利制度就使这个法律社会的成员们的生活和行为在一定程度上具有了客观的正义性或合法性,并且维护着这种客观性和合法性"⑤。

---

① [古希腊]柏拉图:《理想国》,郭斌和、张竹明译,北京:商务印书馆2002年版,第156页。

② 苗力田主编:《亚里士多德选集》(伦理学卷),北京:中国人民大学出版社1999年版,第103-104页。

③ 北京大学哲学系编译:《十八世纪法国哲学》第Ⅰ卷,北京:商务印书馆1963年版,第505页。

④ [英]威廉·葛德文:《政治正义论》,何慕李译,北京:商务印书馆1982年版,第84页。

⑤ [德]弗里德里希·包尔生:《伦理学体系》,何怀宏等译,北京:中国社会科学出版社1988年版,第517、523页。

可见,社会公正在剥削阶级社会的主流思想家视野中,总体上是一种"应然",即人们应该如何如何等。"应然"成为他们向往美好社会的精神动力,但对阶级剥削社会的改造来说并没有多少实际意义。

2. 以缓和阶级矛盾维护社会公正

在阶级社会,统治者总是从自身利益出发提出社会公正的主张,并把自己的统治意志上升为整个社会的公正标准。

奴隶主阶级、封建主阶级以及资产阶级所追求的社会公正,总体上是本阶级内在的政治统治的公正,即政治公正、政治统治的合法性。比如,奴隶主阶级认为的公正对奴隶来说就是毫无人身自由的奴役。封建主认为的公正就是维护严格的等级制,而对广大小农或手工业者来说,就是恪守"本分",纳税服役。在资本主义社会里,资本家认为资本获得利润是天经地义的事,是最公平不过的。

都是为了维护自身的统治,在人民群众反抗、斗争的压力下,占统治地位剥削阶级不得不采取某些调节措施,缓和尖锐的社会不公。为此,历史上的思想家提出了种种关于社会公正的理想。

在中国传统农业社会,以儒家为代表的封建等级制的公正观,在维护封建等级制的前提下,也主张反对过度的剥削和压迫。比如,儒家思想主张:"君子喻于义,小人喻于利"①,提示统治者不能一味地追求"利",而应像君子那样去追求"义"。"罢黜百家,独尊儒术"的董仲舒向被统治阶级倡导"正其谊不谋其利,明其道不计其功"②的道德训诫,给统治阶级以"圣人副天之所行以为政"③的天谴论关照。即他希望被统治阶级安于现状,臣服规制,要求统治阶级遵循天道,慎用权力,从而避免天灾人祸,保护统治阶级的整体利益。宋代朱熹教导人们"存天理,灭人欲"④,它主要是从伦理道德的层面上提出和论证公正问题的。这种社会公正观,在根本上是基于地主对农民的剥削、压迫加以肯定为前提的公正观。因此,它对维护封建统治起了很大作用。

在西方历史上,统治阶级的公正观也是极力主张通过社会改良而缓

① 转引自程立显:《伦理学与社会公正》,北京:北京大学出版社2002年版,第60页。
② 转引自程立显:《伦理学与社会公正》,北京:北京大学出版社2002年版,第160页。
③ 转引自曹德本主编:《中国政治思想史》,北京:高等教育出版社2004年版,第188页。
④ 转引自程立显:《伦理学与社会公正》,北京:北京大学出版社2002年版,第61页。

和阶级矛盾的公正观。古希腊梭伦的温和改革举措可算是对其最早注释。他希图改变贫富两极分化的社会局面,又惧怕贵族特权遭到失落,因此只是主张在利益纷争的社会集团之间设置一个适中的权利界限,诚如他自己所说:"至于我,在他们之间正如一根界桩,立于对峙的双方的分界。我持大盾,保护两方,不能使任何一方不公正地占据优势。"[①]这样,他颁布"解负令",使雅典人从奴隶状态下解放出来,同时也抵制平民重分土地的要求,从而维护雅典城邦的私有制基础。同样,亚里士多德要求不断完善城邦正义以维护奴隶制度。在他看来,社会的罪恶都是导源于人类的罪恶本性的,即使实行公产制度也无法为之补救,他因此提倡一种有限制的私有制——"私有公用"以缓解社会矛盾,即承认财产私有,但要保障它用于公共的目的。这被公认为古希腊的和谐社会秩序理论。进至中世纪,专制统治阶级的神权公正观从上帝的旨意推导出人与人之间的不平等原理。这种理论指出,人之间不平等的人际关系在社会中的秩序化,是上帝的安排。人与人之间之所以不平等,来源于人的天赋资质方面的差别,这种差别是人在出生之前就被上帝所安排好了的。对此,有学者评论道,这种"用规定不同的权利方式来限定人与人之间在社会中的不平等关系,具体地表现为一些人可以在某种特定的法律的保护下,只享受权利而不履行义务,另一些人则在履行义务的前提下可以享受某些权利,而更多的人则只能履行义务而不具有享有权利的资格。因此,权利的等级制,也就是对人的自由的一种等级限定"[②]。随着封建社会的解体,市场经济的发展,客观上需要个人更多的自主权,资产阶级公正观从天赋人权、社会契约、自由、平等等观念的论证视域,尽力为资本主义市场经济的发展提供了理论支持。

可见,在私有制阶级社会,剥削阶级极力维护自己统治的合法性,居于主流地位的以及直接为统治阶级服务的思想家,不同程度地研究过公正问题。他们的共同特点在于:主张在缓和阶级矛盾的前提下多少去实现一些象征性的社会公正,既反对过分的阶级剥削和压迫,又害怕彻底消灭阶级。这就是一切剥削阶级公正观无法克服的阶级局限性。

---

① 转引自[古希腊]亚里士多德:《雅典政制》,吴寿彭译,北京:商务印书馆1987年版,第14页。
② 韩冬雪:《马克思主义政治哲学诸范畴初探》,长春:吉林出版集团有限责任公司2007年版,第40页。

（二）马克思社会公正以彻底消灭阶级为根本要求

在马克思看来，与阶级的存在是历史的产物一样，社会公正也是历史的范畴，具有历史性，没有超时代、超阶级的永恒的社会公正，只有彻底消灭阶级，才能实现符合所有人发展需求的社会公正①。

1. 阶级是历史的产物

阶级是人与人之间对立与分化的重要表现。就其产生和实质，马克思指出："（1）阶级的存在仅仅同生产发展的一定历史阶段相联系；（2）阶级斗争必然导致无产阶级专政；（3）这个专政不过是达到消灭一切阶级和进入无阶级社会的过渡……"②这一论述，包含着以下四个方面的内容。

其一，"阶级的存在同生产发展相联系"表明，阶级是一个经济范畴。这一方面是因为阶级和阶级关系是物质生产的直接产物，另一方面是因为阶级指的是经济关系中的利益集团，阶级关系本质就是经济关系。阶级和阶级斗争是社会物质生产发展到一定阶段的直接产物。阶级是社会的经济集团，阶级关系在本质上就是一定社会的经济关系。阶级之间的对立最根本的就是经济利益上的对立。

其二，"阶级的存在仅仅同生产发展的一定历史阶段相联系"又说明，阶级是一个历史范畴。阶级和阶级关系既然是社会物质生产发展到一定阶段的产物，并随着物质生产的变化而变化，所以阶级现象必然是历史性现象。一方面，每一个阶级（无论是统治阶级或是被统治阶级）都具有自己的历史性。它们都是历史中的过客，在历史的一定阶段中扮演着自己的历史性角色。随着历史的进一步发展，它们都不可避免地走向死亡。另一方面，阶级和阶级斗争作为一种历史现象，其普遍性也是相对的。它源于社会物质生产有所发展但发展不充分的状况。

其三，"阶级斗争必然导致无产阶级专政"指明，无产阶级是消灭阶级

---

① 一些当代西方学者是极力回避这一认识的。比如，美国分析学派马克思主义的主要代表人物罗默认为资本主义是一种剥削的和不公正的制度，但他同时指出，资本主义社会存在不公正的原因并非完全在于剥削，而是在于没有给予人们的平等机会以促进个人发展。实现机会平等的问题，关键在于教育，而不在消灭阶级。因此，尽管西方左翼思想家尝试从马克思主义理论中获得灵感和智慧，但他们最终是无法提出以彻底消灭阶级为根本要求的公正思想。

②《马克思恩格斯文集》第10卷，北京：人民出版社2009年版，第106页。

的实践力量。随着物质生产在资本主义社会的充分发展,阶级和阶级斗争必将导致无产阶级专政,而无产阶级专政必将把阶级和阶级斗争送进历史的博物馆。无产阶级是随着现代大工业的发展而形成的被资产阶级所奴役和剥削的社会集团。无产阶级作为超越资本主义社会现状的革命主体,能够把与资产阶级的阶级斗争变为推翻资本统治的社会力量。

其四,"达到消灭一切阶级和进入无阶级社会的过渡"意味着,无产阶级所要消灭的不是某一个特权阶级,而是一切阶级。消灭一切阶级也即彻底消灭社会不公的存在根基。批判的空想社会主义尽管一定程度上要求消灭资本主义私有制、消灭资产阶级,但不主张彻底消灭包括无产阶级在内的一切阶级。

这里所述表明,阶级作为一个经济范畴,是伴随着人类历史演绎过程而出现的现象,是社会生产不够发达的产物。阶级的存在和发展加剧了人之间的对立和分化,进而成为了阶级社会一切利益关系问题的原点和基础。然而,阶级的消亡不会是自发的过程,必须借助人的积极的革命活动才能从根本上得到解决。也就是说,阶级作为一种社会现象,随着社会生产力的发展而产生,又必将随着生产力趋于高度发达而逐渐消亡。

与阶级作为历史范畴相应,社会公正总是属于一定阶级的公正,要实现所有人的共同公正,必须消灭阶级剥削和阶级压迫。无产阶级所要消灭的不是一般阶级的剥削和压迫,而是那最高形态私有制社会的资产阶级的剥削和压迫。"共产主义的特征并不是要废除一般的所有制,而是要废除资产阶级的所有制。"①这样,与以往思想家维护不合理社会秩序的立场根本不同,马克思则以批判的精神要求从根本上改变不合理的现存社会。

故此,马克思从自己所处的资本主义时代中发现,资本主义私有制造成了社会的两极分化以及各种灾难,并在《雇佣劳动与资本》中如此精辟地描述其后果:"一座房子不管怎样小,在周围的房屋都是这样小的时候,它是满足社会对住房的一切要求的。但是,一旦在这座小房子近旁耸立起一座宫殿,这座小房子就缩成茅舍模样了。这时,狭小的房子证明它的居住者不能讲究或者只能有很低的要求;并且,不管小房子的规模怎样随着文明的进步而扩大起来,只要近旁的宫殿以同样的或更大的程度扩大

①《马克思恩格斯文集》第2卷,北京:人民出版社2009年版,第45页。

起来,那座较小房子的居住者就会在那四壁之内越发觉得不舒服,越发不满意,越发感到受压抑。"①尽管资本家企图用不同方式增加工人工资以缓和阶级矛盾,但最终只会使得人与人之间的社会关系更为严重地被物化。资本主义社会所固有的矛盾使社会不公问题不可能在其自身内部得到解决,必须借助一定的经济政治文化条件从外部消灭这个社会才能真正消除一切社会不公现象,必须通过一个革命阶级的坚决斗争才能促成公正社会的到来。因此,马克思把实现社会公正归结为无产阶级的解放诉求,指明无产阶级的公正要求不仅与超越资本主义和实现每一个人的自由全面发展相联系,而且与消灭阶级紧密相连。对此,他在《国际工人协会共同章程》中深刻指出:"工人阶级的解放应该由工人阶级自己去争取;工人阶级的解放斗争不是要争取阶级特权和垄断权,而是要争取平等的权利和义务,并消灭一切阶级统治。"②

2. 以彻底消灭阶级实现社会公正

"以彻底消灭阶级为根本要求",标示出马克思社会公正思想的四个具体内容:

第一,发展社会生产。社会发展的历史已充分证明,生产和分工是产生阶级的物质前提,而社会生产落后则是阶级产生的根本原因。消灭阶级因此必须从源头上改变那极为落后的物质条件,这只有通过劳动者聪明才智的充分发挥以促进社会生产不断发展才能得到实现。也就是说,社会环境的改造与人自身世界的改造是一致的。发展生产在根本上也是提升人的自身素质的过程。发展生产推动了社会改造,也促进了人自身的发展。进一步而言,发展社会生产与消灭阶级、实现人类解放是同一个过程。

第二,消灭私有制。阶级剥削和阶级压迫的根源在于生产资料私有制。只有当生产的物质条件是劳动者自己的集体财产时,劳动者才会享有平等的占有和自主支配财产的权利,从而建立起崭新的人与人之间的关系。消灭阶级与消灭私有制相辅相成,因此,要消灭阶级,首先就必须消灭私有制。

第三,消灭一切剥削阶级。剥削阶级是阶级矛盾的主要方面,剥削阶

---

① 《马克思恩格斯文集》第1卷,北京:人民出版社2009年版,第729页。

② 《马克思恩格斯文集》第3卷,北京:人民出版社2009年版,第226页。

级为了自己的利益,在社会经济、政治、文化等各个方面采取残酷的手段压迫、剥削被统治阶级,使得人与人之间经济上不平等、政治上不民主、文化上不自由。剥削阶级的统治也直接加剧了"城乡、体脑、工农"这三大差别。消灭剥削阶级,就是消灭剥削阶级得以存在的社会条件(私有制、专制制度等)。因而,无产阶级的伟大使命,是消灭一切剥削阶级,尤其是消灭资产阶级,变阶级社会为无阶级社会,在解放全人类的基础上最终解放自己。这是一个随着人类发展而逐步实现的过程。

第四,消灭无产阶级本身。在马克思看来,消灭一切剥削阶级,只是实现政治解放的任务,无产阶级要实现人类彻底解放的目标,还必须消灭包括自己在内的一切被压迫阶级。这是无产阶级神圣的历史使命及其内在合理性,亦是无产阶级革命区别于以往的阶级革命的重要表现。无产阶级及其政党是代表最广大劳动人民根本利益的政治力量,因而是实现社会公正的主导力量,只有消灭一切阶级,才能真正实现社会公正。

以上所述,马克思反对离开阶级关系抽象谈论人的利益问题,强调从阶级本身考察一切束缚人的解放的各种因素。"消灭资本主义,实现人类解放"这一价值断定本身是马克思从资本主义社会矛盾、阶级矛盾的全方位考察中所得到的。消灭资本主义社会才能实现人的全面发展,这一奠定在社会事实基础之上的价值判断昭示出,资产阶级的社会公正是以发达的商品经济为基础的,反映了商品关系尤其是资本主义经济关系的要求,它的基本内容是承认每个人享有平等的自由权即人权,但是,这种社会公正仅仅是法律形式上的而不是事实上的。无产阶级的社会公正是对资产阶级的社会公正的扬弃,在实质上是消灭阶级的公正,是对阶级剥削和阶级压迫的反抗,而消灭阶级实际上就是要消灭私有制,消灭生产资料占有上存在的所有者与非所有者的对立。所以,无产阶级的社会公正契合了人的利益,包括社会地位、政治地位的平等,还包括社会的、经济的领域的权利享有,以及形式的平等和事实的平等的有机统一。

毋庸讳言,彻底消灭阶级的社会也就是那能够为每个人的自由而全面发展提供条件的社会。

四、保障每个人自由全面发展的条件

马克思恩格斯在《德意志意识形态》中系统地阐述了每个人自由而全面发展的思想："在共产主义社会中，即在个人的独创的和自由的发展不再是一句空话的惟一的社会中，这种发展正是取决于个人间的联系，而这种联系部分地表现在经济前提中，部分地表现在一切人自由发展的必要的团结一致中，最后表现在以当时的生产力为基础上的个人多种多样的活动方式中。"[①]在《共产党宣言》中，马克思恩格斯指明，每个人的自由发展是一切人的自由发展的重要前提。在《资本论》及其手稿中，马克思再次阐明，社会生产力的发展将为未来的社会奠定现实的基础，未来社会将是"一个更高级的、以每一个个人的全面而自由的发展为基本原则的社会形式"[②]，人类历经"三大形态"的趋势是不断促进并最终实现每个人的自由而全面发展。

马克思恩格斯的这一系列论述表明，无产阶级所奋斗的目标在根本上是要实现人与人之间的利益关系与社会生产力发展水平相适应，通过社会发展创造一切条件，保证人人都能幸福地生活和得到应有的发展。

"每个人的自由而全面发展"被马克思恩格斯看做是未来理想的公正社会的基本特征，是以考察以往阶级社会人的不自由和片面发展为逻辑前提的。这就是说，人的自由而全面发展是人类发展和解放的必然趋向。但这种趋向在剥削阶级社会那里还没有条件体现出来，剥削阶级所指谓的公正是以人的不自由和片面发展为代价的。

（一）剥削阶级公正以人的不自由和片面发展为代价

在《1857–1858年经济学手稿》中，马克思通过历史的考察揭示出，资本主义之前的奴隶社会、封建社会都是社会发展与人的发展严重脱节的社会。奴隶社会和封建社会的生产力都极为落后，封闭的自然经济使人

---

① 马克思恩格斯：《德意志意识形态》节选本，北京：人民出版社2003年版，第100页。
② 马克思：《资本论》第1卷，北京：人民出版社2004年版，第683页。

们的交往受到很大的限制,人是不自由的、是片面发展的。资本主义社会生产力的发展,开始打破人身依附关系和等级制度,人对物的依赖取代了人对人的依赖。在这种社会形态中,人的能力受到资本占有关系的束缚和物化,尽管资本高度积累的财富为人的自由个性和全面发展创造了条件,但真正的人的自由和全面发展还是望尘莫及的。剥削阶级公正观无疑是默认这种情形的。

1. 前资本主义人的自由和发展的丧失

奴隶社会,奴隶主阶级把奴隶当做"会说话的工具"。作为工具,奴隶当然没有人身自由,也谈不上需要、能力等各种人之为人的条件得到发展。作为操控"工具"的奴隶主,虽然拥有任意使用奴隶的特权和自由,但在那有限的、狭隘的生产力条件下,也不可能获得社会进步意义的人之为人的自由和发展。在封建社会,农民虽然获得了半人身自由,但受到土地的束缚而沦为地租生产的工具,所以,农民的自由是一种虚幻的自由,农民的发展只是片面的发展。作为享有社会财富和权利的地主阶级,只能在自己阶级或集团规定的范围内,获得一定程度的相对的自由和发展,而这也远远不是真正社会意义的人的自由和发展。马克思对之总结道:"我们越往前追溯历史,个人,从而也是进行生产的个人,就越表现为不独立,从属于一个较大的集体"①,"如果考察的是产生不发达的交换、交换价值和货币制度的那种社会关系,或者有它们的不发达程度与自身相适应的那种社会关系,那么一开始就很清楚,虽然个人之间的关系表现为较明显的人的关系,但他们只是作为具有某种规定性的个人而互相发生关系,如作为封建主和臣仆、地主和农奴等等。"②这就是说,前资本主义社会的人,只能按照自己所在集团的地位去表现自己,不可能真正拥有人的个性得到自由和发展的社会空间和条件③。

2. 资本主义社会人的物化与畸形发展

资本主义社会,工人相较于奴隶和农民,拥有人身自由,但工人只有出卖劳动力的自由,没有不出卖劳动力的自由,而且在实际生产中,劳动

①《马克思恩格斯全集》第30卷,北京:人民出版社1995年版,第25页。
②《马克思恩格斯全集》第30卷,北京:人民出版社1995年版,第113页。
③ 徐春:《人的发展论》,北京:中国人民公安大学出版社2007年版,第84页。

成为了异己力量严重束缚着工人的发展。劳动者过着非人般的生活,仅仅是资本家的一种生产资料和活劳动力,是资本家发财致富的物件,而且是最廉价、最有效能的物件。作为资本的主人——资本家,在利润的驱使中,完全成为了自己的"死钱财",成为了物欲的傀儡。商品拜物教、货币拜物教和资本拜物教腐蚀着资本家的灵魂。所以,工人和资本家都被物化了,并且资本家是优先的、主导的,工人是受剥削、被奴役的。因此,在资本主义社会,只有资本家有个性和独立性,工人没有个性和独立性。仅就资本家的个性和独立性来说,也不过是法律和市场意义上的个性和独立性。"这种以物的依赖为基础的社会关系使人的一切关系都局限于对物的占有关系上,使社会关系中属人性质从中消失了,人仅仅成为生产和占有社会物质财富的手段。人仅仅为获取生活资料以维持肉体生存而劳动,自我创造的个性在其中消失了"①。所以资产阶级公正观念念有词的"自由"、"平等"、"博爱"只不过是遮人眼目的面纱。当然,在资本主义社会,现代化的、社会化的大生产要求人的全面发展,而且确实为人的全面发展创造了物质条件。但由于整个社会仍为资本所统治,人的片面的、畸形的发展并没有减低。进一步说,资本的技术力量,虽然创造了人类前所未有的物质财富,但它不可能直接带来工人的解放乃至全人类的解放。

可见,以往社会的发展是以牺牲个人的自由和发展为代价的。这就是说,人的自由而全面发展受制于既定的社会条件。私有制社会的生产力以及由此所决定的人们的交往方式及其他一切社会关系,决定了剥削阶级所言说的公正是人的不自由和片面发展的公正。

(二)马克思社会公正是指为人的自由全面发展提供条件

真正的公正社会能够使人摆脱对人的依赖和对物的依赖,从而实现自由而全面的发展。因之,"为人的自由全面发展提供条件"是马克思社会公正思想的价值旨归。

1. 人的自由和全面发展的基本含义

人的自由而全面发展是人的自由发展和人的全面发展这样两个方面

---

① 徐春:《人的发展论》,北京:中国人民公安大学出版社2007年版,第89页。

的有机统一体。从整个人类发展史看,人的发展程度与人的自由度密切相关。人首先获得自由,才谈得上实现发展以及全面发展,人一旦获得了全面发展,必然意味着人是自由的。

关于人的自由,包括社会生产的自由、政治活动的自由和思想文化的自由,马克思恩格斯曾指明:"自由就在于根据对自然界的必然性的认识来支配我们自己和外部自然;因此它必然是历史发展的产物。"①自由即同已被认识的自然规律、社会规律和谐一致的生产和生活。他们特别提示,在阶级社会人们在社会生活中的自由,是体现了人的本质、并在社会规范的前提下开展政治活动的权利。既体现主体对政治权利的自主精神,如依法享有直接参加国家的管理,享有自由的集会和通过各种团体与报纸影响国家事务。同时,这种自由又必须以不危害他人的利益、不违反法律规范为内在规定和限度。而在"在共产主义社会里,任何人都没有特殊的活动范围,而是都可以在任何部门内发展,社会调节着整个生产,因而使我有可能随自己的兴趣今天干这事,明天干那事,上午打猎,下午捕鱼,傍晚从事畜牧,晚饭后从事批判,这样就不会使我老是一个猎人、渔夫、牧人或批判者"②。这里所说的"自由",是指消灭了阶级对立因而人在不屈从任何外在目的和压迫的情况下,根据自己的兴趣和爱好,自觉、自愿和自主的发展,并不是说人只有在消除分工的情况下才有可能获得自由(共产主义社会仍然存在新式的自觉的社会分工),强调的是人对自己发展权的驾驭。但是,当劳动还只是谋生手段以及为旧式分工所迫,人就不可能获得自由发展。

关于"人的全面发展",马克思强调的是人的活动及其能力、人的社会关系、人的个性等各个方面从畸形到完整、从片面到全面、从潜在到现实、从贫乏到丰富的过程。从这个意义上看,人的全面发展的核心意思是指人的本质力量的全面发展,从其具体表现来说,主要有这样四个方面:其一,人的能力的全面发展。在诸方面能力的发展中,马克思着重关注的是体力和智力相统一的发展。其二,人的需要的全面发展。人的能力的全面发展是以人的需要的全面发展为目的和前提的。劳动一旦失去了单纯谋生的性质,满足需要的单纯消费过程和享受过程也就变成了积极的创造过程。与此同时,人的其他需要也多方面地发展起来,并获得充分的满

①《马克思恩格斯文集》第9卷,北京:人民出版社2009年版,第120页。
②《马克思恩格斯文集》第1卷,北京:人民出版社2009年版,第537页。

足。其三，人的社会关系的全面发展。作为现实的人的本质，是由其所处的社会关系的总和所规定，并且必然随着社会关系的变化而变化。正是在这个意义上，人的全面发展就是人的社会关系的全面发展。社会关系的全面发展包括两个方面：一方面，随着生产力的发展，社会关系的内容愈益丰富并且将会更加丰富。另一方面，人作为社会存在物，必须合理建构自身所处的社会关系，并在这种社会关系中充分而协调地发展自己的全部特性。其四，人的自由个性的全面发展。马克思主义所讲的人不是栖息在社会之外的抽象的"类"和"种"，而是从事实践活动的个人的存在。因此，人的全面发展必然要落实在每个人的自由个性的发展方面。所谓个性是指个人独特的主体性，表现为兴趣、爱好、性格、心理、气质、行为特点等等。人的个性的自由发展是在社会发展中实现的。

必须指出的是，马克思关于"人的自由发展"和"人的全面发展"的每个具体论述，都是针对人类历史上对人的束缚、奴役、压迫、异化等不公现象而提出或强调的，有批判和超越社会不公制度的深刻蕴涵。如"人的自由发展"是针对人的劳动的不自由、人格的依附、个性的工具化等现象而提出的；"人的全面发展"更多的是针对资本主义社会中因劳动异化而导致人的身体部分及能力的畸形和片面发展状况，以及少数人的发展总是以牺牲多数人为前提和条件的不平等发展状况而强调的。

总体上，人的自由发展是人的全面发展的前提和基础，人的全面发展是人的自由发展的目标和归宿。因而，马克思主义把人的自由发展和人的全面发展看做是内在一致的，合称为"人的自由而全面发展"或简称为"人的全面发展"。

2. 人的自由和全面发展的实现条件

这里的"条件"指的是，与一定生产力发展水平相适应的社会物质生活条件、社会制度条件以及精神文化条件。马克思指出："生产力和生产关系——这二者是社会个人的发展的不同方面。"①人的自由而全面发展以生产力获得高度发展以及由此决定的生产关系不断得到完善为最基本条件。从这个意义上看，人的自由而全面发展是推动人类进步的内在动力，整个人类社会发展的最终目的是人的自由而全面发展。所以，真正的

---

① 《马克思恩格斯全集》第31卷，北京：人民出版社1998年版，第101页。

社会公正意味着为人的自由而全面发展提供条件。

第一，建立人与人之间的世界历史性交往。人是处于一定社会关系中的现实的人，因此，人的全面发展不可能是孤立的个人行为，而是与社会、与群体的发展紧密结合在一起的总体过程。为此，马克思在《1857—1858年经济学手稿》中深刻指出，人类的交往历史经历了三个阶段，相应地，作为交往主体的个人的发展也有三种方式。人类交往的第一阶段是相互依赖的自发交往，与此相应的人的发展是狭隘的血缘家族范围内的发展；第二阶段是各民族、各地区内的物化的共同交往，与此相应的人的发展是片面的民族地域性的发展；第三阶段是全面依存的普遍交往，处于这种交往方式中的人的发展则是世界历史性的发展。从前者向后者转变的直接后果就是人的视野的开阔、知识的增长，以及潜能的发挥和个性的发展，人逐渐摆脱了个体的、地域的和民族的狭隘性。所以，每个人要得到自由而全面发展，就必须实现其世界历史性的交往，而世界历史性交往的实现在根本上也就是每个现实的人获得自由而全面发展的过程。

第二，消灭旧式分工。旧式分工是指体力劳动和脑力劳动的分工、工业劳动和农业劳动的分工、生产资料的占有和管理与使用生产资料从事直接劳动的分工，这种分工直接导致阶级差别和阶级对立，造成人的发展的片面性、被动性。因此，消灭片面性、强制性、固定性的旧式分工，实现体现人的自由性、全面性的劳动交换，是实现人的全面发展的重要条件。进一步地说，人的全面发展并不以消灭一切分工为条件，而是以消灭旧式分工为条件。其实，发展生产力离不开合理的社会分工，即人们之间的分工协作是提高生产力的一个重要因素。在生产力高度发展的情况下，一切体现人的本质力量的新式分工是促进人的自由而全面发展的根本条件，正如恩格斯所说："在所有的人实行明智分工的条件下，不仅生产的东西可以满足全体成员丰裕的消费和造成充足的储备，而且使每个人都有充分的闲暇时间去获得历史上遗留下来的文化——科学、艺术、社交方式等等——中一切真正有价值的东西。"①

第三，人的自由时间得到增多。时间是人类发展的空间，马克思将自由时间看做是人的发展的重要条件，"所有自由时间都是供自由发展的时间"②。自由时间是个人可以自主支配的时间。现代化工厂化，应该限定

①《马克思恩格斯文集》第3卷，北京：人民出版社2009年版，第258页。
②《马克思恩格斯全集》第31卷，北京：人民出版社1998年版，第23页。

工作日,给予工人发展的自由时间。让工人有更多的时间进行智力发展活动、社会交往活动等。社会生产力的高度发展,旧式分工的消灭,使得劳动生产效率大为提高,从而缩短了社会必要劳动时间,增加了自由时间。马克思指出:"节约劳动时间等于增加自由时间,即增加使个人得到充分发展的时间。"①"只有通过大工业所达到的生产力的极大提高,才有可能把劳动无一例外地分配给一切社会成员,从而把每个人的劳动时间大大缩短,使一切人都有足够的自由时间来参加社会的公共事务——理论的和实际的公共事务。"②随着个人自由支配时间的增加,人及其一切活动摆脱了单纯物质需要的束缚,人们可以自由地依据个性和专长从事各种各样的有益活动,如科学活动,艺术活动,社交活动,娱乐活动和享受活动等,从而能够自由而充分地发展自己的才能。自由时间最终会改变人本身。

第四,文化教育得到极大发展。在物质生活条件和社会制度条件得到发展的基础上,精神文化条件成为促进人的全面发展的重要因素。在马克思恩格斯看来,要使人获得一定的劳动技能和技巧,成为娴熟的和发达的劳动者,就要有一定的教育和训练,对此马克思在《资本论》中指出:"从工厂制度中萌发出了未来教育的幼芽,未来教育……不仅是提高社会生产的一种方法,而且是造就全面发展的人的惟一方法。"③男女儿童和青少年的发展应采取生产劳动与在校学习相结合的方式。"生产劳动和智育的早期结合是改造现代社会的最强有力的手段之一。"④因为人们在劳动者中理解相互合作、相互帮助的必要性,又通过学习提高自身综合素质,提高人的全面发展能力。恩格斯强调,在文化教育极大发展的条件下,"人终于成为自己的社会结合的主人,从而也就成为自然界的主人,成为自身的主人——自由的人"⑤。

在马克思恩格斯看来,创造上述"条件"的社会是一个具体的历史的过程。经历人的依赖关系、以物的依赖性为基础的人的独立性的社会,人类终将走向建立在个人全面发展和他们共同的社会生产能力成为他们的社会财富这一基础上的自由个性的社会,从而实现人与自然的最优整合、

---

①《马克思恩格斯全集》第31卷,北京:人民出版社1998年版,第107-108页。

②《马克思恩格斯文集》第9卷,北京:人民出版社2009年版,第189-190页。

③ 马克思:《资本论》第1卷,北京:人民出版社2004年版,第556-557页。

④《马克思恩格斯文集》第3卷,北京:人民出版社2009年版,第449页。

⑤《马克思恩格斯文集》第3卷,北京:人民出版社2009年版,第566页。

人与人的最终协调以及人自身的最佳和谐。又由于人的自由而全面发展与所有人的解放是内在一致的,所以,获得所有人的自由而全面发展就是实现人类解放的实质。无产阶级的使命就是在实现政治解放、经济社会解放的过程中,使所有的人从物以外的盲目的异己力量支配和统治下解放出来。

具备上述"条件"的社会是共产主义,换言之,共产主义作为替代资本主义的社会形态,人的解放才是它的内容和实质。因此,对于无产阶级来说,必须努力实现共产主义:"由社会全体成员组成的共同联合体来共同地和有计划地利用生产力;把生产发展到能够满足所有人的需要的规模;结束牺牲一些人的利益来满足另一些人的需要的状况;彻底消灭阶级和阶级对立;通过消除旧的分工,通过产业教育、变换工种、所有人共同享受大家创造出来的福利,通过城乡的融合,使社会全体成员的才能得到全面发展。"①促进人的全面发展是一个与社会生产力、经济、文化等各个方面相互协调、逐步提高的历史过程,这将通过无产阶级扬弃资本主义文明、进行社会主义革命和建设的共产主义实践而不断得到体现和发展。

综上所述,马克思社会公正思想指谓的公正,是通过社会的全面进步而为每个人的权利享有和全面发展创造条件。其内在本质的四个方面,即价值主体是"所有人"、基本要义是"平等权利和平等义务相统一"、根本要求是"彻底消灭阶级"、价值旨归是"每个人都得到自由而全面发展的条件",体现了无产阶级社会公正追求的实践性:在高度发达的经济基础之上消灭一切非正义的社会现象,追求全人类的彻底解放,实现共产主义社会,这是通过无产阶级革命、无产阶级专政、社会主义建设和不断创造条件逐步实现的。

---

① 《马克思恩格斯文集》第1卷,北京:人民出版社2009年版,第689页。

第四章　马克思社会公正思想
与资本主义的批判

马克思社会公正思想的形成过程是一个实践总结与理论批判相统一的过程。其理论批判的核心便是资本主义批判①。马克思社会公正思想的资本主义批判主要包括两个方面，一是对资本主义不公的批判；二是对小资产阶级公正观的批判。这种批判在本质上超越了现代西方学者对资本主义不公的批判。

一、资本主义不公的批判

马克思对资本主义不公的批判准备于《莱茵报》时期，初步的杰作是《1844年经济学哲学手稿》，丰富于《德意志意识形态》、《哲学的贫困》、《雇佣劳动与资本》、《共产党宣言》等论著，成熟于《资本论》的写作，历时近40年②。马克思对资本主义的批判不仅时间长，而且具有总体性和全面性，即对资本主义生产、交换、分配、消费等诸环节所构成的总体进行了全面的批判。

就《资本论》的写作来看，马克思始终把资本的生成发展机理视为解

---

① 马克思的理论就其本质来说，首先是一种反资本主义的理论。这是因为，马克思对"全人类解放"的追求完全是以对资本主义的批判为基础才得以提出的。国内有学者将马克思的资本主义批判称为"经典性的批判"，并提出其具体包括马克思批判资本主义的基本立场、马克思批判资本主义的生产体制、马克思批判资本主义的文化体验、马克思批判资本主义的政治规划、马克思批判资本主义的伦理思想等这样五个方面。(孙正聿等著:《马克思主义基础理论研究》(下)，北京:北京师范大学出版社2011年版，第583页。本章的写作深受其启发。)

② 马克思:《资本论》第1卷，北京:人民出版社2004年版，第891页(注释1)。

答资本主义社会问题的内在依据,在长期的思索中形成了一种透过现象把握本质而解剖资本主义不公根本属性的思维范式。这就是马克思视野的"资本逻辑"。资本逻辑是马克思倾其一生主要精力研究资本主义生产关系而得出的批判性范式,其理论旨趣在于通过"建立在一些人对另一些人的剥削上面的产品生产和占有的最后而又最完备的"①这一特定历史阶段去探寻社会发展的根本规律,为受奴役受压迫的劳动人民实现彻底解放指引现实路径。根据马克思的相关论述,资本逻辑的基本内涵有以下几个方面:

其一,从抽象上升到具体的分析方法。马克思所要研究的"是资本主义生产方式以及和它相应的生产关系和交换关系"②。他认为:"分析经济形式,既不能用显微镜,也不能用化学试剂。二者都必须用抽象力来代替。"③这就是说,他为揭示资本主义制度的基本规律,是通过对大量感性的材料的研究和概括,形成各种科学概念或范畴(诸如商品、货币、资本,等等),并根据它们的发展所表现出来的连贯性(诸如从生产到流通再到生产的总过程,等等),将它们逻辑地联系起来,最终形成一个理性的具体的东西。

其二,整体性的研究视角。"研究必须充分地占有材料,分析它的各种发展形式,探寻这些形式的内在联系。只有这项工作完成以后,现实的运动才能适当地叙述出来。"④马克思在这里所指明的与其说是一种具体的科研方法,不如说是一种整体性的研究视角。也就是说,对资本主义生产关系的研究,不仅是放在整个人类历史发展的高度来进行的,而且是放在资本主义社会制度自身整体的高度而具体展示的。作为资本主义的"生产",既是与资本主义的交换、分配、消费紧密相连的整体中的首要环节,又是对资本主义生产方式整体的一个具体反映。作为资本主义的"生产方式",既是整个资本主义运动变化的根本象征,同时又是整个世界历史进程中的一个具体形态。马克思的资本逻辑建构曾经有这样一个整体性的设想:(1)一般的抽象规定,因此它们或多或少属于一切社会形式。(2)形成资产阶级社会内部结构并且成为基本阶级的依据的范畴。(3)资产阶

①《马克思恩格斯文集》第2卷,北京:人民出版社2009年版,第45页。

②《马克思恩格斯文集》第5卷,北京:人民出版社2009年版,第8页。

③《马克思恩格斯文集》第5卷,北京:人民出版社2009年版,第8页。

④《马克思恩格斯文集》第5卷,北京:人民出版社2009年版,第21-22页。

级社会在国家形式上的概括。(4)生产的国际关系。(5)世界市场和危机①。根据这一写作计划,前两项任务是关于商品、货币和资本主义生产方式的分析;第三项是属于政治学的范畴;第四、五项属于国际经济和国际政治的范畴。遗憾的是,由于不可抗拒的原因,马克思生前只系统地完成了前两项的任务。后三项的相关思想散见于其不同时期的一些论述中。

其三,唯物辩证法的基本原则。马克思对资本的社会意义是肯定理解与否定理解的辩证统一。他对此作了这样的说明:"我的辩证方法,从根本上来说,不仅和黑格尔的辩证方法不同,而且和它截然相反","辩证法在对现存事物的肯定的理解中同时包含对现存事物的否定的理解,即对现存事物的必然灭亡的理解;辩证法对每一种既成的形式都是从不断的运动中,因而也是从它的暂时性方面去理解;辩证法不崇拜任何东西,按其本质来说,它是批判的和革命的。"②马克思从特定的社会生产关系视域来分析资本及其要素的这一做法提示我们,他对资本主义的深刻剖析是双重维度的,一方面,他肯定了资本主义剥削的历史正当性,反对从抽象的人性和虚幻的道德角度来审视资本主义;另一方面马克思又严厉谴责了资本主义对工人阶级的残酷剥削、血腥压迫,提出要消灭资本主义、消灭私有制,实现人的自由和解放。

可见,马克思所指谓的资本逻辑,是指一种切入资本主义生产过程本身探寻资本主义发生、发展及其消亡路径的哲理考量,在科学性的探索中蕴含着价值性的诉求,强调合目的性与合规律性的统一,表现在方法上就是重视历史尺度与价值尺度、科学理性和价值理性的统一。马克思资本逻辑始终是我们解剖资本主义社会问题的锐利武器,正如列宁所指出的:"虽说马克思没有遗留下'逻辑'(大写字母的),但他留下《资本论》的逻辑,应充分地利用这种逻辑来解决这一问题。"③

总体上,马克思从抽象到具体的思维范式揭开了被资产阶级资本逻辑所遮蔽的不公正现实:雇佣制生产背离人的生存本质、不对等交换违反人的活动规律、垄断式分配抵牾人的利益机制、物欲性消费贬损人的需求意蕴。

①《马克思恩格斯文集》第8卷,北京:人民出版社2009年版,第32-33页。
②《马克思恩格斯文集》第5卷,北京:人民出版社2009年版,第22页。
③《列宁专题文集:论辩证唯物主义和历史唯物主义》,北京:人民出版社2009年版,第145页。

下面就马克思对资本主义生产、交换、分配以及消费所进行的批判分别展开说明。

(一)资本主义生产批判

资本主义生产,具体而言有两个层面的含义:一个是广义的,即指资本主义物质资料生产方式的构成之——生产关系,这是资本主义社会关系的核心,是最重要的社会关系;另一个是狭义的,也就是指构成资本主义生产关系一个基本环节——生产,其相较于交换、分配、消费等其他环节来说,是资本主义生产关系中最重要的环节,决定着资本主义的交换、分配、消费。这里所说的"资本主义生产"主要是指狭义的,由于不可脱离资本主义生产的总体,所以必然是对资本主义生产关系的一个具体反映。在马克思看来,生产资料的私人占有制度是资本主义社会剥削、压迫、异化、奴役等种种不公现象的根源。这样,马克思以资本主义生产关系实质为分析问题的切入点、以资本主义社会工人的生存状况为聚焦而展开了对资本主义的批判。

1. 生产的公正性

物质生产是人类和自然界之间进行物质能量转换的重要手段,是人类得以存在的首要前提,是社会得以发展的重要基础。诚如马克思在《德意志意识形态》中所指出的,一切历史的第一个前提是"人们为了能够'创造历史',必须能够生活。但是为了生活,首先就需要吃喝住穿以及其他一些东西。因此第一个历史活动就是生产满足这些需要的资料,即生产物质生活本身"[1]。这里意味着,物质生产是最重要的民生工程,因为人们通过物质生产活动能够解决"吃喝住穿以及其他一些东西"即衣食住行等等关涉人的生存的基本问题。此外,"生产物质生活本身"意味着"生产"最终目的不是"谋生",而是"乐生",即快乐地享受生活[2]。按照马克思的论述,"生产"的最终目的在于人们"创造历史",即人们不仅改变环境也改

---

① 《马克思恩格斯文集》第1卷,北京:人民出版社2009年版,第531页。

② 在马克思的著作中,对生产的论述包含两个相互关联的方面,一个是对于生产的一般性理解,强调生产是人在历史中生存下去的第一个基本前提,即生产的存在论概念,也即"谋生";另一个是对于生产的批判性理解,侧重于具体社会制度安排对人的发展的保障性意义,即生产的发展论范畴,也即"乐生"。

变自身,从而最终实现人的本质力量。因而,物质生产是人作为社会的人的根本特征和根本条件,是人的本质力量的集中展示。

所谓生产的公正性,是对生产目的、生产内容和生产手段等合理与否的价值追问,这里的"合理与否"说到底就是指,社会生产是否与普遍的社会财富关系的形成与发展相一致,是否与人的全面发展要求相一致。用马克思的话来说:"事实上,如果抛掉狭隘的资产阶级形态,那么,财富不就是在普遍交换中产生的个人的需要、才能、享用、生产力等等的普遍性吗? 财富不就是人对自然力——既是通常所谓的'自然'力,又是人本身的自然力——的统治的充分发展吗? 财富不就是人的创造天赋的绝对发挥吗? 这种发挥,除了先前的历史发展之外没有任何其他前提,而先前的历史发展使这种全面地发展,即不以旧有的尺度来衡量的人类全部力量的全面发展成为目的本身。在这里,人不是就某一种规定性上再生产自己,而是生产出他的全面性;不是力求停留在某种已经变成的东西上,而是外在变易的绝对运动之中。"①因此,"生产的公正性"必然关涉到为谁生产、怎样生产、生产什么以及人们在生产中的作用和地位等根本性的问题。

在不同的社会条件下,生产表现出不同的动机和目的。按照马克思的"三大社会形态学说",生存性生产和发展性生产是总体的人类社会生产的两个基本维度。在生产力水平极为低下的原始社会,这两个基本维度是初步融合在一起的。后来以阶级对抗为特征的私有制社会(奴隶社会、封建社会以及资本主义社会),这两个基本维度相互分离得较为明显,生存性生产集中于被统治阶级身上,而发展性生产集中于统治阶级身上。在未来实现了人的全面发展的共产主义社会,这两个基本维度在较高层次上将得到真正的融合。也就是说,人的解放首先意味着人在生产中的解放,人不是为生存而生产,最终是为了发展而生产,这是我们可以从马克思社会发展思想而得出的一个基本结论。任何具体历史条件下的社会生产,会以不同的态势展现人类生产的这样两个基本维度。马克思站在人的自由而全面发展以及实现彻底解放的高度,是以发展性生产为主要标尺去衡量具体社会的生产公正性的。

公正性的生产,在根本上要求现实的经济活动重视生产的道德性、人

---

① 《马克思恩格斯全集》第30卷,北京:人民出版社1995年版,第479—480页。

道主义,人们不能仅仅为了追求物质利益的占有而不择手段地去损害他人的利益和整个社会的公共利益。生产的公正性不仅考察生产带来的财富的获取方式是否合乎人的发展本质要求,而且要反思由生产方式所引发的对人的生存和发展所带来的各种影响,包括对自然生态环境的影响。因而,生产的公正性还强调在生产过程当中,注重人类对自然环境的尊重和保护,在生产过程当中注意对资源的合理而充分的利用,关注自然,决不能为了获取更大利润去破坏自然环境,而应该力求人与自然的和谐统一。

2. 资本主义生产是资本剥削雇佣劳动的过程

资本主义生产就其生产目的、生产内容和生产手段以及其与自然环境之间的关系等各个方面来看,不能促进人的全面发展,反而加剧了资本剥削雇佣劳动的程度,因而与人的生存本质是相背离的。

在生产目的方面,马克思深刻指明:"不管生产方式本身由于劳动从属于资本而产生了怎样的变化,生产剩余价值或榨取剩余劳动,是资本主义生产的特定的内容和目的。"①也就是说,资本主义生产的目的,一是要生产具有交换价值的商品,二是要使生产出来的商品的价值大于预付的生产资料和劳动力的价值总和,简单来说,生产不是为了满足大多数人的生存和发展的需要,而是无止境地追求剩余价值。对此,马克思还深刻地批判道:"剩余价值的生产是资本主义生产的决定的目的,同样,富的程度不是由产品的绝对量来计量,而是由剩余产品的相对量来计量。"②资本家尽力在生产中投放最少的资本以获取最多的剩余价值。所谓剩余价值是劳动创造的超过劳动力价值的那部分被资本家无偿占有的价值。工人的劳动是剩余价值的唯一源泉。资本的运动是价值增值的运动,资本是带来剩余价值的价值。因而,资本本质上是一种剥削关系,资本的功能就在于尽可能多地迫使工人创造剩余价值。资本的这个功能使它成为历史上最残酷又最隐蔽的剥削方式③,"作为剩余劳动的榨取者和劳动力的剥削

---

① 马克思:《资本论》第1卷,北京:人民出版社2004年版,第344页。

② 马克思:《资本论》第1卷,北京:人民出版社2004年版,第265页。

③ "剥削"是内嵌于社会生产方式中,在社会制度层面得到确定、并表现为主体的一种历史存在状态的经济关系和经济现象,不可能是永恒的。从马克思的《资本论》及其手稿的原典论述来看,资本主义剥削即是资产阶级对工人阶级剩余劳动的无偿占有。西方分析马克思主义的主要代表约翰·E.罗默试图建立自己的"非劳动价值理论",来得出"马克思的劳动价值论是完全错误的"这一结论。实际上,它是难以成立的。(参见[美]约翰·E.罗默:《在自由中丧失——马克思主义经济哲学导论》,段忠桥等译,北京:经济科学出版社2003年版。)

者,资本在精力、贪婪和效率方面,远远超过了以往一切以直接强制劳动为基础的生产制度。"①剩余价值是资本主义生产的绝对规律。在这个规律的制约下,劳动成为资本的隶属,造就了工人与资本家之间的不平等的社会关系。可见,"人的需要"异化为满足资本增值的需要和维持工人作为劳动力商品的"必要需要",资本主义生产最终获得的是一部分人(资本家)的权利享有和物质享受。

就生产过程和手段来说,资本主义的生产是极其敌视人的生产,剥夺、奴役、压迫等是资本家惯用的非人性、反人道的手段。生产资料的资本主义私人占有制导致资本主义的生产表现为工人在资本家的严密监督下进行艰难的生产劳动。在这种生产劳动中,"一切提高社会劳动生产力的方法都是靠牺牲工人个人来实现的;一切发展生产的手段都转变成统治和剥削生产者的手段,都使工人畸形发展,成为局部的人,把工人贬低为机器的附属品,使工人受劳动的折磨"②。工人成为一种异化了的无足轻重的存在物,工人的劳动实际上是对工人自由的一种强制,因而工人是没有人身自由而言的。这种"对直接生产者的剥夺,是用最残酷无情的野蛮手段,在最下流、最龌龊、最卑鄙和最可恶的贪欲的驱使下完成的"③。马克思断言:"资本来到世间,从头到脚,每个毛孔都滴着血和肮脏的东西。"④从早期的原始积累到后来的殖民扩张,从社会劳动生产率的提高到生产剩余价值方法的更新,都是在资本家高压大棒的指挥下完成的。用暴力直接剥夺生产者的体力、智力和劳动时间是资本得以生存的根本途径。资本家无偿占有工人的剩余劳动时间,实际上,除睡眠、饮食等基本生理活动以外,劳动时间和剩余劳动时间几乎占据了工人生活时间的全部。即便在生产时间当中,工人也不具备获得自由呼吸的条件,他们完全是以生命为代价去换取基本的生存机会。所以,资本生产中的这种赤裸裸的剥夺与资产阶级所宣扬的"平等"是格格不入的,这种"平等"只是资产阶级内部的平等,具有强烈的阶级性和欺骗性。

在生产中人们的地位和作用方面,资本家是主导者,工人是受奴役、被剥削的,而且,资本家的富裕程度与工人的贫穷程度成正相比例关系。

---

① 马克思:《资本论》第1卷,北京:人民出版社2004年版,第359页。

②《马克思恩格斯全集》第44卷,北京:人民出版社2001年版,第743页。

③ 马克思:《资本论》第1卷,北京:人民出版社2004年版,第873页。

④ 马克思:《资本论》第1卷,北京:人民出版社2004年版,第871页。

资本主义生产"首先表现为资本和劳动的关系本身的,资本家和工人的关系本身的再生产和新生产"①。所以,在资本主义制度下,生产发展本身并不能改变无产阶级被剥削、被奴役的地位。而且随着积累的不断展开、资本有机构成的不断提高,无产阶级必然走向贫困化,马克思指出:"不管工人的报酬高低如何,工人的状况必然随着资本的积累而恶化。最后,使相对过剩人口或产业后备军同积累的规模和能力始终保持平衡的规律把工人钉在资本上……这一规律制约着同资本积累相适应的贫困积累。因此,在一极是财富的积累,同时在另一极,即在把自己的产品作为资本来生产的阶级方面,是贫困、劳动折磨、受奴役、无知、粗野和道德堕落的积累。"②这样,随着资本主义积累的发展,生产的社会化程度必然越来越高,最终达到资本主义私人占有的生产关系所不能容纳的地步;而无产阶级的贫困化程度也必然达到奋起反抗的地步。到那时资本主义就走完了它的旅程,进入了历史。"生产资料的集中和劳动的社会化,达到了同它们的资本主义外壳不能相容的地步。这个外壳就要炸毁了。资本主义私有制的丧钟就要响了。剥夺者就要被剥夺了。"③此外,马克思通过对社会资本再生产和经济危机的研究,进一步揭示出资本主义制度的基本矛盾和历史暂时性,即资本主义的基本矛盾——生产的社会性和资本主义私人占有之间的矛盾,是资本主义内部所不能解决的症结。这个矛盾的尖锐化,必然阻碍和破坏社会资本再生产实现的条件,经济危机就是这种阻碍和破坏的表征。每一次经济危机似乎使尖锐的矛盾得以缓解,但它不能最终解决矛盾。马克思强调,这种状况本身说明了资本主义生产方式存在着内在的、其自身不可克服的弊病。唯有扬弃这种生产方式,进入共产主义制度,才能使这些弊病彻底断根。

在资本主义生产与自然环境之间的关系方面,马克思十分清楚地认识到了资本主义私有制生产是造成土地不可持续性利用以及使生态环境遭到严重破坏的根本原因。为取得更多的剩余价值,资本家狂热地为生产而生产,加强了对自然界的开发和利用。这样,资本主义在发展生产力的同时,也带来了生态环境的严重破坏。他在《资本论》第一卷指出:"资本主义生产……一方面汇聚着社会的历史动力,另一方面又破坏着人和

---

① 《马克思恩格斯全集》第30卷,北京:人民出版社1995年版,第450页。

② 马克思:《资本论》第1卷,北京:人民出版社2004年版,第743–744页。

③ 马克思:《资本论》第1卷,北京:人民出版社2004年版,第874页。

土地之间的物质变换,也就是使人以衣食形式消费掉的土地的组成部分不能回到土地,从而破坏土地持久自然肥力的永恒的自然条件。这样,它同时就破坏城市工人的身体健康和农村工人的精神生活"①,"女工或未成熟工人的身体还被丧尽天良地至于毒物等等的侵害之下"②。他在《资本论》第三卷中强调:"独特土地产品的种植对市场价格波动的依赖,这种种植随着这种价格波动而发生的不断变化,以及资本主义生产指望获得直接的眼前的货币利益的全部精神,都和维持人类世世代代不断需要的全部生活条件的农业有矛盾。"③在资本主义生产方式条件下,"这些条件在社会的以及由生活的自然规律所决定的物质变换的联系中造成一个无法弥补的裂缝,于是就造成了地力的浪费,并且这种浪费通过商业而远及国外"④。这些论述深刻说明资本主义生产方式与自然生态系统之间的不和谐性。

可见,资本主义生产最终获得的是一部分人(资本家)的权利享有和物质享受。通过对资本主义生产批判,马克思指明了资本主义社会制度的历史暂时性、物役性、阶级对立性以及自身矛盾的不可克服性。站在社会发展的总体高度,聚焦于资本主义经济中人与人之间关系,马克思辩证地发现资本主义生产的历史正当性及其无法克服的历史局限性。

(二)资本主义交换批判

1. 交换的公正性

在经济活动中,交换是生产和分配的媒介,其受生产决定并服务于生产,对此马克思指明:"交换给个人带来他想用分配给他的一份去换取的那些特殊产品……生产是一般,分配和交换特殊。"⑤同时,"不论是人和自然物之间的物质、能量和信息交换,还是协作和分工这种社会劳动组合,都受社会生产关系、社会生产方式的制约,因而具有社会的性质"。⑥这表

---

① 马克思:《资本论》第1卷,北京:人民出版社2004年版,第579页。
② 马克思:《资本论》第1卷,北京:人民出版社2004年版,第532页。
③ 马克思:《资本论》第3卷,北京:人民出版社2004年版,第697页。
④ 马克思:《资本论》第3卷,北京:人民出版社2004年版,第919页。
⑤《马克思恩格斯文集》第8卷,北京:人民出版社2009年版,第12—13页。
⑥ 参见叶良茂:《交往 生产力 科学发展观》,载《马克思主义研究》2006年第7期。

明,作为人们社会交往中的一种普遍形式,交换因而又是人类最基本的社会活动,在一定程度上影响社会秩序和人的本质生成。

交换是指经济行为主体为了实现自己的利益和需要而在价值平等的基础上彼此之间互通有无、互利互惠的转换过程。商品经济得到快速发展的现代社会,专业化的生产和人的生产的单一性使得人们无法仅靠自己生产出自己所需要的物质产品以满足自己需要的多样性,从而使人们之间的相互交换成为必须和可能。交换作为经济活动中的一个基本环节,意味着既是交换双方的意愿的达成,又是交换双方行为的对等以及利益的互补。按其本性来说,交换是经济活动的重要组成部分,随着商品经济的发展而产生,也将随着商品经济的消失而灭亡。

对于交换的公正性,马克思有一句名言:"商品是天生的平等派和昔尼克派,它随时准备不仅用自己的灵魂而且用自己的肉体去换取任何别的商品,哪怕这个商品生得比马立托奈斯还丑。"[①]可以说,马克思的这句名言包含着以下三个方面的深刻内容:

其一,资本主义交换的对象——商品是"天生平等的"。资本主义交换是商品交换。商品的价值是凝结在商品中的人类一般的抽象劳动。商品的价值量,是由社会必要劳动时间来决定的。商品的这种价值尺度对谁都是平等的,既不承认特权,也不承认差别,具有唯一性和一致性特征。

其二,资本主义交换的主体——商品所有者是"天生平等的"。社会分工的存在,决定了为相互获得对方的使用价值而进行交换的商品所有者是完全平等的。同时这种交换方式必须遵循价值规律,以交换价值为基础,体现自愿性(一方的意志不能强加于对方)、自主性(一方的行为不能强制对方)、相等性(双方都只能以交换价值量为尺度对等交换)和有偿互利性(即根据价值相等原则作出相互对等给付,从而体现互利性)。

其三,资本主义交换的手段——货币是"天生平等的"。货币具有"一般等价物"的性质,它内在地包含着"在金钱面前人人平等"的逻辑。在商品交换中,只要对方付出相等的货币量,不管他是什么身份、什么职业、什么级别,都必须让渡相等的使用价值。

这说明,资本主义交换本身蕴涵着现代意义的社会公正要求——人人平等。马克思看重交换双方地位的平等性和利益的相关性以及量上的

---

① 马克思:《资本论》第1卷,北京:人民出版社2004年版,第104页。

相等,但利益相关只是为交换双方实现交换提供了可能,交换的成功更是有赖于双方利益的相等,"产品交换者实际关心的问题,首先是他用自己生产的产品能换取多少别人的产品,就是说,产品按什么样的比例交换"①。

只有以双方意愿为前提条件,在兼顾各自利益的基础上实行等价的交换,才是真正公正的交换。对此,马克思借用英国经济学家布雷德的话指出:"按照劳动和交换的性质来说,严格的公正的要求是交换双方的利益不仅是相互的,而且是相等的……在公正的交换条件下,一切商品的价值都会由它们的生产费用的总和来确定,并且相等的价值应该总是交换得相等的价值。"②交换必须与生产方式相适应,相协调才是公正的,或者说,交换公正只可能是一定生产方式所决定和制约的交换公正,为此马克思指出强调:"在资本主义生产方式的基础上,奴隶制是非正义的;在商品质量上弄虚作假也是非正义的。"③也就是说,交换的公正性是一种评判交换行为的价值尺度与标准,它是关于人们在进行交换活动时所应遵守的行为准则,同时又是一种对人们交换行为和交换活动的价值要求,是对交换行为主体在具体的交换活动中必须遵守的价值原则要求。实际上,这里所谓的"行为准则"、"价值原则要求"等具体内容是由特定社会经济制度所决定的,因而交换的公正性最终取决于社会制度本身。

2. 资本主义交换建立在一个阶级向另一个阶级出卖劳动力的基础之上

在资本主义社会,表面看来,工人与奴隶社会的奴隶、封建社会的农民相比,脱离了对统治阶级的人身依附关系,获得了相对的人身自由,他们与资本家的地位似乎也是平等的。但是,形式平等的背后,隐藏着资本主义实质上的非正义性。马克思深刻指明:"现代的资产阶级私有制是建立在阶级对立上面、建立在一些人对另一些人的剥削上面的产品生产和占有的最后而又最完备的表现。"④根本而言,在资本主义社会,由于生产资料与人的劳动的分离,使得工人仅有人身自由之外别无所有。为了谋

---

① 马克思:《资本论》第1卷,北京:人民出版社2004年版,第92页。
②《马克思恩格斯全集》第33卷,北京:人民出版社2004年版,第424页。
③ 马克思:《资本论》第3卷,北京:人民出版社2004年版,第379页。
④《马克思恩格斯文集》第2卷,北京:人民出版社2009年版,第45页。

生,工人除了出卖自己的劳动力也别无他法。工人有出卖自己劳动力的自由,没有不出卖自己劳动力的自由。工人成为资本家的劳动力商品,是资本主义交换的产物。通过交换生成了资本主义的工人劳动。在劳动过程、劳动时间、劳动强度等各个方面,工人都是极不自由的。资本主义交换制度是一种形式公正而实质不公正的交换制度。

从劳动过程来看,劳动本该是人的本质力量的再现,是自由自觉的活动。但是,在资本主义条件下,工人的"劳动不是自愿的劳动,而是被迫的强制劳动。因此,这种劳动不是满足一种需要,而只是满足劳动需要以外的那些需要的一种手段"①。工人"从他进入资本家的工场时起,他的劳动力的使用价值,即劳动力的使用,劳动,就属于资本家了。资本家购买了劳动力,就把劳动本身当做活的酵母,并入同样属于他的各种形成产品的死的要素"②。"他不仅要生产使用价值,而且要生产商品,不仅要生产使用价值,而且要生产价值,不仅要生产价值,而且要生产剩余价值。"③资本主义劳动过程是商品的价值形成过程和价值增值过程的统一。马克思还根据劳动过程中的不同要素在价值形成和价值增值过程上所起的不同作用,将资本家的预付资本划分为不变资本和可变资本,从而证明剩余价值的唯一源泉是可变资本作用的结果,它不仅再生产劳动力价值的等价物,还再生产一个超过这个等价物的余额——剩余价值。这就是资本家剥削工人的秘密所在。总体上,由于资本对劳动力所有权的支配,工人丧失了自己劳动力的所有权,从而也就丧失了自由,不可能获得与资本家一样的平等。

在劳动时间和劳动强度方面,工人成为没有休息时间的活体物件。"资本由于无限度地盲目追逐剩余劳动,像狼一般地贪求剩余劳动,不仅突破了工作日的道德极限,而且突破了工作日的纯粹身体的极限。它侵占人体的成长、发育和维持健康所需要的时间。它掠夺工人呼吸新鲜空气和接触阳光所需要的时间。……是劳动力每天尽可能达到最大量的耗费(不论这是多么强制和多么痛苦)决定工人休息时间的界限。"④工人成为人格化的劳动时间。"资本是根本不关心工人的健康和寿命的,除非社

①《马克思恩格斯全集》第3卷,北京:人民出版社2002年版,第270页。
② 马克思:《资本论》第1卷,北京:人民出版社2004年版,第216页。
③ 马克思:《资本论》第1卷,北京:人民出版社2004年版,第217–218页。
④ 马克思:《资本论》第1卷,北京:人民出版社2004年版,第306页。

会迫使它去关心。"①马克思从资本何以增殖的角度对工人的劳动时间加以规定,指出工人的劳动时间由必要劳动时间和剩余劳动时间两部分组成。资本家只是付给工人在必要劳动时间工作的工资,而无偿占有了工人的剩余劳动时间,这正是剩余价值得以产生的秘密所在。由此,马克思淋漓尽致地揭示了工人的非人般的劳动状况和生活状况:"原来的货币占有者作为资本家,昂首前行;劳动力占有者作为他的工人,尾随于后。一个笑容满面,雄心勃勃;一个战战兢兢,畏缩不前,像在市场上出卖了自己的皮一样,只有一个前途——让人家来鞣。"②因此,工人仅仅是资本家的一种生产资料和活劳动力,是资本家发财致富的物件,而且是最廉价、最有效能的物件。马克思因而批判道:"时间是人类发展的空间。一个人如果没有自己处置的自由时间,一生中除睡眠饮食等纯生理上必需的间断以外,都是替资本家服务,那么,他就还不如一头役畜。他不过是一架为别人生产财富的机器,身体垮了,心智也变得如野兽一般。"③

马克思还顺着庸俗经济学家的口气深刻地指出,资本家付出了一定数量的货币,工人出让了自己的劳动力,这一切都是自由和平等的。"劳动力的买和卖是在流通领域或商品交换领域的界限以内进行的,这个领域确实是天赋人权的真正伊甸园。那里占统治地位的只是自由、平等、所有权和边沁。自由! 因为商品例如劳动力的买者和卖者,只取决于自己的自由意志。他们是作为自由的、在法律上平等的人缔结契约的。契约是他们的意志借以得到共同的法律表现的最后结果。平等! 因为他们彼此只是作为商品占有者发生关系,用等价物交换等价物。所有权! 因为每一个人都只支配自己的东西。边沁! 因为双方都只顾自己。"④也就是说,资本和劳动的交换,完全和其他商品的买卖一样,似乎都是在平等市场主体之间的平等交换,犹如"在全能的神的保佑下,完成着互惠互利、共同有益、全体有利的事业"⑤。但是,在这种表面现象、形式的正义底下掩盖着实质上的不平等和不公正,资本和劳动的交换过程一旦触碰到生产领域、触碰到货币所有者与雇佣劳动者关系的层面,其中神秘的面纱就被揭开:原来不是交换决定公正,而是财产所有权及其所规定的社会生产表征着

---

① 马克思:《资本论》第1卷,北京:人民出版社2004年版,第311页。
② 马克思:《资本论》第1卷,北京:人民出版社2004年版,第205页。
③《马克思恩格斯文集》第3卷,北京:人民出版社2009年版,第70页。
④ 马克思:《资本论》第1卷,北京:人民出版社2004年版,第204–205页。
⑤ 马克思:《资本论》第1卷,北京:人民出版社2004年版,第205页。

公正。这也正如恩格斯在分析了马克思的剩余价值学说之后所指出的："现代资本家,也像奴隶主或剥削徭役劳动的封建主一样,是靠占有他人无酬劳动发财致富的,而所有这些剥削形式彼此不同的地方只在于占有这种无酬劳动的方式有所不同罢了。这样一来,有产阶级胡说现代社会制度盛行公道、正义、权利平等、义务平等和利益普遍和谐这一类虚伪的空话,就失去了最后的立足之地。"①由于生产资料被资本家占有,工人阶级沦为无产者的地位,资产阶级所标榜的"平等"和"正义"是不可能实现的。

可见,资本主义交换表面看来是"买卖公平"的等价交换,工人自愿出卖自己的劳动力,资本家按照事先订立的契约支付工人工资,交换双方是自由平等的。实际情况则是,资本家将工人的劳动力投入使用后,工人就成了资本家的活体物件和最廉价的商品。自由平等的交换法则在资本主义具体劳动的过程中被全面颠覆了。用恩格斯的话来说:"现代国家,不管它的形式如何,本质上都是资本主义的机器,资本家的国家,理想的总资本家。它越是把更多的生产力据为己有,就越是成为真正的总资本家,越是剥削更多的公民。工人仍然是雇佣劳动者,无产者。资本关系并没有被消灭,反而被推到了顶点。"②关于这一点,在资本主义的分配过程中同样得到了深刻体现。

(三)资本主义分配批判

1. 分配的公正性

分配有广义和狭义之分。广义上的分配是指对于社会全部资源的安排、配置,这种安排、配置包括财富、权利、知识、名誉以及利益等各个方面。狭义的分配是指经济活动中经济权利、财富和收入等方面的配置。在这个意义上,分配表面上是社会对人的物质享有的处置状况,实际上是特定社会关系下的社会生产对人的劳动创造进行回报的一种直接反映。因而,分配是经济活动中最敏感、最微妙的问题,往往成为人们评价社会关系合理与否的核心内容。以下所述的"分配"是狭义的分配。

①《马克思恩格斯文集》第3卷,北京:人民出版社2009年版,第461页。
②《马克思恩格斯文集》第3卷,北京:人民出版社2009年版,第559-560页。

分配的公正性所关注的主要是社会成员之间或社会群体之间的经济权利和义务、社会享有和贡献的配置问题,对分配的价值理念以及由此形成的结果是否合乎正义的反思。分配是一种属人的社会现象,随着分配主体的一定社会需求而产生。根据马克思在《哥达纲领批判》中对按劳分配与按需分配所做的阐释,分配的公正性涉及两个重要的基本因素:人的需要和人的劳动。人的需要是指作为社会人的需要,可以分为两大方面:身体的需要即满足生存条件的需要,社会的需要即追求社会经济、政治、文化权益等具体内容的需要,这一切因为"人是社会关系的总和"不得不借助人之间的交往与合作予以实现。人之间交往与合作的具体展开过程也就是人的劳动。人的劳动是人区别于动物的主要标志,是人的生命得以存续、社会得以发展的客观物质性活动。分配的公正性说到底是指人的需要与人的劳动之间的相称性,换句话说,人的需要建立在人的劳动之上、人的劳动能够满足人的需要是分配公正的基本要求。

2. 资本主义分配是资本家无偿占有工人所创造的剩余价值

关于资本主义的分配,马克思之前或同时期的资产阶级学者为之精心辩护。19世纪的法国经济学家费雷德里克·巴斯夏认为,作为自由的资本主义是以促进人的利益彼此和谐为出发点的,"社会世界的普遍法则是和谐协调的,这些法则从各个方向趋于完善人类"[①]。在英国经济学家亚当·斯密看来,每个管理产业的人都受"一只看不见的手的指示","他追求自己的利益,往往使他能比在真正出于本意的情况下更有效地促进社会的利益"[②]。即主观利己性通过看不见的"手"发挥作用,客观上必然成为利他性。对个人利益的追求最终可导致与社会利益和谐一致。美国经济学家亨利·凯里认为资本家与工人的利益是调和的。随着劳动生产力的提高,产品总额在增加,劳动者在社会产品中的份额,无论是绝对量还是相对量都在增加,所以资本家和工人这两个阶级日益趋于平等。法国经济学家让·巴·萨伊则试图证明资本主义发展不会造成各个阶级的利益

---

① 费雷德里克·巴斯夏:《和谐经济论》,许明龙等译,北京:中国社会科学出版社1995年版,第377页。

② 亚当·斯密:《国民财富的性质和原因的研究》下,郭大力等译,北京:商务印书馆1947年版,第27页。

对立,而是使他们之间的利益趋于协调,因为在他看来,财富或收入是劳动、资本、土地三要素协作的结果:劳动取得工资、资本获得利息、土地带来地租。

马克思指出,巴斯夏的经济和谐论与亚里士多德的天赋人权公正论有着类似的错误,"既然像亚里士多德那样的思想巨人在评价奴隶劳动时都难免发生错误,那么,像巴斯夏这样的经济学侏儒在评价雇佣劳动时怎么会准确无误呢?"①针对斯密的市场调节利益论,马克思认为这是绝对不可能的,指出:"私人利益本身已经是社会所决定的利益,而且只有在社会所创造的条件下并使用社会所提供的手段,才能达到;也就是说,私人利益是与这些条件和手段的再生产相联系的。"②所以他得出"从这种抽象的说法反而得出结论:每个人都互相妨碍别人利益的实现,这种一切人反对一切人的战争所造成的结果,不是普遍的肯定,而是普遍的否定"③的论断。对于凯里的经济利益协调论,马克思揭示道:"即使凯里没有像往常那样把毫无批判地、表面地拼凑起来的统计材料杂乱无章地罗列在一起,而是论证了自己的前提,我们关于剩余价值生产的全部分析还是证明,他的这个推论是荒谬的。……他也许会发现,资本主义生产的唯一祸害就是资本本身。"④关于萨伊的"三位一体"协作论,马克思指出:"我们可以由此了解庸俗的让·巴·萨伊的荒诞无稽了:他想从生产资料(土地、工具、皮革等等)的使用价值在劳动过程中所提供的'生产服务',引出剩余价值(利息、利润、地租)。"⑤

可见,马克思批判他们,是因为他们有意割裂效率与公平的关系,片面强调资本主义市场资源配置的效率,根本漠视经济体制对人的发展的本该有的促进意义,执意认可资本主义社会对人性的异化作用,从而力图论证资本主义社会分配的公正性。

与资产阶级经济学家根本不同,马克思以深度人文关怀的考察方法直接对资本主义分配不公作了如此揭示:"(1)产品属于资本家,而不属于工人;(2)这一产品的价值除包含预付资本的价值外,还包含剩余价值,后者要工人耗费劳动,而不要资本家耗费任何东西,但它却成为资本家的合

① 马克思:《资本论》第1卷,北京:人民出版社2004年版,第100页。
②《马克思恩格斯文集》第8卷,北京:人民出版社2009年版,第50页。
③《马克思恩格斯全集》第30卷,北京:人民出版社1995年版,第106页。
④ 马克思:《资本论》第1卷,北京:人民出版社2004年版,第648–649页。
⑤ 马克思:《资本论》第1卷,北京:人民出版社2004年版,第239页。

法财产；（3）工人保持了自己的劳动力，只要找到买者就可以重新出卖。"①也就是说，工人的劳动力使用所创造的价值除了劳动力本身的价值外，还包括剩余价值。而资本家以工资支付给工人的只是劳动力的价值，剩余价值归资本家所有，即工人只得到其创造的全部价值中的一部分，另一部分为资本家无偿地拿走了。这就是资本主义的分配不公。具体而言，马克思从以下两个方面对之进行了批判。

一方面，马克思通过劳动价值论，指出劳动是价值的唯一源泉，资产阶级对劳动者创造的价值的占有关系实质上一种不平等的剥削关系。马克思区分了财富和价值的不同，指出资本家依据不创造价值的资本参与分配实质上是对工人劳动的剥削。在《哥达纲领批判》中，马克思针对拉萨尔派的错误观点，明确指出："劳动不是一切财富的源泉。自然界同劳动一样也是使用价值（而物质财富就是由使用价值构成的！）的源泉，劳动本身不过是一种自然力即人的劳动力的表现。"②也就是说，物质财富是生产劳动的自然基础，因而也是财富的源泉。但是，资本和土地占有者"有权占有劳动创造的价值的一部分，可是它们并不因此就成为它们的所有者占有的价值的源泉"。③物质财富只是商品的使用价值的自然基础，它必须经过专门的、有目的的劳动才会变成使用价值和价值的统一体，因为，"价值本身除了劳动本身没有别的任何'物质'。"④可见，资产阶级所占有的不变资本虽然作为生产要素参与了生产过程，但只有工人的活劳动才是生产剩余价值的唯一源泉。这就有力地驳斥了资产阶级认为不变资本也创造剩余价值的谬论，从根本上说明资产阶级对劳动者所创造价值的占有实质上是一种不平等的剥削关系。

另一方面，马克思在劳动价值论的基础上，提出了剩余价值论，由此揭开资本主义不平等的面纱。马克思对商品流通过程进行了分析，发现了资本总公式的矛盾，即资本不能从流通中产生，又不能不从流通中产生。为了解决这一矛盾，马克思进一步对生产过程进行了分析。由于"生产资料加到产品上的价值绝不可能大于同它们所参加的劳动过

①　马克思：《资本论》第1卷，北京：人民出版社2004年版，第675页。
②《马克思恩格斯文集》第3卷，北京：人民出版社2009年版，第428页。
③《马克思恩格斯全集》第33卷，北京：人民出版社2004年版，第72页。
④《马克思恩格斯文集》第10卷，北京：人民出版社2009年版，第158页。

程无关而具有的价值"①,资本家预付资本的增殖额就只能由劳动来实现。马克思发现,"劳动过程在只是再生产出劳动力价值的等价物并把它加到劳动对象上以后,还越过这一点继续下去……这样,劳动力发挥作用的结果,不仅再生产出劳动力自身的价值,而且生产出一个超额价值。这个剩余价值就是产品价值超过消耗掉的产品形成要素即生产资料和劳动力的价值而形成的余额"②。可见,资本家预付资本的增殖部分实质上是工人生产的剩余价值,这部分剩余价值作为资本投入再生产,又会榨取更多的剩余价值。这在实质上揭示出资本主义分配关系是奴役性的社会关系,即:货币所有者通过购买自由工人的劳动力,使货币变成资本,而资本又变成支配无偿劳动的力量,另一方面,自由工人除了自己的劳动力外,没有实现自己劳动的条件,因此,为了生存,只能成为劳动力的出卖者。一边是资本所有者的支配性优势,另一边是被迫出卖劳动力的工人的屈辱地位。资本的财富在不断增加,而工人则成为利润的工具在基本生存线上挣扎。

这样,在资本主义分配中,工人劳动所创造的绝大部分价值被资本家无偿占有,自己所得到的仅仅是维持生命和养家糊口的基本工资。雇佣工人所创造的剩余价值被资本家当做扩大再生产的成本,进一步转化为资本同自己相对立的异己力量。劳动与资本的尖锐对立,最终演化成资产阶级和无产阶级这两大阶级的对立。所以,表面看来,在资本主义社会,商品经济的运行要求交换双方地位的平等,资本家与工人之间劳动关系的缔结似乎也是自愿的,在劳动成果的分配方面是平等的。但实质上,这种表面的平等下面掩盖着的是更大的不平等。最大限度地榨取剩余价值和追求超额利润是资本主义生产的本性,资本家不断获得越来越多的社会财富,而工人阶级却变得越来越贫困。

可见,在资本主义社会的产品分配关系当中,工人所得到的价值远远低于他们自己所创造的价值,而资本家则无偿占有工人创造的剩余价值。只要存在着资本主义这种不合理的经济基础,工人受剥削、受压迫的境况就不会改变。只有消灭了生产资料的资本主义私有制,才能逐步实现真正的分配公正。

---

① 马克思:《资本论》第1卷,北京:人民出版社2004年版,第239页。
② 马克思:《资本论》第1卷,北京:人民出版社2004年版,第242页。

（四）资本主义消费批判

1. 消费的公正性

消费是人们在一定的社会经济关系中借助这种社会经济关系所进行的用物品或劳务满足自己生产和生活需要的行为和过程。消费直接与人的生存和发展的需求相联系，因而是人类社会经济活动的最重要构成要素，是人类得以存在和继续向前发展必不可少的最重要前提。马克思曾经指出："人从出现在地球舞台上的第一天起，每天都要消费，不管在他开始生产以前和在生产期间都是一样。"①这就是说，人们为了维持自身生命的存在和生活的需要，就必须进行必要的消费。在一定的社会经济关系基础之上，人与人之间形成了特定的消费关系。人们究竟享有这样的消费取决于生产力的状况，消费的范围以及消费的方式都是历史的产物，取决于一定历史阶段的物质生产活动的水平，为此，马克思指出："饥饿总是饥饿，但是用刀叉吃熟肉来解除的饥饿不同于用手、指甲和牙齿啃生肉来解除的饥饿。因此，不仅消费的对象，而且消费的方式，不仅在客体方面，而且在主体方面，都是生产所生产的。"②

消费并不是人的唯一的生活目的，说到底，它是人们满足生存需要、生活需要的途径和手段，必须有利于而且最终有利于促进人的自由而全面的发展。这便是消费公正性的真正内涵。当人类历史进入到私有制的生产方式中，社会上总有一部分人受到另一部分人的支配，被统治者只有依靠出卖自己的体能、智力，才能换得生存的机会，谈不上人的基本需要的正常满足，更不用说去追求什么人的发展需要了，用马克思在《1844年经济学哲学手稿》中的话来说，"工业的宦官顺从他人的最下流的念头，充当他和他的需要之间的牵线人，激起他的病态的欲望，默默盯着他的每一个弱点，然后要求对这种殷勤服务付酬金"，结果竟是，"人不仅没有了人的需要，他甚至连动物的需要也不再有了"③。

简而言之，消费的公正性旨在对人们的消费的目的、消费的方式以及

---

① 马克思：《资本论》第1卷，北京：人民出版社2004年版，第196页。

②《马克思恩格斯全集》第30卷，北京：人民出版社1995年版，第33页。

③《马克思恩格斯全集》第3卷，北京：人民出版社2002年版，第340–341页。

消费的内容等所进行的合理追问和价值考量,使消费尺度与人的发展尺度能有机地结合起来,进而促进人的自由而全面发展。

2. 资本主义消费体现为资本家成了人格化资本,工人沦为劳动力商品

在资本主义社会,商品掩盖了社会关系的真相,形成了社会生活的客观的自然形式。商品形式在人们面前把人们本身劳动的社会性质反映成劳动产品本身的物的性质,反映成这些物的天然属性,从而也就把生产者之间的社会关系反映成生产者之外的物与物之间的关系。以商品为元素,劳动的社会形式相继表现为商品形式、货币形式和资本形式。商品形式向货币形式的发展中,商品的使用价值和价值的内在矛盾表现为商品和货币的外在对立。随着价值形式的历史发展,人的劳动力也成了商品,由此,货币开始转化为资本。劳动力商品即是指连基本生活需要都得不到保障的工人。与此相应,资本这种特殊的物质承担者,或者说"人格化资本"就是指资本家。因而,从这个意义上说,资本主义消费体现为资本家成了人格化资本,工人沦为劳动力商品。

第一,工人因为除了自己的人身自由别无所有,是作为劳动力商品而存在的。马克思指出:"一方面,工人是自由人,能够把自己的劳动力当做自己的商品来支配,另一方面,他没有别的商品可以出卖,自由得一无所有,没有任何实现自己的劳动力所必需的东西。"[1]也就是说,工人是商品所有者,但他仅仅拥有唯一的"商品",即自己的人身自由。工人只有靠出卖自己的体力和智力才能延续生命和养家糊口。劳动力商品凭借自己特有的"劳动力"属性满足了资本家的需求,资本家正是获得了对工人劳动的占有和支配,才得以在资本关系基础上进行生产和再生产。从资本家购买到劳动力商品的那一刻起,他就把工人当做一本万利的消费品。马克思写道:"资本家购买了劳动力,就把劳动本身当做活的酵母,并入同样属于他的各种形成产品的死的要素。"[2]

第二,资本家由于受最大化利润的驱使,是作为人格化资本而存在的。关于资本家这种"人格化资本"消费生活的畸形本性,马克思援引《评论家季刊》上的一段话,刻画得入木三分:"资本逃避动乱和纷争,它的本

---

① 马克思:《资本论》第1卷,北京:人民出版社2004年版,第197页。
② 马克思:《资本论》第1卷,北京:人民出版社2004年版,第216页。

性是胆怯的。这是真的,但还不是全部真理。资本害怕没有利润或利润太少,就像自然界害怕真空一样。一旦有适当的利润,资本就胆大起来。如果有10%的利润,它就保证到处被使用;有20%的利润,它就活跃起来;有50%的利润,它就铤而走险;为了100%的利润,它就敢践踏一切人间法律;有300%的利润,它就敢犯任何罪行,甚至冒绞首的危险。如果动乱和纷争能带来利润,它就会鼓励动乱和纷争。走私和贩卖奴隶就是证明。"①也就是说,人格化资本的本性就是寻求对物的占有和享受,没完没了地谋取超额利润,价值增值是资本家活动的唯一动机。在资本的操控下,在利润驱使中,资本家显然成为自己的"死钱财",成为物欲的傀儡。

第三,作为物欲的傀儡,资本家在消费观上持有三大拜物教,即商品拜物教、货币拜物教和资本拜物教。马克思不仅深刻阐明它们产生的根源,而且精辟剖析了对它们的扬弃途径。

批判商品拜物教。商品是很平凡的东西,但资本主义社会里,在人们眼中,它成了可感觉而又超感觉的物或社会关系,这就是商品拜物教。就其思想实质,马克思告诉我们:"商品形式和它借以得到表现的劳动产品的价值关系,是同劳动产品的物理性质以及由此产生的物的关系完全无关的。这只是人们自己的一定的社会关系,但它在人们面前采取了物与物的关系的虚幻形式。"②这其实是一种极大的神秘倒错,人们无法透视颠倒了的物化社会关系,就将这一关系产生的非实体性社会存在错认成物品本身的属性。也就是说,商品作为"社会的物",其神秘性是社会生产关系所赋予的。因而,只要我们走出商品生产和商品经济(也就是越出商品存在的社会基础),那么,"商品世界的全部神秘性……就立刻消失了"③。就是说,商品拜物教是历史的而非永恒的现象。

批判货币拜物教。马克思指明,随着商品经济的发展,出现了货币,世界也就变成了一个金钱世界。人们发现,拥有某种商品只意味着拥有某种使用价值,而拥有作为"一般等价物"的货币却等于潜在地拥有一切商品的使用价值。所以,人们习惯于把货币作为万能的神来崇拜。这就是货币拜物教。在货币的层次上,拜物教的程度加深了。如果说当商品的交换价值还是通过与另一种物品关系表现出来时,人们还有可能发现

---

① 马克思:《资本论》第1卷,北京:人民出版社2004年版,第871页。
② 马克思:《资本论》第1卷,北京:人民出版社2004年版,第89—90页。
③ 马克思:《资本论》第1卷,北京:人民出版社2004年版,第93页。

其中隐藏某种社会关系，那么在普遍采取货币进行交换的阶段，人与人之间的社会关系已变得无影无踪。马克思指出，根本而言，货币尤其是纸币只是贵金属的符号或象征，本身几乎毫无价值可言，只是在一定的社会生产关系中，这个轻飘飘的存在物俨然成了一切使用价值的化身，从而受到人们的普遍崇拜。所以，"货币拜物教就是商品拜物教的谜，只不过变得更明显了、耀眼了"①。货币拜物教比起商品拜物教，显得更为抽象也更为强烈。

批判资本拜物教。马克思认为，在一旦商品或货币作为资本被加以使用时，资本拜物教也就完成了。在资本主义社会，"资本——利润"、"土地——地租"、"劳动——工资"的三位一体公式被视为公理，这给社会所带来的假象是："这是一个着了魔的、颠倒的、倒立着的世界。在这个世界里，资本先生和土地太太，作为社会的人物，同时又直接作为单纯的物，在兴妖作怪。"②也就是说，在人们看来，资本会自动地产生利润、土地会自动地获得地租、劳动会自动地转化为工资等等。马克思通过剩余价值理论指出，资本家付给工人的工资只是劳动力的价格，而不是劳动的全部报酬，资本增值的秘密就在于劳动力这一特殊商品的使用过程。这就是平等假象背后的不平等，公正之后的不公正。明明是工人的劳动养活了资本家，可现象却是资本家发给工人工资养活工人。资本主义世界是一个地地道道颠倒了的虚伪的世界。

因此，三大拜物教是对不合理社会现实的歪曲反映和对资产阶级剥削无产阶级真相的遮蔽。从资本家的消费观入手分析资本主义生产关系的实质，有助于我们破解在资本主义社会人只能是社会的活体物件而不能成为真正社会意义的人之谜。

可见，资本主义消费的不公有两个极点：工人在消费关系中，不能作为人而存在，不能获得其根本生存条件的保障，反而作为剥削阶级的消费物而存在，唯有作为不断增殖的物品才能被社会所认可和容纳；资本家在消费关系中能够任意妄为地膨胀自己的欲望，有条件有能力无止境地获求物欲的享受。这种消费不可能达至人的发展的理想境界，而是建立在社会绝大多数人的基本生存权益得不到保障的基础之上。

以上所述，马克思以现实的资本主义生产关系作为依托，对资本主义

---

① 马克思：《资本论》第1卷，北京：人民出版社2004年版，第113页。

② 马克思：《资本论》第3卷，北京：人民出版社2004年版，第940页。

生产、交换、分配、消费关系作了深入分析,从而对资本主义生产不公、交换不公、分配不公以及消费不公进行了批判。马克思的这一批判思想启示我们,生产的公正性是社会经济制度公正的关键,也是实现社会公正的前提,分配的公正性和交换的公正性是社会经济制度公正的基本形式,生产的公正性决定分配的公正性、交换的公正性以及消费的公正性。而且,资本主义生产、交换、分配、消费这四者中的每一个方面的公正问题都会影响到其他环节的公正与否的问题,因此要从整体上来把握资本主义社会制度的公正性。马克思对资本主义不公的批判,在总体上展示出资本主义不公根源于生产力与生产关系的矛盾,因而消解社会不公的途径在于解决社会主要矛盾,消灭资本主义私有制。

二、小资产阶级公正观批判

马克思恩格斯的一生是同各种非马克思主义进行战斗的一生,坚持原则,决不退让。马克思恩格斯同工人运动中存在的各种错误思潮进行了不可调和的斗争,从而确立了马克思主义在工人运动中的主导地位。第一国际建立后,马克思恩格斯同竭力反对马克思主义、宣扬无政府主义、鼓吹改良主义的蒲鲁东主义、巴枯宁主义两种机会主义思潮进行了坚决斗争。巴黎公社失败以后,马克思批判《哥达纲领》,反对拉萨尔机会主义,对未来共产主义社会发展两个阶段及其特征作了极为精辟的阐述。德国社会民主工党和拉萨尔派合并后,出现了一个公开反对马克思主义的、以折中主义哲学和庸俗经济学为基础的、小资产阶级空想社会主义的理论体系——杜林主义。恩格斯从1876年5月到1878年7月历时两年多写作的《反杜林论》对其进行了系统批判。它第一次全面地论述了马克思主义理论的主要内容,揭示了马克思主义哲学、政治经济学和科学社会主义三个主要组成部分之间的内在联系,被列宁称为"马克思主义的百科全书,是每个觉悟工人必读的书籍"。这里反映出,马克思对资本主义不公进行批判的同时,还进行了意识形态批判,特别是对小资产阶级公正观进行了批判。

小资产阶级公正观属于资产阶级公正的范围,因为它默认资本主义生产资料私有制、反对社会革命(尤其是无产阶级的暴力革命)、反对阶级观点和阶级分析方法、主张公正社会的本质是抽象的"民主"、"自由"、"公平"等这些所谓"全人类共同的品质"。马克思对小资产阶级公正观的批判,主要表现在对蒲鲁东、杜林、拉萨尔等人相关思想的剖析之中。

(一)蒲鲁东"永恒正义理念"批判

"永恒正义"是蒲鲁东的最高理想,类似于"绝对观念"在黑格尔哲学体系中的地位。在《什么是财产?》中,蒲鲁东认为正义是社会最基本和最重要的原则,一切事务和现象都必须符合正义的要求,否则,就有可能引发各种社会问题。蒲鲁东还主张,现实社会中之所以充满了各种不正义现象,是因为人们没有弄清正义的内涵,为此他强调:"正义、公道、自由;关于这些原理的每一项,我们的观念一向是极端模糊的",这"就是置我们于死地的贫困和人类所遭受的一切灾难的唯一原因"①。据此,蒲鲁东还从人与动物的区别中对正义的内涵加以论述。他说:"正义感是我们和各种动物所共有的。"②为维护属于人的本质属性的正义,必须均分私有财产。也就是说,在普鲁东看来:正义在社会生活中具有一种先天的正当性,不管何种制度安排、何种社会运行方式,都必须服从正义原则。

对蒲鲁东的"永恒正义理念",马克思恩格斯进行了深刻的批判,明确指出:没有游离于社会客观发展规律的正义,社会正义的实现必须着眼于现实经济状况,所谓永恒的正义只是子虚乌有的东西。这具体表现在以下三个方面:

第一,正义观念根源于社会物质生产和社会关系的发展。

在马克思看来,是人们的社会存在决定着社会意识,人从思维中抽象出来的观念不过是对历史与生产方式的反映。蒲鲁东从人类本性中寻找正义的根源,使之成为历史发展的永恒原则,从根本上误解了正义观念的产生及其内涵。马克思就此批判道:"蒲鲁东先生更不了解,适应自己的物质生产水平而生产出社会关系的人,也生产出各种观念、范畴,即恰恰这些社会关系的抽象的、观念的表现。所以,范畴也和它们所表现的关系一样不是永恒的。它们是历史性的和暂时的产物。而在蒲鲁东先生看来

---

① [法]蒲鲁东:《什么是财产?》,孙署冰译,北京:商务印书馆1999年版,第40—41页。
② [法]蒲鲁东:《什么是财产?》,孙署冰译,北京:商务印书馆1999年版,第245页。

却完全相反,抽象、范畴是始因。根据他的意见,创造历史的,正是抽象、范畴,而不是人。抽象、范畴就本身来说,即把它同人们及其物质活动分离开来,自然是不朽的、不变的、不动的。"①

这就是说,正义、公正等观念、范畴不能脱离产生它们的现实条件,它们产生于人类思维对社会关系的抽象,而这种社会关系又根源于物质生产。物质生产与社会关系随着生产力的发展变化而发展变化,这些观念和范畴的内涵也同样会发生变化。马克思进而分析道,蒲鲁东之所以把正义看作社会发展的永恒原则,是由于他不理解社会发展的客观规律,不懂得是什么力量在推动着历史不断向前迈进,因而只能在头脑中寻求这种力量,把社会发展臆想成正义、平等观念不断实现的运动。对于这样做的后果,马克思指出:"蒲鲁东先生无法探索出历史的实在进程,他就给我们提供了一套怪论,一套妄图充当辩证怪论的怪论。……这是黑格尔式的陈词滥调,这不是历史,不是世俗的历史——人类的历史,而是神圣的历史——观念的历史。"②马克思坚持用生产方式辩证运动的原理来解释历史发展,指明随着生产力的发展,人们必然改变自己的生产关系,而上层建筑随着经济基础的改变也或快或慢地发生改变。因此,不存在永恒不变的正义观,也没有那种"位居中央的支配着一切社会"的正义原则,更不可能是正义驱动着历史向前发展。

第二,真正的社会正义唯有通过无产阶级改造资本主义得以实现。

依蒲鲁东之见,人人都拥有平等的自然权利,所以,劳动者对自己劳动产品拥有天然权利,这种权利是任何人通过任何手段都无法剥夺的。在资本主义社会,地主剥削农民,资本家剥削工人,无偿占有了劳动者创造的产品而没有任何道德上的根据,所以是"盗窃",是不正义的。蒲鲁东看到了资本主义社会中的"剥削"、"无偿占有"等不公正现象的存在,对私有制作了批判性的考察,认为私有财产是工人阶级贫困的根源。如果继续深入分析,或许蒲鲁东能发现资本发展的秘密。但蒲鲁东仅仅停留于道德的谴责,局限于资产阶级抽象的权利观。他认为,私人占有是社会生活的必要条件,为了消灭贫困现象,只需改变私有制的形式,即消灭大私有制,保存小私有制。

对此,马克思在《1844年经济学哲学手稿》中指明了蒲鲁东的空想

---

①《马克思恩格斯文集》第10卷,北京:人民出版社2009年版,第49-50页。

②《马克思恩格斯文集》第10卷,北京:人民出版社2009年版,第44页。

性,"甚至蒲鲁东所要求的工资平等,也只能使今天的工人对自己的劳动的关系变成一切人对劳动的关系。这时社会就被理解为抽象的资本家"①,"蒲鲁东把这看成资本的扬弃和资本社会化的倾向——不如说直接地就是劳动的资本对挥霍的财富的彻底胜利的征兆,也就是一切私有财产向工业资本转化"②。在《神圣家族》中,马克思表述了这样一个结论:蒲鲁东在经济异化范围内克服经济异化,就是说,实际上根本没有克服它③。在直接批判蒲鲁东《贫困的哲学》而著述的《哲学的贫困》中,马克思则强调,"经济学家们的论证方式是非常奇怪的。他们认为只有两种制度:一种是人为的,一种是天然的。封建制度是人为的,资产阶级制度是天然的",经济学家"是想以此说明,这些关系正是使生产财富和发展生产力得以按照自然规律进行的那些关系。因此,这些关系是不受时间影响的自然规律。这是应当永远支配社会的永恒规律"④。随后,在科学社会主义纲领性文献《共产党宣言》中,马克思如此概括蒲鲁东"永恒正义"思想的本质,"社会主义的资产者愿意要现代社会的生存条件,但是不要由这些条件必然产生的斗争和危险。他们愿意要现存的社会,但是不要那些使这个社会革命化和瓦解的因素。他们愿意要资产阶级,但是不要无产阶级"⑤。这就是说,蒲鲁东依据理性坚持对资本主义进行社会改良,无非是宣扬资本主义的永恒性。

马克思还以历史辩证法的视角指出:"资产阶级把它在封建主义统治下发展起来的生产力掌握起来。一切旧的经济形式、一切与之相适应的市民关系以及作为旧日市民社会的正式表现的政治制度都被粉碎了。"⑥资产阶级的统治的确在历史上起过非常革命的作用,但是"资产阶级借以在其中活动的那些生产关系的性质决不是单一的、单纯的,而是两重的;在产生财富的那些关系中也产生贫困;在发展生产力的那些关系中也发展一种产生压迫的力量"⑦。因而资本主义社会只不过是人类历史的一个特定过渡点,不可能是永恒的。马克思对此进一步阐释道,像蒲鲁东这样

---

①《马克思恩格斯全集》第3卷,北京:人民出版社2002年版,第278页。
②《马克思恩格斯全集》第3卷,北京:人民出版社2002年版,第350页。
③《马克思恩格斯全集》第3卷,北京:人民出版社2002年版,第672页(注释)。
④《马克思恩格斯文集》第1卷,北京:人民出版社2009年版,第612页。
⑤《马克思恩格斯文集》第2卷,北京:人民出版社2009年版,第61页。
⑥《马克思恩格斯文集》第1卷,北京:人民出版社2009年版,第613页。
⑦《马克思恩格斯文集》第1卷,北京:人民出版社2009年版,第614页。

的"对现存经济制度完全无知的人,当然更不能理解工人为什么要否定这种制度。他们当然不能理解,工人阶级企图实现的社会变革正是目前制度本身的必然的、历史的、不可避免的产物"①。这就是说,马克思主义反对从正义和公平出发,而主张从现实经济状况的发展变化出发去说明和批判资本主义私有制。随着生产力的日益迅速发展,资本主义私人所有制越来越不能容纳庞大的生产力,因而这个私有制外壳必然要被炸开。正义与公平只是法权观念和道德观念的抽象表现,仅从它们出发是无法说明和批判资本主义现存制度的。

可见,马克思主义积极从现实经济运动过程中探索社会问题的根源,并从中寻找解决问题的物质力量。无产阶级的解放事业不是基于某种正义观的实现,而是基于资本主义发展的必然趋势。这是马克思一贯的思想,正如他在《德法年鉴》时期就指明了的,资本主义私有制的发展已经"形成一个表明一切等级解体的等级,形成一个由于自己遭受普遍苦难而具有普遍性质的领域,这个领域不要求享有任何特殊的权利,因为威胁着这个领域的不是特殊的不公正,而是普遍的不公正,它不能再求助于历史的权利,而只能求助于人的权利……总之,形成这样一个领域,它表明人的完全丧失,并因而只有通过人的完全回复才能回复自己本身。社会解体的这个结果,就是无产阶级这个特殊等级"②。

第三,永恒公平的交换不能成为公正社会的基本原则。

蒲鲁东在情感上非常痛恨资本主义社会不公现象,他曾设想在不改变资本主义生产方式的条件下根据商品所包含的劳动时间组织生产者之间进行交换。在他看来,这种交换是最公平的,如果做到了这一点,资本主义制度所包含的一切矛盾就可以得到解决。马克思批判了这种形而上学观点,指出公平不是一个抽象的"合理性"范畴,不能将它当做理性的发现和道德的追求。作为一种观念形态或价值评判,公平观归根到底是对现实经济关系,尤其是分配关系与评价主体之间关系的反映,是一定历史条件下生产方式的制度性体现。"蒲鲁东先生从与商品生产相适应的法的关系中提取他的公平的理想,永恒公平的理想"③,却"忘记他们的法起源于他们的经济生活条件,正如他们忘记他们自己起源于动物界一

①《马克思恩格斯文集》第3卷,北京:人民出版社2009年版,第214页。
②《马克思恩格斯文集》第1卷,北京:人民出版社2009年版,第17页。
③《马克思恩格斯文集》第3卷,北京:人民出版社2009年版,第255页。

样。……而衡量什么算自然法和什么不算自然法的尺度,则是法本身的最抽象的表现,即公平"①。

因此,作为法权观念或道德观念的公平,不是决定经济关系或社会制度的先验本质,相反,作为人与人之间经济关系观念化、神圣化的表现,它是由经济关系决定的,因为"权利决不能超出社会的经济结构以及由经济结构制约的社会的文化发展"②。虽然公平观是现存经济关系的反映,但它是现存经济关系在其保守方面或在其革命方面的观念化、神圣化的表现,也是经济发展可持续性和政权合法性的重要标志,究竟起着"革命方面"还是"保守方面"的作用,则主要看它是否符合或有利于生产力的发展要求。

马克思还强调,就交换来说,交换形式的选择最终只能从社会生产力的发展水平那里获得解释。因为生产力是整个社会发展的真正动力,它的一定的发展程度,必然会引起一定的交换形式与消费形式,在生产、交换与消费的一定形式的基础上便产生相应的社会制度。"手推磨产生的是封建主的社会,蒸汽磨产生的是工业资本家的社会。"③这说明,有什么样的生产力,就有什么样的生产关系,从而就有什么样的交换方式。随着生产的发展,人们的需要在不断变化,人们之间的交换也在不断变化。蒲鲁东只是从交换的角度来研究价值也是不对的,必须从生产的角度即从生产关系方面来加以研究。马克思指出,蒲鲁东的错误在于把用商品中所包含的劳动量来衡量的商品价值和用劳动价值来衡量的商品价值混为一谈。所以,永恒公平的交换实际上是以蒲鲁东为代表的小资产阶级在资本主义大工业发展使他们生产凋敝、生活没落之后产生的空洞设想,不可能成为公正社会的基本原则。

总而言之,通过对蒲鲁东"永恒正义理念"的批判,马克思揭示出:正义的产生和实现遵循社会发展客观规律,探讨正义及其实现不能诉诸抽象的权利等资产阶级法权概念,而必须着眼于现实的经济状况,所谓"永恒公平的交换"只不过是小资产阶级的乌托邦。

---

①《马克思恩格斯文集》第3卷,北京:人民出版社2009年版,第322页。
②《马克思恩格斯文集》第3卷,北京:人民出版社2009年版,第435页。
③《马克思恩格斯文集》第1卷,北京:人民出版社2009年版,第602页。

（二）杜林"平等观"批判

为了鼓吹人类历史领域存在"永恒正义"，杜林以先验主义方法论从抽象的"人"的概念出发，先确定了他的适用于一切世界的永恒道德原则："两个人的意志，就其本身而言，是彼此完全平等的。"杜林所论述的"人"是这样的：他们摆脱了一切现实，摆脱了地球上发生的一切民族的、经济的、政治的和宗教的关系，摆脱了任何性别、个人特征。

马克思恩格斯在《反杜林论》①中从唯物史观的角度出发，批判了杜林这种"浅薄而拙劣的"平等观，明确提出："平等的观念，无论以资产阶级的形式出现，还是以无产阶级的形式出现，本身都是一种历史的产物，这一观念的形成，需要一定的历史条件，而这种历史条件本身又以长期的以往的历史为前提。"②为批判杜林一伙，马克思还曾在致左尔格的一封信中指出："这些人想使社会主义有一个'更高的理想'的转变，就是说，想用关于正义、自由、平等和博爱的女神的现代神话来代替它的唯物主义的基础（这种基础要求人们在运用它以前进行认真的、客观的研究）。"③具体而言，马克思恩格斯从以下三个层次批判了杜林的平等观，从而阐释了科学的平等观。

第一，平等是一个具体的历史的范畴。

平等或公平在不同的历史时期，甚至在同一时期不同的社会集团那里都具有不同的内容，平等观念因历史时代、历史条件的发展变化而变更。不同的平等观或公平观相对于其所处的时代和历史条件而言，都曾具有历史的合理性，但这种合理性不是永恒的、绝对的；时代变化了，社会的经济政治结构发生了变化，作为反映经济政治结构的平等观念或公平观念也会产生新的内容和要求。"人们自觉地或不自觉地，归根到底总是

---

① 该著述是马克思恩格斯二人共同智慧的结晶，对于这一点，恩格斯在序言中作了特别说明："本书所阐述的世界观，绝大部分是由马克思确立和阐发的，而只有极小的部分是属于我的，我的这种阐述不可能在他不了解的情况进行，这在我们相互之间是不言而喻的。在付印之前，我曾把全部原稿念给他听，而且经济学那一篇的第十章（《批判史》论述）就是马克思写的，只是由于外部的原因，我才不得不很遗憾地把它稍加缩短。在各种专业问题上面互相帮助，这早就成了我们的习惯。"（《马克思恩格斯文集》第9卷，北京：人民出版社2009年版，第11页。）所以，当前学界那种试图把恩格斯的思想与马克思的思想对立起来的见解是无法成立的。

②《马克思恩格斯文集》第9卷，北京：人民出版社2009年版，第113页。

③《马克思恩格斯文集》第10卷，北京：人民出版社2009年版，第420页。

从他们阶级地位所依据的实际关系中——从他们进行生产和交换的经济关系中,获得自己的伦理观念"①。

马克思在谈到资本主义社会劳动力的买卖时说过,"这种情况对买者是一种特别的幸运,对卖者也决不是不公平"②,资本家是按照商品交换的各个永恒规律行事的,也就是说,在资本主义社会的商品交换中,平等的尺度遵循着等价交换原则,体现着资本对劳动统治的平等。按资分配是资本主义平等的象征。在谈到未来社会主义社会的分配时,马克思说:"生产者的权利是同他们提供的劳动成正比例的;平等就在于以同一尺度——劳动——来计量。"③即符合"按劳分配"这一标准则是平等的。根本而言,资本主义"按资分配"的平等观和社会主义"按劳分配"的平等观的差别是一种历史的差别。

因此,杜林脱离具体的历史条件和社会关系,希求一种凌驾于一切社会制度之上的普适意义上的平等内涵,是不可能办到的事情。不仅平等的内容是具体的历史的,而且平等的标准也是具体的历史的。

第二,在阶级社会里,平等观念是有阶级性的。

马克思恩格斯针对杜林超历史、超时代的平等观念,深刻地指出,在阶级产生以后,不同的社会有不同的平等观念,不同的阶级有不同的平等诉求。历史发展的事实也已经证明了这一点。

在希腊和罗马奴隶制时期,奴隶主对奴隶的残酷剥削和压迫是整个社会赖以存在和发展的基础。即使自由民内部也被分为公民和被保护民,他们之间也没有平等权利。这种不平等在希腊人和罗马人那里被认为是神圣不可侵犯的。

西欧经历了几百年的封建化过程,逐渐建立了空前复杂的社会的政治的等级制度,从而在几个世纪内消除了一切平等观念。在以等级制度为特征的封建社会里,根本谈不上从一般人的平等引申出政治上法律上的平等。

随着封建社会自然经济的瓦解,在最先进国家的主要工业部门里,手工业被工场手工业所代替,产生了资本主义生产方式,在市民等级中也随之产生出最初的资产阶级。资产阶级平等要求是为资产阶级发展工商业

①《马克思恩格斯文集》第9卷,北京:人民出版社2009年版,第99页。

② 马克思:《资本论》第1卷,北京:人民出版社2004年版,第226页。

③《马克思恩格斯文集》第3卷,北京:人民出版社2009年版,第435页。

的利益提出的。这种要求反映了社会经济进步的需要,是动员群众反对封建等级制的革命口号,即免除农民对领主的人身依附和封建贡赋,废除封建贵族的各种特权,呼吁社会建立普遍的人权。这种人权实质上是资产阶级的权利,在"法律面前人人平等"的人权的幌子背后,是资产阶级对劳动人民的欺诈、剥削、压迫和统治。

无产阶级的平等要求是伴随着资产阶级的平等要求提出来的,它提出了消灭阶级本身的平等要求。资产阶级平等和无产阶级平等是根本对立的。资产阶级平等是要消灭封建特权,代之以资产阶级特权,而无产阶级平等就是要消灭一切阶级。无产阶级的平等要求,是由无产阶级的阶级地位和历史使命决定的,它代表了无产阶级的根本利益。

因而,杜林所谓超阶级的"平等"是违背历史事实的错误认识。

第三,无产阶级平等要求的实质是消灭阶级。

无产阶级肩负着实现平等的历史使命,不仅要在形式上消灭阶级特权,而且要在实质上消灭阶级本身,不仅应当在个别国家的领域中实行,而且应当在全世界的领域中实行。据此,马克思恩格斯指出:"从消灭阶级特权的资产阶级要求提出的时候起,同时就出现了消灭阶级本身的无产阶级要求。"[1]"无产阶级平等要求的实际内容都是消灭阶级的要求。"[2]真正实现平等的途径就掩盖在无产阶级争取解放的实际行动之中,而且这同样是一个具体的、历史的过程,是现代化大工业生产高度发展的产物。"只有在社会生产力发展到一定阶段,发展到甚至对我们现代条件来说也是很高的程度,才有可能把生产提高到这样的水平,以致使得阶级差别的消除成为真正的进步,使得这种消除可以持续下去,并且不致在社会的生产方式中引起停滞或甚至倒退。"[3]

可见,马克思恩格斯审视杜林的平等观时,之所以断定其是"浅薄而拙劣的",就是因为这种"平等"纯粹囿于资本主义视界而缺乏得以实现的真实历史条件,只能是一种带有情感色彩的、浪漫主义狂热化的主观幻象。所以,马克思恩格斯在谈到无产阶级平等观在于"消灭一切阶级"时,特别指出阶级的消灭绝不是靠头脑中的平等观念就可以达到的"人性的复归",而是社会的经济政治文化条件高度发展的结果。

---

①《马克思恩格斯文集》第9卷,北京:人民出版社2009年版,第112页。

②《马克思恩格斯文集》第9卷,北京:人民出版社2009年版,第113页。

③《马克思恩格斯文集》第3卷,北京:人民出版社2009年版,第389页。

我们不难发现，马克思恩格斯在批判杜林的"浅薄而拙劣的平等观"时，至少实现了两个超越：一是科学地解释了平等观的来源和历史发展，把平等观放在人类社会的具体历史环境中进行考察，从而以历史的、阶级的、生产力发展的角度把握社会平等的实质所在；二是明确地指出了人类实现平等的现实道路，即真正社会平等所依赖的阶级力量和社会制度分别是无产阶级与社会主义制度。

（三）拉萨尔"公平分配观"批判

巴黎公社失败以后，在工人运动中诞生的哥达纲领是以拉萨尔机会主义为指导思想而制定的，其目标之一是要求在当时的经济社会生活中，实现劳动产品的所谓公平分配。具体而言，拉萨尔依据"劳动是一切财富的源泉"这一资产阶级经济学公式指出，既然劳动是一切社会财富的源泉，因此工人就应当不折不扣地得到自己劳动的全部收入，既然劳动只有通过社会才能进行，所以劳动所得就应当按照平等的权利在社会一切成员中公平地分配，"劳动所得应当不折不扣和按照平等的权利属于社会一切成员"[①]。这就是说，在拉萨尔主义看来，社会主义社会是一个"平等的王国"，应当通过分配公平来实现。

为清算小资产阶级对工人运动的危害，科学阐明社会主义和共产主义的分配原则，马克思在《哥达纲领批判》中深刻指出，拉萨尔的"纲领的政治要求"只有"人所共知的民主主义的陈词滥调，如普选权、直接立法、人民权利、国民军，等等"，"这纯粹是资产阶级的人民党、和平和自由同盟的回声"[②]，拉萨尔主义的"不折不扣公平分配观"的实质，就是不希望彻底改变资本主义生产资料私有制。马克思对拉萨尔"公平分配观"的批判，具体表现在以下三个方面：

第一，劳动不是一切财富的唯一源泉。

"劳动是一切财富的源泉"是拉萨尔"不折不扣的公平分配观"的理论前提。在马克思看来，这一理论前提实际上表明拉萨尔和众多资产阶级经济学家一样把具体劳动和抽象劳动混为一谈。在资本主义社会中，社会的财富表现为商品。商品具有使用价值和交换价值，财富的数量是由

①《马克思恩格斯文集》第3卷，北京：人民出版社2009年版，第428页。
②《马克思恩格斯文集》第3卷，北京：人民出版社2009年版，第445页。

商品的交换价值来表现的。由于衡量商品的交换价值能根据物质在商品中的社会必要劳动时间来决定,于是人们便得出一种看法,认为劳动(社会必要劳动时间)是一切财富的源泉。但是,这只是一种假象。资产阶级经济学家始终不能理解创造使用价值的劳动和创造交换价值的劳动是两种不同的劳动,他们总是笼统地谈论"劳动"和社会,不能具体地说明在资本主义社会中劳动的特殊性质以及资本剥削劳动的本质。

在资本主义社会生产关系下,财富体现为交换价值,包含在商品中的社会必要劳动体现为创造一切财富的唯一源泉。实际上,一旦资本主义被消灭,商品生产被废除,财富也就会恢复其本来面目,即纯粹由使用价值构成。因此,马克思指出:如果人们不是戴着资产阶级经济学的有色眼镜看问题,那么就会看到物质财富本来就是由使用价值构成的,而劳动本身不过是一种自然力的表现,即人的劳动力的表现。从这个意义来讲,就不能说劳动是一切财富的唯一源泉,劳动只有和自然界一起才能创造使用价值从而成为一切财富的源泉。

第二,"平等的权利"、"公平的分配"是资产阶级的法权观念。

马克思指出,在资产阶级革命时期,启蒙思想家所提出的平等、权利、正义等范畴在反对封建专制和特权、建立资本主义自由交换制度的斗争中发挥了积极的作用,扩大了人民的自由平等权利。但是,这种平等和权利是不彻底的。在资本主义制度下,资产者占有生产资料,工人不得不出卖自己的劳动力,因此,他们所享有的平等和权利仅仅是表面上的。要想使工人阶级摆脱受剥削受奴役的地位,只有实行生产资料公有制,消灭阶级。这也就说明,"平等的权利"、"公平的分配",这些都是法的观念,属于上层建筑;而分配方式则是一种经济关系,属于经济基础。如果把"平等的权利"、"公平的分配"作为社会分配原则,其实质就是把这些抽象的法的观念当做调节经济关系的先验的原则。

正是在这个意义上,马克思拒斥了平等、权利等旧口号,而将关注的目光投向了社会制度。诚如恩格斯所言:"马克思无论在什么地方都没有提出过'十足劳动收入权'的要求,他在他的理论著作中根本没有提出过任何形式的法权要求。……在马克思的理论研究中,对法权(它始终只是某一特定社会的经济条件的反映)的考察是完全次要的;相反地,对特定时代的一定制度、占有方式、社会阶级产生的历史正当性的探讨占着首要地位。任何一个人,只要把历史看做一个有联系的,尽管常常有矛盾的发展过程,而不是看做仅仅是愚蠢和残暴的杂乱堆积,像十八世纪人们所做的那样,首先会对这些问题的研究感到兴趣。"①

生产方式决定分配方式这一唯物史观的基本原理昭示出,消费资料的任何一种分配,都不过是生产条件本身分配的结果,而生产条件的分配,则规定着生产方式本身的性质,即生产资料归谁所有和劳动以什么形式同生产资料相结合。生产条件的分配方式不同,社会各阶级在生产中所处的地位就不相同,产品的分配方式也就不同。所以有什么样的生产方式,就会有什么样的分配方式。要改变资本主义分配方式,必须首先改变资本主义生产方式,消灭资本主义私有制而代之以社会主义公有制。换言之,由于利益主体在分配中所处的地位不同,利益要求不同,因而在何为公平何为正义的问题上持有相当不同的见解,甚至存在极大的抵牾和冲突。因此,用公平或正义范畴无法真正解决现实的分配问题。实际上,马克思在这里提出了指导分配问题研究的一个根本方法论原则,即不能从抽象的公正原则出发,而要从生产方式,尤其是从所有制出发研究分配问题。生产方式决定分配方式,在阶级社会,生产资料所有制决定了不可能有公平的社会分配。

因此,拉萨尔的"劳动所得"、"公平的分配"只是资产阶级意识形态的呓语,不是一个科学的理论判断,不能正确地说明劳动者受剥削的根源,也不能真正使劳动者摆脱受剥削的地位。"什么是'公平的'分配呢?难道资产者不是断言今天的分配是'公平的'吗?难道它事实上不是在现今的生产方式基础上唯一'公平的'分配吗?难道经济关系是由法的概念来调节,而不是相反,从经济关系中产生出法的关系吗?难道各种社会主义宗法分子关于'公平的'分配不是也有各种极不相同的观念吗?"②马克思的这一连续质问就是为了说明,作为法权观念的公平归根到底由经济基础所决定并反映经济基础的本质要求,而"消费资料的任何一种分配,都不过是生产条件本身分配的结果。而生产条件的分配,则表现生产方式本身的性质"③。企图不触及资本主义经济制度、而囿于"资产阶级框框"的公平观,对于无产阶级的革命实践是相当危险的。拉萨尔"公平分配"的实质,只是一种脱开经济基础和生产方式的性质,围绕着分配兜圈子的做

---

① 《马克思恩格斯全集》第21卷,北京:人民出版社1965年版,第557页。
② 《马克思恩格斯文集》第3卷,北京:人民出版社2009年版,第432页。
③ 《马克思恩格斯文集》第3卷,北京:人民出版社2009年版,第436页。

法,暴露了其"分配决定论"的唯心史观立场。

第三,"不折不扣的劳动所得"没有现实依据。

马克思认为,不管是强调平等的权利,还是突出公平的分配,拉萨尔主义者关注的中心都是分配问题,即"不折不扣的劳动所得"。"不折不扣的劳动所得"在社会主义社会时期只能是指集体劳动的社会总产品,但这一总产品在进入消费以前,需要很大的一部分作为生产成本、追加成本和社会保障基金,所以,"不折不扣的劳动所得"已变成"有折有扣"的了。

不仅如此,"劳动所得"在社会主义社会也是没有意义的。因为社会主义社会实现生产资料公有制,生产是集体进行的,产品也不归个人所有,因而生产者之间不互相交换自己的产品,每个生产者只是根据他参加社会总劳动的多少,在经过上述种种扣除之后,从社会总产品中领取相应的一部分消费资料。这部分生活资料只是和他所付出的劳动量成比例,但不和他所创造的价值成比例。而一旦产品不再用价值来衡量,"劳动所得"就失去任何意义了。

这样,在批判拉萨尔"不折不扣的公平分配观"的基础上,马克思具体阐述了共产主义两个阶段的分配原则,指明了社会主义公平的相对性和历史性,这就是:在共产主义的第一个阶段即社会主义阶段,也是形式上的平等,内容上的不平等。而要完全实现公平的分配原则,只有到了共产主义的高级阶段才有可能。

可见,通过对拉萨尔"不折不扣的公平分配观"的批判,马克思告诉我们:拉萨尔主义将劳动视为分配正义的出发点和基础,只不过是资产阶级思想家和空想社会主义者理论基础的改装,生产资料私有制是社会非正义现象的总根源。

综上分析,马克思论证了小资产阶级公正观的错误实质及其为资本主义进行辩护的虚伪本性。马克思的社会公正思想与它们存在着以下四个方面的根本不同:

其一,考察社会不公问题的理论视角不同。小资产阶级思想家们基本上是从分配这个角度来看待公正问题的,马克思则没有仅限于分配公正这一个方面,而是把分配问题与资本主义生产关系中的固有的矛盾联系起来,揭示了生产、分配、交换、消费之间的内在联系,因此马克思从资本主义基本矛盾本身揭示了社会不公的实质所在。

其二,实现社会公正的理论根据不同。蒲鲁东、杜林和拉萨尔都从抽象的人性论出发,以道德谴责的角度对资本主义的不合理性进行一定意义的表层性批判,这种批判没有深入到资本主义基本制度。马克思恩格斯则以唯物史观为理论基础,直接剖析了资本主义生产关系本身,从而在社会根本制度的实质上揭示出资本主义的不公。

其三,实现社会公正的最终目的不同。蒲鲁东、杜林和拉萨尔都站在小资产阶级的立场上,其根本目的还是在维护小资产阶级的利益,希望在不触动社会根基的基础上来保证其经济利益。马克思恩格斯则站在全人类发展的立场上,要求推翻资本主义制度、获得无产阶级的彻底解放。

其四,实现社会公正的根本途径不同。小资产阶级思想家都主张采取改良、"文火"的方式,他们是惧怕而且也是反对无产阶级的暴力革命的。马克思恩格斯则与之完全不一样,主张只有通过无产阶级的社会革命,建立无产阶级专政,把少数人所控制的生产资料变为全体人民共同拥有的社会财富,并逐步消灭阶级对立和其他一切社会差别,才能实现真正意义上的社会公正。

三、马克思与现代西方学者对资本主义不公批判的比较分析

马克思对资本主义经济制度以及小资产阶级意识形态所进行的批判,说明资本主义社会不可能永恒存在,无产阶级必须彻底铲除资本主义私有制,才能迎来公正社会的光明前景。然而,现代西方马克思主义以及新自由主义对资本主义所进行的批判,一定程度上对马克思社会公正观提出了挑战,我们有必要站在马克思主义立场上对马克思与这些西方学者对资本主义不公的批判及他们的公正观进行比较。

(一)与西方马克思主义的比较分析

无论是早期西方马克思主义,还是英美分析学派马克思主义,抑或生态学马克思主义,都重视对马克思历史唯物主义基本理论的探讨,都对马克思主义的理论形态、理论体系、理论功能和理论使命等根本问题有着独到见解。它断定资本主义陷入深重的危机之中,这主要体现在它对当代

资本主义的各种概括上,诸如"全球化的资本主义"、"赌场资本主义"、"数字化的资本主义"、"消费资本主义"、"涡轮资本主义"等论点。基于现当代西方国家的社会问题,它认为社会主义是从精神、文化、意识形态以及生活方式等方面进行革命的、超越于资本主义的理想社会。其代表性的思想有:人道主义的社会主义;生态主义的社会主义;分析的社会主义;后现代主义社会主义;等等。关于资本主义基本矛盾在现代的新变化以及由此所决定的资本主义社会公正问题,西方马克思主义从人的物化、人的奴役、人的存在根基的丧失、人的社会关系的异化等视角做出了种种非传统路线的解释和探索。

笔者在此以卢卡奇、马尔库塞、萨特、列斐伏尔等人为例进行评析。

1. 与卢卡奇社会公正观的比较分析

卢卡奇在《历史与阶级意识》中强调作为实践主体的人及其意识在历史运动中的积极作用,并把"物化"①作为马克思主义的基本理论。这样,卢卡奇以人的物化为核心思想对资本主义不公进行了批判,从中提炼出无产阶级有别于资产阶级的根本立场和批判意识:"由无产阶级立场产生的认识,是客观上更高级的科学认识;它从方法论上使得有可能解决资产阶级时代的最伟大思想家们徒劳地企图解决的问题,它实际上就是对资本主义的恰如其分的历史的认识,这种认识是资产阶级思想永远不可能达到的。"②

卢卡奇社会公正观的主要内容有以下几点:其一,商品拜物教是资本主义所特有的问题,是物化现象的根源。资本主义商品生产以物的形式掩盖了人与人的关系,造成了人们对商品的崇拜,并进而造成了资本主义的物化现象。其二,资本主义物化现象集中体现在生产过程中。资本主义物化的实质是机器大生产过程中工具性对象化所导致的量化和可计算原则使得劳动者的主体地位和自由意志的丢失,即在资本主义生产中的

---

① 卢卡奇对之并没有给出明确的定义,他常把"物化"和"异化"作为同一个概念来使用。他认为,在资本主义社会里"物化"的表现和结果有:所有的人(包括资本家)都丧失了自己的个性,成为工具(人被工具化);人片面化;人与人的关系取决于物质生产和商品运动的需要(人被角色化);整个社会成为一架机器,效率、合理化高于一切。"物化"的根本原因是,社会运用科学技术最大限度地发展物质生产成为人们的基本目标,由此所导致的生产分工和劳动者的专门化使人"原子化",并遍及社会生活的一切领域。其局限性在于把物化、异化、对象化三个范畴混为一谈,掩盖了异化的真正根源;同时,他把"物化"归结为意识、认识方法问题,因而陷入了历史唯心主义。

② [匈]卢卡奇:《历史与阶级意识》,杜智章等译,北京:商务印书馆2009年版,第251页。

工人所受到的生产力奴役的状况。其三,资本主义物化现象包括客观和主观两个层面,有着各自不同的表现。从客观方面来说,世界虽然是人的创造性活动的产物,但是在资本主义社会中,机器等失去了人的行为特征,变成了一种不能被人控制、却支配和主宰人的意识和行为的异在之物。在主观方面而言,随着劳动过程越来越合理化和机械化,工人的活动越来越失去自己的主动性,从而越来越失去自由的意志。

应该说,卢卡奇对资本主义物役性的批判与马克思的"三大社会形态说"中所指明的资本主义社会是物统治人的社会的思想有着一致性。在马克思看来,人作为生命存在体在任何社会条件下,首先必须解决衣食住行等最基本的生存问题,必然要对外界(主要是大自然)进行实践改造,这是一种对象化的活动。也就是说,人的对象化活动在任何社会状态下都是人的活动的基本方式。物化则是指在资本主义生产力的发展中人受物的控制和奴役状态,如卢卡奇所认为的资本主义生产工具、机器等现代科技对人的操控,人完全成为生产的机器。异化则是指资本主义生产关系所发生的物化现象在资本主义社会关系中的延伸和拓展。也就是说,马克思的物化理论是对在资本主义经济运动过程中产生的人与自然规定性(即生产力)和社会规定性(即生产关系)之间关系的全面研究。马克思不但看到并肯定了资本主义经济运行过程中生产领域里必然发生的物化现象,而且更重要的是他从生产关系着眼,发现了人与人的社会关系通过货币和资本颠倒地表现为物与物的对象性关系这种异化的物化现象。他并不抽象地否定资本主义生产过程中的生产力发展所创造的积极的物化层面,而只是否定人的关系的物化对人类主体的奴役和盲目支配。

但是,卢卡奇主要从哲学思辨的角度出发来论述物化,并将物化和异化等同起来。他对资本主义制度下存在的物化进行了单纯的批判,并把批判的重点放在了人的独立主体地位和自由意志的丧失上,因而,从实质上说,卢卡奇的物化理论只局限在生产领域,而未能把视线转移到生产关系的领域。换言之,卢卡奇的批判没有把"对象化"、"物化"、"异化"三个概念严格区分开来,而且他对资本主义的物化现象持完全否定态度,不能像马克思那样从资本主义物化的对象性活动中发现资本主义的历史正当性,从资本主义物化的异化性活动中揭示出资本主义的历史局限性。

2. 与马尔库塞社会公正观的比较分析

马尔库塞在《爱欲与文明》①、《理性与革命》②、《单向度的人》③等著述中指出，在发达工业社会，随着科学技术进步和生产自动化发展，人们的物质生活和劳动条件得到改善，但却没有摆脱异化之苦，相反，现实构成了一种更高的异化阶段。特别是，物质生活的改善是以人的批判精神的丧失、牺牲自己的人格和尊严为代价的。资本主义对人的统治不仅采取政治恐怖手段，而且还利用科学技术进步形成的"合理化"原则来阻止人民参与政治，从而使得工业社会成为"技术统治的极权社会"。这样，马尔库塞对现代资本主义社会背景下人的奴役境况进行了一定程度的揭示，从而对现代资本主义社会人的解放问题提出了召唤："现代资本主义社会的民主自由已失去了原来的意义，被表面地、虚假的民主所代替，而且表现出法西斯主义的特征"，"单向度的人的形成造就了单向度的思想，单向度的思想使民主不断衰落。"④

马尔库塞社会公正观集中体现为这样四个方面：其一，现代资本主义社会呈现出"单向度性"。由于科学技术的发展，进入了高生产、高消费的福利社会阶段，使以往一切对立的因素"一致"或"同化"了，于是只剩下维护现状的肯定的方面，失去了内在的否定的方面。这就是资本主义社会的"单向度性"。其二，社会的"单向度性"使人成为"单向度人"。现代西方社会政治"单向度性"尤其表现在人已成为"单向度人"。也就是说，人失去了自己的个性，失去了自主力，失去了对社会控制与操纵的内在反抗性、否定性，舒舒服服地成为"工业文明的奴隶"，成为屈从社会政治需要而又麻木地自感幸福的"单向度人"。表面看来，人在社会中似乎有市场选择的自由，政治选择的自由，但是这些自由只是"被管理了"的"给定的"自由，是阻碍人的"自我决定的自由"。人们过着一种"物质丰裕、精神痛苦"的生活。其三，造成"单向度人"的根本原因在于科学技术的发展。科学技术的发展满足了人们的虚假的物质需要，而忽略了人类真正的精神需要的满足，把人的本质与物质性或物质上的满足相联系，使人失去了人

---

① ［美］马尔库塞：《爱欲与文明》，黄勇等译，上海：上海译文出版社1987年版。

② ［美］马尔库塞：《理性与革命》，程志民等译，重庆：重庆出版社1993年版。

③ ［美］马尔库塞：《单向度的人》，张峰等译，重庆：重庆出版社1988年版。

④ 转引自辛向阳：《20世纪西方学者的民主理论析评》，载《马克思主义研究》2010年第2期，第120页。

之为人的真正的本质。其四,通过"大拒绝"消灭人的单向度性,从而实现人的解放和社会解放。人的解放就是人的本能和爱欲从社会文明的压抑下摆脱出来。社会解放要走第三条道路,即非暴力的反抗,也就是进行"大拒绝"。"大拒绝"就是把一切造反者联合起来搞对发达工业社会的"大拒绝",即同一切现存的东西进行完全、彻底、绝对的决裂。只有抵制资本主义制度并与之决裂,这种制度才会难以维持下去。

诚然,在新科技革命的推动下,在发达资本主义国家采取的种种自我调节、改善和改良措施的影响下,西方资本主义国家的阶级结构、工人阶级及其意识形态都发生了很大变化。如果仅仅囿于这种浅表层次的观察,而得出"单向度的人"、"单向度的思想"、"单向度的社会"的结论,主张"工人阶级被融合"、"工人阶级消失了",是难以经得起时间检验的。事实上,马尔库塞在《反革命和造反》(发表于《单向度的人》15年之后的1979年)一书中,明确表示所谓"工人阶级被融合"只是一种表面现象,"在它的背后,隐藏着发达资本主义社会解体的、离心的倾向"①。

应该说,马克思从资本主义私有制生产关系不合理性的整体视角,认为资本主义社会的解放不能仅是政治解放,最终必须落实到人的解放上来,这种解放的唯一途径就是彻底消灭资本主义私有制。而马尔库塞把人的本质归结为爱欲,把人的解放看作爱欲的解放,显然是错误的。他撇开对社会基本矛盾的分析,撇开对社会的经济因素和人的社会性分析,背离了马克思关于人的本质是社会关系的总和的思想。因此,他所说的人的活动是人的生物性本能的冲动,他所说的人的解放是人的生物性上的、生理上的解放。根据这种所提出的解救方案,无法医治现代资本主义的痼疾,因而他所描述的游戏式的快乐人生也只能是一种乌托邦式的人生。关于社会解放,马尔库塞把推翻资产阶级统治、进行革命的希望寄托于少数人所主导的意识形态革命,这显然是不切实际的。从资本主义向社会主义的转变是整个社会制度的变革,是政治、经济制度的根本变革,无法通过单纯的意识形态革命得以实现。

3. 与萨特社会公正观的比较分析

萨特是现代西方存在主义的著名代表。他认为,从17—20世纪之

---

① 转引自徐崇温:《当代西方社会的生态社会主义思潮评析》,载《马克思主义研究》2009年第2期,第119页。

间,出现三个哲学创造的时代:笛卡尔和洛克的时代、康德和黑格尔的时代以及马克思的时代。而马克思主义处于最新生成的时间序列中,是最有生命力的、最强盛的哲学。"马克思非但没有衰竭,而且还十分年轻,几乎是处于童年时代;它才刚刚开始发展。因此,它仍然是我们时代的哲学:它是不可超越的,因为产生它的情势还没有被超越。"①萨特在《辩证理性批判》一书中用"匮乏"这个术语论证了现代资本主义人的存在根基的丧失,从而展开对资本主义的批判。

萨特的社会公正观可以概括为以下三点:其一,人的存在根基体现为"匮乏"。匮乏包含了产品匮乏、工具匮乏、工人匮乏、消费品匮乏等意思。匮乏是由于人的需求较多而供应有限,人为造成的供应和需要之间的差异。在社会的发展越来越复杂、人的生活质量的要求越来越高的高级社会,比如资本主义社会,人的需要必然带来物的匮乏,而且这种物的匮乏也会更迅速地反映在人与人的关系中,由此而来的竞争和冲突使一切变得不可捉摸。其二,因为"匮乏",人与人相互异化。在匮乏这种否定性面前,人只要存在着,为克服匮乏就不得不服从于一定的社会秩序,使自己丧失了独立性,成了社会秩序的俘虏,成了与他人没有差别的人,这就是"人的异化"。其三,"匮乏"是资本主义社会的普遍现象。人使自己成为匮乏的人,人造成了匮乏,人又希图克服匮乏和超越匮乏,而人对匮乏的每一次克服和超越又造成了新的或更大的匮乏。这就是说,匮乏是人类历史的永恒现象,与之相伴随的异化是人类历史的永恒状态,新的社会必将产生新的异化,异化成为人的困境的普遍的永恒的特征。于是,匮乏成了一切社会,包括资本主义社会的历史动力。

可见,萨特主要是通过人的需要理论将匮乏视为人的最基本社会关系。在马克思主义看来,人固然是一种自然存在物,大自然是人类的母亲,而且人的衣食住行等基本物质需求的满足与大自然的物质源泉须臾不可离,但这一切仅仅是物质的前提和基础而已,人类并不是纯粹依附于大自然的消极被动的生命存在,而是具有能动性从事实践活动的改造主客观世界的主体。对人类本身的发展起决定作用的是人的社会性实践。萨特将匮乏视为异化的根源,同样与马克思主义历史观的基本出发点完全不同。马克思写作《1844年经济学哲学手稿》旨在揭露私有制的本质

①［法］萨特:《辩证理性批判》,林骧华等译,合肥:安徽文艺出版社1998年版,第28页。

和产生根源,并力图打破私有制永恒的神话。马克思认为,异化现象不是从来就有的,而是当人类历史进入到以私有制为基础的阶级社会才出现的。在资本主义社会中,工人生活资料的缺乏,他们的贫困化,并不在于萨特所理解的那种抽象的物质匮乏,而在于一定的社会关系所造成的现实矛盾,即生产资料的资本主义私有制与生产的社会化的矛盾。还必须指出的是,萨特将个人实践中产生的匮乏视为社会历史的根源,是一种把人当做抽象孤立个体的历史唯心主义。马克思主义强调,基于一定历史条件下的物质生产,人类社会才是可能而又现实的。人类社会的发展的根本动力根源于社会内在的基本矛盾——生产力和生产关系的矛盾、经济基础和上层建筑的矛盾,两对基本矛盾发端于生产力的发展变化。

毫无疑问,萨特看到了现代资本主义的困境所在,他用"匮乏"解释其存在主义的人学关怀,其用意是值得欣赏的。但他用存在主义的学说曲解了马克思主义的基本原理,极力把马克思主义改铸成为资产阶级也可以接受的东西。他所犯的错误被他自己说过的一句名言应验了:"马克思主义是当代唯一不可超越的哲学,任何超越他的企图,不是重复马克思早已说过的东西,就是回到马克思以前的陈旧观点上去。"①

4. 与列斐伏尔社会公正观的比较分析

在《日常生活批判》、《资本主义的幸存》②等著作中,列斐伏尔指出,现代资本主义社会是个充满着异化的社会,人的异化的现实要比马克思当时所说的更严重,社会的各个领域都几乎发生了异化,当代资本主义的国家干预及其调节措施并不能融合和同化无产阶级,必须全面扬弃这些异化,从根本上改变每个人的日常生活状况,才能唤起人们自觉否定现实的意识,实现人类的彻底解放。

列斐伏尔社会公正观的主要内容有这样两个方面:

其一,现代的资本主义社会是一个全面异化的社会。首先,人的思想意识的异化。思想意识的异化意味着人们在意识上颠倒了事物、外部实体的秩序,使人们认识不到自己的创造性活动。"即使是人类征服自然的力量已经相当强大的今天,人类比以往任何时候都更是自己造成的崇拜偶像的牺牲者。偶像的存在真是离奇,它既抽象,又真实,既是物质的又

---

① 转自黄颂杰等:《萨特其人及其"人学"》,上海:复旦大学出版社1986年版,第365页。

② 参见陈学明:《西方马克思主义教程》,北京:高等教育出版社2003年版,第547–571页。

裹着富有魅力的思想意识"①。人的生命消失在这种生存和意识的方式之中。其次,人的需求的异化。需求的异化意味着人们忘记了自己真正的需要,把追求金钱作为人生的目的,把金钱的需要看作唯一的真正需要,这种异化使人变得更为贪婪。最后,个人与社会集体的关系的异化。他指出:"人的本质来自社会过程的整体,个人只有在同集体的牢固和明确的关系中才能获得它。但是在我们的社会,关系被颠倒了,个人可能认为自身孤立起来就可以使自己认识自己。这样个人就更加彻底地丧失和脱离了自己的基础,脱离了自己的社会根基,把自己看作只是理论上抽象的东西(心灵、内在生活、理想),或者生物存在(躯体、性欲)。集体越来越分裂了,个体助长并维护这种分裂。"②总之,在历史发展中,人总是既实现着自己,又丧失着自己,异化的形式越来越多,任何人都无法摆脱异化。

其二,资本主义异化问题常常被日常生活所掩盖。这种日常生活表现为两个特点:通过现代化的宣传媒介和文化教育机构来对工人阶级乃至整个市民社会进行潜移默化,迫使他们接受资产阶级的意识形态,从而达到思想上和政治上的"异化"。他认为国家拥有非人性的势力而支配着全部社会生活并把这种势力巩固和确定下来。政治上的异化在某种意义上是最严重的异化。但在另一方面,国家也决定着一个范围,在这个范围内,对异化以及它的辅助手段的斗争和根本的批判具有最有效、最必要、最为直接的可能。

列斐伏尔试图把自己的"日常生活批判"理论发展成为像马克思那样的无产阶级社会改造理论。但是,他要求人们脱离对社会重大政治、经济、文化等问题的注意,放弃对社会发展宏大目标的追求,这就在实际上使马克思主义脱离了无产阶级革命斗争的基本任务,因而是片面的。不过,列斐伏尔对日常生活意义的论证,对其结构的揭示,对消除日常异化,实现日常生活人道化道路的探索,又在一定意义上给人们带来了有益的启示。

应该说,西方马克思主义公正观与马克思社会公正思想既有同质性又有异质性。这种同质性取决于西方马克思主义对马克思主义的传承,既审视了现代资本主义的历史正当性,又分析了现代资本主义的历史局限性;这种异质性源自于西方马克思主义对马克思主义的某些背离,它在

①陈学明:《西方马克思主义教程》,北京:高等教育出版社2003年版,第552页。
②陈学明:《西方马克思主义教程》,北京:高等教育出版社2003年版,第552页。

重新解释马克思主义的过程中,否认社会发展中的物质生产作用,弱化人类历史的客观性,强调阶级意识和人的主观性,从而误读了马克思主义的实践性、革命性。西方马克思主义公正观总体上停留于思辨公正、形式公正、道德公正,而马克思社会公正思想视野的公正在根本上是实践公正、实质公正、制度公正。

总之,西方马克思主义从各个具体视域对资本主义不公进行了批判。但马克思社会公正思想与他们是根本不同的。

其一,批判的着入点不同。马克思批判的是整个资本主义生产方式和意识形态,而西方马克思主义批判的是资本主义经济社会的某一个具体层面。

其二,批判的深刻性不同。马克思由资本主义不公现象深入到资本主义不公本质,既看到了资本主义的历史局限性又看到了其历史正当性,主张在扬弃资本主义文明成果的基础上彻底推翻资本主义私有制,而西方马克思主义仅仅停留在资本主义不公的现象层面,片面地认可了资本主义的历史局限性,最终是为挽救资本主义寻求种种哲学方案。

其三,批判的根本目的不同。马克思通过批判资本主义而建构共产主义,现代西方马克思主义力图通过批判资本主义而进一步巩固私有制社会。

(二)与西方新自由主义的比较分析

19世纪末以来,由于人类生存的世界发生了前所未有的巨大变化:世界大战的灾难,核导弹的威胁,生态恶化的危机等等促使人们重新审视人与人、人与社会的关系。公正思想成为全球发展的道义基础,公正研究成为西方思想家的核心课题。此种场景下,以罗尔斯为代表的新自由主义公正观应运而生。

罗尔斯的社会公正观——"作为公平的正义",其基本内涵是:所有的社会基本善——自由和机会,收入和财富,以及自尊的各种基础等——都应该被平等地加以分配,除非对其中一些或所有这些基本善的不平等分配会有利于最小受益者。也就是说,正义意味着平等,国家权力应扩张到再分配领域,政府应向社会中境遇较差的人倾斜。

在这样的理论前提下,罗尔斯提出了两大公正原则:"第一个原则:每个人对与所有人所拥有的最广泛平等的基本自由体系相容的类似自由体系都应有一种平等的权利。第二个原则:社会和经济的不平等应这样安排,使它们:①在与正义的储存原则一致的情况下,适合于最少受惠者的最大利益;并且,②依系于在机会公平平等的条件下职务和地位向所有人开放。"①第一个原则可以概括为平等自由原则,第二个原则可以概括为不平等安排原则,其又包括差别原则和机会公平平等原则这样两个更为具体的原则。这两大公正原则暗示着社会结构的两大部分,第一个是有关公民的政治权利部分,第二个是有关社会和经济利益的部分。

为了解决正义原则间的内在冲突,罗尔斯还规定了相应的两个优先原则:即第一大正义原则优先于第二大正义原则,其实质是强调自由的优先性;在他的第二大原则的两个更为具体的原则中,强调平等对效率的优先,即机会公平平等原则优先于差别原则,意味着对经济效率的考虑必须符合平等,任何没有提高"最少受惠者"利益的经济安排都是没有社会价值的。这样做,还因为社会公正原则蕴涵了博爱精神。对此,罗尔斯说:"许多人都感到博爱在政治事务中并没有合适的地位。但如果把它解释为差别原则的各种要求的联合,它就不是一个不现实的观念了。看来,我们最确信是正义的那些制度和政策满足了它的要求……按照这一解释,博爱的原则就是一个完全可行的标准了。一旦我们接受了这一点,我们就可以把自由、平等、博爱的传统观念与两个正义原则的民主解释如此联系起来:自由相应于第一个原则;平等相应于与公平机会的平等联系在一起的第一个原则的平等观念;博爱相应于差别原则。"②从罗尔斯的观点看,博爱精神与正义原则的要求相一致,因为二者都要求在每个人有利基础上满足最小受益者最大利益或使受益最小者利益最大化。

可见,罗尔斯总是从受益最少者的地位来看待和衡量任何一种社会平等的。换言之,他的理论反映了一种对受益最少者的"博爱",一种尽力想通过某种补偿后使所有成员都处于一种平等地位的愿望。

以罗尔斯为代表的新自由主义公正观在当今全球虽然影响巨大,但在根本上与马克思社会公正观是不可比拟的。具体言之,二者的区别主要体现在以下五个方面。

---

① [美]罗尔斯:《正义论》,何怀宏等译,北京:中国社会科学出版社1988年版,第302页。
② [美]罗尔斯:《正义论》,何怀宏等译,北京:中国社会科学出版社1988年版,第106页。

1. 对社会公正问题论证方法根本不同

马克思和罗尔斯都对社会公正问题进行了哲学论证。不同在于,马克思以批判考察和实证研究为前提,而罗尔斯以辩护现实和抽象说教为特色。

以解放全人类为宗旨,实现社会公正是马克思的崇高追求。在马克思这里,社会公正的实质是人与人的利益关系与社会生产的发展水平相适应。因而,生产力、生产关系、阶级、利益、自由、平等、人的解放、人的发展等等都是马克思考察社会公正问题的重要范畴。历史唯物主义和剩余价值理论的确立使得马克思把关于社会公正问题的思考建立在科学的世界观基础上。相比之下,罗尔斯很明确地把社会公正问题作为自己的研究主题,在其标志性著述——《正义论》中,原初状态的假设、无知之幕的设计、反思的平衡的道德建构方法和最大最小值的理性选择,使得罗尔斯的正义原则具有极大的逻辑说服力和道德理性感召力。

问题的关键在于,依马克思之见,只有批判旧世界才能发现新世界,社会公正是一种踏踏实实的面向现实的奋斗目标。马克思在批判资本主义不公社会现实以及各种小资产阶级公正观之后,提出了无产阶级为共产主义公正社会而进行革命的伟大思想。换言之,马克思探究社会公正问题,坚持从现实经济状况出发,反对非历史主义的倾向,主张彻底改变资本主义社会制度,实现共产主义。所以,人的自由、平等等等权利的实现在马克思这里不是简单的道德评价和道德批判,而是变革现实世界的革命召唤。所不同的是,罗尔斯公正观的鲜明主题是论证私有财产的神圣不可侵犯性,把社会公正作为论证资本主义合理性的基本论点,断定资本主义是一种自由的制度、平等的制度、正义的制度。因而,罗尔斯用来论证正义原则的是一种非历史主义的抽象思辨方法。这就是说,罗尔斯针对社会的不平等而提出的正义原则,只是在思辨的领域内对资本主义制度所进行的改良。对此,有学者指出:"罗尔斯的社会公正理论是一朵不会结出果实的花朵,它因缺乏真实的客观基础而缺乏实现的现实可能。"①

---

① 叶志华:《对资本主义工业文明的一种反思——试析罗尔斯的公正社会理论》,载《现代哲学》1997年第1期,第68页。

2. 社会公正思想的理论基础根本不同

马克思和罗尔斯都把社会公正放在社会发展尤其是人的发展的高度来看待。不同的是,马克思以唯物史观为依据,而罗尔斯以唯心史观为基础。

马克思和罗尔斯都是积极主张服务现实社会的思想家。马克思生活在物质生产相对匮乏的资本主义自由竞争时期,人的生存高度异化、集团利益对立、阶级对抗等严酷现实不得不使马克思把广大被剥削被压迫人民的自由和解放作为关注的焦点。与此相似,罗尔斯生活在物质生产相对发达的资本主义繁荣时期,市场经济已得到高度发展,民主政治体制也日益完善,多元文化和价值已经形成,人们的权利意识和自由平等观念深入人心。但是,社会财富日益集中在少数资本家手中,绝大多数人只占有极少的财富份额。这就导致资本主义社会的平等自由形同虚设,无法真正体现资产阶级自大革命以来的自由和平等的要求。如何保障社会低微者的平等自由因而成为罗尔斯的考察对象。罗尔斯希图社会和经济的不平等服从最少受惠者的利益,主张实现分配正义,缩小贫富差距。可以说,罗尔斯时代的社会公正问题是马克思没有预料到也不可能具体描绘的,罗尔斯对现代市场经济下资本主义公正问题的探求在一定程度上弥补了马克思思想的不足,也延续和丰富了西方社会公正思想。这应该视为罗尔斯公平正义观的一个重要理论贡献。

然而,应该看到的是,马克思从生产方式出发,强调私有制条件下,居于统治地位的必然是有产阶级,国家和社会所代表的也只会是拥有物质生产资料的阶级的意志和利益,或者说,统治阶级总是运用自己的优先的社会地位去充分地获取权利,而漠视社会义务,被统治阶级却要无条件地履行比自己所获得的社会权利多得多的社会义务。与之不同,罗尔斯以预设前提为出发点,认为社会公正建立在一种公平的原初状态之中。罗尔斯继承和发扬了西方自洛克以来重视人的自然权利和社会契约的传统。或者说,罗尔斯更加关注人的自然本性,把社会公正产生的基础视为人人恪守的"社会契约",即主观意志的默契。这样,罗尔斯在根本上回避了社会不公现象产生的社会根源。其实,人不仅是自然存在物,更重要的是一种社会存在物,脱离人的社会性去寻求社会公正只能陷于空想。

3. 社会公正思想的理论核心不同

马克思和罗尔斯都把社会公正视为人的利益关系问题。根本不同之处在于，马克思维护的是人民利益，而罗尔斯维护的是个人利益。

马克思认为，人是社会的人，社会是人的社会，只有人才要求社会公正、追求社会公正，并为实现社会公正而奋斗，所以，社会公正问题说到底是人的问题。正是因为社会生产不能满足人的发展的需求，人们在物质资源的分配、社会权益的享受等各个方面必然发生对抗和冲突，随着这些矛盾的明朗化，社会公正也就成为显问题。马克思立足历史唯物主义的宽宏视野，认定阶级分化以来的人类历史就是一部追求社会公正的历史，指出只有随着社会生产力的发展以及由此所决定的私有制和阶级的消灭，才能实现真正的社会公正。罗尔斯也判明社会公正问题是人的利益关系问题。在罗尔斯看来，资本主义商品经济具有分散经营的性质（即资本主义私有制的存在），个人之间相互不同甚至是相互冲突的利益决定了社会成员不可能在同等条件下追求自己的最大利益，并因而获得相应的结果，即人们因社会经济制度、政治制度、家庭出身和自然禀赋等因素决定，在进入社会、进入竞争时起点是不平等的，而现有社会的原则是形式上的平等，这就使得人们以后的生活状况大受影响，付出同样努力的人不可能获得完全一样的结果，因之造成差别悬殊社会，使得效率降低、社会关系紧张，矛盾冲突激烈的情况。为改变此种状况，罗尔斯认为有必要对分配社会价值以及分配人们的权利和义务的社会制度进行重新设计。

既然社会公正是人的利益关系问题，那么，解决问题的对策就是进行利益协调。马克思坚持的是人民利益原则：社会主义是比资本主义更能够保证实现人民利益的一种制度，社会主义能够保证更加普遍的自由、更加广泛的平等，相对于资本主义社会只有某个阶级的自由和只是形式的平等，社会主义比资本主义更可取。较之不同，罗尔斯则主张个人利益原则：人们是为了满足自己的利益而结成社会共同体的，每个人都对社会有着相应的权利要求，人们通过协议而达成有关的行动规则，以此保障每一个社会成员的利益与权利。这正如有学者所指出的那样，"罗尔斯的全部研究基于这样一个假定，即在对各种社会政治安排予以评价时惟有个人利益才是重要的，在这里并不存在任何由诸如各种文化的、集团的、结构的利益所形成的独特主张或要求。罗尔斯是道德个人主义的典型代表"①。

4. 社会公正思想的理论类型不同

马克思和罗尔斯都把社会公正作为社会制度的首要价值。二者不同在于,马克思追求无产阶级社会公正,而罗尔斯追求资产阶级社会公正。

对于马克思而言,社会公正在于与一定生产方式要求的符合与适应。一定生产方式总是会有一定的阶级作为其主要代表。从这个意义上看,所谓社会公正总是倾向于统治者的利益。在阶级分化的社会,当统治阶级与被统治阶级的利益不是尖锐对立,而是在社会发展中有一个适度平衡时(比如一个阶级社会的上升时期,阶级矛盾相对来说较为平和),这个社会基本上可视为相对公正的社会。统治阶级之为统治阶级,就在于它拥有了主要的社会资源,最重要的资源是社会生产资料。生产资料的使用是既可能为本阶级谋利,同时也给其他阶级带来利益的。但在马克思那个时代,生产资料的使用完全是为资产阶级谋利的,工人作为劳动力商品的供应者只是一种被当做工具使用的力量。没有生产资料的工人就只有服从资本拥有者的控制,资本所有者凭借其优势,不给工人以人的地位。这样资本家就成为垄断和独占社会利益的强者,因而资本主义社会是不公正的。马克思进而把这种不公的根源归结为社会基本制度的不合理,即资本主义私有制的存在造成了其在本质上的不公。也就是说,在马克思看来,合理利益、正当权利和社会公正原则都只能在一定的社会制度内予以满足和加以界定。社会主义和共产主义的制度条件确认社会公正是其首要价值。同样,罗尔斯也明确提出要把公正作为社会制度的首要价值,认为社会基本制度在分配权利和义务、划定合作利益与负担中具有重要作用,所以,必须要求正义的社会制度,即一个充分保障、维护和推进人们权利的社会制度。

必须指出的是,马克思视野中的公正社会制度,是指消灭了私有制、阶级等等一切不公正社会现象的社会主义社会制度和共产主义社会制度,所以,马克思追求的是无产阶级的社会公正。而罗尔斯所言的社会制度指的是资本主义社会制度,具体地说是资本主义民主制度,因此,罗尔

---

① ［澳］乔德兰·库卡塔斯:《罗尔斯》,姚建中等译,哈尔滨:黑龙江人民出版社1999年版,第13页。

斯追求的是资产阶级的社会公正。

5. 社会公正思想的目标指向不同

人类如何走向公正社会,这是马克思和罗尔斯都致力研究的问题。为了实现公正社会目标,两者的思想有相似的地方,例如:对自由和平等都具有坚定的承诺;对社会底层阶级都怀有深切的同情;对现实社会的不公性都持强烈的批判态度;对建立理想的社会都提出了设想①。马克思和罗尔斯都要求实现真正的社会公正,但对于真正社会公正的获取方式是根本不同的。马克思主张推翻以私有制为基础的资本主义社会,消灭阶级,从而建立没有阶级差别的共产主义社会。而在罗尔斯看来,在现存的制度框架内,按照正义原则来调整政治法律制度和社会经济政策,就可以限制人们之间的冲突,建立起一个正义的社会。

诚然,罗尔斯同马克思一样,深刻考察了由于社会生产不足而引起的社会公正问题,并认识到社会公正的实质是人们之间利益关系的协调与相融。此外,罗尔斯对现代资本主义不公现象的剖析比马克思要实际,他具体探讨了现代福利资本主义国家如何通过政府力量完善再分配政策而达到对社会底层群众关切的问题。罗尔斯此种"结果公正"的思想无疑对发展马克思主义公正理论具有借鉴意义:首先,关于政治法律制度和社会经济政策正义的思想。在经济生产较为发达和政治民主较为完善的情况下,能够通过国家权力干预逐步解决一些棘手的人权问题和民生问题。其次,关于分配正义的思想。在社会制度相对稳定的发展时期,不能通过抑富来防止两极分化,但可以通过帮贫来缩小贫富差别。最后,关于社会最小受益者的平等对待思想。可以通过税收、社会保障等政策对生活最为贫困的弱势群体给予帮助。

但不能忽视的是,罗尔斯新自由主义公正观终究是局限在资本主义制度范围内的,因而它与以实现人类解放为目标的马克思社会公正思想有着截然不同的理论旨趣。罗尔斯社会公正思想不能正确回答资本主义不公问题,只有马克思社会公正思想能够对资本主义时代的社会公正问题予以科学阐释。并且,我们以社会主义公有制为制度前提,才能有效发挥罗尔斯公正思想的借鉴意义。否则,盲目照搬罗尔斯所论述的那一套,

---

① 姚大志:《罗尔斯:来自马克思主义的批评》,载《马克思主义与现实》2009年第3期,第76页。

就会有损于社会主义的公正建设。这就是说,尽管罗尔斯公正观在当今时代影响巨大,但是,其对公有制条件下的社会公正问题的解决,意义非常有限。

总之,马克思社会公正思想是对资本主义不公社会进行批判的理论结晶。资本主义在本质上是一个不公正的社会,这是马克思社会公正思想的核心观点。但这个观点不是直接来源于对资本主义表观考察的总结,而是通过对资本主义基本经济制度——生产资料私有制的深刻剖析与批判而获得的结论。诚然,资本主义取代封建主义使得社会生产力获得巨大解放在人类历史上是一个不容置疑的进步,但是,它如同其他私有制社会一样也只是人类历史的一个特定过渡点。资本主义的发展与资本剥削、阶级压迫是紧紧联系在一起的,资本主义对于绝大多数人即无产阶级和广大劳动人民来说,是受剥削、受奴役的根源。因而,尽管现代资本主义社会出现了新的发展、新的变化,也始终无法改写或掩盖资本主义不公的本质属性。现代西方马克思主义和新自由主义努力通过不同方式去解决各种社会问题,但是,他们都主张不变更资本主义根本制度前提下进行社会改良,因而仅仅是追寻程序意义的社会公正。相形之下,马克思不是为了批判而批判,而是为了建构而批判,即强调只有彻底铲除资本主义私有制,建设社会主义和共产主义,才能不断促进人类社会公正,最终实现人类历史的程序公正与实质公正的有机统一。

第五章 马克思社会公正思想
与共产主义的理想

马克思社会公正思想所追求的公正社会是共产主义社会。这就是说,社会公正是共产主义的本质属性,公正社会实现的条件就是共产主义实现的条件。而创造这些条件是一个长期的实践过程,为此,必须以社会主义为其必经的阶段。在社会主义阶段中,要通过实现按劳分配和人权保障相统一的原则,调动广大人民群众的积极性,为过渡到共产主义创造条件。

一、共产主义是马克思追求的公正社会理想

共产主义作为马克思所追求的公正社会理想①,既是对以往种种关于社会公正思想的继承,同时又是根本的超越,即把这种理想从单纯的想象变成了创造条件可以实现的现实。

(一)社会公正是人类世代追求的目标

实现社会公正,是进入阶级社会以来人类孜孜以求的社会理想。中

---

① 关于马克思的共产主义思想与社会公正诉求的内在一致关系,已经得到国内外学者的认可。国内研究马克思主义政治哲学的侯才教授指出,马克思的整个社会主义、共产主义理论,可以被视为一种独特的、然而堪称真正的"正义论"。参见侯才:《从政治哲学的双重维度透视马克思的政治哲学》,载《河北学刊》2006年第5期。当代美国政治哲学家乔治·布伦克特指出,有两项广泛的运动影响了当代道德和政治哲学的发展:一是对正义和权利的讨论,二是对马克思重新表现出兴趣。在一定意义上,可以说这两项运动是同步发展的,马克思政治哲学对西方现代性危机的独特拯救意蕴越发凸现出来了。参见吕增奎主编:《马克思与诺齐克之间》,南京:江苏人民出版社2007年版,第1—2页。

国古人的"大同世界"、古希腊哲人的"理想王国"、近代以来空想社会主义的乌托邦和西方自由主义的公正社会图景都是这样的社会理想。

1. 中国古人的"大同世界"

中国古代社会所希冀的公正社会理想是一个人人自由、人人平等的天下大同世界。在这个社会中,人民安居乐业,老幼各得其所,人人幸福自由。大同社会的蓝图最早见于《礼记·礼运》篇:"大道之行也,天下为公,选贤与能,讲信修睦。故人不独亲其亲,不独子其子,使老有所终,壮有所用,少有所长,鳏寡孤独废疾者,皆有所养,男有分,女有归。货恶其弃于地也,不必藏之于己;力恶其不出于身也,不必为己。是故谋闭而不兴,盗窃乱贼而不作,故外户而不闭。是谓大同。"大同世界有以下特点:

其一,爱护社会财物,反对私人占有。"货恶其弃于地也,不必藏之于己",既反对丢弃财物的不良行为,也反对把他人财物据为己有的现象。一切私心杂念在社会上没有存在的空间。为保证这种和谐与有序,社会治理运用"选贤与能",即由公众选举愿意忠诚服务的贤能之人来负责。

其二,劳动光荣,分工合理。"力恶其不出于身,不必为己",反对好逸恶劳,因为劳动不纯粹是个人的事情。每个人的劳动付出是"天下为公"的基本前提之一,辛勤劳动成为一种社会美德。根据男女体能情况进行社会分工,做到"男有分,女有归"。

其三,人人平等,博爱互助。"人不独亲其亲,不独子其子",天下一家。壮年拥有用武之地,老人的赡养,儿童的教育和培养,也由社会共同承担,即使是鳏寡、孤独、残疾者,也"皆有所养",人与人乃至国与国坦诚相待,讲信修睦,"谋闭不兴",全社会和谐而安宁,"盗窃乱贼不作","外户不闭"。

这样一个美好的理想境界反映了当时人们的社会向往。但是,其中的"行道"、"选贤"、"与能"、"讲信"、"修睦"、"恶弃货于地"、"恶力不出于身",又充分显示出它完全建立于道德教化的基础之上。正如儒家创始人孔子所倡导的,为了实现"大同世界",关键在于把"仁爱"思想灌输到广大群众中去:首先,通过在家里孝顺父母、亲爱兄弟,培养对亲人的强烈爱心;然后,把爱心逐渐扩展到家庭以外的人;最后,进一步拓伸到全社会,使每个人都有一颗博爱之心。虽然做不到"博施于民",但每个人都能自觉地为社会做好事,这样就可以带来社会道德的高尚,人伦关系的和睦,形成一个秩序井然的理想社会。应该说,从变革整个社会的角度来看,实现社会公正在根本上必须消灭剥削、压迫、奴役、异化等等不公正的社会现象,建立一个人人平等的全新社会是非常必要的。但是,中国传统"大同世界"力图通过人伦道德建设建立在封建等级秩序的基础上,所以是一种不切实际的高远理想。

这种超越不公社会现实的理想同样体现在西方哲人柏拉图的《理想国》中。

2. 古希腊哲人的"理想王国"

在古希腊哲学家柏拉图看来,理想的国家是正义占统治地位的国家:"一个安排得非常理想的国家,必须妇女公有,儿童公有,全部教育公有。不论战时平时,各种事情男的女的一样干。他们的王必须是那些文武双全的最优秀人物。"①

从阶级基础来说,理想国的人们分为三个等级:统治阶级、武士阶级和劳动阶级。这三个等级的人应当各守其位,各尽其职,只有这样,社会才能和谐一致,国家才能实现正义。"这三种人在国家里各做各的事而不互相干扰时,便有了正义,从而也就使国家成为正义的国家了"②。

从经济制度上看,柏拉图的理想国由公有制和私有制两部分组成。公有制在统治阶级和武士阶级之间实行。柏拉图主张,私有制是一切灾难的根源。人有了私产,就会有私心;有了妻儿老小,就会有私欲。所以在"理想国"中,统治者和武士是不能拥有私人财产的,他们必须以国家的利益作为自己的利益。但是,柏拉图所要求的公有制仅仅是属于统治阶级内部的公有制,是建立在阶级剥削基础之上的,也是以私有制为前提保证和必备条件的,整个社会在实质上仍然是私有制社会。

从文化教育和社会生活而言,柏拉图的理想国特别重视教育。统治者和武士为了能够胜任本职,能够实现"公道",就必须进行严格的教育和训练。柏拉图的理想国还是一个让统治阶级实行妇女儿童公有的国家。柏拉图声称这种妇女儿童公有制对国家而言是"最大的善"。

可见,柏拉图以天赋人性为依据,从唯心主义的社会分工角度出发,认为每个人在国家里从事他的工作,占有他的能力所赋予的位置,就能实

---

① [古希腊]柏拉图:《理想国》,郭斌和、张竹明译,北京:商务印书馆2002年版,第312页。

② [古希腊]柏拉图:《理想国》,郭斌和、张竹明译,北京:商务印书馆2002年版,第156页。

现社会公正。换句话说,在柏拉图的理想国中,社会成员的等级分明,职责清晰,分工有序。只要每个人能够在社会生活中各司其职而不越轨,社会国家便有了秩序,便能够达到长治久安。

崇尚社会公正,也一直是空想社会主义者的理想追求。

3. 空想社会主义的乌托邦

莫尔在《乌托邦》中所憧憬的美满社会,康帕内拉在《太阳城》中所设定的光明社会,等等都是至善至美的"公正社会"。其中最具有代表性并且对马克思产生直接启发性的当属三大批判的空想社会主义者——圣西门、傅立叶和欧文的公正社会追求。为实现"共产主义",圣西门主张"实业制度"、傅立叶谋划"和谐制度"、欧文创办"共产主义公社"。他们的理论成果主要有:

其一,初步认识到人类历史发展是一个有规律的过程。圣西门认为人类历史是一个有规律地向前发展的过程,每一种新的社会制度都是过去全部历史发展的必然结果。傅立叶进一步指出,每种社会制度上升发展到极点时就会出现下降的波动,而新社会即在旧社会的衰落中取胜。

其二,从政治、经济和意识形态等方面对资本主义制度进行了激烈的道德批判。他们指出,资本主义的政治制度是一个比以往压迫有过之而无不及的极端罪恶的制度,必须建立一个合乎理性的制度取而代之。他们还指出,资本主义社会工人的贫困是由富裕产生的,经济危机是由生产过剩引起的,资本主义竞争必然导致垄断。与此同时,他们还揭露了资本主义思想道德的虚伪性。

其三,对未来社会进行了天才的预测。他们提出未来社会应以大生产作为现实的物质基础,欧文更是首次把大生产和生产资料公有制联系起来,认为只有在公有制基础上进行现代化大生产,才能真正实现协作和计划经济,有力地发展生产力。圣西门还率先提出按劳分配的思想。欧文则提出了各尽所能、按需分配的基本原则。他们设想,当社会在消灭了城乡之间、工农之间、体脑之间的差别以后,每个人都能在和谐平等的环境中得到全面的发展,国家的政治职能也就因此而消亡了,社会权力将由对人的统治变为对物的管理和对生产过程的领导。

空想社会主义对未来理想社会的一切,包括各种细节特征在内,都给予了十分具体详尽的描绘,力图给人们留下一个可感可知的美好印象。

然而,这种对公正社会的"天堂式解读"的弊端在于:对资本主义的批判建立在理性和人性论的基础上,反对暴力革命,主张采取局部改良或和平改造的方法;他们虽然出于人道关怀同情无产阶级,但却并没有把无产阶级作为实现公正社会的基本力量,而只是寄希望于天才人物的救世情怀。这样,尽管他们在许多方面超越了前人,但还是没有最终突破空想。

如果说,空想社会主义是站在资本主义私有制社会对立面而提出理想公正社会的话,那么西方自由主义则是基于维护资本主义私有制社会的立场而论证"人人平等"的。

4. 西方自由主义的公正社会图景

自由主义并不是一个固定不变的抽象概念,不同时期它的具体内容不同,不同时期的思想家对它的阐释方式也发生着变迁。古典自由主义、自然权利理论、功利主义及新自由主义理论,分别代表了自由主义不同阶段的社会公正内涵。从洛克到康德再到边沁、密尔最后到罗尔斯,是自由主义在不同时期的代言人,他们对社会公正问题的解决提出过各具特色的方案和对策。其主要观点有:

其一,信奉个人主义和自我利益。即首先考虑个人,其次考虑国家和社会,认为社会的目的是为了个人,国家应该为个人服务,而不是个人利益服从国家利益。洛克指出,个人拥有生命、自由、财产等自然权利是无可辩驳的,这些权利并不因人类由自然状态进入社会状态而有丝毫的改变,国家、政府以及法律的产生不是为了取消和克制人的自然权利,而是必须要以之为目的,维护和扩大个人的自由。

其二,"自然权利"是每个人生来就自然而然具有的权利,包括生命、自由、平等、财产等。这些权利是一个人生来就有的,所以是"自然的";这些权利是每个人都具有的,所以是个体的和普遍的;这些权利是不可剥夺的,所以是不可分割的和不可让渡的。作为自然权利理论的思想家,康德把自由区分为伦理的自由和法律的自由,前者指意志的自决自判能力,即意志自律;后者指个人不受别人强迫约束的独立状态,它是人与生俱来的天赋权利。康德还指出,财产权并不是由自然所赋予的,并不是个人作为人本身就具有的。只有在公民社会中才有可能保障个人的财产。公民社会即是一个有法律强制的社会,是建立在普遍同意的社会契约的基础上的。

其三，个人利益是社会利益的基础，个人幸福是社会幸福的前提。这是边沁功利主义思想的核心观点："最大多数人的最大幸福。"它不仅要求人们无损于人，还要求人们有益于人。边沁对该原则的具体内容虽未展开论述，但他在一定程度上在该原则中包含了利他主义，而密尔对利他主义的肯定比边沁要明确得多。他的利他主义是建立在联想原理和社会情感论的基础上。事实上，功利主义的"最大多数人的最大幸福"在资本主义社会的现实中通常会成为无法应用的忠告。功利主义将集体公共福利或幸福的最大化作为价值的最终标准，其核心概念是利益。根据功利主义的原理，无论是政府行为的正当性，还是对政府行为进行约束和限制的正当性都出自一个原则：最大多数人的最大幸福。如果说功利主义以利益的计算作为行为的标准，作为衡量社会合法性的标准，那么这种合法性的正义标准必然会牺牲社会部分成员的利益。而这一合法性的标准是对天赋人权的每个人都具有同等权利的制度合法性的否定。

其四，所有的社会基本善——自由和机会，收入和财富，以及自尊的各种基础等——都应该被平等地加以分配，除非对其中一些或所有这些基本善的不平等分配会有利于最少受惠者。也就是说，正义意味着平等，国家权力应扩张到再分配领域，政府应向社会中境遇较差的人倾斜。这是罗尔斯对社会制度蓝图——分配正义的设计。罗尔斯的公正社会追求反映了一种对最少受惠者的偏爱，一种尽力想通过某种补偿后使所有成员都处于一种平等地位的愿望。

尽管实现社会公正是西方自由主义思想家的理想，但由于阶级的局限性以及缺乏科学的理论指南，他们所向往的公正只是维护资本主义私有制并为资产阶级统治进行辩护的公正，是仅仅代表少数人利益的公正，因而不能片面夸大其理论意义。

综合而言，上述各种社会公正追求已经初步关涉到社会的政治、经济、文化、教育等各个方面，为人类社会公正理想追求积累了一定的思想资源。但在生产力水平不够发达以及不能彻底铲除私有制的条件下，主张实现社会公正是不可能的事情。真正的社会公正只有到了共产主义社会才会成为现实，因为共产主义是实现社会公正的根本制度前提。

（二）社会公正是共产主义的本质属性

以往的阶级社会之所以是不公正社会，就是因为在那些社会里，存在着私有制，存在着阶级剥削压迫。在那些社会中，表现为一部分人的自由和发展是以另一部分人的自由和发展的丧失为代价的，即使得到自由和发展的那一部分人也不过是半自由和片面发展了的人。

这一切在共产主义社会都将得到根本性改变。共产主义的目标是要消灭社会的不平等和不公正，使全体人民在政治、经济、文化、社会诸多方面享有平等的权利，从而实现人的全面发展和社会的充分解放。对此，恩格斯指出："我们的目的是要建立社会主义制度，这种制度将给所有的人提供健康而有益的工作，给所有的人提供充裕的物质生活和闲暇时间，给所有的人提供真正的充分的自由。"①恩格斯的这段话是对共产主义宗旨的最佳阐述，"给所有的人提供健康而有益的工作，给所有的人提供充裕的物质生活和闲暇时间，给所有的人提供真正的自由"正是公正社会的全面实现，社会行将保障每一个人拥有高质量的体面劳动、尊严生活、幸福享受。

根本而言，共产主义社会拥有实现人的全面发展的现实条件：第一，生产力、科学技术高度发达，社会产品极大丰富；第二，一切阶级差别彻底消灭，工农之间、城乡之间、脑力劳动和体力劳动之间的差别逐渐消失，人们摆脱了固定的分工的束缚，在生产领域和一切生活领域实现完全的平等；第三，经济生活的准则是各尽所能、按需分配；第四，全体人民的共产主义思想、集体主义精神和大公无私的道德觉悟极大提高，共产主义劳动态度普遍地树立了起来，全民教育普及并不断提高，人们过着高尚的、丰富的精神文化生活。

1. 高度发达的生产力为实现社会公正提供基本前提

生产力是社会发展变化的最根本动因，因而也是评价人类社会制度变迁的基本标尺。先进的制度应该是适应生产力发展水平、不断促进生产力发展的制度。只有符合促进生产力发展的制度创新或制度变迁才会

①《马克思恩格斯全集》第21卷，北京：人民出版社1965年版，第570页。

带来经济效率的提高,从而更好地刺激社会经济增长,促进人们不断获得自由。"人们每次都不是在他们关于人的理想所规定和容许的范围之内,而是在现有的生产力所规定和所容许的范围之内取得自由的。而到现在为止取得的一切自由的基础是有限的生产力;靠这种生产力进行的不能满足整个社会的生产,使得发展只在下述情况下才成为可能,即:一些人靠另一些人来满足自己的需要,因而一些人(少数)得到了发展的垄断权;而另一些人(多数)为满足最必不可少的需要而不断拼搏,因而暂时(即在新的革命的生产力产生以前)被排斥在一切发展之外。"①马克思的这段话表明,生产力落后,人们受自然的支配和压迫,成为自然的奴隶;生产力落后,分工不发达,劳动门类单一,人们只能沦为生产的手段;生产力落后,劳动效率低下,人的劳动时间极长,很少有自由时间,从而人们没有物质生活的自由,更不能获得精神生活的自由。生产力的发展本身就是自然界和社会历史赋予人的各种天赋和潜能的发挥,并在此基础上带来更大的社会公平。真正的公正社会,必须具备坚实的物质基础和雄厚的物质条件去保障人们自由地生存和发展,这样,高度发达的生产力是"绝对必须的实际前提"。

　　共产主义社会也恰恰是建立在高度发达的资本主义文明基础之上的。"资本的文明面之一是,它榨取剩余劳动的方式和条件,同以前的奴隶制、农奴制等形式相比,都更有利于生产力的发展,有利于社会关系的发展,有利于更高级的新形态的各种要素的创造"②。马克思在《资本论》中所阐发的"三个有利于"指明,资本本身有一个从低级向高级的发展的过程。这个过程在肯定自己的同时也在不断地否定自己,是按照产生、发展和灭亡的规律存在和发展的。更高级的共产主义社会形态,正是在这个过程中孕育和成长的。资本主义文明开启了世界现代化的进程,造就了以全人类相互依赖为基础的世界交往,推动人类社会从农业文明进入工业文明。资本主义具有历史的进步性,但它不是永恒的社会形态,当生产力的发展和社会化程度超过了它所能容纳的程度,也即当资本主义社会的物质生产力发展到一定阶段,同生产关系发生了矛盾和冲突的时候,"于是这些关系便由生产力的发展形式变成生产力的桎梏。那时社会革

───────────────

① 马克思、恩格斯:《德意志意识形态》节选本,北京:人民出版社2003年版,第96页。

②马克思:《资本论》第3卷,北京:人民出版社2004年版,第927–928页。

命的时代就到来了"①。当资本主义社会矛盾尖锐得不可调和的时候,就必须彻底铲除资本主义私有制,建立生产资料公有制,以解放生产力、促进社会发展。因此,共产主义决不是空穴来风,而是对资本主义社会文明成果进行积极改造的伟大产物。作为人类历史发展链条的后一环节是以前一环节为前提和基础的,即资本主义文明必然为共产主义的到来奠定了必备的物质条件。

前文所提及的空想社会主义"公正社会蓝图"之所以是空想,原因之一是因为他们否认资本主义与共产主义的历史联系,不承认资本主义也是为共产主义奠定基础的阶段。用恩格斯的话说,"以往的社会主义固然批判了现存的资本主义生产方式及其后果,但是,它不能说明这个生产方式,因而也就不能对付这个生产方式;它只能简单地把它当做坏东西抛弃掉。它越是激烈地反对同这种生产方式密不可分的对工人阶级的剥削,就越是不能明白指出,这种剥削是怎么回事,它是怎样产生的"②。

随着生产力的不断发展,共产主义具备实现社会公正的物质基础。换言之,生产力的高度发达是实现社会公正的基本前提。在共产主义社会,生产力已经能够满足所有人的需要不仅是可能的,而且是必然的。在这样的社会,人们在爱护大自然的基础上改造大自然,人与自然和谐相处,生产力是坚持可持续发展、消除生态危机的生产力。人们能够自由地选择自己的职业,发展自己的爱好和天赋,从事自由自觉的创造性活动。人们不是为了劳动而劳动,而是为了生活幸福而劳动。人们的自由时间和劳动时间的比例最为合理,劳动时间是手段,自由时间是目的。高度发达的生产力为社会的其他方面发展提供了直接的物质前提,人们能够铲除阶级、私有制等等不合理现象,人们拥有健康积极的心理素质和思想境界,人与人和谐相融、人与社会和谐共进。

2. 生产资料公有制基础上的人的自主平等关系为实现社会公正提供根本条件

共产主义社会是实现了人的平等的社会。关于人的平等,恩格斯指出:"这种平等要求更应当是从人的这种共同特性中,从人就他们是人而言的这种平等中引申出这样的要求:一切人,或至少是一个国家的一切公

---

① 《马克思恩格斯文集》第2卷,北京:人民出版社2009年版,第591–592页。
② 《马克思恩格斯文集》第3卷,北京:人民出版社2009年版,第545页。

民,或一个社会的一切成员,都应当有平等的政治地位和社会地位。"①这就是说,人的平等意味着人有着平等的社会地位和平等的社会权利,具体表现为人们在社会生产中没有主仆之分,在政治生活中没有上下尊卑之别,在精神文化方面同等享受。在这个意义上说,共产主义保证人们共同占有生产资料、共同占有劳动成果的自主联合的平等关系。一句话,共产主义社会人的平等是实质的平等:没有阶级,没有剥削,没有利益冲突,没有任何强制。因为造成这些不公现象的基础已不复存在,即社会废除了生产资料私有制。

以往的私有制社会发展史表明,阶级身份因生产资料私有制而得以界定,剥削现象因生产资料私有制而得以产生,社会冲突和强制也以生产资料私有制为其渊薮。剥削阶级社会破坏了这种平等关系,其最鲜明的表征就是,占人口极少数的剥削阶级拥有一切社会权利,而占人口绝大多数的被剥削阶级承担一切社会义务。生产资料公有制的确立,保证人们在社会生产中相互地位的完全平等,因而共产主义的平等从根本上意味着人的权利和义务之间的平等。权利和义务,是人们在社会关系中不可分割的两个方面。由于社会财富的极大丰富和人们精神境界的极大提高,共产主义第一次把最大多数人的尊严、价值和权利提到了前所未有的高度,共产主义社会赋予人们无比丰富的权利内容,每个人都享有平等的权利,同时担负着平等的义务,因此,共产主义是一个生动展示马克思所言的"没有无义务的权利,也没有无权利的义务"的社会。

从这个意义上来说,在共产主义社会里,人人平等地享受社会的一切生产、生活资源;人们能够各尽所能地去创造生活,也能够各取所需地去享受生活。

3. 各尽所能,按需分配的分配原则为实现社会公正提供重要保障

马克思指出:"在共产主义社会高级阶段,在迫使个人奴隶般地服从分工的情形已经消失,从而脑力劳动和体力劳动的对立也随之消失之后;在劳动已经不仅仅是谋生的手段,而且本身成了生活的第一需要之后;在随着个人的全面发展,他们的生产力也增长起来,而集体财富的一切源泉都充分涌流之后,——只有在那个时候,才能完全超出资产阶级权利的狭

①《马克思恩格斯文集》第9卷,北京:人民出版社2009年版,第109页。

隘眼界,社会才能在自己的旗帜上写上:各尽所能,按需分配!"①也就是说,"各尽所能,按需分配"这一分配原则为实现社会公正提供了重要保障。

各尽所能,意味着共产主义社会的合理分工和健康发展让所有的人都愿意为全社会自觉地、勤奋地工作,社会有条件根据每个人的资格、能力分配给他相应的工作;按需分配,意味着社会财富极大丰富,人的精神境界极大提高,社会能够满足所有成员对生活必需品的分配以及根据个人贡献满足个性化的需求。这其中包含了人类发展的基本规律:人的需要及其满足是人的存在的根本性要素,是人的生产活动的基本动因和动力。换句话说,人们之所以从事物质生产活动,目的就是为了生产产品来满足自己的需要,包括生存性需要和享受性需要。

在那生产力水平极其低下的原始社会以及那些阶级分化的私有制社会,"按需分配"是遥不可及的梦想。共产主义社会则将这一"梦想"变为生动的现实,生产高度发达,社会产品极其丰富,集体财富的一切源泉充分涌流,为实行"按需分配"提供了坚实的物质基础。而且,就需要本身而言也发生了重要变化,到了共产主义社会,人们的需要主要不再是物质的需要,而更多的是高层次的精神需要。尤其是,劳动、创造、贡献成为人们很突出的需要,人们在最大限度地发挥了自己的能力,为社会做出了最大可能的贡献之后,当然也就有资格最大限度地满足自己的需要了。

不难发现,马克思恩格斯是从现实的人的生存和发展要求出发,来揭示出社会公正得以实现的基本条件的,公正社会的"公正性"最终通过人的生存状态体现出来。他们从这样的视角断定社会公正是共产主义的本质属性,也就意味着,共产主义不是少数人获得了发展,而是全体社会成员都获得了真正社会意义的发展;人们不仅具有完备的能力、和谐的人际关系,而且具有极高的精神文化素质;人的全面发展作为社会公正的价值旨归,在共产主义社会真正得以体现。

因此,共产主义以社会占有生产和生产力高度发达为基本前提,以人们共同占有生产资料、共同占有劳动成果为根本特征,从而不仅为消灭一切阶级剥削和压迫,而且为消灭社会三大差别和实现人的真正平等提供

---

① 《马克思恩格斯文集》第3卷,北京:人民出版社2009年版,第435–436页。

根本保障。一句话,共产主义之所以是公正社会就是因为它是一个实现了人的全面发展的社会。

诚然,肯定社会公正是共产主义的本质属性,但并不意味着,只要建立了共产主义生产资料公有制必然出现一个公正社会。事实上,人们对公正社会的认识有一个不断深入的过程,公正社会的实践也有一个不断完善的过程。

二、共产主义公正是现实的实践过程

共产主义,既是一种社会理想,又是一种社会制度,更是一个实践过程。用马克思恩格斯的话说:"共产主义对我们来说不是应当确立的状况,不是现实应当与之相适应的理想。我们所称为共产主义的是那种消灭现存状况的现实的运动。这个运动的条件是由现有的前提产生的。"①又说,"我们对未来非资本主义社会区别于现代社会的特征的看法,是从历史事实和发展过程中得出的确切结论;不结合这些事实和过程去加以阐明,就没有任何理论价值和实际价值。"②这些论述指明,共产主义社会是作为历史上的不公社会尤其是资本主义不公社会的对立面而出现的,以社会公正为首要价值的共产主义不是人的主观头脑抽象思辨的产物,而是建立在历史必然性和现实实践性的基础之上的。为此,麦克莱伦在解释共产主义公正这种"现实的运动"区别以往一切运动时,转述马克思的话说:"建立共产主义实质上具有经济的性质,这就是为这种联合创造各种物质条件,把现存的条件变成联合的条件。"③

关于实现共产主义公正社会的前提条件,马克思恩格斯作了这样的阐释:"是以生产力的普遍发展和与此相联系的世界交往为前提的";否则,"(1)共产主义就只能作为某种地域性的东西而存在;(2)交往的力量本身就不可能发展成为一种普遍的因而是不堪忍受的力量……;(3)交往的任何扩大都会消灭地域性的共产主义。共产主义只有作为占统

---

① 《马克思恩格斯文集》第1卷,北京:人民出版社2009年版,第539页。

② 《马克思恩格斯文集》第10卷,北京:人民出版社2009年版,第548页。

③ 〔英〕D.麦克莱伦:《卡尔·马克思传》,王珍译,中国人民大学出版社2005年版,第138页。

治地位的各民族'一下子'同时发生的行动,在经验上才是可能的"①。共产主义"只有作为'世界历史性的'存在才有可能实现"。只有在这样的社会中,"单个人才能摆脱种种民族局限和地域局限而同整个世界的生产(也同精神的生产)发生实际联系,才能获得利用全球的这种全面的生产(人们的创造)的能力"②。他们还指明:"建立在因发展工业、农业、贸易和殖民而产生的大量的生产力和生活资料的基础之上,建立在因使用机器、化学方法和其他辅助手段而使生产力和生活资料无限增长的可能性的基础之上。"③

可见,生产力和生产关系的高度发展,以及基于这两者矛盾之上的无产阶级反对资产阶级的斗争,是实现共产主义社会的前提条件。共产主义建立在财产公有的制度之上,需要雄厚的物质技术基础,以高度发达的生产力和丰裕的物质财富为条件。无产阶级是实现社会变革的主体力量,通过无产阶级革命和社会主义建设,才能逐步达到共产主义。

具体言之,共产主义公正作为现实的实践过程,内在原因在于:以人民群众为实践力量、以生产力发达为物质前提、以消灭私有制为根本环节、以社会主义发展为直接准备等等。这些条件是通过长期实践逐步积累起来的。

(一)人民群众不断奋斗的过程

马克思把共产主义作为人类公正社会的理想境界,是建立在群众史观基础之上的。

以往的空想社会主义虽然也源于对资本主义现实的不满,但这种不满仅仅表现为对资本主义的仇视和愤怒,而在建构理想社会时,他们却把它当成了一种十足的"智力游戏",寄希望于少数天才人物的聪明才智实现尽善尽美的王国。因而他们成了地道的"空想家"。

马克思则基于资本主义社会广大劳动人民遭受剥削和压迫的残酷现实,深刻认识到无产阶级是人民群众根本利益的杰出代表,是批判旧世界、创建新世界的实践力量。马克思恩格斯因此断言,"共产主义是关于

---

① 《马克思恩格斯文集》第1卷,北京:人民出版社2009年版,第538–539页。
② 《马克思恩格斯文集》第1卷,北京:人民出版社2009年版,第541–542页。
③ 《马克思恩格斯全集》第42卷,北京:人民出版社1979年版,第373页。

奴隶、农奴或手工业者不可能实现而只有无产者才可能实现的那种解放的学说"①，"共产主义是关于无产阶级解放的条件的学说"②。无产阶级作为资本主义社会人民群众的代表，没有自己的生产资料，不得不靠出卖劳动力来维持生活，因而是一个与资本主义私有制完全对立的阶级，是一个真正同旧世界脱离并与之对立的阶级。

　　共产主义是人民群众不断奋斗的事业，必然通过无产阶级的不断革命而逐步得以实现。无产阶级由于其经济上没有生产资料而直接决定了他们在政治上的无权地位。就世界范围来看，由于在资本主义国家中无产阶级没有地位，因而虽然全球的生产力有了较大的发展，各国、各地区之间的交往也日益频繁，进一步推动全球生产力的发展，但对于广大没有任何地位的无产阶级而言，世界市场的形成对他们却意味着剥削范围的扩大和剥削程度的提高，这使他们在世界科技进步和生产力发展中不仅不能享受到生产力发展所带来的文明成果，反而强化了自己受奴役的地位。因而，无产阶级代表人民群众是由现代大工业所造就的资本主义掘墓人。

　　无产阶级作为资本主义社会劳动人民的代表，有一个从"自在的阶级"到"自为的阶级"的发展过程。诚如毛泽东在《实践论》中所总结的，无产阶级对于资本主义社会的认识，在其实践初期还只是感性认识阶段，只认识到资本主义各个现象的片面及其外部的联系。这时，他们还是一个所谓自在的阶级。后来由于实践，由于斗争经验，以及接受了科学的世界观和方法论的指导，无产阶级开始理解了资本主义社会的本质，理解了社会阶级的剥削关系，理解了自身的历史使命，无产阶级就变为了一个"自为的阶级"。

　　与此相应，无产阶级推翻资本主义、建设共产主义是一个由政治解放走向人类解放的过程。政治解放只是无产阶级在资产阶级政治统治的范围内实现了一定程度的革命变革，还不是人类解放。无产阶级要借助国家政权，把全社会劳动者进一步组织起来，以创造全人类解放所需要的强大生产力为中心任务，促进经济、政治、文化和社会的持续发展与全面进步，逐步解决社会中由于生产发展不足而造成的人与人之间事实上的不平等和由于生产发展不好而导致的人的异化问题，从而达到经济社会又

①《马克思恩格斯全集》第42卷，北京：人民出版社1979年版，第378页。
②《马克思恩格斯文集》第1卷，北京：人民出版社2009年版，第676页。

好又快协调发展的状况。无产阶级专政基础上的经济社会解放是从政治解放到人类解放的中间必经环节,逐步为人类实现彻底解放创造条件。共产主义作为一种代替资本主义社会的社会形态,人类解放是它的实质性内容。

这就是说,马克思并不像功利主义和自由主义那样仅仅把社会公正视为个体幸福和个人权利的满足,而是把它看作人类的整体进步和整个社会的全面发展,即人类的彻底解放。无产阶级是实现人类彻底解放的现实力量。无产阶级努力实现人类解放的第一步,就必须在条件成熟的形势下,首先通过无产阶级革命,夺取国家政权,争得无产阶级民主。然后在此基础上建立起无产阶级专政、无产阶级国家,最后通过这些条件向无阶级、无国家社会过渡,从而实现人类彻底解放。

实现共产主义是全球无产阶级通力合作、共同奋斗的过程,或者说,实现人类解放是一个从"地域性的共产主义"向"世界历史性的共产主义"的长期发展过程。无产阶级的根本利益与全人类的根本利益是一致的,无产阶级必须联合全球所有人民群众的力量才能实现彻底解放。这就是说,局部地域的无产阶级要以团结本民族地区的革命力量为基本前提,然后在此基础上团结和发动全世界无产阶级共同推进革命,从而最终实现共产主义。这是一个长期践行的过程。

(二)生产力趋于发达的过程

马克思把共产主义公正社会的实践性建立在高度发达的物质基础之上。马克思恩格斯明确指出,"我们只能在我们时代的条件下去认识,而且这些条件达到什么程度,我们就认识到什么程度"[1],还强调,生产力是"全部历史的基础"[2],并且指明,实现共产主义必须"以生产力巨大增长和高度发展为前提","如果没有这种发展,那就只会有贫穷、极端贫困的普遍化;而在极端贫困的情况下,必须重新开始争取必需品的斗争,全部陈腐污浊的东西又要死灰复燃"[3]。他们还从历史辩证法的高度揭示出:"无论哪一个社会形态,在它所能容纳的全部生产力发挥出来以前,是决不会

---

[1]《马克思恩格斯文集》第9卷,北京:人民出版社2009年版,第494页。
[2]《马克思恩格斯文集》第10卷,北京:人民出版社2009年版,第43页。
[3]《马克思恩格斯文集》第1卷,北京:人民出版社2009年版,第538页。

灭亡的;而新的更高的生产关系,在它的物质存在条件在旧社会的胎胞里成熟以前,是决不会出现的。"①这里所述表明,以高度发达的社会化生产力作为实践的出发点,是共产主义公正社会的根本特征。

之所以说从生产力的发展来理解人类理想境界的内在本质是马克思共产主义学说的重要特点,那是因为以生产力为出发点和归宿点的社会基本矛盾运行机制展现了社会生活的基本内容。具体言之,物质资料的生产方式是对社会的生存和发展具有决定意义。生产方式是生产力和生产关系的矛盾统一体。生产力决定生产关系。生产力是最活跃、最积极的因素,其本性便是它一定要向前发展的革命性。这种发展最终必然突破与之不相适应的旧的生产关系,建立与之相适应的新的生产关系。人类历史由原始社会过渡到奴隶社会、再到封建社会、资本主义社会,以及社会主义社会和共产主义社会,最终都是生产力发展的必然结果。因此,共产主义不是神秘的"福音",而是社会经济形态发展的"自然历史过程"。生产力的高度发展既是理解实现共产主义必然性的钥匙,也是对共产主义完美境界的最本质的诠释。

深入而言,共产主义社会的基本特征具有决定于生产力的性质。马克思关于共产主义社会基本特征的两个主要方面,即按需分配和人的自由而全面发展,都只能从生产力的发展中得到解释。按需分配意味着可供分配的社会产品丰富到可以满足所有人的一切需要,其所蕴含的社会产品的丰富程度、人的需要的合理程度都直接依赖于人的劳动能力及其发展。同时,人的劳动及其发展并不纯粹是通过人与自然的关系而获得的,而主要是在人的平等合作以及社会化大生产中通过现代化的科技手段而取得的,是社会的产物。人的自由而全面发展无论就其现实可能性,还是这种发展的本质性内容,都是建立在高度发达的物质生产之上的。

这就是说,一定的社会生产力状况是一定社会的物质基础。有什么样的生产力状况,就决定有什么样的社会经济和政治制度、有什么样的社会性质和社会面貌。人类历史的发展状况也生动诠释了生产力对社会发展的最终决定意义。在使用石器工具的生产力状况下,产生的是原始共产主义制度;在以手工劳动为主的个体生产条件下,产生的是封建制度;在以采用大机器工业为主的社会化大生产条件下,产生的是资本主义制

---

① 《马克思恩格斯文集》第2卷,北京:人民出版社2009年版,第592页。

度。因而,只有在突破了资本主义生产关系狭隘性的高度社会化大生产条件下,产生的才是共产主义制度。

共产主义作为批判资本主义的全新社会形态,其必然建立在生产力发展的基础之上,这种发展本身是不断推进的。共产主义在发展阶段上需要经过一个社会主义的长期发展时期,社会主义作为"刚刚从资本主义社会中产生出来的"共产主义的低级阶段,它"在经济、道德和精神方面都还带着它脱胎出来的那个旧社会的痕迹"①。这就是说,共产主义社会作为人类文明发展的必然成果,要克服以往社会所留存的消极因素,作为其存在根基的高度发达生产力必须经历一个长期积累过程。

对此,马克思在《1857-1858年经济学手稿》中,通过比较的方法,按照人的本质力量的实现程度以及人的需要的满足情况,将人类社会的全部进程划分为三个历史阶段:人的依赖性的社会、物的依赖性的社会以及人的自由个性的社会。马克思在《资本论》第一卷"商品拜物教"一节中进一步把人类社会的发展过程划分为三个阶段:直接的社会关系——物化的社会关系——自由人联合体。这两种划分的依据与精神实质基本一致,那就是,唯有第三个阶段才是真正符合人的本质、满足人的需要的社会,即共产主义社会。这种理想社会是在继承人类文明成果的基础上实现的,尤其是经过社会主义阶段量的积累到一定程度上而发生质变的产物。此外,马克思在《哥达纲领批判》中就社会分配原则作了这样的解释:共产主义的"按需分配"是一个逐步实现的过程。在共产主义社会的低级阶段,由于社会生产不够发达,社会财富还只能实现"按劳分配"的原则。其中还蕴涵着这样的思想,当劳动不再仅仅是谋生的手段,每个社会成员的个人能力能够得到充分的发挥,每个人能自觉自愿地为社会劳动,人与人之间的关系克服了差异分配的不足,使人们摆脱了狭隘性的互利原则(即付出是为了回报)的时候,"按需分配"才会成为现实。

因此,"各尽所能,按需分配"不仅仅是一种科学预见,更重要的是引领人类生产力发展的实践指南。正如恩格斯所说:"马克思的整个世界观不是教义,而是方法。它提供的不是现成的教条,而是进一步研究的出发点和供这种研究使用的方法。"②这段话确切地概括了共产主义社会公正原则的精神实质。从这个意义上来看,"按需分配"与"按劳分配"虽然只

①《马克思恩格斯文集》第3卷,北京:人民出版社2009年版,第434页。
②《马克思恩格斯文集》第10卷,北京:人民出版社2009年版,第691页。

有一字之差,却有着根本不同的社会蕴涵。"按劳分配",根据马克思在《哥达纲领批判》中的论述,还带有资本主义法权的痕迹。劳动异化是资本主义社会的普遍现象,消灭私有制,恢复人的劳动的自由自觉本性理所当然成为社会主义取代资本主义的直接原因,社会主义社会财富实行"按劳分配"就是对资本主义社会"按资分配"的革命变革。再经过对"按劳分配"的扬弃,才逐步达到这样的阶段:人类不是为了劳动而劳动,而是为了需要而劳动,或者说是为了生活幸福而劳动;劳动只是手段,人的需要的满足才是目的,即实现"按需分配"。

显然,批判资本主义文明的基础上,经过社会主义生产力的大力发展及其长期积累,进至社会生产高度发达的共产主义,才能真正实现"按需分配"的公正原则。

(三)阶级剥削彻底消灭的过程

人的自由而全面发展,一方面表明人是自主活动的人,另一方面说明人是自觉发展的人,总体上意味着人得到了彻底解放。这不仅仅是人改造人与自然的关系的必然结果,而更重要的是人改造社会关系的根本产物。改造社会关系,在根本上就是要彻底消灭阶级剥削和阶级压迫。

阶级剥削和阶级压迫的根源在于生产资料私有制,也就是说,阶级是与私有制相伴生的社会现象。由于生产资料私有制的存在,社会生产总是为了一部分人的利益而不是为了满足绝大多数人的需要,这些决定了人与人之间处于严重的冲突之中,人们在生产劳动、政治活动以及精神享受中不可能是平等的。统治阶级所拥有的社会权利远远大于他所应承担的社会义务,被统治阶级的劳动付出与他所获得的社会回报根本不相称。正因为如此,以往社会由于生产资料和社会劳动的分离,使获得支配生产资料的那部分人拥有绝对的权威和统治,诸如奴隶社会的奴隶主对奴隶的统治、封建社会的地主对农民的统治、资本主义社会的资本家对工人的统治。其结果是,拥有生产资料的人为着自己的私利不断变换统治方式,丧失生产资料的人为着自己的自由不断进行浴血抗争,统治的和被统治的双方都没有得到实质性的自由和发展。

违背人的发展需要的旧式分工加剧了私有制社会的阶级剥削和阶级压迫。用马克思的话来说,以往社会"各个人的一切生存条件、一切制约性、一切片面性都融合为两种最简单的形式——私有制和劳动"①。生产资料私有制造就了人的自由的消解和人的片面发展的加剧,与旧式分工相伴随的劳动人民的劳动是违背人的自由本质的奴役性劳动,也使得人与人之间的关系是一种不平等的对抗性关系。因此,旧式分工与私有制在束缚人的发展方面是根本一致的,"分工发展的各个不同阶段,同时也就是所有制的各种不同形式"②。以私有制为基础的奴隶制、封建制以及资本主义制度都是旧式分工的直接产物。旧式分工又直接导致了人与人之间的不平等关系,特别是经济生活中的不平等,"与这种分工同时出现的还有分配,而且是劳动及其产品的不平等的分配(无论在数量上或质量上)"③。正因为如此,旧式分工必然使得现实生活中的人们之间的利益是不协调的,个人的利益与集体的利益也处于严重的对抗之中,每个人的发展也只能是片面发展,所以,马克思进而指出:"只要分工还不是出于自愿,而是自然形成的,那么人本身的活动对人来说就成为一种异己的、同他对立的力量,这种力量压迫着人,而不是人驾驭着这种力量。"④这是因为,旧式分工强制人们违背自己的自由个性去从事一种固定的活动,活动的类别以及范围都不能自主决定。尽管为数不少的仁人贤哲以及资产阶级思想家义正词严地控诉过这种不公正的社会状况,但是,在马克思看来,如果不通过无产阶级革命彻底铲除阶级以及阶级统治现象,那么,实现社会公正就只能是一种纯粹诗性的遐想。要彻底消灭阶级剥削和阶级压迫,就必须彻底消灭旧式分工,彻底消灭私有制。

在马克思看来,消灭私有制与实现人的全面发展是同一过程的两个方面,实现共产主义社会就是不断为之创造条件的过程。"共产主义革命,它本身就是个人自由发展的共同条件","私有制只有在个人得到全面发展的条件下才能消灭"⑤,同时,"建立共产主义实质上具有经济的性质,这就是为这种联合创造各种物质条件,把现存的条件变成联合的条件"⑥。这里所指的"联合的""物质条件"就是指生产资料公有制。"逃亡农奴只是想自由地发展他们已有的生存条件并让它们发挥作用,因而归根结底只

① 《马克思恩格斯文集》第1卷,北京:人民出版社2009年版,第579页。
② 《马克思恩格斯文集》第1卷,北京:人民出版社2009年版,第521页。
③ 《马克思恩格斯文集》第1卷,北京:人民出版社2009年版,第536页。
④ 《马克思恩格斯文集》第1卷,北京:人民出版社2009年版,第537页。
⑤ 马克思、恩格斯:《德意志意识形态》节选本,北京:人民出版社2003年版,第100页。
⑥ 《马克思恩格斯文集》第1卷,北京:人民出版社2009年版,第574页。

达到了自由劳动;而无产者,为了实现自己的个性,就应当消灭他们迄今面临的生存条件,消灭这个同时也是整个迄今为止的社会的生存条件,即消灭劳动"①。显然,消灭生产资料私有制、消灭奴役性劳动,必须借助逐渐壮大的无产阶级革命力量,这一切在历史的进程中逐渐生成、逐渐积累、逐渐变为现实。

在共产主义社会,随着私有制和奴役性劳动的彻底消灭,阶级剥削和压迫也将消失。马克思明确指出:"共产主义革命则针对活动迄今具有的性质,消灭劳动,并消灭任何阶级的统治以及这些阶级本身"②,"随着私有制的消灭,随着对生产实行共产主义的调节以及这种调节所带来的人们对于自己产品的异己关系的消灭,供求关系的威力也将消失,人们将使交换、生产及他们发生相互关系的方式重新受自己的支配。"③马克思的这一系列重要论述说明,"消灭劳动"的"劳动"是指受私有制所束缚的劳动,也就是说,真正体现人的本质力量的劳动是自由自觉的改造自然与改造人自身相统一的活动,这唯有在生产资料公有制条件下才得以实现。因此,消灭了私有制条件的劳动,本身成为了人的生活的第一需要,人从而得到了根本解放。一旦摆脱了阶级的压迫和奴役,人们所进行的一切社会活动(包括生产劳动)的真正目的都是为了满足每个人的需要和发展。每个人与其他人以及整个社会是和谐相融的,人们结成了一个自由的、解放的共同体。这个共同体反过来成为每一个人全面发展的条件,"只有在共同体中,个人才能获得全面发展其才能的手段,也就是说,只有在共同体中才可能有个人自由"④。

必须指出的是,在共产主义社会里,人真正获得了劳动的自由和自主活动的自由,可以按照自己的需要选择自己喜爱的生活方式,这并不是说,在共产主义社会每个人都是全才、通才。所谓全才、通才是不现实的事情,即使在共产主义社会,也存在社会分工,不过这种分工是建立在生产资料归全社会所有基础之上的人们各尽所能的新式分工、自由自觉的分工,是强调社会为每个人充分施展自身价值和才能提供了广阔的平台。

---

①《马克思恩格斯文集》第1卷,北京:人民出版社2009年版,第573页。
②《马克思恩格斯文集》第1卷,北京:人民出版社2009年版,第543页。
③《马克思恩格斯文集》第1卷,北京:人民出版社2009年版,第539页。
④《马克思恩格斯文集》第1卷,北京:人民出版社2009年版,第571页。

（四）社会主义全面胜利的过程

共产主义作为理想的公正社会,其实现条件的创造是一个长期的量的积累过程,需要经历三个发展阶段,即无产阶级革命转变阶段(社会主义过渡时期)、共产主义社会的低级阶段(社会主义时期)、共产主义社会的高级阶段(共产主义时期)。显然,共产主义公正通过社会主义的全面胜利逐步得以实现。因之,马克思早在《共产党宣言》中就指出:无产阶级第一步就是使自己上升为统治阶级,争得民主,也就是通过革命建立无产阶级专政。在此基础上,对资产阶级的社会进行改造,为向共产主义过渡准备物质的、精神的条件:第一,尽可能快地增加生产力的总量;第二,剥夺资产阶级财产,消灭私有制;第三,促使城乡之间的对立逐步消灭;第四,把教育同物质生产结合起来。可见,建设社会主义社会是实现共产主义公正社会的前提和基础。社会主义社会消灭了剥削制度和剥削阶级,这就从根本上消除了社会的阶级对抗性;社会主义社会建立了以公有制和按劳分配为主体的社会经济制度和人民当家做主的民主政治制度,这就从根本上体现和保障了社会广大成员根本利益的一致性。

在物质基础方面,社会主义能够大力发展生产力,创造出规模空前的大量生产资料。高度发达的生产力,是未来共产主义社会得以建立的物质基础。因为社会化生产力的发展,不仅为解决资本主义的冲突提供了物质,而且提供了解决这种冲突的形式和线索,造就了埋葬资本主义、建设共产主义的社会力量——大工业无产阶级。社会主义社会建立后,能够生产更多的生产资料和生活必需品,从而为全体社会成员的体力和智力获得充分的自由和发展准备条件。

在所有制形式方面,社会主义实行生产资料公有制。在创造了所必需的大量生产资料之后,逐渐废除私有制,建立生产资料公有制,这是社会主义社会的一个基本原则,也是社会主义社会最本质的东西。在马克思恩格斯看来,生产资料公有制的建立,能够保证人们在生产中的平等地位和人们劳动成果的公平分配,能够在基本经济制度上消除阶级分化和剥削现象的存在根基。马克思恩格斯还强调,社会主义社会的所有制形式必须适应生产力的发展水平,当生产力还没有达到高度发展水平时是不可能完全消灭私有制的,并且由于各国的历史条件不同和经济发展的差异,经济结构必定十分复杂,对不同性质和类型的经济成分采取不同的方针,逐步达到消灭生产资料私有制,建立以生产资料公有制为基础的经济制度。

在生产目的方面,社会主义社会生产是为了满足全体社会成员在物质和精神方面的一切合理需要,直接为人的全面发展服务。由于生产力的发展和生产资料公有制的实现,在社会主义社会里,劳动者同生产资料是以联合劳动、共同占有的形式直接结合的,占有生产资料的联合劳动者成为生产过程的主人,他们之间成了平等合作的关系,为了满足共同需要而有计划地组织生产劳动;劳动者所创造的全部劳动产品自然也属于劳动者共同所有,为劳动者谋福利。这样,社会生产能够满足所有人的需要,而且会引起新的需要,不断创造出满足这些需要的手段。

在经济运行方式方面,社会主义社会主要依靠计划调节。随着生产力的高度发展以及整个社会直接占有一切生产资料,原先的无政府状态将为有计划的自觉组织所代替。马克思恩格斯指出,在社会主义社会,"通过有计划地利用和进一步发展一切社会成员的现有的巨大生产力,在人人都必须劳动的条件下,人人也都将同等地、愈益丰富地得到生活资料、享受资料、发展和表现一切体力和智力所需的资料"①。可见,计划经济为按需分配奠定了直接前提。

在分配方式方面,社会主义社会实行按劳分配。在马克思恩格斯看来,一个社会的分配方式受生产力的发展水平和社会组织的状况决定。社会主义社会里,社会生产力发展水平还不够理想,还不能完全满足所有社会成员的现实需要,所实行的分配制度是"各尽所能,按劳分配",即以劳动作为分配的尺度,根据各个社会成员的劳动来分配消费资料。按劳分配相比资本主义的按资分配是一个巨大的历史进步,它保证劳动者处于平等的劳动条件下,不会再受到资本的剥削和压榨,从而消除了人与人之间冲突的总根源。在生产力得到高度发展、旧式社会分工被彻底消除以及集体的财富充分涌流之后,按劳分配必然被按需分配所取代。也就是说,按劳分配为消解人们在分配问题上的冲突,促进共产主义的社会公正准备了重要条件。

诚然,社会主义在根本制度上无疑是公正的,但是,肯定社会主义的

---

① 《马克思恩格斯文集》第1卷,北京:人民出版社2009年版,第709-710页。

公正属性,并不意味着,只要建立了社会主义基本制度,就必然出现一个公正社会。马克思在《哥达纲领批判》中关于按劳分配的论述深刻指明,即使在社会主义公有制条件下,社会公正在每个人身上的体现程度也不会完全一样。社会主义公有制的目的是满足广大社会成员的共同富裕,保证每一个人生存、发展和享受的权利。但是,由于分工的存在,公有的生产资料实际上由具有不同技能的个别的劳动者分别加以使用的,这必然会造成生产资料占有在事实上的差别,生产资料占有上的人人平等或所谓的无差异性在这里只能在非常有限的和相对的意义上而存在。由于劳动者的个人天赋、社会负担、工作能力等方面的不同,造成了社会成员对社会公正的享有是不一样的。

因而,社会主义的公正还只是劳动意义上的公正:"一方面,按劳分配用劳动主权代替资本主权,使劳动成为占有社会产品和获得收入的唯一根据,体现了生产资料公有制中人们在占有生产资料上的平等关系。另一方面,它承认个人劳动能力和与此相关的利益差别是个人天然的权利,要求不同的个人之间具有明确的利益边界和权利边界,多劳多得,少劳少得,不劳动者不得食"①。因而,社会主义的社会公正有待发展和充实。

事实也表明,人们对社会主义公平正义的认识有一个不断深入的过程,社会主义的社会公正建设实践随之也有一个不断完善的过程。仅从制度建设的角度说,社会主义公正社会不仅要通过不断完善社会主义基本制度来体现和保障广大社会成员根本利益的一致,而且关键还在于要随着生产力和社会多样性的发展,通过建立适当的社会主义具体体制和采取相关的政策来促进和保障广大社会成员具体利益的实现和协调。"社会主义建设的实践证明,阶级剥削和阶级压迫的消灭并不等于社会矛盾的消失,更不等于社会多样性的消亡。社会主义社会依然存在着民族之间、城乡之间、地区之间、社会阶层之间,以及社会成员个人之间的差别,存在人们的具体利益与思想认识的差异和矛盾。而且随着社会现代化和分工的高度发达,社会的多样性和差异性,以及人们的独立性和自主性还会不断发展"②。因而,社会主义相较于共产主义还有很大差距,这要通过

---

① 张宇:《马克思的公平理论与社会主义市场经济中的公平原则》,载《教学与研究》2006年第2期,第19页。

② 陶富源等:《和谐社会建构与人的全面发展》,载《安庆师范学院学报(社会科学版)》2008年第4期,第7页。

长期的建设实践加以消解。偏离共产主义的发展方向或急躁冒进地搞社会主义建设都会遭致失败,认识上的误解和实践上的盲动都不利于社会公正建设。

由上可见,马克思主义把共产主义看做一个现实的实现过程,看作一个自然的历史的过程,因此极其重视实践,认为对现实社会的实践改造过程就是不断促进共产主义社会到来的过程。

之所以强调共产主义公正社会是一个逐步实现的过程,一方面是因为共产主义学说本来就是在实际的斗争(包括对资本主义的斗争和各种剥削阶级思想的批判)中逐步形成的,用恩格斯的话来说,不公社会的"伪善是不能持久的,其中隐藏的矛盾必然要暴露出来;要么是真正的奴隶制,即赤裸裸的专制制度,要么是真正的自由和真正的平等,即共产主义",①共产主义的科学性必然在现实运动中逐渐显示出来。另一方面是因为共产主义无论是作为人和社会的理想的发展状态,还是作为未来的社会制度,都只能在现实运动中才能逐步地得以实现。正是在这个意义上,整个无产阶级运动(包括过去、现在和将来)都是共产主义事业,也正是在这个意义上,共产主义作为人和社会发展的理想状态、社会制度,以及现实的运动,总是以一种动态的形式展现在我们身边。

三、促进社会公正是社会主义的必然要求

在马克思恩格斯看来,共产主义社会是获得了人类解放的社会。无产阶级所实现的人类解放是一个历史过程。为此,马克思在《哥达纲领批判》中,明确把共产主义社会区分为"第一阶段"和"高级阶段"这样两个相互联系又相互区别的发展阶段。低级阶段是经过长久阵痛刚刚从资本主义社会中产生出来的阶段,是人类走向解放的一个现实环节,存在着财产的占有和拥有。高级阶段是在它自身基础上已经充分发展了的阶段,消灭了一切私有制。这样两个阶段是不能颠倒次序而又相互作用的。低级阶段是高级阶段的前提和基础,高级阶段是低级阶段的目标和归宿。

----

①《马克思恩格斯文集》第3卷,北京:人民出版社2002年版,第475页。

社会主义是共产主义社会第一阶段,这里的"第一阶段",指的是开端、起点、基础和前提的意思,其中蕴涵着社会主义是共产主义公正社会的阶段性实现的思想。尽管当今社会主义在世界范围内处于低潮,国际和国内不时有人对社会主义的命运和前途发生种种诅咒、责难和动摇,但是这种思想倾向抹杀不了社会主义取代资本主义的历史必然性以及社会主义是共产主义阶段性实现的客观事实。也就是说,共产主义公正社会是阶段性和过程性的统一。社会主义是共产主义的阶段性实现。

关于社会主义社会公正,在前苏联学者那里有过较为系统的论述,大致说来,他们有以下四种不同的见解。

第一种观点认为,马克思确定了在社会主义制度下客观上可能实现的社会公正的程度,同时指出:在共产主义第一阶段,公正平等就在于消灭了生产资料私有制,消灭了人剥削人的现象,所有的人都一律平等,他们的社会地位首先是由劳动来决定的。但是,在社会主义制度下,社会公正还具有历史局限性,人们不平等的表现是不可避免的,因为消费品是"按工作",即按劳动的数量和质量来分配的,而不是像共产主义阶段那样按需分配的。只有在共产主义制度下才会确立完全的社会平等和完全的社会公正[①]。

第二种观点认为,社会主义社会公正的实质就是"各尽所能,按劳分配"这一社会主义基本原则。因此,社会公正要求同"平均主义"、"过高的报酬"、"非劳动收入"、"不合理的特权"进行斗争,要求完善精神鼓励的形式和坚决改进物质刺激(通过提高劳动报酬的刺激作用,以及在一定程度上还要使用社会消费基金作为对熟练的和勤恳的劳动进行鼓励和刺激的手段)[②]。

第三种观点认为,社会公正不仅适用于分配领域,而且贯穿于社会主义社会关系的各个方面。社会公正就是:人民真正掌权和全体公民在法律面前人人平等,各民族享有实际的平等权利,尊重个性并为个性的全面发展创造条件。社会公正还表现在广泛的社会保障方面:保障就业,大家都享有教育、文化、医疗服务和获得住房的机会,关心老年人、母亲和儿童。严格贯彻社会公正的原则,是人民团结、社会政治稳定和蓬勃发展的重要条件[③]。

---

① 参见程立显:《伦理学与社会公正》,北京:北京大学出版社2002年版,第224页。
② 参见程立显:《伦理学与社会公正》,北京:北京大学出版社2002年版,第225页。
③ 参见程立显:《伦理学与社会公正》,北京:北京大学出版社2002年版,第225页。

第四种观点认为,公正通常被看做是个人权利和义务的平衡,是劳动贡献和报酬、功绩和它们被社会承认的程度、罪和罚等等之间的一致;社会公正概念在社会主义社会既说明社会的成就,也表示有待解决的社会任务;作为社会政治目标的社会公正,其范畴意义在于,它表示各种社会共同体的生活地位平等与不平等的程度,这种程度客观上受社会物质和精神条件的制约。因此,社会公正和社会平等虽然密切相关,但切不可混为一谈。这是因为,表现为和被评价为公正事物的,不仅有平等关系,还有不平等关系。特别是在社会成员的物质生活状况方面,平等可能是不公正的,例如当这种平等出自于对质和量不同的劳动"平均主义"地支付报酬的时候①。

上述见解各有千秋,第一种观点注重社会劳动对社会公正的决定作用,第二种观点强调按劳分配的合理性,第三种观点断定社会公正存在于和谐的社会关系之中,第四种观点揭示出社会主义社会公正是权利和义务的一致性,理想性和现实性的统一,以及平等和不平等的统一。

实际上,社会公正是社会主义的本质要求,主要是因为社会主义的经济、政治以及文化制度为实现人的全面发展、保障真正的人权奠定了直接前提。也就是说,社会主义在根本上是一个直接为促进所有人全面发展提供现实条件的社会。

(一)社会主义旨在实现真正彻底的人权

在一定意义上说,社会主义、共产主义是为了实现真正彻底的人权。

人权既不是一些西方学者所言的是什么"上帝"、"理性"、"自由意志"的产物,也不是什么抽象的人所固有的、永恒不变的"自然本性",而是一个随着社会生产发展变化而发展变化的多层次、多方面的综合体。其基本涵义是指,社会根据当时经济结构和文化发展水平,通过法律、道德以及各种措施承认并保障其社会成员获得正常生存、发展和享受所必需的社会条件和行为能力。从静态上看,它是各种制度的保障措施;从动态上看,它是对公民权利的维护和实现。

因此,人权就其本质而言,是人民利益的现实体现,是人的解放的基

---

① 参见程立显:《伦理学与社会公正》,北京:北京大学出版社2002年版,第225页。

本尺度。按照马克思的观点,革命和人权是有机融合的,达到了高度的辩证统一。社会主义运动是最伟大的人权运动。早在《1844年经济学哲学手稿》中,马克思就指明,人的异化,一方面表现为社会的绝大多数丧失了做人的基本权利,另一方面则是社会的少数享有特权,为大多数人争取平等的权利,成为社会改造的根本问题。因此,马克思在《莱茵报》时期就明确指出,被压迫阶级的解放是"推翻那些使人成为被侮辱、被奴役、被遗弃和被蔑视的东西的一切关系",而"达到的人的高度的革命"①。由此,马克思、恩格斯进一步谈到,公民权尤其是积极的公民权对于工人是如此的重要,因为工人可以从中取得利益,并强调,"工人没有它们却永远不能为自己争得解放"②。他们阐明了人权斗争的特殊性,认为,人的异化和权利的丧失,根本原因在于私有制。不能脱离剥削制度去谈权利关系。正因为如此,马克思在《哥达纲领批判》中批判了脱离社会制度、社会存在而谈权利的改良主义思想。共产党作为无产阶级政党,其最终目标是实现共产主义。共产主义是"一切人的自由发展的""联合体",马克思称之是19世纪伟大经济运动所追求的"人道目标"③。恩格斯还指出,"真正的自由和真正的平等只有公社制度(即共产主义制度——笔者注)下才可能实现","这样的制度(即共产主义制度——笔者注)是正义所要求的"④。又说"真正的自由和真正的平等,即共产主义"⑤。1894年,恩格斯在回答《新纪元》关于未来社会的提问时,再次阐明了"自由人联合体"的思想。

从马克思恩格斯的这些论述中可以看出,社会主义、共产主义从来都是讲人权的,而且社会主义、共产主义所讲的人权是真正的人权,不是那种表面的、形式的仅供少数人享用的人权,而是实际的、为广大劳动者所享用的人权,不是局限于政治领域的片面的人权,而是在经济、政治、文化领域中实现的全面的人权。马克思恩格斯不仅提出了真正的人权理想,而且把这种人权理想和社会主义、共产主义联系起来,认为社会主义和共产主义运动,就是争取真正人权的斗争,社会主义、共产主义就是为实现彻底人权而不断创造条件的社会。

社会主义人权的基本内容主要通过社会主义基本制度体现出来。根

①《马克思恩格斯文集》第3卷,北京:人民出版社2009年版,第11页。
②《马克思恩格斯全集》第16卷,北京:人民出版社1995年版,第76页。
③《马克思恩格斯文集》第3卷,北京:人民出版社2009年版,第233页。
④《马克思恩格斯全集》第3卷,北京:人民出版社2002年版,第482页。
⑤《马克思恩格斯全集》第3卷,北京:人民出版社2002年版,第476页。

据马克思在《哥达纲领批判》中的有关阐释①,社会主义人权的基本内容体现为以下三个方面:

一是政治平等。社会主义国家人民群众是生产资料的主人,广大劳动群众平等地占有生产资料,由此平等地享有政治权利和法律权利以及相应的政治义务和法律义务。而且,文化方面的权利,包括思想、言论等方面的自由权利也得到了根本保障。

二是劳动平等。劳动是广大劳动群众的一项极为重要的权利和义务。由于劳动者是生产资料的占有者,因此拥有运用生产资料进行生产劳动的权利,社会应合理地安排每个人的劳动。由于劳动者是生产资料的受益者,因此有进一步发展生产、增加社会财富的义务,社会应督促每个人进行勤奋而诚实的劳动。

三是分配平等。公有制和按劳分配是社会主义的两个基本特征,公有制为按劳分配提供了前提,同时,按劳分配为公有制夯实了基础。按劳分配要求一切有劳动能力的人必须参加劳动,社会在作了各项必要扣除之后,每个劳动者按照所提供的劳动的数量和质量领取自己应得的报酬。劳动者通过按劳分配能够更加切实体悟到作为生产资料主人的自豪与职责。

为保障上述人权内容的实现,社会主义、共产主义建设需要彻底消灭阶级、彻底消灭剥削,实现人人平等;需要尊重和发挥劳动人民的聪明才智,坚持人民当家做主,充分保障公民在教育、就业等各方面的合法权益;需要灵活有效地、多形式全方位地满足人民的精神文化追求。

(二)社会主义的制度公正

马克思恩格斯对人权的分析向来是同对社会制度的希冀联系在一起的。马克思指出:"为什么市民社会的成员称作'人',只是称作'人',为什么他的权利称为人权呢？这个事实应该用什么来解释呢？只有用政治国家和市民社会的关系,政治解放的本质来解释。"②强调人权的社会性,在于只有通过改造社会制度,实现政治解放才能真正获得人权。社会主义之所以公正,就在于它是为绝大多人的利益而奋斗的社会制度,它带给人

---

① 《马克思恩格斯文集》第3卷,北京:人民出版社2009年版,第434-435页。
② 《马克思恩格斯全集》第1卷,北京:人民出版社1995年版,第437页。

类人权事业质的飞跃,它强调人的普遍平等性,使占社会绝大多数的劳动人民翻身解放,成为国家的主人,享有了平等的地位和权利,这是资产阶级人权根本无法比拟的,超越了此前任何革命运动带给人类的进步。用邓小平的话来说:"什么是人权?首先一条,是多少人的人权?是少数人的人权,还是多数人的人权,全国人民的人权?西方世界的所谓'人权'和我们所讲的人权,本质上是两回事,观点不同。"①

社会主义在物质基础、所有制形式、生产目的、经济运行方式以及分配方式等方面的发展为实现和保障人权提供了现实基础。或者说,社会主义人权直接通过社会主义的制度公正体现出来。制度公正是指对一定社会结构、社会关系和社会现象的道义认定和客观评价,具体表现为对一定社会的性质、制度以及相应的法律设施等的合理性和合理程度的要求和判断。

社会主义的经济制度公正、政治制度公正、文化制度公正等具体层面,是社会主义人权得以实现的基本表征。

1. 社会主义的经济制度公正

马克思通过对封建专制社会和资本主义社会中存在的生产不公、分配不公等现象的批判,在根本上昭示出他对社会经济制度公正的重视。他在《德意志意识形态》中提出的五大社会形态依次更替的思想,说明人类由低级向高级、由不公正向公正是逐步演进的。生产力水平以及由此所决定的生产关系的发展状况使得人类社会依次区分为五个历史形态。人类历史的第一个历史形态是部落所有制,又叫公社所有制、原始所有制。奴隶制是人类社会第二个形态。农奴制即封建所有制是人类社会的第三个历史形态。资本主义是人类历史上的第四个形态,资本主义所有制以劳动者和生产资料相分离为起点,它的私人占有制同社会化大生产之间的矛盾必然会导致共产主义制度取代资本主义制度,于是人类历史将进入它的第五个历史形态。这就是说,奴隶社会、封建社会、资本主义社会之所以都是不公正的社会,是因为在这些社会当中,人的劳动创造与人的权利享有是截然分离的,即劳者不获,获者不劳。这是制度不公的根本方面。因为社会生产是社会其他方面得到发展的前提和基础,生产关

①《邓小平文选》第3卷,北京:人民出版社1993年版,第125页。

系决定着人们之间的其他种种关系。所以,他进而在《资本论》中对资本主义生产关系的不公实质进行了犀利批判,而在《哥达纲领批判》中则对社会主义的生产关系的公正性予以了科学阐释。也就是说,社会主义在基本制度上实现了伟大变革,即建立生产资料公有制、实行按劳分配原则。

生产资料公有制、按劳分配原则以及在此基础上的社会调节、社会保障是社会主义制度公正的最主要内容:

第一,人们在生产资料占有上的公平。"在迄今为止的一切占有制下,许多个人始终屈从于某种唯一的生产工具;在无产阶级的占有制下,许多生产工具必定归属于每一个个人,而财产则归属于全体个人"①。即是说,生产资料公有制是社会主义社会的基本特征。"共产主义的特征并不是要废除一般的所有制,而是要废除资产阶级的所有制。但是,现代的资产阶级私有制是建立在阶级对立上面、建立在一些人对另一些人的剥削上面的产品生产和占有的最后而又最完备的表现。从这个意义上说,共产党人可以把自己的理论概括为一句话:消灭私有制"②。这说明,消灭私有制,建立以生产资料公有制为主体的根本经济制度是社会主义制度与资本主义制度的最本质区别,是社会主义公平正义的最重要制度基础。巩固和完善生产资料公有制,就从根本上保证了所有劳动者成为生产资料的平等占有者,消除了生产资料私有制所造成的人与人之间的分裂和对立,否定了由私有制所决定的政治特权、经济特权以及由此而带来的特殊收入,享有事实上的平等权利。

第二,实行按劳分配原则。马克思是这样来论述这一原则的:"每一个生产者,在作了各项扣除以后,从社会领回的,正好是他给予社会的。他给予社会的,就是他个人的劳动量……他从社会领得一张凭证,证明他提供了多少劳动(扣除他为公共基金而进行的劳动),他根据这张凭证从社会储存中领得一份耗费同等劳动的消费资料。他以一种形式给予社会的劳动量,又以另一种形式领回来。"③"一种形式",意味着个人通过劳动为社会作出贡献,"另一种形式",则表明社会对个人付出的相应回报。在社会主义社会,主要以劳动作为分配的尺度,根据各个社会成员的劳动来

---

①《马克思恩格斯文集》第1卷,北京:人民出版社2009年版,第581页。

②《马克思恩格斯文集》第2卷,北京:人民出版社2009年版,第45页。

③《马克思恩格斯文集》第3卷,北京:人民出版社2009年版,第434页。

分配消费资料。其前提条件有两个：一方面，"除了自己的劳动,谁也不能提供其他任何东西"；另一方面,"除了个人的消费资料,没有任何东西可以转化为个人的财产"①。

社会主义制度下的按劳分配原则,在历史上首次把社会公正由幻想变为活生生的现实,"是因为它公平地解决了劳动者剩余劳动的分配问题。它的理论基础是马克思剩余价值学说,而它要解决的是资本对劳动的剥削问题"②。

具体说来,这一社会主义分配原则的公正性具有两个显著特征:

其一,按劳分配原则默认"劳动者的不同等的个人天赋,从而不同等的工作能力,是天然特权。所以就它的内容来讲,它像一切权利一样是一种不平等的权利"③。这是因为,劳动者在体力和智力是有差异的,劳动者家庭的情况也各不相同,比如,一个劳动者已经结婚,另一个则没有；一个劳动者的子女多些,另一个的子女较少,如此等等。这种按照劳动者的劳动来相应地进行"平等的"分配,实际上只是一种形式上的"平等",因为它的"平等"只在于使用同一尺度来对待本来不同等的个人。这种形式上的"公平"实际上就是不公平。

其二,按劳分配原则基本上能够顾及劳动者个人情况的差异。因为,即使这种形式上的"公平",即"用同一尺度去对待天赋本来就有差异的个人",在私有制为基础的资本主义中也不可能真正做到。作为从资本主义社会中产生出来的共产主义社会第一阶段的社会主义社会,能够实施"按劳分配"原则就是巨大的历史进步。而且,已婚的劳动者和未婚的劳动者、子女较多的劳动者和子女较少的劳动者之间,在提供的劳动相同、从而由社会消费基金中分得的份额相同的条件下,某一个人事实上所得到的比另一个人多些,也就比另一个人富些。这就是说,按劳分配原则肯定了从事劳动的必要性及因参加劳动而得到相应报酬的合理性,并且也强调由于劳动贡献的差异而引起的在分配结果方面的差异,从而最终有利于提高劳动积极性,发展社会生产力。

因而,"按劳分配"原则从根本上消除了剥削制度所必然产生的种种贪婪、腐败和不公正的现象,为人们共同劳动、共享利益奠定了现实基础,

---

①《马克思恩格斯文集》第3卷,北京:人民出版社2009年版,第435页。

② 李惠斌、李义天:《马克思与正义理论》,北京:中国人民大学出版社2010年版,前言第7页。

③《马克思恩格斯文集》第3卷,北京:人民出版社2009年版,第435页。

直接促进了人们自主联合的平等关系。人类社会公正所追求的崇高境界是"事实上的平等",即把个人体力与智力的差异以及个人家庭情况的差异也考虑在内的真正的平等。"按劳分配"为人类实现这一平等准备了前提。

但是,在社会主义时期,由于生产力水平不高、产品没有达到极大丰富,人们各种需要的满足必须以劳动量为依据。劳动是每一个劳动者获得享受的前提,他们的劳动量与需要的满足量成正比。所以马克思的社会主义公正观首先是劳动权利方面的公正,强调的是每个劳动者都拥有参加劳动的公平权利。

第三,坚持社会调节原则和实行社会保障制度。社会调节和社会保障能够为特殊的社会成员提供基本物质生活需要,以求得国民收入分配的公平性,防止社会贫富分化,在社会再生产的过程中具有"缓冲器"和"调节器"的作用。

为消除社会主义社会中实际存在的不公正现象,提升整个社会的发展水准,必须加强社会管理和社会建设。因而,社会主义社会将通过社会调节去完善社会制度。正如马克思恩格斯在《共产党宣言》中所指出:"剥夺地产,把地租用于国家支出";"征收高额累进税";"按照共同计划增加国家工厂和生产工具,开垦荒地和改良土壤";"实行普遍劳动义务制,成立产业军,特别是在农业方面";"把农业和工业结合起来,促使城乡对立逐步消灭";等等①。

社会保障属于再分配领域,更加注重分配公平。社会主义社会建立保障制度,在分配机制上具有重要意义,能够缓解社会分配不公的状态。社会主义社会保障基金是社会总产品的一种必要扣除,是取之于民用之于民的。为此,马克思在《哥达纲领批判》中指出:"如果我们把'劳动所得'这个用语首先理解为劳动的产品,那么集体的劳动所得就是社会总产品。现在从它里面应该扣除……用来应付不幸事故、自然灾害等的后备基金和保险基金。从'不折不扣的劳动所得'中扣除这些部分,在经济上是必要的,至于扣除多少,应当根据现有的物质和力量来确定,部分地应当根据概率计算来确定,但是这些扣除无论如何根据公平原则是无法计算的。剩下的总产品中的另一部分是用来作为消费资料的。在把这部分

①《马克思恩格斯文集》第2卷,北京:人民出版社2009年版,第52—53页。

进行个人分配之前,还得从里面扣除:第一,同生产没有直接关系的一般管理费用。同现代社会比起来,这一部分一开始就会极为显著地缩减,并随着新社会的发展而日益减少。第二,用来满足共同需要的部分,如学校、保健设施等。同现代社会比起来,这一部分一开始就会显著地增加,并随着新社会的发展而日益增长。第三,为丧失劳动能力的人等等设立的基金,总之,就是现在属于所谓官办济贫事业的部分。"①后备基金、教育、保健等福利设施以及济贫事业正是社会保障的重要内容,而且,"同现代社会比起来,这一部分一开始就会显著地增加,并随着新社会的发展而日益增长"②。显然,通过社会保障、社会福利促进全民共享,是社会主义的重要特征。

有一种观点认为,现代资本主义在社会保障和社会福利方面做得比较好(甚至比今天一些社会主义国家做得还要好),所以这一优越性也正是其制度公正性的表征。的确,资本主义无论是在早期还是现代,都将社会福利、社会保障作为其社会建设的重要内容,尤其在当代将社会福利、社会保障的幅度和范围不断扩展。但是,对于这种观点,我们必须指明的是,离开资本主义生产资料所有制形式单纯地看待其社会福利和社会保障,是难以断定资本主义社会制度的公正性的,这是其一;其二,恩格斯早在1892年就明确提示我们:"现代政治经济学的规律之一(虽然通行的教科书里没有明确提出)就是:资本主义生产越发展,它就越不能采用作为它早期阶段的特征的那些小的哄骗和欺诈手段"③,现代资本主义"所有这些对正义和仁爱的让步,事实上只是一种手段,可以使资本主义加速积聚在少数人手中并且压垮那些没有这种额外收入就活不下去的小竞争者。……工人阶级处境悲惨的原因不应当到这些小的弊病中去寻找,而应当到资本主义制度本身中去寻找"。这就是说,社会福利、社会保障的提高无疑对资本主义的稳定和发展有利,但由于资本主义建立在生产资料私有制基础之上,所以它的上述做法只是资产阶级维护其不合理制度的"缓兵之计"④。

相比之下,马克思对资本主义的社会福利、社会保障的批判丰富而深

---

① 《马克思恩格斯文集》第3卷,北京:人民出版社2009年版,第432–433页。
② 《马克思恩格斯文集》第3卷,北京:人民出版社2009年版,第433页。
③ 《马克思恩格斯文集》第1卷,北京:人民出版社2009年版,第366页。
④ 《马克思恩格斯文集》第1卷,北京:人民出版社2009年版,第368页。

刻,迄今无人比及。在马克思看来,对穷人的福利救助只是使资本主义得以延续的一个措施,私有制条件下的社会福利问题只有通过彻底的社会变革,而不是社会政策的局部调整或通过再分配(比如如今罗尔斯的分配正义)能够解决的。正像英国当代社会福利学家罗伯特·品克所指出的:"马克思对社会福利与社会公正的兴趣只是他推翻既有社会秩序的意愿的补充,因为他认为这些社会目标是不可能在资本主义之下实现。……马克思对不人道工作环境及其堕落的低生活水准所作的诊断与描述,并不仅止于社会学分析的训练或企求迫切的社会治疗——它是助长革命运动意识形态之火的经验燃料。……我们越少介入改良社会罪恶,则资本主义的生命越短,更深入地说,穷人的苦难将缩短。"[①]

社会主义保障制度与资本主义的保障制度截然不同,是最大程度地实现和维护最广大劳动人民的根本利益,其具备以下几个方面的积极意义:其一,在劳动权利公平的基础上,对具有过渡性特征的社会主义社会来说,社会保障基金来源是劳动人民剩余劳动的积累,是通过社会总产品的分配和再分配最终形成的;其二,在社会主义社会物质资料生产过程中,需要消耗掉一定量的生产资料用来补偿消耗掉的部分,以保证社会再生产的顺利进行;其三,建立后备基金或保险基金等社会保障基金,也就是用来防备各种社会风险和不幸事故的发生,这是保证社会再生产顺利进行的必要条件;其四,在个人消费分配之前,为教育、保健等共同需要部分以及丧失劳动能力的人设立基金,用来建立福利设施和开展社会救济制度,能够更加体现社会主义的人文关爱和公正和谐。

可见,社会主义在基本经济制度上是一个人们共同占有生产资料,平等劳动合作,实行按劳分配以及社会调节和社会保障的社会。这为实现人们在政治生活中的真正平等奠定了基础。

2. 社会主义的政治制度公正

社会主义作为由资本主义向共产主义过渡的中间环节,既有着共产主义的萌芽,又有着资本主义的痕迹,对此,马克思曾就"按劳分配"评论道:"但这个平等的权利总还是被限制在一个资产阶级的框框里。"[②]从人类文明的延续性来说,新旧社会之间总是有着割不断的历史联系。也就

---

①转引自钱宁:《社会正义、公民权利和集体主义》,北京:社会科学文献出版社2007年版,第53页。

②《马克思恩格斯文集》第3卷,北京:人民出版社2009年版,第435页。

是说,社会主义还是一个有着资产阶级法权影响的社会,在根本上,这是由于社会主义的不够发达所造成的。正因为社会主义不够发达,所以阶级、剥削、压迫等等私有制社会所固有的一些现象在社会主义社会还以不同的形式表现出来。这是不符合社会主义的公正要求的。为了合理改造所有这些不合理的社会现象,政治制度公正是必然要求,即通过无产阶级革命,建立无产阶级专政,实现人民当家做主。

无产阶级专政是社会主义的基本政治制度。专政的对象是敌视和破坏社会主义的一切敌对势力,保证人们社会活动过程的公正,民主的享有者是一切社会主义的建设者。在社会主义社会,一旦过渡时期结束,按照马克思的设想,就会有真正全民一致的民主,实现全民共享社会组织的宗旨,即满足社会成员的需要,保障社会成员为了自我实现的目标,在实践上和法律上不受任何妨碍地表达自由,当然,此处的"自由"是全新意义的、符合人的本质力量的自由。

人民当家做主是社会主义的发展宗旨。人民是历史的创造者,是社会发展的力量之源。社会主义保障人民当家做主就是充分尊重人民群众的主动性、积极性、创造性,使得社会发展的成果源于人民利于人民。

从这个意义来说,社会主义的政治制度公正的落脚点在于人民当家做主。其具体内容有以下三点:其一,实现公民权利平等。公民享有一系列宪法规定的基本人权和广泛的政治自由。如参与权、知情权、言论自由权、结社权等等,它确认了公民基本权利的平等和优先性。其二,实现民主对话。公民在公平分配资源的基础上承认社会是有着共同利益的政治共同体,公民不但充当政治过程的平等的裁判,而且充当这些过程的参与者。每个公民参与政治生活和政治对话,将政治生活视为个人生活的重要组成部分,对政治共同体担负同等的政治义务和责任。这样,在集体决策以及公共文化的生成及其实践过程中,每个公民都拥有了平等的发言权和参与度。其三,建设民主政府。社会主义社会,政府是人民群众意志的代表者及其根本利益的维护者。对于政府,每个公民都有获得与自己利益相关的政府政策的信息。因此,政府的透明程度直接关系到民主的程度和政府决策的科学化的程度。建设民主政府要求职能管理部门及其管理成员必须奉公守法、不以手中的公共权力谋取个人私利。

3. 社会主义保障文化思想的自由

文化公正是经济公正和政治公正在思想文化领域中的渗透和体现，是人们在思想观念方面对社会公正的积极认同。社会主义的文化公正集中体现为社会主义保障人民文化思想的自由和文化权利的享有，具体表现为人民依法参与文化事务管理的权利、分享文化发展成果的权利、参与文化生活的权利和进行文化创造的权利这样四个方面。

在前资本主义社会，人们的文化思想是极其不自由的。由于私有制以及由此所造成的阶级的存在，必然存在着人身依附关系，被统治阶级没有真正的人身自由，更不可能有文化上的自由即思想、意志上的自由。在那些社会里，教育、文化、思想都完完全全是为统治阶级的意志服务的，所谓"文化公正"也不过是统治阶级意志的公正。

现代化催生的资本主义社会，开创了人类世界历史时代，随着人类政治经济的沟通与融合，将预示着人类文化整体时代的到来。这是因为，资本主义制度为解放和发展社会生产提供了巨大的历史空间，为人们获取文化权益创造了更多的可能条件。但是，由于资本主义私有制和异化劳动的存在，民众的生活不可能得到实质性的改善，文化发展需求不可能得到切实维护。

这一切到了社会主义社会，则发生了根本性的变化。一方面，社会主义社会的文化建设符合广大人民群众的根本利益，最终也是为了人民群众的全面发展提供精神食粮和智力支持；另一方面，人民是社会的主人，直接参与社会管理、直接参与文化教育事业的发展，是文化思想发展的主体动力和享有者。

社会主义社会作为促进人的全面发展的社会，能够为发展文化教育，为人的文化思想的自由提供保障。这正如马克思恩格斯所指出的，社会主义社会的重要任务之一是："对所有儿童实行公共的和免费的教育。取消现在这种形式的儿童的工厂劳动。把教育同物质生产结合起来，等等。"①恩格斯还指明："文化上的每一个进步，都是迈向自由的一步。"②这就是说，文化不但是人类追求真善美的表现和成果，而且也是争取自由的结晶。文化发展的最高境界是"人的自由而全面发展"，发展文化教育的

---

① 《马克思恩格斯文集》第2卷,北京:人民出版社2009年版,第53页。
② 《马克思恩格斯文集》第9卷,北京:人民出版社2009年版,第120页。

目的就是实现人们追求自身完美和社会完善的自由。随着社会主义经济社会的发展,人们将享有更好更多的文化权益。

由上可见,社会主义的经济制度、政治制度、文化制度为实现真正的人权提供了现实保障,社会主义的经济、政治、文化等方面的发展也在根本上促进了人的全面发展,因而,社会主义日益显示出符合广大群众利益要求的公正性。但这种公正,是发展意义上的公正,即通过发展保证公正,通过公正促进发展。

(三)社会主义社会的发展与公正的有机统一

发展是社会主义的首要任务,公正是社会主义的本质要求。发展直接带来的是社会的效率,公正最终体现的是社会的和谐。二者不断冲突、不断契合的张力,彰显社会动态运行的丰富内涵。现实生活中,如果片面追求GDP增长,过于强调效率的重要性和物质财富增长,有意无意地忽视了社会公平问题,社会各阶层的收入差距日益增大,会使得各种社会矛盾和利益冲突逐步暴露。所以必需统筹协调各方面利益关系,妥善处理各种社会矛盾。社会的稳定与进步是有效机制良性运行的结果。进一步地说,发展属于社会的动力机制问题,公正属于社会的平衡机制问题①。

发展(动力)与公正(平衡)既相互联系、又相互制约,是人类历史发展过程中的一对很难解决的矛盾。有人认为,发展和公正犹如"鱼和熊掌",不可兼得。现实的选择总会造成社会不同程度的不和谐。②其实不然,在

---

① 这种提法受李忠杰教授的"社会发展的动力和平衡机制思想"启发。李忠杰教授提出,一个社会能否快速和健康地发展,从根本上来说,取决于它有没有通过一定的制度和体制表现出来良好的社会运行机制。而这种机制也主要包括两个方面:动力机制和平衡机制。而这两种机制不可缺少。在一定的动力作用之下,社会的每个成员或群体,发挥主观能动性,积极从事以生产劳动为主的社会活动,创造日益增加的物质财富和精神财富。但同时社会也需要平衡。每个成员、每个群体,都按照一定的规范,各处其位,各得其所,社会的经济、政治、文化、生活的各个领域和部分都紧密联系、互相协调。整个社会才能保持有序和稳定的状态。如果没有动力机制,社会就会像一潭死水;没有平衡机制,就会天下大乱。所以一个社会的成熟程度,关键就是要看这两种机制能不能有效地结合起来,互相配合,协调稳定地发挥着总体的功能。(参见李忠杰:《论社会发展的动力与平衡机制》,载《中国社会科学》2007年第1期。)

② 美国经济学家奥肯指出:"如果平等和效率双方都有价值,而且其中一方对另一方没有绝对的优先权,那么在它们冲突的方面,就应该达成妥协。这时,为了效率就要牺牲某些平等,并且为了平等就要牺牲某些效率。然而,作为更多地获得另一方的手段(或者是获得某些其他有价值社会成果的可能性),无论哪一方的牺牲都必须是公正的。"(参见[美]阿瑟·奥肯:《平等与效率——重大的抉择》,王奔洲等译,北京:华夏出版社1999年版,第86页。)

我国学界就有这么一种形象的比喻:"公平和效率的关系恰如一部自行车,前轮是公平,职司导向功能;后轮是效率,职司动力功能。"①社会要存在和发展,必然要通过制度安排来化解社会成员和不同利益群体之间的矛盾,形成相对稳定的秩序,为此必须考虑社会公正问题,同时也必须有利于增强社会活力。发展与公正是制度内的体制设计所必须考虑的,不过,在不同社会条件下,这一矛盾所产生的影响是不同的。这种不同影响最终取决于社会制度本身的合理与否。

资本主义制度无疑极大地促进了社会生产力的发展,但这种发展偏离了公正,因为它呈现出这样四个"不平衡":其一,社会资源的配置不平衡,社会成员的个体利益竞争激烈,存在着"财大气粗"与"任人宰割"的两极;其二,生产资料的占有和生活资料的分配不平衡;其三,社会成员的生存条件、参与机会和社会地位不平衡;其四,个体的生产活动及其效率与社会的生产活动及其效率不平衡。尽管当代资本主义极力在发展与公正之间达到某种平衡,但由于私有制的根基,只能是可遇而不可求的,最终难以实现。

社会主义社会建立了生产资料公有制,从最基本的制度安排上消灭了生产资料私人占有所造成的一切异化现象,因而初步实现了社会发展与社会公正的统一。社会主义公有制的确立,在根本上使得发展与公正相对立的一面不再是社会矛盾的主要方面了,但作为矛盾,对立的性质还是存在的。因此,这要求社会主义社会建设要有助于这对矛盾的和谐和有效解决。这在一定意义上,取决于科学的发展理念的培育与实施②。尽管阿马蒂亚·森提出了以人为中心的综合发展观,蕴含着崇尚自由、扩展发展的内涵,对人文关怀发出了深切召唤,"单纯的经济增长与人民群众的福利增长没有必然的联系,发展的最终目的是增进全体人民的福利。发展是一个涉及经济、政治、社会、文化、生态的多方面的综合过程。发展意味着消除贫困、人身束缚和各种压迫;发展也意味着享受各种权利和公共服务;发展不能损害环境、影响人类的身体健康。在市场经济条件下,发展不能以追求物质财富作为唯一目的,而同时必须注入人文关怀和社

---

① 汤玉奇等:《市场经济条件下的公平和效率》,北京:党建读物出版社1996年版,封底文字。
② 当今世界的发展理念大致经历了四个阶段,即发展＝经济增长;发展＝经济增长＋社会变革;发展＝可持续发展;发展＝以人为中心的综合发展。

会正义"。①但它终究是以一种坚持生产资料私有制的发展理念,未能切实把实现人的平等、自由和权利上升到国家执政方略的高度。因而,它也就不能从"为什么发展"、"发展什么"、"怎样发展"等层面赋予社会公正以全新内涵,不能真正把促进社会公正作为社会发展的本质要求。这可以说是一切资本主义视域下的发展理念的通病。相比之下,在社会主义社会,社会公正是贯穿社会发展的历史趋势,必须通过社会发展得到实现。社会发展是社会公正的基本条件,离开社会发展也就谈不上社会公正。

第一,发展是以公正为前提的发展,因而是公正性发展。

所谓社会主义公正性发展是指各种积极因素得到充分激发、各种利益关系得到统筹协调、各种社会矛盾得到妥善化解的实践过程,意味着整个社会既充满生机,又协调有序,既全面发展,又合理公平,既善治,又包容。

一方面,社会主义公正性发展的直接目的是实现全体人民共同富裕。共同富裕意味着:其一,贫穷不是社会主义,社会主义要消灭贫穷,实现富裕;其二,社会主义的富裕是全体人民的共同富裕,不是少数人的富裕;其三,共同富裕是社会主义的奋斗目标,需要一个逐步实现的过程。显然,不发展生产力,人民生活处在贫穷状态,就不是社会主义,但如果不坚持共同富裕原则,生产力虽有发展,却会出现两极分化,也不能体现出社会主义的公正性。因而,只有实现了共同富裕,社会主义才能站得住脚,巩固下来,并显示出优越性,得到人民群众的拥护,这样的社会主义才是符合人的发展需要的社会主义。社会主义的共同富裕最终为实现人的全面发展和共产主义创造条件。

另一方面,人的全面发展在这里获得了现实的基础,或者说,促进人的全面发展是社会主义公正性发展的最终目的。其一,社会的有序为人的全面发展提供了社会环境。社会的有序体现为:经济协调发展、民主法治完善、文化教育繁荣、社会安定团结。这些为人的全面发展提供了物质的、政治的、精神的和可持续发展的保证。也就是说,个体全面发展所必需的物质、精神条件都能由和谐社会所提供,社会主义社会是对人的全面发展的促进和提升。在这里,人是真正的人、历史发展的人、充满活力的人,是"自由而全面发展"的人。其二,社会的发展为人的各尽所能提供了

---

① 王振中、李仁贵:《诺贝尔奖经济学家传略》,广州:广东经济出版社2002年版,第563—564页。

社会资源。社会的发展体现为：经济社会稳步前进，人口、资源、环境、生态之间动态平衡，物质文明、政治文明和精神文明处于高度协调状态，是物质生活不断提高、政治民主不断进步、精神生活不断丰富的动态运行过程。这样的社会极大地激发着人们的创造活力，人人有机会有条件尽情施展自己的才华，并不断提升到更高的层次。其三，社会的共享为人的各得其所提供了社会保障。社会的共享体现为：权利平等、分配合理、机会均等、司法公正，人人共享、普遍受益。社会成员按照一定的规范，能公正地得其所应得，能够分享平等的权利和共同的责任，并从良好的社会秩序中共享社会发展成果。人们彼此信任，相互帮助，倍感着做人的价值和尊严，体验到生活的美好和人生的幸福。人们有充分的自由时间可供自己支配，不仅过着富裕的物质生活，而且享受着健康的精神文化生活，可以全面地发展和满足合理需要。其四，社会的包容为人的个性发展提供了社会空间。社会的包容体现为：倡导宽容、谦让、奉献的社会公德，营造团结友爱、互助合作的社会氛围以及和睦相处的人际环境。各种利益群体和各种思想观点同时并存，人与人和而不同，在生活中承担不同角色，在工作中发挥个性作用。

第二，公正是发展基础上的公正，因而是发展性公正。

社会主义之所以作为资本主义的对立物历史地产生出来，是因为社会主义代表着一种没有人剥削人、人压迫人的所有人获得解放的伟大实践。消灭剥削、压迫，实现社会公正的目的，因而成为社会主义特有的属性。实现所有人彻底解放的手段，在社会主义制度确立之前，是同无产阶级专政和阶级斗争联系在一起的。在马克思看来，生产力是社会发展的最终决定力量，因而生产力的发展才是社会主义最终战胜资本主义不公社会的动因。因此，当无产阶级夺取政权的任务解决以后，随着剥夺者及镇压他们反抗的任务大体上和基本上解决，必然要把提高劳动生产率的根本任务提到首要地位。这就是说，社会主义争取所有人解放的伟大实践是在解放和发展生产力的实际进程中不断得到实现的。通过社会主义生产力的不断发展，社会主义的公正性、优越性也不断体现出来。

发展性公正意味着社会经济的协调发展、社会生产的合理布局、社会资源的有效配置、人与人及社会之间的和谐、人与自然之间的和谐以及人自身的和谐，从根本上都离不开人的全面发展。也就是说，离开了人的全面发展，就没有社会公正性发展的内容。这是因为：其一，人的需要的不断满足是社会公正性发展的内在动因。人是有需要的存在物。有需要就要获得满足，就要去追求所需要的对象，这就形成了人不断认识和改造外界的创造活力。这种创造活力形成了生产力发展的内在动因，而生产力的发展又是人类社会发展的最终动力。因而人的需要的不断满足是社会和谐发展的内在动力。其二，人的能力的不断提高是社会公正性发展的外在动力。劳动实践是人类的创新创造活动，而社会发展就是各种创新创造的积累过程。离开人的能力的不断提高，公正社会的建构是不可想象的。其三，人的交往的不断扩大是社会公正性发展的综合动力。人是社会存在物，人与人之间必然通过交往发生一系列社会关系。随着生产力水平的提高和社会的进步，人的交往形式日益呈现出多样化、人的交往内容不断得到丰富和扩展，与此相应，社会生活中涌现了人与人相互比较、相互激励、你追我赶、相互促进的局面，从而形成历史发展的巨大合力。所谓合力就是许许多多社会个人所具有的对社会历史的参与力在客观上所形成的综合动力。其四，人的个性的不断丰富是社会公正性发展的恒久动力。人是社会的主体力量。人通过体力劳动和脑力劳动所创造的劳动的产品凝结了劳动者的知识、能力、智慧、情感、意志等主观因素。因而，人的发展程度决定劳动及其产品的发展程度。有什么样的劳动者，便相应地生产什么样的劳动产品。所以，人的个性的不断丰富，实际上就是社会公正建设的恒久动力。

上述两个方面表明，在社会主义制度条件下，公正与发展的统一就是努力实现个人与社会的良性互动、个人发展与社会整体发展的协调互促。脱离社会公正去谈社会发展，只能是一种不切实际的空谈；而脱离社会发展去谈社会公正，也只能是纯粹抽象的奢望。

第三，发展与公正的有机统一不断向前推进。

如果仅仅停留于制度维度审视公正与发展，只能得出一种静观的"应然"结论。实际上，公正与发展的"实然"情形是在社会变革中不断获得提升的。市场经济条件下的新自由主义极力宣称，发展经济就是做"蛋糕"，只要"蛋糕"做大了，分配就自然能获得平等，社会也就自然而然趋于公正了。中外历史证明，社会的活力或效率的提高有助于整个社会的财富增加，但其自身不会自动带来平衡或分配方面的公平。社会财富实现分配公平必须借助制度内的体制设计。

在社会主义制度下，社会运行的动力与平衡是发展着的，二者之间存在着相互促进的关系。从总体上看,公正(平衡)与发展(动力)之间的统一作为一种基本趋势或规律就在于二者之间经常出现的大量的抵触以及不断纠正这种不一致的过程中,二者的统一是具体的历史的统一,是发展中运动中的统一。分配公平是社会主义时期最为敏感的公正问题。以其为考察背景,为实现公正与发展的统一,往往会出现两种情况:一是,生产力水平较为落后,艰苦奋斗搞建设也必须实现人人平等,体现社会主义的优越性,为此把公平当做"平均",注重结果公平;二是,生产力水平得到较大提高,为激活生产效率,实行多劳多得,合理拉开差距,注重机会公平、过程公平。前一种情况助长了人们的依赖思想,缺乏竞争意识,弱化了生产效率,因而难以保证真正的公平。在这种情况下,人们就倾向于打破平均主义的分配思维,强调效率优先的合理性;后一种情况的确改变了"干多干少一个样"的平均分配体系,但是,在整个社会生活中,因为每个人的能力、积极性和贡献等各不相同,甚至存在很大差异,所以按劳动结果进行分配,只是与效率原则相一致,最终也难以保证真正的公平。在这种情况下,人们又会重视公平的积极意义,将偏移过度的钟再摆回来,寻求更多的公平。这两种情况的再现与互动,使得公正和发展的统一不断趋于较高层次。这就是说,社会主义社会通过各种形式的再分配方案、社会调节等具体政策解决分配不公问题,从而能够保证广大人民是社会财富的生产者,又是社会成果的享受者。

　　社会主义制度条件不仅为公正与发展相统一提供了可能条件,也提供了现实条件。这是因为,社会主义社会基本矛盾的双方在根本上是相互适应的,即使社会主义生产关系在某些方面出现了与生产力不相适应的地方,也只是局部的、非根本性的不适应。社会主义社会的人民在共产党和政府的领导下完全有能力通过社会主义改革解决社会矛盾。社会主义改革在实质上是社会主义制度的自我调整、自我完善,因而是社会主义发展的直接动力。社会主义通过改革不断改变生产关系不适应生产力的方面、上层建筑不适应经济基础的方面,因而能够缓解发展与公正之间的张力。

　　因此,社会主义作为比资本主义更高的社会形态,其公正性在于它否定、突破、超越了资本主义不合理的社会形式与合理的社会内容相互矛盾的局限性,把人类实现社会公正的共同理想还原为促进广大劳动人民实现全面发展的根本目标要求,从全体劳动人民的根本利益出发去解释人类共同理想,努力实现形式与内容的统一,不断把人类共同理想变为现实。

必须指明的是,马克思深知空想社会主义者详细设计未来社会理想方案的局限性,深知自己所面临的任务、所要解决的主要问题,是揭示人类社会发展的一般规律,因此,他只是最一般地谈到社会主义的社会公正将会怎样。实际上,社会主义的社会公正的具体状况会因为各个民族和各个国家的具体实践的发展会有所不同。或者说,马克思只是对社会主义作了原则性的构想,我们必须从社会主义发展的过程和事实出发,而不从现有的结论和已有的公式出发,这样才能得到有意义的科学的认识。正如恩格斯所指出,谁要是从思想中而不是从事实中去找"真正社会主义的秘密学说和万应药方",或是想从头脑中知道"共产主义的千年王国到底是什么样子"①,那他大错特错了。"我们没有最终目标。我们是不断发展论者,我们不打算把什么最终规律强加给人类"②。马克思恩格斯在《共产党宣言》德文版序言中特别强调,各国的无产阶级在推进社会主义革命和建设的时候,要充分尊重民族特征和重视民族差别,运用马克思主义基本原理"随时随地都要以当时的历史条件为转移"③。

总之,社会主义是共产主义公正社会的阶段性实现,但这种"实现"的途径是具体的、历史的,是随着现实的社会主义实践而不断变化的。社会主义国家的社会公正建设必须把人类发展的普遍规律与自己民族和地方的特殊规律有机地结合起来。

①《马克思恩格斯全集》第21卷,北京:人民出版社2003年版,第316页。
②《马克思恩格斯文集》第4卷,北京:人民出版社2009年版,第561页。
③《马克思恩格斯文集》第1卷,北京:人民出版社2009年版,第5页。

第六章 马克思社会公正思想的当代价值

当今中国正处于由传统社会向现代社会的转型期[①]。在这个时期中，我国取得了巨大的社会进步，但同时社会公正问题也日益凸显出来。当今世界正处于经济全球化深入发展阶段。与此相联系，全球性公正问题也愈演愈烈。"理论在一个国家实现的程度，总是取决于理论满足这个国家的需要的程度"[②]。为解决中国社会主义现代化进程中的公正问题和全球性公正问题提供理论指导，是马克思社会公正思想的当代价值所在。换言之，马克思社会公正思想不仅是解决当今中国社会公正问题的思想指南，而且也是解决当代全球性公正问题的一面旗帜。

一、解决当今中国社会公正问题的思想指南

马克思社会公正思想揭示了人类实现社会公正的必然趋势，指明了全世界无产阶级及其政党为社会公正而奋斗的伟大使命，为以实现共产主义为己任的中国共产党人促进中国社会公正提供了指南。中国共产党人几代领导集体把马克思社会公正思想与中国实际相结合，为解决中国社会的公正问题进行了卓有成效的努力。经验证明，只有以马克思社会

---

① 贯彻《国民经济和社会发展第十二个五年规划纲要》的时期是全面建成小康社会的关键时期，是深化改革、加快转变经济发展方式的攻坚时期。当前，我国已进入人均国内生产总值从3000美元向1万美元提升的阶段，这既是中等收入国家向中等发达国家迈进的重要阶段，又是公共服务需求激增、各种矛盾凸显、爬坡过坎的关键阶段。(参见王东明:《分类推进事业单位改革 不断满足人民群众公益服务需求》，载《求是》2011年第17期，第31页。)

②《马克思恩格斯文集》第1卷，北京:人民出版社2009年版，第12页。

公正思想为指导,当今中国社会公正问题才能获得现实解决。

(一)马克思社会公正思想的中国化历程

社会公正最根本的是制度公正,特别是社会基本制度的公正。为了创立实现社会公正的基本制度前提,即建立社会主义基本制度,以毛泽东、邓小平、江泽民和胡锦涛为代表的中国共产党人,上下求索,走过了不平凡的奋斗历程。

1. 毛泽东:倡导马克思主义中国化,奠定国家主权以开启中国社会公正建设历程

毛泽东坚决主张中国的社会革命必须坚持马克思主义指导,同时必须结合中国实际情况。他曾在《反对本本主义》中强调:"马克思主义的'本本'是要学习的,但是必须同我国的实际情况相结合。"[①]他在《论新阶段》中明确说道:"马克思主义必须通过民族的形式才能实现。没有抽象的马克思主义,只有具体的马克思主义。所谓具体的马克思主义,就是通过民族形式的马克思主义,就是把马克思主义应用到中国具体环境的具体斗争中去,而不是抽象地应用它。"[②]经过他大力倡导,按照国情实践马克思主义成为了党的思想共识,这为实现中国社会公正指明了方向。

第一代领导集体坚持马克思社会公正思想,促进社会公正的重大举措有:

第一,奠定国家主权。毛泽东深刻地认识到,只有国家的独立、民族的解放才能为每个人的自由、人权等造就现实平台。近代中国是一个积贫积弱的"两半"社会,人民处于水深火热之中,"帝国主义不但操纵了中国的财政权和经济的命脉,并且操纵了中国的政治和军事的力量","中国是在许多帝国主义国家的统治和半统治之下……",人民是受着"帝国主义和封建主义的双重压迫"[③]。人们连基本的人权都得不到保障,就更谈不上自由和发展。因此,党的第一代领导集体确立推翻"帝国主义、封建主义和官僚资本主义"三座大山的革命目标,经过多年艰苦卓绝斗争,终

---

①《毛泽东选集》第1卷,北京:人民出版社1991年版,第112页。
②《中共中央文件选集》(1936-1938),北京:中共中央党校出版社1991年版,第658页。
③《毛泽东选集》第2卷,北京:人民出版社1991年版,第631页。

于在1949年10月1日成立新中国,为人民赢得了国家独立和民族解放。新中国成立之后,毛泽东极力维护国家主权在国际上的平等地位,他指出:"国家不应该分大小。我们反对大国有特别的权利,因为这样就把大国和小国放在不平等的地位……这是帝国主义理论。……既然说平等,大国就不应该损害小国,不应该在经济上剥削小国,在政治压迫小国,不应该把自己的意志、政策和思想强加在小国身上。"①有国权才有人权,要人权更要国权,国家主权的独立是实现社会公正的首要前提。

第二,建立社会主义制度。生产资料私有制是造成剥削、压迫、奴役、异化等一系列不公正社会现象的根源。新中国建立之初,毛泽东领导全党进行大规模的农村土地改革,实行耕者有其田,这是中国历史上前所未有的社会公平举措,大大激发了广大农民群众的生产积极性。随后,毛泽东对农业、手工业、资本主义工商业进行了全面的社会主义改造。在毛泽东看来,之所以说"只有社会主义能够救中国",就是因为社会主义是实行公有制的社会,是基本消灭阶级剥削和压迫的社会,它提供了实现真正社会公正的经济基础——人民作为国家的主人,共同占有生产资料,共同组织社会生产,人人有饭吃,人人有衣穿。因而,社会主义基本制度的建立是实现社会公正的必然选择。

第三,力求人们的社会地位平等。"人人平等"是实现社会公正的基本原则。在探索中国自己的社会主义建设道路中,毛泽东力求"造成一个又有集中又有民主,又有纪律又有自由,又有统一意志又有个人心情舒畅、生动活泼"②的社会公正局面。在具体落实社会公正建设的措施方面,他要求把人人平等作为基本原则。他强调人民内部权利平等、干群平等、男女平等、分配平等、社会福利平等等,主张推广国有企业中干部参加劳动,工人参加管理的民主管理方式,并因此建立了初步的符合中国当时特点的分配制度、工资制度、就业制度、医疗卫生制度。尽管这是低水平基础上实行的社会福利和社会保障,但体现了中国共产党人全心全意为人民服务的宗旨。

第四,初步提出社会主义利益共享原则。社会公正和谐最实际的表征就是人们能够共享社会发展成果。为此,毛泽东在《论十大关系》中初步总结了我国社会主义建设的经验,提出了探索适合我国国情的社会主

---

①《毛泽东文集》第6卷,北京:人民出版社1999年版,第378页。
②《建国以来毛泽东文稿》第6册,北京:中央文献出版社1992年版,第543页。

义建设道路的任务,谋划了共享利益的发展理念,即采用统筹兼顾、适当安排的方法处理国家、集体、企业,中央、地方、个人等不同层次利益主体之间的关系。"必须兼顾国家、集体和个人三个方面,也就是我们过去常说的'军民兼顾','公私兼顾'","总之,国家和工厂,国家和工人,国家和合作社,国家和农民,合作社和农民,都必须兼顾,不能只顾一头"①。由此,他要求中国共产党人全心全意为人民服务,从群众最关心、最需要解决的生产生活问题做起,要"关心群众的痛痒,就得真心实意地为群众谋利益,解决群众的生产和生活问题,盐的问题,米的问题,房子的问题,衣的问题,生小孩的问题,解决群众的一切问题"②。

可见,党的第一代领导集体开创了马克思主义中国化的先河,缔造了新中国,建立了社会主义基本制度,初步实施了人人平等的政策,为中华民族逐步实现社会公正奠定了基础。

2. 邓小平:科学认识社会主义,巩固社会制度以展开中国特色社会公正建设道路

在邓小平看来,如果不对中国的社会主义进行正确认识,就难免使党的社会公正举措走向人民意愿的反面,因此,搞清楚"什么是社会主义,怎样建设社会主义"是促进中国社会公正的首要问题,要认清此问题,关键是在坚持社会主义基本制度的基础上进一步认清社会主义的本质。经过全党不懈的探索,邓小平在1992年初做出高度的理论概括:"社会主义的本质,是解放生产力,发展生产力,消灭剥削,消除两极分化,最终达到共同富裕。"③这里所述表明:生产力高度发达是实现社会主义社会公正的根本前提;要实现社会主义社会公正就必须不断变革生产关系,铲除一切剥削现象的存在根基;社会主义要以共同富裕为根本目标和原则,确保社会各阶层共享社会发展成果。自十一届三中全会后,邓小平就以科学认识社会主义为先导推进着中国社会公正建设。

第二代领导集体在科学认识社会主义的本质、继承前辈实践经验的基础上推进了中国社会公正:

第一,全面改革开放。改革开放是实现中国特色社会公正的活力源

①《毛泽东文集》第7卷,北京:中央文献出版社1999年版,第28、30页。
②《毛泽东选集》第7卷,北京:人民出版社1991年版,第138–139页。
③《邓小平文选》第3卷,北京:人民出版社1993年版,第373页。

泉。邓小平既有务实的国情眼光,又有开阔的世界视野。他不只一次地指出,中国的现实情况是"国家大,人口多,底子薄,基础差",发展是头等大事,只有靠快速发展才能解决中国的实际问题。他也反复强调,现在的世界是日新月异,中国应该紧跟世界发展势头。在他的主导下,党的十一届三中全会拉开了改革开放的序幕。改革开放就是要以最好的态势发展中国特色社会主义,促进中国特色社会公正。关于改革,邓小平指出,"我们所有的改革都是为了一个目的,就是扫除发展社会生产力的障碍"①,改革还是"全面的改革,不仅经济、政治,还包括科技、教育等各行各业"②。关于开放,邓小平强调:"现在的世界是开放的世界。……关起门来搞建设是不行的,发展不起来"③,"为了搞建设,需要实行两个开放,一个是对内开放,一个是对外开放"④,"改革就是搞活,对内搞活也就是对内开放"⑤。三十多年来的实践证明,改革开放极大地提高了我国社会生产力水平、极大地提升了全国人民的生活质量、极大地增强了社会主义中国的综合国力。

　　第二,加强制度建设。制度建设是实现中国特色社会公正的平台保障。邓小平深刻地指出:"我们为社会主义奋斗,不但是因为社会主义有条件比资本主义更快地发展生产力,而且因为只有社会主义才能消除资本主义和其他剥削制度所必然产生的种种贪婪、腐败和不公正。"⑥他主张依靠社会主义的制度建设来体现和促进社会公正,"制度好可以使坏人无法任意横行,制度不好可以使好人无法充分做好事,甚至走向反面"⑦。为此,在邓小平看来,消除腐败和其他社会不公现象,最重要的是要加强社会主义法制;维护安定团结的政治局面,要靠坚持和改善社会基本政治制度;保障共同富裕目标的实现,要靠完善经济制度;人民平等的发展权和受教育权的实现,要靠建立公正的社会文化资源分配制度。此外,他认为,在社会改革进程中,制度安排上要及时完善一些补偿、救济、保障措施,逐步建立起公民的基本生活资料保障制度和福利制度。这一系列举

---

① 《邓小平文选》第3卷,北京:人民出版社1993年版,第134页。
② 《邓小平文选》第3卷,北京:人民出版社1993年版,第117页。
③ 《邓小平文选》第3卷,北京:人民出版社1993年版,第64页。
④ 《邓小平文选》第3卷,北京:人民出版社1993年版,第232页。
⑤ 《邓小平文选》第3卷,北京:人民出版社1993年版,第98页。
⑥ 《邓小平文选》第3卷,北京:人民出版社1993年版,第143页。
⑦ 《邓小平文选》第2卷,北京:人民出版社1994年版,第333页。

措的推行,为中国特色社会公正提供了有力保障。

第三,坚持分配公正。以按劳分配为主体的分配原则是实现中国特色社会公正的具体路径。社会成果的分配是社会公正中结果是否平等的重要内容,涉及每个人的切身利益,因而是最为敏感的社会问题。"人人平均"会挫伤部分群众的生产积极性,不利于维护社会公正。邓小平在改革中很重视分配不公问题,一方面,他强调"必须实行按劳分配",即多劳多得,少劳少得,不劳动者不得食,"必须把国家、集体和个人利益结合起来,才能调动积极性,才能发展社会主义的生产"①。另一方面,中共十三大指出,社会主义初级阶段的分配方式不可能是单一的,我们必须坚持的原则是,以按劳分配为主体,其他分配方式为补充。邓小平还把这一分配原则运用到整个经济社会发展的规划方面,不仅力求缩小人们之间的收入差别,而且力求缩小地区之间经济发展的差别。

第四,阐发"共同富裕"论。邓小平注重社会主义生产力的发展,重视富民,关心人民群众的经济利益,关切人民实际生活水平的改善和提高。他提出了"贫穷不是社会主义"的论断,从消灭贫困、解决温饱问题着手,解析了"三步走"的发展战略构想,在此基础上阐发了"共同富裕"的思想②。他不仅提出"共同富裕"论这一利益共享的思想,还指明了允许一部分地区、一部分人先富起来,"先富"带动"共富",逐步达到共同富裕。在社会主义条件下,共同富裕是实现利益共享的必然之道、可行之径。因此,"共同富裕"论,其实质就是利益共享论;关于实现共同富裕的具体形式、方法、步骤,实际上就是实现利益共享的具体形式、方法、步骤。

以邓小平为代表的领导集体科学地把握了中国特色社会主义的本质,在推进中国现代化的过程中不断地促进了社会公正,为第三代中央集体更好地实现中国社会公正准备了条件。

3. 江泽民:贯彻"三个代表"重要思想,加强党建工程以推进中国特色社会公正

千年之交,面对社会主义实践在苏联受挫的严峻局面,以江泽民同志为核心的第三代领导集体清醒地看到,在改革开放的时代洪流中要想继续推进社会公正,就必须狠抓党的建设。在思考"建设一个什么样的党,

①《邓小平文选》第2卷,北京:人民出版社1994年版,第351页。
②《邓小平文选》第2卷,北京:人民出版社1994年版,第152页。

怎样建设党"的重大问题中,江泽民提出了"三个代表"重要思想:中国共产党始终代表中国先进生产力的发展要求,始终代表中国先进文化的前进方向,始终代表中国最广大人民的根本利益。这一思想是对马克思社会公正观的继承,也是结合中国社会公正问题的解决所作的创新。

为此,第三代领导集体关于促进社会公正的典型举措有:

第一,全面开展反腐败斗争。在市场经济大潮中,少数党员干部经受不住金钱的诱惑,以权谋私,滋生腐败,这是一种严重的不公现象。江泽民在《认真消除社会分配不公现象》一文中指出,以弄权渎职、贪污受贿等方式捞取不义之财"是当前分配不公的另一种表现,也是人们议论最多的"①。他后来进一步指出:"腐败现象是侵入党和国家机关健康肌体的病毒。如果我们掉以轻心,任其泛滥,就会葬送我们的党,葬送我们的人民政权,葬送我们的社会主义现代化大业。"②全面开展反腐败斗争,有力维护了社会公正。

第二,实施科教兴国战略。党要管好党、教育好党是关乎全局、关乎社会公正的大事,在科技迅猛发展的现代化时代,如果不能保证人民享用先进科学技术,那就不符合"全心全意为人民服务"的立党宗旨。因此,江泽民强调,贫穷不是社会主义,愚昧更不是社会主义,"没有强大的科技实力,就没有社会主义现代化"③,"社会主义制度的优越性,应该也完全能够在加快科技生产力发展方面显著地体现出来"④。把经济建设转到依靠科技进步和提高劳动者素质的轨道上来,既能够使生产力有一个新的解放和更大的发展,又能够促进劳动者素质的提高、各级干部决策的科学化、民主化。所以,倡导科技、鼓励研发、尊师重教的重大举措为实现人的全面发展打下了非常好的基础。

第三,启动西部大开发战略。加强党的自身建设,目的就是为人民群众谋取更好更多的福利。江泽民率领全党在体制设计上力求缩小人们之间、地区之间的贫富差距。以邓小平"两个大局"思想为指导的西部大开发就是这样一项促进社会公正的世纪工程。江泽民强调,实施西部大开发是保持我国经济持续快速健康发展的重大战略措施,有利于东、中、西

① 《江泽民文选》第1卷,北京:人民出版社2006年版,第49页。
② 《江泽民文选》第1卷,北京:人民出版社2006年版,第319页。
③ 《江泽民文选》第1卷,北京:人民出版社2006年版,第428页。
④ 《江泽民文选》第1卷,北京:人民出版社2006年版,第427页。

部地区形成各具特色、优势互补的经济,有利于国家统一和稳定,有利于实现社会主义共同富裕①。经过这一战略的十余年实践,西部地区已呈现出民族团结、经济繁荣的大好局面。

第四,全面贯彻利益共享思想。始终代表最广大人民的根本利益是"三个代表"重要思想的落脚点,江泽民指出:"全党同志的一切工作都是全心全意为人民服务的,都是为了实现好、维护好、发展好人民的利益,任何脱离群众、任何违反群众意愿和危害群众利益的行为都是不允许的。"②"在任何时候任何情况下,党的一切工作和方针政策,都要以是否符合最广大人民群众的利益为最高衡量标准。"③群众利益无小事,凡是涉及人民群众切身利益和实际困难的事情,再小也要竭尽全力去办,一定要带着深厚情感去解决。为正确反映和兼顾不同方面群众的利益,让人民共享经济繁荣成果,江泽民提出,鼓励一部分人通过诚实劳动、合法经营先富起来,再分配注重公平,加强政府对收入分配的调节职能,调节差距过大的收入。

此外,江泽民还提出了促进社会全面进步和人的全面发展,全面建设惠及十几亿人口的更高水平的小康社会等等切实维护社会公平和正义的政策和战略,这些为以胡锦涛同志为总书记的党中央促进新时期中国特色社会公正提供了直接基础。

4. 胡锦涛:落实科学发展观,解决民生问题以促进新时期中国特色社会公正

进入21世纪以来,胡锦涛同志率领全党进入全面建设小康社会的关键阶段,提出了科学发展观,要求更加切实促进新时期的中国社会公正。科学发展观从"什么是科学发展,为什么要实现科学发展以及怎样实现科学发展"等方面回答了实现中国社会公正的本质内容和基本途径:"人的全面发展"是社会公正的最高目标;"全面发展"是人民群众在物质成果、民主法制、文化教育等方面的公正,"协调发展"是人和自然之间、人和人之间、人和社会之间的社会公正,"可持续发展"是当代人和子孙后代之间的社会公正;"统筹兼顾"是城乡、区域、经济与社会等各个具体领域的社

①《江泽民文选》第3卷,北京:人民出版社2006年版,第58页。

②《江泽民文选》第3卷,北京:人民出版社2006年版,第3页。

③ 江泽民:《论党的建设》,北京:中央文献出版社2002年版,第322页。

会公正。

以胡锦涛同志为总书记的党中央推进社会公正的举措主要有：

第一，要求切实解决民生问题。所谓民生，指的是一个社会成员如何从社会和政府那里获得自己生存和发展所需要的社会资源和社会机会，从而支撑自己的物质生活、政治生活和精神生活的社会问题。胡锦涛指出，中国共产党人必须真心倾听群众的呼声，真实反映群众愿望，真心关心群众疾苦，多为群众办好事、办实事，做到权为民所用、情为民所系、利为民所谋。即中国共产党人必须执政为民、用权惠民，时刻为民所想、为民所忧，要致力于为群众解决实际问题。可以说，从毛泽东"全心全意为人民服务"的为民思想、邓小平"最终达到共同富裕"的富民思想，到江泽民"始终代表最广大人民根本利益"的利民思想，再到胡锦涛"权为民所用、情为民所系、利为民所谋"的惠民思想，都是中国共产党人关切民生问题的重要思想。

以人为本是科学发展观的核心，它标志着科学发展观是一种要求切实解决民生问题的全新的发展观①。以人为本是针对以物为本、以权为本、以官为本、以钱为本、以 GDP 为本而提出来的，关涉社会经济建设、政治建设、文化建设以及生态建设的方方面面。以人为本，就是要做到发展为了人民、发展依靠人民、发展成果由人民共享，把人的发展作为经济社会发展的尺度、原则和要求，确保人人具有同样的尊严、同样的平等、同样的自由等基本权利和义务。可以说，社会公正问题说到底是人的发展问题，把人的发展问题解决好了，就是促进了社会公正。为此，党的十七大报告明确提出，实现社会公平正义是发展中国特色社会主义的重大任务。报告全文关于解决民生问题的论述最多，提出要切实解决教育、就业、分配、社会保障、基本医疗卫生制度、社会管理等六大民生问题，努力实现人人"学有所教、劳有所得、病有所医、老有所养、住有所居"②的社会公正境界。

---

① 这里的"以人为本"的原则，远远超出了人与自然的关系，远远超出了单纯的生态环境问题。而西方关于发展的著作，重点关注的是人与自然的关系，是由于生态环境恶化而敲响的警钟。它们都没有或很少涉及人与人的关系问题，尤其是离开西方现存的经济制度、政治制度，把发展问题单纯归结为保护生态问题。以人为本作为科学发展观的核心，成为处理人与人的关系、人与自然的关系，处理经济、政治、文化和社会建设的关系，以及东部和西部、工业和农业、城市和农村以及各个利益群体的关系的世界观和方法论的指导原则。

② 胡锦涛在中国共产党第十七次全国代表大会上的报告，载《人民日报》2007 年 10 月 15 日。

第二，谋求多层面的利益协调机制。公正社会，就是一个人人共建共享、机会平等、发展全面的利益格局合理的社会。促进社会公正，从根本上说，就是合理地解决人们之间的物质利益上的矛盾，统筹和协调个人与集体、局部与整体、当前和长远等各个方面的利益关系。胡锦涛提出的社会主义和谐社会，即"民主法治、公平正义、诚信友爱、充满活力、安定有序、人与自然和谐相处的社会"①，其所具有的这六个方面特征，表明它是人与社会、人与人相和谐，也是人与自然相和谐的社会，是有力协调人的发展中的各种利益关系的社会。建设社会主义新农村、建设环境友好型和资源节约型社会等思想都是对社会和谐的具体部署和对利益协调的积极探索。

第三，实施更为可行的政策和措施。维护和实现社会公正，需要通过具体入微的政策实现每一个人的权利享有和自由发展：其一，要求全体社会成员树立公平正义理念，正如胡锦涛所指出，"加强公民意识教育，树立社会主义民主法治、自由平等、公平正义理念"②；其二，营造人人平等的社会公平环境。胡锦涛强调要从法律上、制度上、政策上维护社会公平正义；其三，深化收入分配制度改革，胡锦涛明确指出，"着力提高低收入者收入，逐步提高扶贫标准和最低工资标准，建立企业职工工资正常增长机制和支付保障机制。创造条件让更多群众拥有财产性收入，保护合法收入，调节过高收入，取缔非法收入。扩大转移支付，强化税收调节，打破垄断经营，创造机会公平，整顿分配秩序，逐步扭转收入分配差额扩大趋势"③；其四，加快完善社会保障体系，胡锦涛要求"促进企业、机关、事业单位基本养老保障制度改革，探索建立农村养老保险制度。全面推进城镇职工基本医疗保险、城镇居民基本医疗保险、新型农村合作医疗制度建设。完善失业、工伤、生育保险制度。……健全社会救助体系。……健全廉租住房制度，加快解决城市低收入家庭住房困难"④。

第四，将"利益共享"由发展理念上升到指导思想。十七大报告第一次提到利益共享的原则："走共同富裕的道路，促进人的全面发展，做到发展为了人民，发展依靠人民，发展成果由人民共享。"要按照"共同建设、共

① 胡锦涛在省部级主要领导干部提高构建社会主义和谐社会能力专题研讨班上的讲话，载《人民日报》2005年6月27日。

② 胡锦涛在中国共产党第十七次全国代表大会上的报告，载《人民日报》2007年10月15日。

③ 胡锦涛在中国共产党第十七次全国代表大会上的报告，载《人民日报》2007年10月15日。

④ 胡锦涛在中国共产党第十七次全国代表大会上的报告，载《人民日报》2007年10月15日。

同享有的原则着力解决人民群众最关心、最直接、最现实的利益问题"①。这表明,构建社会主义和谐社会,其根本目的和最终归宿是确保人民群众的历史主体地位,保障人民群众切身利益的实现,充分激活和弘扬人民群众创造历史的积极性,促进人的自由全面发展。贯彻这一指导思想在当前的具体表现就是,随着社会生产的发展,在农村减免农业税和逐步推广新合作医疗,在城市普及低保制度和居民医疗保险。有数据显示,中央财政2009—2011年共新增医改资金3318亿元,城乡居民参加医疗保险人数合计已达12.8亿人,全民医疗惠及全国95%左右的人口②。

这些举措的不断深入推行,将会更大地促进中国的社会公正、更好地体现社会主义的优越性。

5. 结论与启示

毛泽东提倡马克思主义中国化形成了毛泽东思想,奠定国家主权以开启中国社会公正建设历程;邓小平科学认识社会主义形成了邓小平理论,巩固社会制度以展开中国特色社会公正建设道路;江泽民贯彻"三个代表"重要思想,加强党建工程以推进中国特色社会公正;胡锦涛落实科学发展观,解决民生问题以促进新时期中国特色社会公正。可见,在中国到底怎样去实现社会公正,这是一个在理论和实践两方面都要解答的问题。新中国60余年的伟大实践为解答这个问题而展开。换言之,中国共产党人的这一伟大历程既坚持了马克思社会公正思想,又坚持了理论创新。这是结论之一。

结论之二,马克思社会公正思想在当代中国实践的四个阶段的逻辑基点和中心内容分别是"主权"、"制度"、"党建"和"民生",其中,主权是基础;制度是核心;党建是保障;民生是目标。四个内容相互关联、缺一不可,四个阶段先行后继、层层递进。也就是说,新中国成立以来的60多年,中国共产党人率领全国人民从社会主义基本制度的建立和巩固、生产力的解放和发展、民主政治的建设和完善、民生问题的关切和解决等方面逐步促进了中国社会公正。根据国家统计局网站数据,新中国建立初期,我国人均国内生产总值(人均GDP)不到100美元,改革开放初期不到200美元,到2003年已经突破了1000美元大关,2008年已达到3266.8美元,近

①《人民日报》2007年10月15日。

② 李克强:《不断深化医改 推动建立符合国情惠及全民的医药卫生体制》,载《求是》2011年第22期。

年来逐年提高,2009年、2010年、2011年、2012年分别达到了3677美元、4283美元、5414美元、6100美元①。我国综合国力的极大增强、人民生活水平的显著提高以及国际影响的明显提升,验证了中国特色社会主义在本质上的优越性、公正性。因此,中国共产党人用自己伟大实践生动诠释了马克思社会公正观,丰富了马克思共产主义社会公正思想的时代内涵。

结论之三,中国共产党人为实现社会主义、建设社会主义、发展社会主义,坚持以切实维护人的各项利益为核心原则、以社会发展特征为基本依据、以落实制度安排为关键内容,使得新中国在经济建设、政治建设、文化建设、社会建设等各个方面取得了稳定发展和长足进步,为促进中国社会公正奠定了雄厚基础。因此,只有始终坚持马克思社会公正思想,坚持中国特色社会主义发展道路,才能迎来中国更高层次的社会公正。

诚然,社会主义是共产主义的阶段性实现,社会主义社会在根本制度上是公正的,但是,社会公正是具体的、相对的,社会主义还不可能达到共产主义社会那种事实上的公正。就拿处理效率和公平的关系来说,消除社会不公、维护社会公正,是社会主义的本质属性和根本要求。从"效率优先,兼顾公平"到"更加注重公平",再到"初次分配和再分配都要处理好效率和公平的关系,再分配更加注重公平",这一政策变化表明,我党已认识到,效率和公平之间的关系不是简单的蛋糕做大就自然能分好蛋糕的问题。"涓滴效应"不必然是有效的。再分配更加注重公平的目的是让广大农民和中低收入群体也能共享改革发展的成果。这些政策措施是对社会主义基本制度本身的建设和完善。社会主义公正需要不断发展和完善。

究其根本原因,是因为人民日益增长的物质文化需要同落后的社会生产之间的矛盾仍是我国社会的主要矛盾,我国仍处于并将长期处于社会主义初级阶段。社会主义初级阶段基本国情的直观表现就是今天的中国社会还有不和谐的因素存在,各种社会公正问题(诸如弱势群体边缘化问题、社会公共权力运用失当问题、社会再分配弱化问题等等)还以各种方式展现出来。

总体上,这些问题都是发展性的问题,通过经济社会的继续发展,我

---

① 参见国家统计局网站2013年10月6日。

们的政府、我们的国家、我们的人民一定有能力去解决这些问题。中国共产党人坚持马克思社会公正思想的60多年伟大实践,已经为我们解决社会公正问题、实现更高层次的社会公正积累了经验,提供了启示:

其一,社会公正是社会主义和共产主义的首要价值。中国共产党只有坚持社会主义道路,坚持马克思主义中国化,坚持理论创新,才能真正促进中国社会公正;

其二,无产阶级及其政党的正确领导实现社会主义公正社会的阶级基础和政治力量。不断加强党的领导,不断深化社会主义改革,才能保证中国实现社会公正;

其三,社会公正是为了促进人的全面发展。切实做到社会各项工作真正"以人为本",高度关注民生问题并从社会主要矛盾中找动力、找根源,找对策、找方案,才能实现社会公正;

其四,社会公正是具体的、现实的、发展变化的,不同的时期、不同的人们对社会公正有不同的理解。在全体社会成员中强化马克思主义的社会公正理念,并认真解决各种具体的社会公正问题,才能促进社会公正;

其五,人民群众是实现社会公正的主体力量和社会公正的需求者、受益者。不断激发最广大人民的主观积极性,最大程度地发挥他们的聪明才智,才能推进中国特色社会主义的社会公正。

(二)当今中国社会公正问题的形成原因

我国目前处于经济社会转型的关键时期,整个国家的经济体制、行政体制发生了重大的变化,产业结构与就业体制、社会财富的分配制度也发生了相应的变化。新旧体制的并存与转轨使得我国实现社会公正所面临的问题更为突出。相关问题已经引起国内学界的高度关注。社会公正问题研究专家吴忠民教授从社会治理的角度指出,自20世纪90年代中后期以来,我国学者对社会公正问题的研究主要是围绕收入差距过大问题而展开的。这种研究视阈的局限性在于:对于社会公正问题基本状况的描述与概括不全面;对于社会公正问题的基本状况难以作出准确的定位;对于社会不公的原因不可能作出准确的解释;对于解决社会不公问题的对策建议难免不全面、不到位、不可行。由此,吴教授对我国当今社会问题作了详细的社会学考证，①他提出，中国的社会公正在四个方面即基本权利的保证、机会平等、按照贡献进行分配以及社会调节方面都出现了问题，造成这些问题的根源在于中国现阶段的社会阶层结构亦即社会力量配置结构方面出现了比较明显的问题；再进一步看，是在一个较长的时期当中，中国在发展理念以及基本制度和政策方面出现了比较明显的问题。就维护并促进中国的社会公正而言，他认为，既包括对社会公正理念层面的理解问题，也包括合理公正的社会阶层结构层面的建设问题，更包括利益协调机制以及具体政策层面上的落实问题。

吴教授的研究表明，当今中国的社会公正问题已经成为我们这个时代的理论工作者不可回避的现实问题，由于这些问题是正在发展之中的显问题，欲对其作出全方位的准确剖析还是不太现实的，这说明当今中国社会公正问题的多样性和复杂性。因之，笔者认为，从马克思社会公正思想的视角对这些问题进行梳理和解答是非常必要的。

1. 当今中国社会公正问题的主要表现

社会主义国家所追求的社会公正是以消灭阶级为前提的、所有人平等权利与平等义务相统一的自由而全面的发展。马克思社会公正思想的这一本质要求，指明社会主义社会应该创造各种条件保证绝大多数社会成员的社会地位、社会权益和社会享有。但是，我国当前社会没有完全实现这一点。社会公正问题突出地表现在以下几个方面。

第一，社会弱势群体边缘化问题。社会弱势群体②指的是不能随着社会发展而平等享受社会发展成果的部分社会成员，在当前我国主要有来自农村的进城务工人员、城市失业和下岗人员、高校贫困生以及受教育的适龄儿童③。与此相应，社会弱势群体边缘化问题，指的是经济社会发展

---

① 详见吴忠民：《社会公正论》，济南：山东人民出版社2004年；《走向公正的中国社会》，济南：山东人民出版社2008年；《社会公正研究的现状及趋势》，载《学术界》2007年第3期，第7页；《中国现阶段社会公正问题的逐层递进研究》，载《学术界》2009年第2期，第21页。

② 在吴忠民教授看来，其主要指农民群体和工人群体。(吴忠民：《社会公正论》，济南：山东人民出版社2004年版，第278页。)而在鲍宗豪教授看来，其主要有四部分人：农村中的农民、农民工、城市中以下岗失业者为主体的贫困阶层、老弱病残。(鲍宗豪：《论马克思主义的社会需求理论》，载《马克思主义研究》2008年第9期，第71页。)笔者深受这些学者启发，对"弱势群体"的界定主要是从"不能受到平等对待"的视角进行的。

③ 中国社会科学院"当代中国社会阶层研究"课题组提出一种类似的界定：社会底层。其主要包括生活处于贫困状态的城乡居民、农民工，以及无业、失业、半失业人员。(胡建国：《中国社会底层新变》，载《人民论坛》2010年第7期(下)。)

中由于种种体制性的障碍使得部分社会成员的应有权利受到限制。它是社会发展中部分社会成员的利益关系不能被平等对待的直观表现,在根本上显示出我国部分社会成员不能平等地拥有社会发展的相应成果,这与促进每个人平等生存、自由发展的马克思主义公正理念是相违背的,同时也从另一个角度昭示出,如果让社会转型的代价由部分社会成员来担当是不公正的。具体说来,我国当前社会弱势群体边缘化问题有:进城务工人员的不公正对待、待业队伍庞大、高校贫困生生活拮据、未成年人教育资源分配不公,等等。

进城务工人员的不公正对待。进城务工人员不但遇到制度、政策层面的歧视,也会遇到一种约定俗成的社会歧视。比如,许多行业禁止或限制他们的进入,他们难以享受到与城市职工相同的职业教育培训,在城市所从事的工作大都是最累、最苦、最脏的工作,而且收入较为低下,往往是同工不同酬;有的用人单位甚至欺上瞒下不为他们办理各种社会保险;他们的居住、生活与工作条件同所在城市居民相比也是较差的;其子女的教育问题也往往被高额的门槛费所困扰。他们"是城市中的'二等公民'、'二等居民',是单位或行业中的'二等工人'。这是一种严重的歧视现象"①。就其原因,进城务工人员自身知识素养尚不能与现代城市文明相衔接、相融合,这是其一;其二,相关用工制度和法规不够完善;其三,长期以来的城乡二元经济体制以及旧社会遗留下来的"高贵的城里人"与"卑微的乡下人"的落后理念,在根本上造成了进城务工人员的不公正对待。

待业队伍庞大。根据劳动和社会保障部的统计资料,2003年底,全国城镇登记失业人数为800万人。2004年,全国下岗失业人员总量为1400万人,城镇新增劳动力1000万人。2005年,劳动力资源比上年增加1600万人。2006年全国城镇新增就业人员约1100万人。2007年城镇新增就业人员有900万人。2008年全国新增就业人口约1000万人②。另有数据显示,2004年以来,中国城镇登记失业率一直超过4%,加上进城务工人员失业返乡,实际失业率超过10%③。目前,我国城镇间流动人口问题较为突出,据国家统计局推算,2012年我国城镇间流动人口(失业或半失

① 吴忠民:《社会公正论》,济南:山东人民出版社2004年版,第302页。

② 参见劳动和社会保障部网站2008年10月28日。

③ 何增科:《试析我国社会管理面临的新挑战》,载《新华文摘》2010年第2期,第17页。

业状态)总量达7300万,他们大多是文化水平较高的大学毕业生。可见,我国近年来的新增劳动力就业压力非常大。问题的严重性还在于,我国的社会保障制度还没有全覆盖地建立起来。2012年,我国城镇间流动人口在城镇缴纳养老、医疗保险的比例仅为14.3%和16.9%。因此,同发达国家相比,我国社会成员的基本生计对于就业的依赖程度特别高。在这样的情形下,严重的失业问题不利于社会和谐稳定,也影响了内需的充分释放,从而使得我国社会的安全运行和健康发展都面临着严重挑战。待业队伍庞大,从客观方面来说,是因为产业结构的升级换代带来大量下岗职工、发展工业征地带来为数巨大的脱离土地的农村劳动力以及高校扩招带来每年新增加的高校毕业生等多方面原因造成的。从主观方面来说,是因为待业人员的就业素质、就业能力以及就业观念等还不能很好地跟上经济社会发展的形势,还与社会主义的现代化要求不相宜。实质而言,待业队伍庞大是我国的社会发展性问题,是经济社会实现转轨所承担风险和付出代价的表现。在根本上,是因为国家经济基础还比较薄弱、社会生产力还比较落后,从而造成了就业渠道相对较为狭窄的现实困境。

高校贫困生①问题凸显。随着我国社会经济体制的转型和高等教育体制改革的不断深入,高等教育实行全面收费,我国高校贫困生问题越来越尖锐地凸显出来。有研究者经过调查指出,20世纪80年代初期,贫困生的比例占大学生总数的5%左右;90年代开始,贫困生比例呈迅速增长趋势;到2002年高校贫困生已多达300万,到了2009年,贫困生的比例近30%。②由于较差的家庭经济状况等原因,贫困生的生活不能得到比较好的保障。他们的物质生活相对匮乏,精神生活也不容乐观。一些贫困生存在严重的自卑感、心理脆弱甚至扭曲,这种精神状态不仅影响着其现实生活,还可能影响其未来生活,不仅影响着其本人,也可能影响着其家人、朋友。更为严重的是,对社会优越阶层的敌视、仇恨心理容易使其铤而走险(比如震惊全国的马加爵锤杀同学案、林森浩毒杀同学案等恶性案件的发生),这种状况使社会暗含着冲突和风险。高校贫困生生活拮据,直接的原因来自其家庭(绝大部分是经济落后的农村家庭和就业困难的城市家庭)的贫困,根本的原因是国家财力还不足以保障助困济贫的措施落实

---

① 教育部明文规定,高校贫困生是指学生本人及其家庭所能筹集到的资金,难以支付其在校学习期间学习和生活基本费用的学生。

② 吕大权、刘玲玲:《浅谈高校贫困生现状及存在的问题》,载《经济师》2012年第5期。

到位,贫困生救助机制还不够完善。

未成年人教育资源分配不公。目前我国的未成年人在教育资源的分配和享受方面是不平等的,这直接体现在四个方面:首先,城乡教育发展的不平衡。城市与农村相比具有政策上的优势,城市不仅在硬件和软件上明显优于农村,而且迄今资金和人才仍源源不断地流向城市教育。其次,区域教育发展的不平衡。我国东西部之间、沿海与内地之间由于在自然资源、人文环境等方面都存在巨大差异,导致教育发展不平衡。再次,群体教育发展的不平衡。相对来说,困难群体接受优质教育资源的机会比较少,尤其是农村的儿童、城市的外来民工子女以及特殊教育系统的残疾和弱智儿童等。最后,事实上的教育乱收费引发教育机会的不平等。尽管国家三令五申禁止教育乱收费,并出台相关文件进行规制,但往往"上有政策,下有对策"。①全国的一些地方,本属于义务教育范围的中小学教育却对学生收取了高额的学费。在农村,一些中小学以资料费、集资费、学杂费等名目向受教育者乱收费,导致不少家庭不堪重负,被迫让子女辍学;在城市,尚存在重点中学、重点小学与非重点中学、非重点小学在教学质量上的较大差异,使不少家庭把望子成龙的希望托付于重点中学、重点小学。面对严重的供不应求的情况,这些学校对"择校生"收取了少者上万元、多者几十万元的高昂择校费。义务教育的高收费现象,对于低收入家庭子女是绝对不公正的。它直接剥夺了这些学生接受教育或接受良好教育的权利。社会公正要以人自身素质的提高为基点,这样,社会成员才有可能平等地参与社会各项事务,充分行使属于自己的知情权、参与权、表达权和监督权。"全体人民学有所教"和"人人享有接受良好教育机会"是教育公平的基本要求。未成年人的教育资源分配不公问题不得到有效解决,对促进社会公正会造成负面影响。

第二,居民收入差距过大问题。三十多年的改革开放伟大实践消解了我国居民利益分配平均化的倾向,新培育的利益激励机制也逐渐使得各利益主体之间的利益实现程度趋于差别化,而且这一差别近二十年来呈现出日益扩大的趋势。有数据显示,1986年开始,城乡居民相对收入差距扩大到2倍以上。进入90年代之后,差距进一步扩大。到2006年,达到2.05∶1。2007年,城镇居民人居可支配收入与农村居民人均现金收

---

① 因此,中国当前的许多社会问题并不是根本制度问题,而是体制管理及其落实的问题,是发展性的问题。

入分别为 13785.8 元和 4958.4 元,前者为后者的 2.78 倍[①]。可见,城乡差距有逐年拉大的趋势,相形之下,农民的收入增长相当缓慢。根据统计,从1997 年到 2003 年,全国农民人均纯收入的增长,连续 7 年不超过 5%;2002年最高增长 4.8%,2000 年只增长了 2.1%。2003 年以来,党中央和国务院连续发布"一号"文件,采取了一系列富农措施,农民收入增幅开始上升,特别是 2004 年增长突破 6%,是 1997 年以来增幅最高的一年,但收入增额和实际增长仍远远低于城镇居民,因为同年城镇居民增幅为 7.9%,城乡差距扩大的趋势并没有扭转[②]。还有数据显示,2004 年,我国 10% 富裕家庭财产总额占全部居民财产的 45%,10% 贫困家庭收入占 1.4%,相差 32倍。2009 年,数据进一步拉大,达到 40 倍。基尼系数[③]已超过了国际公认的警戒水平[④],财政部的调查表明,1978—1984 年,我国居民收入分配基尼系数稳定在 0.16。1984 年开始,一路攀升。近年的情况是:2003 年0.479,2004 年 0.473,2005 年 0.485,2006 年 0.487,2007 年 0.484,2008 年0.491,2009 年 0.490,2010 年 0.481,2011 年 0.477,2012 年 0.474[⑤],其间,尽管数据自 2008 年起有所回落,但逐年仍保持在 0.4 以上,这说明我国居民收入差距已达到了高度不平等的状态。人们的经济生活决定着人们的政治生活、精神生活以及其他一切方面。农民收入相对低下,势必为社会稳定发展带来不和谐的因素。农民收入增长缓慢,表观而言,是因为农村生产力落后、农业的社会化程度低以及农民的抗风险能力弱;根本的原因,则在于体制的不合理。正如著名社会学家陆学艺所说,我国目前的状况是"一国两策,城乡分治"。在城市和乡村,很多体制操作起来表现得是那样不平衡,对于城市居民是特权性标准,对于乡村居民是歧视性标准。有目共睹的是,现阶段不仅农民的社会地位低于城市公民,而且在公共服务方面,农民人均卫生设施、人均教育设施、人均文化娱乐设施、人均科技设

---

① 洪远朋、陈波:《改革开放三十年来我国社会利益关系的十大变化》,载《马克思主义研究》2008 年第 9 期,第 37 页。

② 转引自辛鸣:《论社会主义和谐社会》,载《天津行政学院学报》2005 年第 2 期,第 12 页。

③ 基尼系数为意大利经济学家基尼于 1922 年提出,旨在定量测定居民收入分配差异程度。其值在 0 和 1 之间,越接近 0 就表明收入分配越趋向平等,反之收入分配越趋向不平等。按照国际一般标准,基尼系数在 0.3 至 0.4 之间表示收入差距相对合理,0.4 以上基尼系数表示收入差距较大,当基尼系数达到 0.6 时,则表示收入悬殊。

④ 张全景:《胜利前进的动力和方向——学习胡锦涛同志"七一"重要讲话的体会》,载《马克思主义研究》2011 年第 11 期,第 15 页。

⑤ 参见新华网 2013 年 1 月 18 日。

施等水平远远低于城市居民的拥有量。我国农村人口占全国人口的70%,但是国家80%的公共卫生资源投放在城市,义务教育人口的60%在农村,却只有不到25%的资源在农村。由此造成的结果是,农民一年的纯收入等于农民一次性住院费用,一个大学生费用等于一个农民13.6年纯收入①。因此,利益主体的多层次化、城乡二元经济体制的长期存在,分别是导致我国居民收入差距过大的直接原因、根本原因。

第三,社会公共权力运用失当问题。社会公共权力指的是国家政府机关及其职能部门所掌控的用来调节社会经济生产、管理社会公共事务以及发展文化教育事业的权力体系的统称。从实质而言,它是人民群众赋予国家相关部门和领导干部的维护社会稳定、协调社会发展以及解决民生问题的公共行政力量,是源于人民服务人民的、为谋求公共利益而存在的社会设施和力量。但是,当前我国的一部分国家公职人员把手中的权力变成了谋取个人利益的工具,造成了社会公共权力应有价值的丧失。具体而言,有以下三种情况:

一种情况是,一些当权者滥用职权,形成行政腐败问题。大量贪污腐败案件暴露出,一些当权者不是运用手中的公共权力来为人民服务,而是假公济私,以权谋私;或者是滥用权力随意决策,置国家和人民的利益于不顾,给国家和人民造成重大损害。这导致现实生活中主仆地位的颠倒和变异,少数党员干部由人民的公仆沦为人民的敌人,对党风、政风和整个社会风气造成了不良后果。

另一种情况是,少数司法干部知法犯法,带来司法不公正现象。法律是正义的象征,法律本来应该是维护社会公正的有力武器。但是,在市场经济大潮中,少数司法干部利欲熏心,抵御不住"金钱本位"思想的侵袭,把自己扮演成"黑社会"等社会丑恶势力的保护神,最终走向公共利益的反面,造成了极其恶劣的社会影响。

还有一种情况是,少数基层权力机关暴力行政,造成群众冲突事件。基层权力部门是国家政府与群众相联系的直接纽带,是维护社会公正的关键岗位。但是随着社会建设规模的扩大和所承担工作任务的增多,一些基层权力机关失去了做群众工作应有的耐心和韧性,在土地征用、房屋拆迁和城市管理等方面存在暴力行政倾向,危害了一些基层群众的切身

---

① 鲍宗豪:《论马克思主义的社会需求理论》,载《马克思主义研究》2008年第9期,第73页。

利益,直接引发了群众冲突事件。

这三种情况都与有关当事人和部门的价值观的错位和扭曲有直接关系,但是我们不能将之仅看做是人性教化的问题,而应当更多地把它视为我国制度规范的问题。

第四,社会再分配力度弱化问题。社会再分配是指政府通过必要的公共投入,实现社会福利配备,以维护社会公正,改善民生,保证和促进社会经济的安全运行和健康发展。所谓社会再分配力度弱化,指的是随着国民生产总值的增加,国家在社会保障和福利支出等基本民生问题方面的公共投入比值却在减少。相对经济发展水平逐年提升的情况来说,我国的社会再分配的力度是弱化了。其实,我国每年参保人数以及国家对社会保障方面的投入都是逐年增加的,有数据显示,2003 年以来,城镇职工基本养老、基本医疗、失业、工伤、生育保险参保人数呈逐年递增趋势。至 2006 年底,全国参加基本养老保险人数达 1.9 亿人,比 2002 年增长27.3%。社会保险覆盖人数每年递增 6%[①]。另外,中央决定,从 2008 年 1月 1 日起,再连续三年进一步提高企业退休人员基本养老金。在医疗卫生保健、城乡社会保障等方面都加大了投入,使其逐步覆盖全国城乡低收入群体,进一步使改革开放成果惠及全国人民[②]。而且,中央决定自 2012年 7 月 1 日起全面实施新型农村和城镇居民社会养老保险制度[③]。所以,对"社会再分配力度弱化"中"弱化"只是相对的,不能对之作绝对理解。正是因为社会再分配力度相对来说弱化了,也就出现了一些与经济社会发展不相称的现象:

一方面,最低保障层次不公正。城市最低生活保障的"劳动收入判断标准"没有全面体现个人的经济能力,只包括劳动收入,没有考虑资产或财产收入,导致最低生活保障运行中存在不公正的因素。最低生活保障等福利项目在城乡间的实施不够平衡,在城市已有相当多居民参加了低保,但在农村还有很大的一部分群众没有享受最低保障。

另一方面,政府用于社会保障和福利支出的公共资金过低。很长一

---

① 参见《十七大报告辅导读本》,北京:人民出版社 2007 年版,第 36 页。

② 张二芳:《社会主义公正原则探析》,载《马克思主义研究》2010 年第 2 期,第 69 页。

③ 这一举措是逐步推进的,2009 年国务院在全国开展新型农村养老保险试点;2011 年开展城镇居民社会养老保险试点;2012 年 7 月 1 日正式实施城乡居民社会养老保险全覆盖。这标志着新型的城乡居民养老保险制度基本建立,向着全面建设小康社会、人人享有基本生活保障的目标迈进了一大步,中国人民老有所养的梦想正在变为现实。参见中国广播网 2012 年 7 月 2 日。

段时间,国家用于社会保障和福利支出的公共投入比例较小。2005年我国在社会保障和福利支出占国内生产总值比重只有3%[①],而到2007年该比值降到2.18%。一直为城镇居民所关注的基本医疗,在2006年的社会调查中,"看病难、看病贵"是排在第一位的社会问题,在2008年的全国调查中,"看病难、看病贵"问题依然排在第二位[②]。据吴忠民先生考证,中国现阶段不合理的公共投入高居世界第一,大量的公共资金用于行政成本、豪华性的城市建设以及豪华工程、豪华公共设施的建设。由于公正资金在一个特定时间内是一个固定的常数。在行政成本和豪华性公共建设方面投入的比例过高,必然造成国家用于基本民生方面的公共投入的比例过低。仅就2007年来说,中国用于社会保障和福利支出的公共资金在GDP中占2.18%,远远低于波兰的17.4%、法国的16.5%、俄罗斯的7.5%和美国的5.4%,甚至明显低于伊朗的3.9%,仅高于南非的1.1%[③]。显然,加大中国现阶段社会再分配的力度,解决困难群体的社会保障问题,已经成为维护社会公正的核心问题。

这样两个方面的问题深刻显示出,我国的社会生产还比较落后,还不能满足人民日益增长的物质文化需要,我国社会主义基本制度在运行中的体制设置还需要不断发展和完善。

总体而言,上述第一个问题即社会弱势群体边缘化问题是社会主义公民的主体地位平等问题,直接关涉到人们对社会主义公正性、优越性的认同。第二个问题即居民收入差距过大问题在当前是最为突出,也最为社会所关注。第三个问题即社会公共权力运用失当问题实际上是国家政府的社会服务职能弱化的表现,一切政府权力是为社会发展服务的,是社会公共利益的守护力量,一旦社会公共权力被个人利益或集团利益所左右,社会发展中的弱势群体的利益受损情形必然会加剧。第四个问题即社会再分配力度弱化问题表明我国经济社会的安全运行机制还不能有效促进社会稳定发展,它不能有效遏制前三个问题的发生,反而加速前三个问题的恶化。因而,这四大问题是相互关联的。近年来全国一些地方所发生的群体性事件、幼儿园和小学凶杀惨案以及企业员工自杀等社会冲

---

① 高尚全:《政府转型与社会再分配》,载《今日海南》2006年第1期,第20页。

② 中国社科院"中国社会状况综合调查"课题组:《我国城乡居民社会保障状况调查》,载《光明日报》2009年3月26日。

③ 吴忠民:《中国现阶段社会公正问题的逐层递进研究》,载《学术界》2009年第2期,第21页。

突无不是这些问题的极端表现。当社会弱势群体通过依法维权这种体制内的抗争不得成功时,其维权方式就易转向体制外抗争,对此,有学者分析道:"和依法维权相比,这种维权方式具有很强的冲突性,超越了现有体制的调控,极易引发社会不稳定和社会失序。……这种体制外的抗争方式具有三大特征:一是维权心态具有很强的冲突性,'仇'、'恨'色彩浓厚;二是维权行动强烈,甚至涉及人身伤害攻击;三是维权后果容易引发社会震荡。……另外,体制外抗争还有一种极端的方式,即所谓的反社会。"[①]我们对种种极端行为进行谴责的同时,不能不从我们的社会本身去找找原因。这些问题都是社会主义初级阶段各个层次利益关系矛盾的直接展现。

上述问题的直接原因并不难理解,但我们还必须深入分析其实质性的原因,这样才能有助于从根本上解决问题。

2. 当今中国社会公正问题的成因分析

马克思主义正确地解答了社会不公这个"历史之谜",论证了私有制是社会不公正的最深刻的根源,并指出只有建立公有制,走社会主义道路,才能逐渐消除社会不公正。这就是说,生产资料公有制与社会公正之间存在着必然的联系。社会主义国家的人们也一直期待着通过公有制来消除社会不公正。我国自1956年底社会主义改造完成就建立了以生产资料公有制为主体的基本经济制度,然而,出乎意料的是,社会不公正并没有因为公有制的建立而完全消失,相反,社会不公依然存在。这说明,公有制的建立并不意味着可以立即实现社会公正。从学理的角度看,这似乎是一个逻辑悖论。关于我国当今社会公正问题的成因,笔者以为马克思社会公正观为我们提供了分析问题的基本方法论,最根本的,还需要结合我国社会的实际情况去加以探究。

第一,社会生产力不够发达。马克思主张社会主义以扬弃高度发达的资本主义文明为建设基础。在《共产党宣言》中,马克思恩格斯指出,资本主义在它的不到一百年的时间里所创造的生产力,比过去一切世代创造的全部生产力还要多,还要大。以此类推,以资本主义的发展成果为前提的社会主义社会,在社会物质生产上要比资本主义发达得多,即使是跨

---

① 胡建国:《中国社会底层新变》,载《人民论坛》2010年第7期(下)。

越了"卡夫丁峡谷"的社会主义国家,也理应是建设了比资本主义雄厚得多的物质基础。然而,我国的社会主义制度是建立在生产力比较落后的基础之上的,与马克思所预设的那种严格意义的社会主义相差甚远。具体而言,我国社会主义公有制建立在资本主义发育尚不成熟,而封建专制文化传统又根深蒂固的基础上,社会的政治、经济、文化都比较落后,必然导致现实中的整个社会发展与理想中的社会主义公正社会不相符合,社会不公问题在所难免,不可能在短时间内得到完全消除。生产力是社会发展的最终决定力量,其落后必然造成社会其他方面的落后。生产力低下以及由此所导致的经济和社会发展的滞后,是当今我国一切社会公正问题得以产生和存在的最终原因。

第二,社会体制不够完善。社会主义的社会制度无疑是公正的,但社会制度在具体运行中要通过特定形式即社会体制表现出来。如果把合理的社会制度看做是社会的实质公正的话,那么,合理的社会体制则是社会的形式公正。社会主义市场经济是我国当前的经济体制。市场经济作为现代社会资源配置的最佳选择,要求经济关系市场化、企业行为自主化、宏观调控间接化、经营管理法制化、社会保障制度化,因而它本质上是规制经济、法治经济,它要求公平竞争,并导致社会公正。社会主义初级阶段的基本国情,决定我国当前的市场经济还有着自己的特殊要求,即在所有制结构上,以公有制为主体,多种所有制经济共同发展;在分配制度上,以按劳分配为主体,多种分配方式并存;在宏观调控上,共同发挥计划和市场两种手段的长处。由于我国实行的社会主义市场经济刚刚起步,因而整个经济体制还不合理、不完善,特别是缺乏完善的法制环境,这样,缺乏有效监督制约的权力一旦与市场机制的负面作用相结合,就形成了公共权力寻租现象,直接导致以腐败为特征的社会不公正。这是其一。其二,经济体制的问题是政治体制等其他具体领域的问题的决定性因素。经济领域里所出现的利益追逐与私人化了的公共权力结盟,直接违背了公有制制导社会公正的逻辑。这也往往造成了政治体制的一些弊端和矛盾,比如,决策机制不透明、不民主、不科学;行政管理效率低下、财政负担沉重;法制不健全、司法执法不力;干部人事制度没有活力;权力运行机制缺乏有效监督,等等。这些弊端严重地影响了社会主义社会公正的建立。可见,我国采取跨越式发展直接进入到社会主义社会,虽然具备了社会主义的基本制度安排,但还没有完全建立起像资本主义社会那样较为完善的体制、法制、规制等形式公正体系。因而,社会制度再好,如果社会体制不够完善,社会规则不够合理,在人口众多、地域广阔的条件下,让每一个社会成员都能平等地拥有他们所应该得到的社会财富,的确是一个不大可能的事情。社会体制不够完善,是我国当今社会公正问题产生和存在的根本原因。

第三,传统发展理念不够科学。马克思主义认为,社会公正在本质上表现为社会发展的跃迁。离开了社会发展来谈论社会公正问题,我们就无法找到社会公正追求的价值基础和价值评判标准,就找不到社会公正追求与历史进步的一致性和互动性,就使得关于社会公正的概念成为永远只有思维的必然性而没有现实的必然性。"经济结构以及由经济结构制约的社会的文化发展"始终是社会公正的前提和基础。这就是说,社会公正只有在社会发展中才能真正得以实现。社会发展在根本上就是要使每个人在经济、社会和公民权利的需要与欲望方面得到持续提高,每个人都拥有平等的生存、发展的权利和机会。随着发展实践的不断推进,人们对发展问题的认识也不断深化。科学发展观提出之前的传统发展观,尽管在不同程度上也着眼于人的生活状况的改善,但仍局限于经济或物质层面,缺少一种广阔而深远的视野,往往导致在发展过程中由于过分强调经济或物质水平的提高,事实上奉行的是以物为本的社会公正观。比如,我国在改革开放后的一段时间里,虽然强调发展是硬道理,但到实际工作当中,就变成了经济增长是硬道理。人们往往把发展等同于经济增长,等同于GDP的增长,而不考虑或很少考虑生产和分配的结构与机制的变革,人民生活质量和生活水平的持续提高,以及发展的自由选择和机会平等,结果使改革自觉或不自觉地偏离甚至违背了大多数人所能接受或认可的社会公正的标准。我国传统发展理念,在根本上,没有处理好效率和公平的关系。起先只注重效率,忽视公平,后来虽然指出"效率优先、兼顾公平",但实际上也只是实现了效率。应该说,社会发展问题说到底是人的发展问题,把人的发展问题解决好了,就是促进了社会公正,实现社会公正要把促进人的全面发展作为最终价值目标。因而,确立"以人为本"的科学发展观对此是一个矫正。

第四,人们的社会公正意识不够强烈。思想是行动的先导,公正的制度需要公正的意识来维护。对于我们这样一个有着几千年封建社会历史的国家来说,一些遗留在人们心中的落后观念意识也往往妨碍了社会公正的建立。

其一，传统均平思想。受传统社会"不患寡而患不均"思想的影响，人们设想实行公有制就会立刻消除社会不公正，把平均主义当成了公正。消灭私有制、建立公有制是消除社会不公正的根本措施，这在逻辑上不成问题的。但是，认为建立公有制就能完全实现社会公正，不可避免地带有浓重的乌托邦色彩。在现实生活中，人们往往忘记了唯物史观关于物质生产力的水平决定社会经济、政治状况的基本思想，幻想一夜之间进入公正的时代，把平均主义当做公正，采取急躁冒进的措施，结果是欲速则不达。可见，把平均主义当做公平是对社会公正的错误理解。

其二，传统特权观念。在私有制主导的阶级社会，等级和特权是联系在一起的，也就说，人们的政治权利与人们的社会地位相称，身份高贵的人有资格拥有政治权利，社会地位越高，政治权利就越多，相反，身份卑微的人基本没有资格享受政治权利，社会地位越低，政治权利就越少。这种特权观念对我国政府部门及其社会管理的影响还是存在的。我国当前所出现的社会弱势群体边缘化问题，在根本上是政治地位和社会地位的不平等。日益突出的"三农"问题在本质上是权利问题，是农民政治地位低下导致的。从过去工农业产品的剪刀差，到今天有些地区强征农民土地，不给予合理的补偿，再到进城务工人员受到各种不公正的待遇，等等，无不是农民失去话语权所导致的。前些年，作为我国最高权力机关的全国人民代表大会，其农民代表比例相当小。每名全国人大代表所对应的人口基数，在农村是城镇的4倍。①这是因为，在一些人看来，农民文化素质比较低，参政议政能力不强，所以代表比例低一些也是可以的。其实，这是违背社会公正原则的。我国是一个农村人口占绝大多数的国家，按理说农民代表应该占多数，至少应该等同于城市居民所占的比例。经过近年来社会各界的共同努力，2010年全国人大通过的选举法修正案明确规定"城乡按相同人口比例选举人大代表"，开启了中国"同票同权"时代。这说明，任何违背广大劳动人民根本利益的公正意识最终都要被淘汰。实质而言，任何公民的政治权利都是平等的，不能因为文化素质的高低而人为地限制人们的社会政治权利。当然，这里并不是说我国的根本政治制度造成了社会成员社会地位的不平等，而是说由于受到旧思想传统的

---

① 转引自郑广永：《公有制条件下的社会不公正问题》，载《中国人民大学学报》2008年第4期，第56页。

消极影响。

其三，传统"和理念"悖化。中国自古是崇尚和谐的礼仪之邦，与人和善是很多人骨子里的信条。随着经济发展和改革开放，这一信条受到了严重冲击。"和"渐渐被"争"所影响甚至被取代。在利益冲突面前，这一表现最为明显的就是"和谐人格"的缺位。和谐人格，是人们身心相称、言行相宜、人我相协的综合平衡风范与举措。其有三个内在要求：一是自我和他我的统一，即在行为举止上既利我又利他，人与人之间和谐相处；二是小我和大我的一致，即在价值认同上既观照个体又观照集体，个人与社会和谐相融；三是内我和外我的平衡，即在心性践行上表里如一、自始至终，人与自己和谐相应。当下国家快速发展时期，人们之间利益的重新组合和再次分配使得一些人把"宽容"等同于"无能"，把"理智"曲解为"懦弱"，要么对社会上的歪风邪气熟视无睹，"各人自扫门前雪，莫管他人瓦上霜"；要么对社会上不规范的行为不够理性，带头兴师动众，唯恐天下不乱。所以，党的十八大报告所提出的"理性平和"的心态要求意义深远。

可见，社会主义根本政治制度所要求的社会公正要落实到当代中国的每个阶层、每个公民，的确还是一个十分艰巨、异常复杂的过程。

（三）当今中国社会公正问题的解决对策

社会主义公正社会是一个利益共享的和谐社会，当今中国的社会公正问题其实是社会发展性的问题。如今总结改革开放三十多年的历史，最值得反思和解决的就是如何保障社会公平和公正。诚如马克思所说："人类始终只是提出自己能够解决的任务，因为只要仔细考察就可以发现，任务本身，只有在解决它的物质条件已经存在或者至少是在生成过程中的时候，才会产生。"①我国经济社会的发展完全有能力解决日益突出的社会公正问题。

有资料显示，我国国民生产总值由1978年的3645.2亿元，增长到2012年的51.9万亿元；城镇人均可支配收入、农民纯收入由1978年的343.4元和133.6元，增长到2012年的2.45万元和7917元；国家财政收入由1978年的1132.26亿元，增长到2012年的11.725万亿元。生产力的发

---

① 《马克思恩格斯文集》第2卷，北京：人民出版社2009年版，第592页。

展、综合国力的增强、人民生活水平的提高、经济快速发展、"蛋糕"越做越大,是近年来我国建设实践最显著的特征。这深刻表明,我国已经具备一定的解决社会公正问题的物质基础,社会主义实践在中国的发展表明社会主义在本质上是公正的。马克思在《共产党宣言》和《哥达纲领批判》中一再强调,真正的社会公正是一个长期的逐步实现的过程。社会主义社会制度具备了实现公平正义的最重要条件,其中,他特别指出的是:生产资料公有制是实现社会公正的根本制度保证;按劳分配是实现劳动和公平正义相结合的基本条件;发达的生产力是实现社会公平正义的物质前提。马克思关于社会公正的经济基础、实现条件和必然途径等思想,是我们解决中国社会公正问题的直接指南。当然,对于当今中国的社会公正问题,我们不能停留于空泛的讨论和抽象的思辨,而必须寻求切实可行的解决对策。这里的解决对策有着马克思主义的要求,关键的是要符合国情特征,从动力、手段、基础、标准、目标和保障等方面着手。

1. 以社会主要矛盾的解决为基本动力

我国仍处于并将长期处于社会主义初级阶段的基本国情没有变,人民日益增长的物质文化需要同落后的社会生产之间的矛盾这一社会主要矛盾没有变。社会主义初级阶段的基本国情,是由社会的主要矛盾决定的,社会主义初级阶段的所有具体矛盾和问题的处理都要从社会主要矛盾这里找根源、找动力。实现社会公平正义所面临的民生问题,诸如就业、分配、社会保障、文化教育、医疗卫生等等,是社会主要矛盾的必然反映。改革开放以来,尽管社会主要矛盾对立的两个方面都发生了阶段性的变化,比如,在社会生产方面,其生产能力和物质财富比以前有大幅度提升,在物质文化需求方面,人民的物质文化需求不断得到满足和提高。但是,社会公正是具体的、现实的,人们的社会公正感也是发展变化的。随着社会不断进步,生活水平不断提高,人民群众新的需求层出不穷,人民对社会生产提出了更多更高的要求。当前我国的社会弱势群体边缘化问题、社会公共权力运用失当问题以及社会再分配力度弱化问题,都是我国社会生产不能满足人民群众合理需求进而促使不合理需求滋长和蔓延的表现。因而,解决社会主要矛盾成为解决社会公正问题的突破口和基本动力。

2. 以生产力的发展为主要手段

生产力有了一定发展而又发展不足是我国社会不公正现象产生的根本原因,生产力发展因而成为社会主义发展的绝对必需前提。中国特色社会主义的基本国情是因为生产力欠发达,尚处于社会主义初级阶段,落后的社会生产不能满足人民日益增长的物质文化需要。马克思恩格斯在谈论公正社会时,也总是把高度发达的物质条件作为其最为重要的前提性条件。只有充分发展生产力,才能为实现社会公正提供现实基础。我国现实社会主义使得生产力的发展具有不同于马克思恩格斯所预想的社会主义中的高度重要意义,具有异乎寻常的重要性和紧迫性。所以,要尽快摆脱贫穷落后的状态,大力发展生产力,弥补生产力方面的先天不足,使不合格的社会主义变成名副其实的社会主义,为实现更加公正、合理、美好的社会创造不可或缺的物质条件。

3. 以生产资料公有制的完善为重要基础

生产资料所有制是一个社会经济制度的基础,是决定一个社会基本性质和发展方向的根本因素。消灭私有制,建立以生产资料公有制为主体的根本经济制度是社会主义制度与资本主义制度的最本质区别,是社会主义公平正义的最重要制度基础。由于我国的社会主义公有制是建立在政治、经济、文化都十分落后的基础上的,不可能在短时间内完全消除社会不公正,所以,不断完善和发展社会主义公有制经济始终是党和政府的中心任务。巩固和完善生产资料公有制,就从根本上保证了我国所有劳动者成为生产资料的平等占有者,有利于提高劳动积极性、发展社会生产力、增强我国经济实力和民族凝聚力、防止两极分化、逐步实现共同富裕。但是,在我国当前生产力水平不够发达的条件下,解决十几亿人的吃饭问题、就业问题以及增加收入、改善生活等问题,光靠公有制经济是难以做到的。所以,本着生产关系必须同生产力发展水平相适应的社会发展法则,应该鼓励、支持、引导非公有制经济。发展非公有制经济,有利于促进市场竞争,推动产业结构的优化和升级,促进国民经济快速发展;有利于引进吸收先进技术与管理经验,促进国际经济合作;有利于调动人民群众和社会各方面的积极性,方便人民生活,扩大就业,维护社会稳定,等等。因而坚持公有制经济的主体地位并不排除非公有制经济在一定程度上的发展作为补充形式。

4. 以人民利益的实现为最高标准

社会主义制度的公正性就在于社会主义事业是人民的事业,社会主义制度所做的一切都是为了人民的利益。一个社会是否具有社会主义的性质,根本的标准就在于它是否以无产阶级和广大劳动人民的根本利益要求作为自己制度建设和政策制定的价值导向。维护和实现人民的根本利益,是中国特色社会主义公正价值的出发点、重要内容,也是判断当前政策、体制等是否合理、公正的根本标准。实现人的利益,也就是社会各项建设要维护人的尊严、保障人的自由、促进人的发展、崇尚人的解放。如果不能实现人民的根本利益要求,我国的社会主义也就失去了公正性、合理性,人民对社会主义是一个公正社会的信念就会动摇,我国的社会主义社会的性质就可能受到怀疑。当前,我国人民仍然处于社会分工之中,扮演不同的社会角色、占有不同的社会资源、面临不同的发展机遇。这样,各个地区、部门乃至公民都有自己特殊的利益,这些特殊利益与共同利益之间必然存在矛盾,社会成员在理论上地位的平等,在现实中不可能完全实现。因而,在巩固和完善生产资料公有制的过程中,加强利益协调机制建设是非常重要的工作。只有这样,才能够更好地兼顾不同社会群体新的利益需求、减少干群之间的对抗、城乡之间的差别以及弱势群体与精英群体之间的分化。拿我国农民收入增收缓慢问题来说,必须加大农村各项体制改革力度,以惠农为本,使农民有其利、有其权、有其教。

5. 以劳动人民的共同富裕为最终目标

与资本主义制度的剥削必然造成两极分化根本不同,社会主义强调以共同富裕作为社会主义社会公正的根本目标和原则,确保社会各阶层共享社会发展成果。社会主义的优越性,除了它容许社会生产力以前所未有的速度得到发展以外,还强调社会主义的致富是全民共同致富。离开共同富裕,离开劳动人民的根本利益,发展生产力就没有任何实际的意义。这就是说,共同富裕在本质上体现了社会主义公平正义。社会主义制度的合理性、公正性就在于消灭了剥削制度,保证全民共同富裕。只有社会主义才能消灭剥削,消除两极分化,最终达到共同富裕,实现经济上以至政治和文化上的公平正义。作为社会主义公正目标的共同富裕,首先是公平与效率的有机统一。一方面通过"共同"要求保证所有社会成员都享有社会物质财富,强调公平;另一方面通过"富裕"明确提出应该通过采取各种有效措施来不断地提高社会生产力,增加社会物质财富,强调效率。既不能靠牺牲效率(生产力的发展)来谋求所谓的公平,也不能靠牺牲公平(利益关系的协调)来谋求所谓的效率。而应该在效率中求公平,在公平中促发展。只强调公平而否定效率,同只强调效率而否定公平一样,都是与社会主义所应遵循的公正原则相背离的。社会主义公平和效率问题的合理解决有赖于发挥社会主义优越性的制度改革。其次,共同富裕不是全体社会成员同时富裕,也不是同步富裕,更不是同等富裕。共同富裕是有利益差别的共同富裕,共同富裕目标的实现是一个较长历史发展的动态过程。在走向共同富裕的过程中,人与人、地区与地区之间不能齐步走,要允许和鼓励一部分人、一部分地区依靠诚实劳动与合法经营先富起来,由他们带动其他人和其他地区走向共同富裕。最后,共同富裕不等于平均主义,要求全社会树立科学的社会公正理念。

6. 以社会制度的建设为根本保障

社会制度与社会公正具有内在统一性。一方面,社会公正是社会制度产生和存在的价值目标,是社会制度创新的内在动力之源。只有体现平等和公平的社会制度,才能得到大多数人的认同和遵守,才能有效地规范和调整社会上人与人之间、不同利益群体之间的关系,从而保证社会的良性发展。另一方面,社会制度又以其激励、约束、协调等功能,为社会公正理念的生成和平等社会关系的建立提供基本的前提条件,并为社会公正的实现和巩固提供客观保证。所有的社会工作及其成果只有通过一定的制度安排和制度运行,才能转化为社会成员的具体权利和利益,才能使社会公平正义得到实质性的推动和促进。所以,加强制度建设,是正确处理利益关系、解决利益矛盾、促进和保障社会公正最根本、最有效的途径。

笔者认为,促进社会公正,当前我国政府应该重点抓好以下六项制度建设:

其一,巩固公有制和按劳分配为主体的社会主义基本经济制度。坚持和完善公有制的经济基础和按劳分配的分配原则,才能从根本上消除剥削制度所必然产生的种种贪婪、腐败和不公正的现象,为促进公平正义奠定雄厚的物质基础,最终保证人们共同占有生产资料、共同占有劳动成果、共同治理国家事务、共同享用文明成果的自主联合的平等关系。

其二，坚持和完善人民民主的基本政治制度。这样才能更好地从各个层次、各个领域丰富民主形式，拓宽民主渠道，扩大公民有序政治参与，依法保障公民的知情权、参与权、表达权、监督权。如果没有社会主义基本政治制度所保障的人民民主，就不可能有人们之间的政治、经济、文化和社会等方面的公正。

其三，完善收入分配制度，建立健全利益协调机制。我国目前地区之间、城乡之间、不同行业之间的社会成员收入差距持续扩大，城镇贫困人口有所增加，各种灰色收入、不合法收入、行业垄断性收入数量大，透明度低，已经成为滋生腐败、不公正和社会不稳定因素的土壤。所以要通过收入分配政策和税收政策等手段调节过高收入，防止由于收入差距过大而导致贫富悬殊和两极分化，影响社会稳定和社会发展。缩小收入差距，不仅要着眼于缩小居民间人均生活水平的差距，也要着眼于为弱势群体和弱势地区的居民提供更多的机会，并使他们享受应得的权利。

其四，完善公共财政制度，逐步实现基本公共服务均等化。这样有助于调整财政支出结构，把更多财政支出投向公共服务领域，把更多的资金用于"三农问题"、劳动就业、社会保障、公共服务等最基本民生问题的解决。应该说，我国政府开始注重通过制度化设计来解决这些难题，以对区域的低收入群体给予更多的公共财政倾斜为例，2008 年中央财政用于"三农"支出达到了 5955 亿元，2009 增加到 7161 亿元，2010 年达到了8183.4 亿元，2011 提高到 10408.6 亿元，2012 增加到 12286.6 亿元，2013 年安排 13799 亿元①。同时，逐步扩大公共财政覆盖农村的范围，城乡基本公共服务均等化取得实质性进展，农村的文化、教育、卫生、社保等社会事业取得显著进展。

其五，完善义务教育和职业教育制度，大力促进教育公平。教育在城乡之间、地区之间以及自身系统内部各要素之间的不协调，是城乡差距、地区差距、群体差距的重要反映，教育公平因此成为社会公平的基本环节。大力促进教育公平，可以保证教育公益性质，保证人民享有接受良好教育的机会，保障困难家庭子女和进城务工人员子女平等接受义务教育。针对城乡教育、区域教育以及群体教育的现实差距，要合理分配教育

---

① 中国新闻网 2013 年 3 月 8 日。

资源,不断深化教育体制改革,加大基层教育经费投入。可喜的是,中央在先免除中西部农村地区义务教育学杂费的基础上,进一步免除了全国所有农村义务教育学杂费。从2009年秋季开始,对中等职业学校农村家庭经济困难的学生和涉农专业学生免学费,从2007年开始教育部批准全国六所直属师范院校培养免费师范生①,这都是促进教育公平的重要举措。这些措施有待继续和完善。

其六,完善司法体制和工作机制,维护社会公平正义。社会公共权力运用失当问题的直接原因在于司法体制不够完善。因而,深化司法体制改革,规范司法行为,能更好地坚持司法为民,公正司法,更好地开展各项政法工作,保证国家法律的有效实施,切实化解社会矛盾,维护群众利益。

总体而言,社会公正的实现是一个由初级阶段到高级阶段循序渐进的过程。就中国目前现实的物质基础条件而言,高级或中级水准的社会公正一时还达不到。所以,尚需大力推进社会经济的发展,在发展中解决社会不公问题;加强制度建设,从制度层面保证一个公正的社会环境。同时,基础层面的、初级水准(低水平、广覆盖)的社会公正必须加快建设的步伐。

前文已述,西方马克思主义在对马克思主义进行重新阐释和对资本主义进行深刻批判的过程中,提出了解决现代性危机的公正社会愿景。我们需要不拘泥于学界的论争而扬弃西方马克思主义公正观的合理资源,立足文本大胆对话,直面当代中国社会公正问题,确证适应国情的公正理念,提出适合实际的公正对策。在笔者看来,西方马克思主义公正观具备积极性与反思性两个向度的中国意义。其一,积极性的意义。西方马克思主义偏好从哲学世界观、消费主义文化和人的生存方式等方面对资本主义现代性以及与之相应的社会不公问题展开研究。这启发我们,在中国社会主义现代化建设中需要加强规制建设,注重从社会体制、文化价值观(包括科技观、需要观、消费观、劳动观、幸福观、自然观)等方面分析社会公正问题产生的具体原因及其解决办法。其二,反思性的意义。西方马克思主义尤其重视文化价值批判和伦理批判,因而其公正观难免带有抽象的道德说教和乌托邦的缺陷。建构公正社会,如果放弃社会革命和变革的根本道路,一味寄希望于人的心理、观念和日常生活的微观调

---

① 迄今,这6所师范院校已招收7.2万人,毕业生91%以上到中西部任教。参见http://www.egu.hc360.com,2013年11月15日。

节,那么,最终只能是个人主义对现实的无力挣扎。因此,解决当代中国社会的社会公正问题,必须彻底消灭私有制,必须坚持科学发展观,必须培育人们的社会公正意识,必须维护社会体制公正。

这就是说,解决当代中国社会的社会公正问题无疑必须始终坚持马克思社会公正思想的指导,但是,这并不排除对西方马克思主义公正观有益资源的合理借鉴。

二、解决当代全球性公正问题的一面旗帜

马克思社会公正思想不仅是解决当今中国社会公正问题的思想指南,而且是解决当代全球性公正问题的一面旗帜。正如西方学者所指出:"在世界伟大的思想家的行列里,马克思毫无疑问是属于其中的一员……马克思的确是一位改变了社会思想方式的人,包括历史学的、社会学的以及经济学的。就如同柏拉图改变哲学思想的景观或弗洛伊德改变心理学走向一样。"①马克思的思想具有无限魅力,一个很重要的原因在于:其社会公正观是具有全球视野的公正理论,它能指导人们科学认识当代全球性公正问题的实质和根源,以及找到解决问题的正确对策。

(一)马克思社会公正思想的全球视野

尽管马克思没有直接运用"全球化"这类术语,但他的论著中不乏"世界交往"、"世界市场"、"一切民族"、"世界历史性"、"全人类"以及"一切国家"等体现全球视野的范畴。

在《德意志意识形态》中,马克思曾论及,共产主义有两个最基本前提之一便是世界交往的形成。这种交往使"地域性的个人为世界历史性的、经验上的普遍的个人所代替"②。

在《共产党宣言》中马克思恩格斯还对资本生产力的全球性影响作过

①[美]罗伯特·耐尔·海尔布隆纳、莱斯特·瑟罗:《经济学的秘密》,秦海译,海口:海南出版社2001版年,第35—38页。

②《马克思恩格斯文集》第1卷,北京:人民出版社2009年版,第538页。

精辟的论述："资产阶级,由于开拓了世界市场,使一切国家的生产和消费都成世界性的了。""资产阶级,由于一切生产工具的迅速改进,由于交通的极其便利,把一切民族甚至最野蛮的民族都卷到文明中来了。"①这里意味着,资本是一种国际力量,资本主义生产方式促成了世界历史进程。

在《国际工人协会共同章程》中马克思指出："劳动的解放既不是一个地方的问题,也不是一个国家的问题,而是涉及存在现代社会的一切国家的社会问题,它的解决有赖于最先进各国在实践上和理论上的合作。"②也就是说,无产阶级的解放事业是属于全人类的,它的成功有赖于各个民族国家的通力合作。

即使是马克思在晚年时期为进一步研究所写的《人类学笔记》和《历史学笔记》中,马克思的思想与其在《德意志意识形态》、《共产党宣言》、《资本论》等著述中所反映出来的思想也完全一致,即必须从世界历史的视角来看待和论证无产阶级的解放条件,共产主义是以世界历史成为真正的世界历史为前提条件的。因此,试图闭关自守在一国建成共产主义是不可能的。

马克思从实现共产主义的现实前提出发,开创了唯物主义解释"民族历史"向"世界历史"转变的先河,形成了马克思主义的世界历史理论:世界历史作为人类社会历史总体性的动态发展过程,是人类社会发展的必然趋势。这是由生产方式发展的内在规律决定的,是生产力自身运动发展的结果。世界历史的形成和发展,从本质上说,是资本的无限增殖和扩张本性的外在表现。资本主义开创了世界历史,但资本主义本身固有的难以克服的历史局限决定了它不能实现人的真正解放,世界历史发展的前途只能是共产主义,即社会主义、共产主义是世界历史性的事业。

马克思以唯物史观为基础的世界历史理论是马克思主义全球化思想的源头。马克思主义全球视野贯穿在马克思的全部思想中,因之,也贯穿在马克思社会公正思想中。

1. 从理论前提来说,马克思社会公正思想是人类先进文化的结晶

马克思主义的三大组成部分——哲学、政治经济学和科学社会主义直接以人类文明成果为理论前提,对此,列宁指明:"马克思学说是人类在

①《马克思恩格斯文集》第2卷,北京:人民出版社2009年版,第35页。
②《马克思恩格斯文集》第3卷,北京:人民出版社2009年版,第226页。

19世纪所创造的优秀成果——德国的哲学、英国的政治经济学和法国的社会主义的当然继承者。"①它从黑格尔和费尔巴哈那里获得了辩证唯物主义的思想武器、从李嘉图和斯密那里获得了劳动价值论的科学基础、从欧文、圣西门、傅里叶的理论中获得了关于科学社会主义的天才创新,它批判地吸取了先前思想家所创造的一切优秀成果,并在现代资本主义的历史条件下加以创造性的发展,最终使社会主义从空想变为科学。马克思说:"应该承认,德国的无产阶级是欧洲无产阶级的理论家,正如同英国无产阶级是它的经济学家,法国无产阶级是它的政治家一样。"②恩格斯也深刻地指出,"科学社会主义的产生,一方面必须有德国的辩证法,同样也必须有英国和法国的发达的经济关系和政治关系。德国的落后的——40年代初比现在还落后得多——经济和政治的发展阶段,最多只能产生社会主义的讽刺画。……只有在英国和法国所产生的经济和政治状况受到德国辩证法的批判以后,才能产生真正的结果。因而,从这方面看来,科学社会主义并不完全是德国的产物,而同样是国际的产物,"③是全球的产物。显然,全球性的理论前提决定了马克思社会公正思想的全球性指南意义。

2. 从理论诉求来说,马克思社会公正思想是指导全球无产阶级改造旧世界的武器

马克思社会公正思想以资本主义社会为批判对象,以改变不公正的资本主义世界为存在根基和生命力。资本增值和扩张的本性,使得资本主义的发展不断打破民族国家的界限。在剥削、压迫、反对和镇压各国无产阶级和劳动人民的方面,各个民族国家的资产阶级的利益是一致的,而且常常联合在一起。因此,在总结巴黎公社革命这一阶段性的社会主义运动时,马克思恩格斯指出:"无论是法国人、德国人或英国人,都不能单独赢得消灭资本主义的光荣。如果法国——可能如此——发出信号,那么,斗争的结局将决定于受社会主义影响最深、理论最深入群众的德国;虽然如此,只要英国还掌握在资产阶级手中,那么,不管法国还是德国,都

---

① 《列宁选集》第2卷,北京:人民出版社1995年版,第309–310页。

② [德]魏特林:《现实的人类和理想的人类,一个贫苦罪人的福音》,胡文建等译,北京:商务印书馆1984年版,译者前言。

③ 《马克思恩格斯文集》第3卷,北京:人民出版社2009年版,第495–496页。

还不能保证最终赢得胜利。无产阶级的解放只能是国际的事业。"①无产阶级作为现代资本主义的产物，始终以资产阶级的对立面而出现，资本主义压迫和剥削的全球性决定了无产阶级反抗和斗争的团结性、联合性、全球性。这就是说，工人阶级就其本性来说是世界历史的，他们的经济状况是世界的，阶级敌人是全球性的，解放的条件也是国际的。无产阶级的运动是全人类的事业，联合斗争是各国无产阶级所要坚持的重要原则。换言之，无产阶级要获得自身的彻底解放，单靠一个国家无产阶级的团结是不行的，只有全世界被压迫民族联合作战，才能真正形成对抗资产阶级的革命力量。革命的实践需要革命的理论，马克思社会公正思想历史地成为了全球无产阶级改造资本主义旧世界的强大理论武器。

3. 从理论旨趣来说，马克思社会公正思想是全人类解放事业获得成功的精神动力

马克思思想体系的宗旨是达到全人类的解放，是全球所有民族国家的无产阶级共同实现解放，而不是个人、集团或某个阶级的解放。而人类解放的基本内容无疑是人类获得自由，马克思就此在《共产党宣言》中所提出的"自由人联合体"就是其共产主义思想的价值目标，即人类社会历史的发展方向是实现共产主义公正社会。事实证明，在人类历史由民族历史转向世界历史的过程中，马克思社会公正思想对无产阶级解放事业的指南意义逐步彰显出来，马克思的社会主义观、共产主义观成为激励无产阶级不断奋斗的伟大旗帜。19世纪40年代至80年代，马克思社会公正思想在欧洲思想文化的碰撞中以及无产阶级革命的洗礼中得以产生和成熟。19世纪80年代以后，马克思主义广泛传入俄国，与俄国的实际相结合，产生了俄国化的马克思主义——列宁主义，正确指导了苏维埃政权的建立。纵观20世纪，人类经历了残酷的两次世界大战的浩劫，也经历了大国间冷战对峙的磨难，付出了巨大代价。人们再也不愿意看到世界上任何地区发生新的冷战、热战和动乱，渴望拥有一个持久和平、共同繁荣的和谐世界。这促使马克思主义在亚洲、欧洲、拉丁美洲及非洲广泛传播，并逐渐与当地的历史条件相结合，产生了当地的社会主义政权和思潮。因之，马克思主义从西欧走向全世界，并在后来者的实践中被不断丰

①《马克思恩格斯文集》第10卷，北京：人民出版社，2009年，第655-656页。

富和发展,马克思社会公正思想为无产阶级解放事业服务的宗旨得到较大程度的体现。

由上可以断定,以解放全人类为宗旨的马克思社会公正思想植根于全球实践的发展,也必将在指导全球实践的发展中得到丰富和深化。

(二)当代全球性公正问题的实质分析

资本主义时代的世界历史发展实际上是资本全球化的过程。全球化是随着现代化大生产发展而出现的一种不以人的意志为转移的客观趋势,它既有利于资本主义在全球的扩张,同时为资本主义最终灭亡、社会主义在全球的胜利创造条件。然而,资本主义的全球化是把双刃剑,它不可能使世界上所有国家、所有民族都现代化,都摆脱贫困,只有西方发达国家是全球化的最大受益者。事实上,资本的本性使全球化导致了国际社会的贫富两极分化,而且富国和贫国、富人和穷人之间的差距愈来愈大,矛盾愈来愈尖锐,它使整个资本主义历史时代中充满着以各种形式出现的、完全和不完全的、直接和间接的依附关系以及不平等关系。这种情形在今天已愈演愈烈,出现了诸如全球失序、人口剧增、生态危机、资源短缺、毒品泛滥、暴力犯罪、恐怖活动、核武器扩散等一系列全球性的、发展中的问题。实际上,在一个半世纪前,马克思就对全球性社会公正问题的实质和根源进行了深刻的揭示。马克思对全球性不公正问题的考察是立足于"大唯物史观"[①]视野的,这里的"大唯物史观"不仅仅关涉人与人、人与社会关系,还涉及人与自然的关系。笔者理解,按照马克思的相关论述,可以把全球性不公正问题概括为生态环境问题、贫富分化问题以及文化冲突问题这样三大方面。

1.反生态性工业文明造成全球生态环境问题

马克思关注人与自然的关系,他形象地把自然比喻为人的"有机身体"之外的"无机身体",认为"自然界是人为了不致死亡而必须与之处于

---

① 这种提法受安启念先生启发。在他看来,马克思对唯物史观的理解,远不局限于社会历史,对社会历史的唯物主义解释只是其唯物史观思想的一个方面,他理解的唯物史观包括自然界、人和人类社会,是一种涵盖范围更大的唯物史观。安启念:《新编马克思主义哲学发展史》,北京:中国人民大学出版社2004年版,第66页。

持续不断地交互作用过程的、人的身体。所谓人的肉体生活和精神生活同自然界相联系，不外是说自然界同自身相联系，因为人是自然界的一部分"①。也就是说，人作为生命存在物，是源于自然的，是自然界长期分化的产物，同时人存在于自然界，对自然界有着天然的无法摆脱的依赖性。因此，实现与自然和谐相处，像爱护自己的生命一样爱护大自然是人类的职责。但是，在资本主义工业文明的发展中，自然界的优先地位被资本抛弃了，出现了大量的破坏自然界的环境问题。恩格斯在《英国工人阶级状况》中对资本主义城市化进程所带来的空气污染、水污染、垃圾遍地、住宅杂乱、道路拥挤以及劳动环境危害工人健康等都有过大量论述。他还提到英法美德等主要资本主义国家存在地力耗损、森林消失、气候改变、江河淤浅等环境问题，向人们发出了警告。根据马克思在《资本论》中的大量论述，这些生态环境问题在当时主要有六种②：其一，地力枯竭，土地荒芜；其二，河流污染，江河淤浅；其三，森林消失，气候变迁；其四，排污失控，空气污染；其五，工人居住环境肮脏；其六，工人作业环境恶化。深入而言，这些问题的严重性警示人类，如果现代经济发展再任意蹂躏自然，最后只能自取灭亡。美国学者弗·卡特等人在《表土与人类文明》中，考察了历史上曾经有过的20多个文明的兴衰过程，得出的结论是：尽管诸如战争、政治、经济等因素也可以对人类的生存构成重大影响，延迟人类发展进程，但一般不至于毁灭人类，唯有生态环境问题，它有可能在悄无声息中摧毁人类。可见，马克思当时就揭示了的、直到今天全球仍然存在的生态环境问题对人类的生存和发展的影响非同一般。

马克思不仅以深厚的人道情怀和睿智的哲学眼光，密切关注人类生态环境问题，而且站在唯物辩证的高度对这些难题的社会根源进行了深刻剖析。马克思认为，人与自然的关系是受社会形态制约的。人与自然之间的对立与冲突根源在于人与人之间的对立和冲突。从根本上说，与现代工业文明相伴随的生态环境问题是由资本主义制度造成的。由于资本主义私有制固有的矛盾，资本家对利润的贪欲和整个生产的无政府状态，不可避免地造成人与自然、人与人之间的对立，带来对自然环境的破坏，造成严重的生态危机。具体说来，现代工业文明的反生态性突出地表

①《马克思恩格斯全集》第3卷，北京：人民出版社2002年版，第272页。
②参见杜秀娟、陈凡：《论马克思恩格斯的生态环境观》，载《马克思主义研究》2008年第12期，第81页。

现在三个方面："第一,社会生产过程中向环境索取太多,已远远超出环境的承载限度,并且是用一种有害的方式进行索取,造成大量物种消失,使人类日益面临第六次生物大灭绝的窘境;第二,社会产品生产需要的能源太多,每天世界范围内的经济生产所烧掉的能量是我们这个星球用一万年时间才能创造积累出来的,且能源消耗过程中产生的毒素和污染物过多;第三,社会的生产方式和产品本身也产生超量的废物,有些甚至是地球需要经过万余年才能降解的废弃物,这严重危害着包括人类在内的所有物种的现实安全以及我们子孙后代的生存安全。"①这就是说,在资本主义生产方式中,资本出于对利润的天然偏好,必然导致其在生产、交换、分配和消费的全过程中疯狂地掠夺和使用自然资源,带来大量的废弃物,造成严重的环境污染。

现代工业文明的反生态性并不是现代工业文明本身天然固有的,而是现代工业文明所依附的社会制度——资本主义私有制所造成的。人与自然对立状态的消弭将取决于人与人的社会关系的重塑,为此,马克思恩格斯指出:"需要对我们的直到目前为止的生产方式,以及同这种生产方式一起对我们的现今的整个社会制度实现完全的变革。"②只有这样,人与自然才能在更高层次上实现和谐共生的图景。

2. 贪婪性的资本扩张造成全球贫富分化问题

马克思从唯物史观的社会基本矛盾运动视角对全球生态危机的生成给出了根本依据,从资本主义生产方式的变革对全球生态环境问题的出路给出了解答方案。但是,随着世界历史进程的发展,资本主义市场经济由一国发展到多国的时候,生发了越来越突出的贫富分化问题。在马克思的视野中带来这一切的恰恰是资本及其运动。

马克思指出:"如果说自由贸易的信徒弄不懂一国如何牺牲别国而致富,那么我们对此不应该感到意外,因为这些先生们同样不想懂得,在每一个国家内,一个阶级是如何牺牲另一个阶级而致富的。"③"自由竞争在一个国家内部所引起的一切破坏现象,都会在世界市场上以更大的规模

① 黄志斌、任雪萍:《马克思恩格斯生态思想及当代价值》,载《马克思主义研究》2008年第7期,第49页。

②《马克思恩格斯文集》第9卷,北京:人民出版社2009年版,第561页。

③《马克思恩格斯文集》第1卷,北京:人民出版社2009年版,第758页。

再现出来。"①这是马克思对当时由于资本扩张所造成的世界范围内的收入分配不平等和两极分化问题所作的精辟论述。在马克思看来,资本主义积累必然造成社会的分化与对立,导致在社会的一极积累财富,在另一极积累贫困。今天,这一趋势不仅在发达资本主义国家表现为社会分化和贫富悬殊,而且在全球范围内表现为南北之间的分化与对立。因此,全球贫富分化问题有以下两个层次:

其一,一个国家以内的贫富分化问题。在马克思看来,在资本主义国家中,资本家拥有生产资料,是社会财富的享有者,工人丧失生产资料,除了自己的人身自由一无所有,只有靠出卖自己的劳动力才能维持生存。作为人格化资本的资本家和作为劳动力商品的工人处于资本主义贫富分化的两极,资本家是富裕的一极,而工人是贫穷的一极。今天,主要发达资本主义国家,特别是美国,收入分配不平等和两极分化日趋扩大的现实,再次证明了马克思分析的科学性、现实性和前瞻性。有数据显示,在1973年,20%最富有的家庭收入占美国总收入的44%;而到了2002年,这一比重已增至50%。对社会最下层的20%的家庭而言,他们的收入占美国总收入的比例则从1973年的4.2%,降至2002年的3.5%②。另据美国2006年人口普查披露的资料,美国10%最富有人口的收入占国民收入的份额达到了自20世纪30年代大萧条以来的最大额——48.5%;1%最富有人口的收入占国民收入的份额达到了自1928年以来的最大值——21.8%,比前一年增加了19.8%,比1980年增加了1倍多;0.1%最富有的30万人口的收入相当于1.5亿低收入人口的全部收入,其平均收入相当于另一半人口平均收入的440倍,这一贫富差距25年来翻了近一番③。而美国学者约翰·卡西迪关于美国贫富分化的情况研究显示:"1980—1996年,美国最富裕的5%的家庭在家庭总收入中所占的比例从15.3%上升到20.3%,而最贫困的60%的家庭在家庭总收入中所占的比例则从34.2%下降到30%,这些变化代表了一个前所未有的从穷人到富人再分配——每一个百分比的变化代表了大约380美元。"他因此认为,"这些数字表明马克思最有争议的观点——贫困化理论——可能东山再起。正如许多批评

---

①《马克思恩格斯文集》第1卷,北京:人民出版社2009年版,第757页。
②参见新华网2004年8月23日。
③宋小川:《论当前美国社会的收入分配不平等和两极分化》,载《马克思主义研究》2008年第6期,第77页。

家指出的,他并不认为在资本主义制度下,工资永远也不会提高,但他确实说过利润的增加比工资提高迅速,因而在长时期里,工人与资本家相比将变得更为贫困,这恰恰是最近20年所发生的事情。"[1]据美国有线电视新闻网2011年2月16日报道,过去20年90%美国人的实际收入没有增长,占美国人口1%的富人收入却增长了33%。因此,2011年9月17日所爆发的席卷全球的"占领华尔街运动"的标志性口号就是"99%对1%的抗争"。可见,现代资本主义国家,财富不平等情况相当严重。

其二,国家之间的贫富分化问题。发达国家利用不公正、不合理的国际经济旧秩序和在经济全球化中的主导地位损害发展中国家利益的现象比比皆是,资本主义国家之间的贫富差距发展到今天更是令人触目惊心。有数据显示,从个人收入和消费来看,当今世界三大富豪比尔·盖茨(500亿美元)、沃尔顿家族(480亿美元)和沃伦·巴菲特三家的财富共1560亿美元,超过阿富汗、也门、赞比亚等48个最贫困国家的国民生产总值,大约相当于全球6亿居民的收入总和。世界上200个最富有的人所拥有的财富在过去4年内增加了1倍,达到了1万亿美元。世界358个亿万富翁拥有的财富,相当于25亿人的所有财产。世界上低收入国家人口占世界人口的35%,其国民生产总值仅占世界国民生产总值的2.4%,而高收入国家人口仅占世界人口的15.9%,其国民生产总值占世界国民生产总值的79.5%。全世界最富有的1/5人口占世界国民生产总值的86%、出口的82%、外国直接投资的72%。占世界总人口1/5的富人现在消费着全世界86%的商品和服务、38%的能源、80%的纸张、45%的鱼和肉、87%的汽车、85%的木材和75%的金属加工总量。占世界人口1/5的穷人仅消费全球货物的1.3%、鱼和肉的5%[2]。此外,据联合国开发计划署发表的2002年度《人力发展报告》,最富有国家与最贫穷国家收入之间的差距,在1992年是75:1,2001年是100:1。据世界银行《2003年世界发展报告》,世界上最富裕的20个国家的平均收入已经是最贫困的20个国家的37倍。

至于全球贫富分化问题的根源,美国社会学家沃勒斯坦和霍布金斯在其《现代世界体系》一书中认为,资本主义生产商之间为争夺劳动力、原料和市场所进行的日趋复杂、激烈的竞争,最终将世界划分出贫困地区和

---

① 俞可平:《全球化时代的"马克思主义"》,北京:中央编译局出版社1998年版,第8页。
② 参见《南北差距严重程度令人吃惊》,载《文汇报》2004年9月4日。

富有地区,把世界各国纳入到不平衡发展着的世界经济之中。这种不平衡的发展将世界分为三种相互联系的社会,即中心社会、边陲社会和半边陲社会。每个西方国家和非西方国家都是这个世界体系的结构要素。各个国家之间的经济活动关系就是世界体系内部的资本积累过程。资本积累的特征和结果是,"经济剩余"不断从边陲国家和半边陲国家转移到西方中心国家,以至后者越来越发达,前者越来越不发达。这是世界体系的总体规律①。然而,马克思在《资本论》中作了比其深刻得多的解释:积累、增殖、扩张、追求剩余价值,是资本的本性。正是资本不断盲目扩张的贪婪本性造成了社会财富的两极分化。对于资本的这种贪婪本性,马克思指出:"作为资本家,他只是人格化的资本。他的灵魂就是资本的灵魂。而资本只有一种生活本能,这就是增殖自身,获取剩余价值,用自己的不变部分即生产资料吮吸进可能多的剩余劳动。资本是死劳动,它像吸血鬼一样,只有吮吸活劳动才有生命,吮吸的活劳动越多,它的生命就越旺盛。"②这就是说,冲破资本主义社会制度的藩篱,我们能够清楚地发现,资本对利润的贪婪本性驱使资产阶级变本加厉地增加自己的财富,无产阶级只能仅仅是创造财富的工具;驱使资产阶级奔走于世界各地,到处落户,到处开发,所到之处的落后国家和民族最终成为发达国家的附庸。但是,这些在资本主义制度之内是无法解决的,资本"首先生产的是它自身的掘墓人"③。贫富差距拉大使得资本主义固有矛盾不断激化,资本主义社会的灭亡是必然的事情。

3. 殖民性的文化发展造成全球文化冲突问题

在马克思看来,精神生产(即狭义的文化发展)是人类生产实践的一个组成部分,所以,他曾精辟地指出:"一切生产力即物质生产力和精神生产力。"④并在《德意志意识形态》一书中将人类的生产分别称为"自己生命的生产"(人的物质生活资料的生产)、"他人生命的生产"和"思想、观念、意识的生产"。其中所谓"思想、观念、意识的生产"指的是精神生产。关于精神生产,马克思在《德意志意识形态》中论述道:"思想、观念、意识的

---

① 参见王东等主编:《马克思主义与全球化——〈德意志意识形态的当代阐释〉》,北京:北京大学出版社2003年版,第329页。

② 马克思:《资本论》第1卷,北京:人民出版社2004年版,第269页。

③《马克思恩格斯文集》第2卷,北京:人民出版社2009年版,第43页。

④《马克思恩格斯全集》第30卷,北京:人民出版社1995年版,第176页。

生产最初是直接与人们的物质活动,与人们的物质交往,与现实生活的语言交织在一起的。人们的想象、思维、精神交往在这里还是人们物质行为的直接产物。表现在某一民族的政治、法律、道德、宗教、形而上学等的语言中的精神生产也是这样。"①他还指出:"分工是迄今为止历史的主要力量之一,现在,分工也以精神劳动和物质劳动的分工的形式在统治阶级中间表现出来,因此在这个阶级内部,一部分人是作为该阶级的思想家出现的。"②在1874年底到1875年初写的《巴枯宁〈国家制度和无政府状态〉一书摘要》中又提出了"精神方面的生产力"问题,并把语言、文学、技术包括在此种生产力之列③。马克思的这些论述,指明了文化发展是人类生产实践的重要内容,直接提出了精神生产和精神生产力的概念,揭示了精神生产的内涵,即以创造精神文化产品为直接目的的活动。

随着全球化经济文化交往的普遍化,各民族文化都将逐步克服区域性界限,产生碰撞互动作用。诚如马克思在《共产党宣言》中所指出:"民族的片面性和局限性日益成为不可能,于是由许多种民族的和地方的文学形成了一种世界的文学。"④同时,马克思断言:"占统治地位的思想不过是占统治地位的物质关系在观念上的表现,不过是以思想的形式表现出来的占统治地位的物质关系。"⑤在人类历史走向世界历史的过程中,物质生产和科学技术较发达的资本主义国家在文化交流和文化发展方面必然处于优势地位。全球化是由人格化的资本主导的,其进程必然伴随着资产阶级文化的扩充和延伸,最终造成资本主义强势文化与发展中国家弱势文化的对抗与矛盾。

在面临文化冲突这一问题的今天,有西方学者指出:"文化成了一种舞台,上面有多种多样的政治和意识形态势力彼此交锋。文化决非什么心平气和、彬彬有礼、息事宁人的所在;毋宁把文化看做战场,里面有多种力量崭露头角,针锋相对。"⑥这里昭示出,在马克思时代初露端倪的世界民族文化交流活动随着资本主义的发展逐步出现了文化冲突问题。有关材料显示,美国目前已经控制了世界75%的电视节目和60%以上的广播节目的生

---

① 《马克思恩格斯文集》第1卷,北京:人民出版社2009年版,第524页。
② 《马克思恩格斯文集》第1卷,北京:人民出版社2009年版,第551页。
③ 参见《马克思恩格斯文集》第3卷,北京:人民出版社2009年版,第405页。
④ 《马克思恩格斯文集》第2卷,北京:人民出版社2009年版,第35页。
⑤ 《马克思恩格斯文集》第1卷,北京:人民出版社2009年版,第550页。
⑥ [美]爱德华·萨伊德:《文化与帝国主义》,载《马克思主义与现实》1999年第4期,第50页。

产和制作。许多国家的电视节目中,美国节目占到60%—70%,有的占到80%以上。美国是世界上传媒最发达的国家。目前全球访问量最大的100个互联网网站中,美国就占了90多个。美国媒体覆盖全球,美联社和合众国际社使用100多种语言,向全世界100多个国家和地区昼夜发布新闻。"美国之音"使用包括英语在内的52种语言,每周向世界各地约8600万听众播放1200小时,宣传美国的对外政策、社会文化和价值观。美国文化覆盖了全球网上信息资源的80%①,正如美国学者弗兰克·宁柯维奇在《文化外交》一书中所指出的:"文化手段和政治、经济、军事手段一样,不但都是美国外交政策的组成部分,在大国间军事作用有限的情况下,特别是在现代核战争中无法严密保护本国不受报复的情况下,文化手段尤其成为美国穿越障碍的一种更加重要的强大渗透工具。"②其对其他国家的人民产生了怎样的结果呢? 对此,美国卡通文化研究者伯克指出:"美国的生活方式正是他们所想要的,美国人的优越性是自然而然的,符合每一个人的最佳利益。"③这说明,具有强大物质实力的国家,在文化上也必定有强大的实力,具有强大物质实力的资本主义国家,也总是希望在文化上垄断全球。

可见,当前这种"文化冲突"主要基于如下两方面的事实:一方面,世界历史由现代资本主义发展开创,西方发达国家利用自己在世界体系中占据明显的优势地位,力图把西方文化的种种作用在世界范围内贯彻到底,从而把全球化变成用西方文化来同化世界的过程。正如马克思所说:"资产阶级……它迫使一切民族——如果它们不想灭亡的话——采用资产阶级的生产方式;它迫使它们在自己那里推行所谓的文明,即变成资产者。一句话,它按照自己的面貌为自己创造出一个世界。"④另一方面,民族文化往往是一个民族国家的民族情感、民族自尊的根基,全球化过程中处于不利地位的发展中国家总是极力维护自身的主权和独立地位,因而在文化上必然会出现强化民族文化的特殊性以抗拒西方文化的趋势。

概而言之,所谓"全球文化冲突问题"指的是西方强势国家通过不对等交往关系在文化上控制弱势国家而激起的矛盾,在根本上,是文化霸权主义造成的,是发达国家强迫发展中国家接受他的文化而不认同自己的

---

① 金民卿:《西方文化渗透的程式与路径》,载《马克思主义研究》2008年第8期,第105页。

② 转引自张骥、韩晓彬:《论美国"文化霸权"的历史渊源与现实基础》,载《当代世界与社会主义》2001年第2期。

③ 转引自汤林森:《文化帝国主义》,上海:上海人民出版社1999年版,第81页。

④《马克思恩格斯文集》第2卷,北京:人民出版社2009年版,第35-36页。

文化的结果,是文化殖民主义遏制被殖民国家回归、认同自己的民族文化的结果,其实质是发达国家对不发达国家在文化发展方面的垄断。

关于全球文化冲突问题的根源,哈佛大学著名政治学家塞缪尔·亨廷顿认为是世界文明本身的发展。他在1993年夏所发表的《文明的冲突》一文中指出,冷战后全球政治在历史上第一次成为多极的和多文化的,文明之间的冲突将左右全球政治,冲突的基本根源不再是意识形态的或经济的争夺,而是文化方面的差异。在亨廷顿看来,相较于其他文明,西方文明过去是独特的,现在是独特的,永远是独特的。亨廷顿希望通过文化冲突本身来说明文化冲突问题,实质上是站在西方的立场为其文化帝国主义进行辩护,"就是要用西方文明围剿非西方文明,为西方的文化扩张提供理论依据"①。

当然,文化冲突已是不争的事实,但这只是错综复杂的世界冲突中的形式之一。国家冲突、阶级冲突、民族冲突、利益集团间的冲突,等等,这些冲突是不能用文化冲突来概括的。在文化冲突的形式之下,往往掩盖的是国家集团、利益集团和其他势力之间的冲突。对此,马克思早在《德意志意识形态》中予以了理论的说明:"我们的出发点是从事实际活动的人,而且从他们的现实生活过程中还可以描绘出这一生活过程在意识形态上的反射和反响的发展。甚至人们头脑中的模糊幻象也是他们的可以通过经验来确认的、与物质前提相联系的物质生活过程的必然升华物。因此,道德、宗教、形而上学和其他意识形态,以及与它们相适应的意识形式便不再保留独立性的外观了。它们没有历史,没有发展,而发展着自己的物质生产和物质交往的人们,在改变自己的这个现实的同时也改变着自己的思维和思维的产物。不是意识决定生活,而是生活决定意识。"②也就是说,在根本上,人们的精神生产和文化活动由现实的物质生产实践决定。资本主义国家由于物质生产和科学技术的发达,主导着世界市场,为了维护其资本野蛮侵略和残酷压榨世界民族的垄断地位,必然推行政治的霸权主义、文化的帝国主义。

所以,当今全球文化冲突问题的直接原因在于资本主义文化的发展,而深层次根源是整个资本主义经济的恶性膨胀。

---

① 王东:《马克思主义与全球化——〈意志意识形态的当代阐释〉》,北京:北京大学出版社2003年版,第413页。

②《马克思恩格斯文集》第1卷,北京:人民出版社2009年版,第525页。

（三）当代全球性公正问题的解决对策

如何解决当代全球性公正问题,在马克思那里是找不到现成答案的。但是马克思的社会公正思想为我们寻思相关对策提供了方法论基础,启发着我们解决问题的两大思路:其一,当代全球性公正问题,说到底是与全世界的发展尤其是资本主义的发展相伴随的问题,发展中的问题必须依靠继续发展予以解决。其二,解决全球性公正问题必须从理念重塑与实践安排及其统一着手。

就第一个方面来说,一些国家和不同阶层的人们面对全球化所凸显的贫富分化、环境恶化、民主退化、文化西化等问题,强烈抗议和反对全球化,打出诸如"建设一个更公正、更人道的世界"、"拒绝富国治理世界"、"反对新种族主义(富人优越论)"、"打倒跨国金融资本"、"关注地球"、"反对美国霸权"、"反对美国文化"等标语口号,实则表明,他们把全球性公正问题直接归因于全球化的负面效应,因而反对全球化,以为消解了全球化,就不会出现各种各样的社会公正问题。这种迷恋于表面现象的思维方式是无济于事的。其实,全球化是资本主义社会生产力发展的必然产物,是人类各种交往的不断扩大和深入。全球化促进了各国技术交流和全球生产力发展、提高了人类整体的生活水平、丰富了人们的文化生活。所以,不能简单地把全球性公正问题的罪魁祸首归结为全球化本身,而只能归结为主导和驾驭全球化的国家在思维方式、价值理念和行为准则等方面的不恰当作为。尽管今天的全球化仍然由发达资本主义国家主导,但是马克思在《共产党宣言》和《资本论》中都曾用大量篇幅揭示资本主义的历史局限性的同时,也用了不少文字中肯地强调资本主义的历史正当性。因而,我们应该辩证看待全球化过程中的资本及其生产方式的历史作用,我们不能因噎废食,全面拒绝全球化,而应因势利导,改变全球化进程的规则和秩序,使其最终变得有利于全球所有国家和民族的发展与进步。或者说,全球化的浪潮有风险也有机遇。我们应该积极应对挑战,在其中学习交往和竞争,相信全球性公正问题能够在全球发展的继续推进中得到解决。

就第二个方面来说,从理论诉求到实践安排,西方不少思想家进行过探讨。柏拉图在《理想国》中所论述的人人各守其则、各尽其能的至善国家实则是一种伦理的建构;康德在《法的形而上学原理》中所憧憬的保证人们公正地追求自己利益的公民社会在根本上是一种权利的诉求;罗尔斯在《正义论》中所提出的自由平等社会、哈贝马斯在《后民族结构》中所论证的世界公民社会都可以说是一种政策的安排。但是,他们的解答方案要么未获成功,要么不尽成功。直接而言,他们要么把社会公正问题的解决看作是纯粹的理论诉求,要么把社会公正的实现视为宏观政策的实施过程,而不能做到把科学的理论和可行的实践有机结合起来。根本而言,这些思想家基本上是极力维护现存社会制度的,主张在不变更生产资料私有制的基础上解决种种社会公正问题。只有马克思的社会公正思想坚持"解释世界"与"改造世界"相统一,立足历史唯物主义和剩余价值学说,指明全球性公正问题在根本上是由资本主义私有制国家的发展所造成的,认为在人类社会发展还达不到彻底消灭私有制的情况下,各个国家非常有必要在理论诉求和实践安排方面为解决当前全球性公正问题而共同努力。

　　根据上述思路,当代全球性公正问题的解决可以从理论和实践两个方面入手。

1. 理论共识:全球性发展成果,所有国家和民族共同享有、普遍受益

　　用马克思在《关于林木盗窃法的辩论》中的话来说,这个世界"是一个充满危险的世界,因为世界并不是一种利益的世界,而是许多种利益的世界"[①]。各个国家、地区、各个不同利益主体所追求的利益之间相互冲突,相互关联,人们必须努力创造条件,使全球各国的利益发展趋于平衡,相互间的平等发展、和谐互促才能创造一个"和谐"。在这方面,马克思"现实的人"思想为我们解决问题提供了启迪。在马克思的全球视野中,"现实的人"意味着,每一个民族国家都是世界的一个组成部分,我们每一个人都是地球村的一个成员,世界因每一个国家的发展而生机盎然,因每一个人的进步而精彩纷呈。每个国家的发展以全球的发展为前提和基础,全球的发展以每个国家的发展为动力和目标。因而,面对全球发展中所出现的种种不公正问题,所有国家在思想上应该认识到:全球性发展成

[①]《马克思恩格斯全集》第1卷,北京:人民出版社1995年版,第272页。

果,所有国家和民族共同享有、普遍受益。为了这一"共识",每个民族国家需要树立以下几个方面的理念:

其一,人类利益的理念。马克思恩格斯指出:"既然正确理解的利益是整个道德的基础,那就必须使个别人的私人利益符合全人类的利益。"① "凡是民族作为民族所做的事情,都是他们为人类社会而做的事情,他们的全部价值仅仅在于:每个民族都为其他民族完成了人类从中经历了自己发展的一个主要的使命。"②这就是说,一旦每个民族国家在追求自己利益的过程中,不损害别的民族国家的利益,不损害全人类的共同利益,那么,每个民族为自己的民族利益、国家利益而努力奋斗,同时也就是为全人类的共同利益作出贡献。这一思想提示我们,每个民族国家为实现和平、合作,必须大力培育人类利益的理念。全球性公正问题的出现,在很大程度上暴露了人们价值坐标的失衡与错位。以往发展中,一些国家以自己单个国家的利益至上,不惜地球生态的承载能力,肆意开发自然资源、残暴破坏其他物种的生存环境;一些政府部门和官员以本国政府的利益至上,不惜别国人民的基本人权,蓄意谋划别国资源、野蛮侵犯别国的国家主权;一些民族地区以本民族的利益至上,不惜其他民族文化的独特生机,恶意压制其他民族文化的健康发展、霸道垄断其他民族的文化市场。这些不公正的世界现象中涌现出的"一个国家的利益"、"一个政府的利益"、"一个民族的利益"等情形,实际上都是个别的群体利益,在根本上是与人类利益相违背的。所谓人类利益,关键在于"类"的内在规定。这里的"类",意味着宏观、整体,即人类只是地球村的成员,人类的发展必须爱护自然界的发展;国家只是全世界的单元,每个国家的发展需要维护其他国家的发展;每个民族文化只是世界民族文化的组成部分,每个民族文化的发展应该尊重其他民族文化的发展。因而,维护世界公正,人类需要在价值理念上予以矫正,即破除个体利益至上的思想,树立人类利益至上的观念。

其二,和谐世界的理念。如果说"人类利益的理念"意味着人们价值坐标的向度倾向于主观,那么,"和谐世界的理念"则表征着人们价值坐标的向度倾向于客观。"公正",说到底是关系范畴,全球性公正问题的出现说明了人类在各种关系方面的差错和不当。这里的关系,即人与

①《马克思恩格斯文集》第1卷,北京:人民出版社2009年版,第335页。
②《马克思恩格斯全集》第42卷,北京:人民出版社1979年版,第257页。

世界的关系,涵盖人与自然的关系、人与人的关系以及人与社会的关系。我们只有恰当地理顺了各种关系,才能迎来公正和谐的美好世界。和谐世界,在人居环境层面,主张社会建设与自然生态相宜相融;在政治生活层面,主张国家不论大小、强弱、贫富,都是国际社会的平等一员,各国有权决定本国事务、平等参与决定国际事务;在经济生活层面,主张重塑国际分配关系,各国互利互惠、取长补短、合作共赢;在国际安全层面,主张合作安全、共同安全、全面安全和长效安全,强调平等对话是实现安全的根本手段,通力合作是维护安全的内在保障;在文化交流层面,主张多样性,加强对话,倡导包容精神,在求同存异中共同发展。因此,所谓"和谐世界",实际上是一种从"全球治理"的角度应对不公正现象的价值理念。

其三,共建共享的理念。公正,意味着权利与义务的相称。促进全球公正,要求人类行为从过程到结果都应当坚持权利意识和义务意识的对等,没有一定的权利就没有一定的义务,反之亦然。所以,人类应该在共建中共享,在共享中共建。其中,"建"是义务,"享"是权利,先有建设,后有享受,也就是说,"建"是过程,"享"是结果,"共建"是手段,"共享"是目的。"共建"中的"共"是"共同"、"普遍"的意思,即所有国家和民族有责任促进世界的和谐与安宁,有义务为全球发展贡献自己的建设力量。"共享"中的"共"在量上是"最大多数"的意思,在质上是"尽可能的"的意思。也就是说,世界是所有国家和民族的世界,在逻辑上理应保证所有人享受世界发展成果,但迄今为止的现实发展还不能满足这个需求,所以,"为所有人"是全球发展的目标和方向;同时,每个人、每个民族和国家的发展需求变化不居、层出不穷,这样,人类"享受"的欲望应该有一个理性的控制,要与现实发展水平(包括资源、环境和生产力)相适宜,所以,"享受"应该是适度适宜(或者说"绿色")的,因而称之为"尽可能的"。与之不同,"纵欲主义"和"禁欲主义"都是与世界的公正性发展相违背的。"纵欲主义",一味膨胀人的欲望,不顾及"享受"以"建设"为前提;相反,"禁欲主义",一味压制人的欲望,不考虑"建设"以"享受"为宗旨。

2. 实践合作:各个国家应该为促进全球和谐的规制安排联合奋斗

马克思主义从一开始就是代表一种绝大多数和被压迫者的利益,反对牺牲广大劳动人民利益的霸权主义,相信正义力量战胜非正义力量,相信人民群众是历史的创造者,相信阶级斗争是阶级社会前进的动力。这些观点体现到解决全球公正问题上,就是提倡民族平等、独立、合作、反对大国沙文主义和强权政治思维。马克思指出:"思想永远也不能超出旧世界秩序的范围,在任何情况下,思想所能超出的只是旧世界秩序的思想范围。思想本身根本不能实现什么东西。思想要得到实现,就要有使用实践力量的人。"①这就是说,作为社会实践主体力量的人,仅仅拥有改变不合理世界的理论武器,没有改变不合理世界的实践奋斗,是无法实现改变旧世界的目的的。从这个意义上,可以说,各个国家和不同阶层是全球发展的主体,主体——主体间的秩序关系与实践原则是决定人类关系和谐发展的中心环节,所以,要解决全球性公正问题,作为国际社会主体的各个国家应当在实践中切实履行以下规制安排:

其一,发展平等原则。在人类社会的发展中有共同的基本规律,但是在不同的国家和民族中间,又存在着千差万别的特点。各国都要独立思考,寻找适合自己实际情况的发展模式。"国际联合只能在于国家之间,因而这些国家的存在、它们在内部事务上的自主和独立也就包含在国际主义这一概念本身之中"②。恩格斯的这一论述对于指导全球各国贯彻"发展平等原则"是适用的。全球各国不分大小、强弱、贫富、资本主义制度或社会主义制度,都一律平等。发展平等也就是权利平等,涉及经济、政治、文化、国防、外交等多个领域,意味着全球各国在发展的机会(比如资源、贸易)、发展的权利(比如主权、人权)以及发展的模式(比如方向、内容)等方面充分自主。各国享有参与处理国际事务的平等权利,反对干涉别国内政,反对把某种价值观和社会制度强加于别国;各国有权选择符合本国国情的社会制度、经济模式和发展道路;各国有权对本国资源开发实行有效控制;发达国家应尊重发展中国家的发展利益以及发展要求。

其二,整体协调原则。"贸易自由化时常不能实现其诺言——相反,它导致更多的失业——这就是它为什么遭到反对的原因"③,"美国仍将保持世界最富裕国家的地位,并始终在世界治理中发挥积极作用。但是他们

---

① 马克思恩格斯文集》第1卷,北京:人民出版社2009年版,第320页。
②《马克思恩格斯全集》第39卷,北京:人民出版社1974年版,第84页。
③[美]约瑟夫·斯蒂格利茨:《全球化及其不满》,夏业良译,北京:机械工业出版社2004年版,第49页。

能将自己的法则强加给世界的时代已经一去不复返了"①。当代美国著名学者的这一说法指明,世界多极化的趋势不可阻挡,再也不存在某一个国家独霸世界的局面,这在一定意义上反映出实施"整体协调原则"不仅必要,而且非常重要。为此,改变局部利益中心主义与不顾人类整体利益协调的单边主义的价值观,确立国家与国家、人类与自然整体协调发展的国际运行体系,坚决反对形形色色的霸权主义(政治霸权、军事霸权、经济霸权、文化霸权、科技霸权,等等),才能减少国家之间的相互胁迫和矛盾冲突。这里有必要借助国际组织(如联合国安理会、世界贸易组织、国际货币基金组织,等等)的行为对不同国家的利益进行整体协调,尤其需要各国政府本着平等互利的原则,根据全球发展的新变化,通过协商对话不断调整各个方面的协调规则。由于不同的国家在政治经济发展中的起跑点不同,统一的国际协调规则应当充分反映和兼顾不同发展水平、不同地域和不同环境国家的利益。

其三,竞争合作原则。在全球发展中,竞争与合作是相互依存的。没有竞争就没有合作,没有合作也就没有竞争。没有竞争的合作可能导致依附或同化,可能导致一些小国丧失自己的个性和独立性;没有合作的竞争可能造成更大的贫富分化或发展差距,可能造成更多的国际冲突和矛盾对抗。所以,竞争与合作的目的都是为了全球各国更好的发展,更快的发展,更高的发展。全球性的竞争与合作涉及政治、经济、社会、文化等不同方面。各个国家既要在竞争合作中保持自己的独立性,又要积极吸纳别国的长处与优势,从而切实推动全球公正性秩序的建立。

其四,和睦互助原则。和睦互助是国际人道主义的表现。全球不公问题主要通过大国与小国、强国与弱国、富国与贫国之间的差距表现出来,发展成果的差距只是表象,发展的基础与机遇的不平衡才是问题的关键所在。非均衡的全球发展大大有利于促进发达国家财富的增长和综合国力的提升,而广大的发展中国家,尤其是最贫弱的发展中国家则很难从全球化中获得好处。基于这样的事实,所有国家都应该从全球和谐、安宁、长久发展的大局出发,倡导友好、互惠、宽容、共赢的互动规则。对于不发达国家而言,要力求加快发展速度,积极争取各种发展机会,努力缩小与发达国家之间的发展差距;作为发达国家来说,应当承担更多的国际

---

①《斯蒂格利茨:美经济脱困还需四年》,《参考消息》2009年9月14日。

责任,积极支持发展中国家的发展。

总之,关注全球性公正、促进人类解放是马克思社会公正思想的重要内容。在今天的学术界,学者从不同的视角对全球社会公正问题的理解是不一样的,在解决对策方面也是仁智互见,但是,只有建立在唯物史观基础上的马克思社会公正思想,才真正有助于当代全球性公正问题的科学解决。我们坚信,随着社会主义的深入发展以及以此为前提的共产主义的真正实现,全球性公正问题最终会得到根本的解决。

参考文献

著作类

1.《马克思恩格斯选集》第1—4卷,北京:人民出版社1995年版。

2.《马克思恩格斯文集》第1—10卷,北京:人民出版社2009年版。

3.《马克思恩格斯全集》第1卷,北京:人民出版社1995年版。

4.《马克思恩格斯全集》第2卷,北京:人民出版社2005年版。

5.《马克思恩格斯全集》第3卷,北京:人民出版社2002年版。

6.《马克思恩格斯全集》第16卷,北京:人民出版社1995年版。

7.《马克思恩格斯全集》第21卷,北京:人民出版社1965年版。

8.《马克思恩格斯全集》第30卷,北京:人民出版社1995年版。

9.《马克思恩格斯全集》第31卷,北京:人民出版社1998年版。

10.《马克思恩格斯全集》第42卷,北京:人民出版社1979年版。

11.《马克思恩格斯全集》第47卷,北京:人民出版社2004年版。

12.《德意志意识形态》(节选本),北京:人民出版社2003年版。

13.《资本论》第1—3卷,北京:人民出版社2004年版。

14.《列宁选集》第2卷,北京:人民出版社1995年版。

15.《列宁专题文集:论辩证唯物主义和历史唯物主义》,北京:人民出版社2009年版。

16.《毛泽东选集》第1卷,北京:人民出版社1991年版。

17.《毛泽东选集》第2卷,北京:人民出版社1991年版。

18.《毛泽东文集》第6卷,北京:人民出版社1999年版。

19.《毛泽东文集》第7卷,北京:人民出版社1999年版。

20.《中共中央文件选集》(1936–1938),北京:中共中央党校出版社1991年版。

21.《邓小平文选》第2卷,北京:人民出版社1994年版。

22.《邓小平文选》第3卷,北京:人民出版社1993年版。

23.《江泽民文选》第1卷,北京:人民出版社2006年版。

24.《马克思 恩格斯 列宁 斯大林 毛泽东论历史唯物主义》,北京:北京师范大学出版社1982年版。

25. 中央编译局:《回忆马克思》,北京:人民出版社2005年版。

26.《十七大报告辅导读本》,北京:人民出版社2007年版。

27.《现代汉语词典》,北京:商务印书馆1985年版。

28.《辞源》修订版第一册,北京:商务印书馆1979年版。

29.《辞源》修订版第二册,北京:商务印书馆1980年版。

30.《辞海》,上海:上海辞书出版社1999年版。

31. 徐大同主编:《西方政治思想史》,天津:天津教育出版社2002年版。

32. 曹德本主编:《中国政治思想史》,北京:高等教育出版社2004年版。

33. 陶大镛主编:《社会发展史》,北京:人民出版社1982年版。

34.[古希腊]柏拉图:《理想国》,郭斌和等译,北京:商务印书馆2002年版。

35.[古希腊]亚里士多德:《雅典政制》,吴寿彭译,北京:商务印书馆1987年版。

36.[古希腊]亚里士多德:《尼可马克伦理学》,苗力田译,北京:中国社会科学出版社1990年版。

37. 苗力田主编:《亚里士多德全集》第8卷,北京:中国人民大学出版社1995年版。

38.[德]黑格尔:《法哲学原理》,范扬等译,北京:商务印书馆1961年版。

39.[德]《费尔巴哈哲学著作选集》上卷,荣震华等译,北京:商务印书馆1984年版。

40.[英]洛克:《政府论》(下篇),叶启芳等译,北京:商务印书馆1986年版。

41.［荷］斯宾诺莎《神学政治论》，温锡增译，北京：商务印书馆1982年版。

42.［法］卢梭：《论人类不平等的起源和基础》，李常山译，北京：商务印书馆1982年版。

43.［法］卢梭：《社会契约论》，何兆武译，北京：商务印书馆1982年版。

44.［法］蒲鲁东：《什么是所有权》，孙署冰译，北京：商务印书馆1999年版。

45.［英］穆勒：《功用主义》，唐钺译，北京：商务印书馆1957年版。

46.［美］诺兰：《伦理学与现实生活》，姚中兴译，北京：华夏出版社1988年版。

47.［英］葛德文：《政治正义论》，何慕李译，北京：商务印书馆1982年版。

48.［德］包尔生：《伦理学体系》，何怀宏等译，北京：中国社会科学出版社1988年版。

49.［苏］涅尔谢相茨：《古希腊政治学说》，蔡拓译，北京：商务印书馆1991年版。

50.［匈］卢卡奇：《历史与阶级意识》，杜智章等译，北京：商务印书馆2004年版。

51.［美］马尔库塞：《爱欲与文明》，黄勇等译，上海：上海译文出版社1987年版。

52.［美］马尔库塞：《理性与革命》，程志山等译，重庆：重庆出版社1993年版。

53.［美］马尔库塞：《单向度的人》，张峰等译，重庆：重庆出版社1988年版。

54.［法］萨特：《辩证理性批判》，林骧华等译，合肥：安徽文艺出版社1998年版。

55.［美］萨拜因：《政治学说史》（下册），刘山等译，北京：商务印书馆1986年版。

56.［美］戴维·施韦卡特：《反对资本主义》，李智等译，北京：中国人民大学出版社2002年版。

57.［美］巴林顿·摩尔：《民主和专制的社会起源》，拓夫等译，北京：华夏出版社1987年版。

58. ［英］波普尔:《开放社会及其敌人》第2卷,郑一明等译,北京:中国社会科学出版社1999年版。

59. ［美］柯亨:《马克思与诺齐克之间》,吕增奎主编,南京:江苏人民出版社2008年版。

60. ［美］罗尔斯:《正义论》,何怀宏等译,北京:中国社会科学出版社1988年版。

61. ［美］诺齐克:《无政府、国家与乌托邦》,何怀宏等译,北京:中国社会科学出版社1991年版。

62. ［美］麦金太尔:《谁之正义? 何种合理性?》,万俊人等译,北京:当代中国出版社1996年版。

63. ［美］宾克莱:《理想的冲突——西方社会中变化着的价值观念》,马元德等译,北京:商务印书馆1983年版。

64. ［法］拉法格:《思想起源论》,王子野译,北京:三联书店1963年版。

65. ［德］魏特林:《现实的人类和理想的人类,一个贫苦罪人的福音》,胡文建等译,北京:商务印书馆1984年版。

66. ［美］摩尔根:《古代社会》上、下册,杨东莼等译,北京:商务印书馆1983年版。

67. ［澳］乔德兰·库卡塔斯等:《罗尔斯》,姚建中等译,哈尔滨:黑龙江人民出版社1999年版。

68. 陶富源:《实践主导论——哲学的前沿探索》,北京:安徽人民出版社2001年版。

69. 陶富源:《唯物辩证法与实践智慧》,合肥:合肥工业大学出版社2006年版。

70. 陶富源:《青年马克思与费尔巴哈》,合肥:合肥工业大学出版社2006年版。

71. 陶富源:《终极关怀论——人的哲学之悟》,合肥:安徽大学出版社2004年版。

72. 孙叔平:《历史唯物主义纲要》,上海:上海人民出版社1958年版。

73. 北京大学哲学系编译:《十八世纪法国哲学》,北京:商务印书馆1963年版。

74. 谭培文:《马克思主义经典著作选读与导读》,北京:人民出版社 2005 年版。

75. 周辅成编:《西方伦理学名著选辑》上卷,北京:商务印书馆 1964 年版。

76. 黄颂杰等:《萨特其人及其"人学"》,上海:复旦大学出版社 1986 年版。

77. 陈学明:《西方马克思主义教程》,北京:高等教育出版社 2003 年版。

78. 徐春:《人的发展论》,北京:中国人民公安大学出版社 2007 年版。

79. 韩冬雪:《马克思主义政治哲学诸范畴初探》,长春:吉林出版集团有限责任公司 2007 年版。

80. 俞可平主编:《马克思主义视域中的和谐社会建设》,重庆:重庆出版社 2007 年版。

81. 周仲秋:《马克思的社会主义观》,长沙:湖南师范大学出版社 2002 年版。

82. 陈波:《马克思主义视野中的人权》,北京:中国社会科学出版社 2004 年版。

83. 王海明:《公正 平等 人道》,北京:北京大学出版社 2000 年版。

84. 周仲平:《平等观念的历程》,海口:海口出版社 2002 年版。

85. 万俊人:《道德之维:现代经济伦理导论》,广州:广东人民出版社 2000 年版。

86. 景天魁:《社会公正理论与政策》,北京:社会科学文献出版社 2004 年版。

87. 姚洋:《转轨中国:审视社会公正和平等》,北京:中国人民大学出版社 2005 年版。

88. 龚群:《当代西方道义论与功利主义研究》,北京:中国人民大学出版社 2002 年版。

89. 陈先达:《马克思和马克思主义》,北京:中国人民大学出版社 2006 年版。

90. 魏小萍:《追寻马克思》,北京:人民出版社 2005 年版。

90 余文烈:《分析学派的马克思主义》,重庆:重庆出版社 1993 年版。

91. 姚大志:《何谓正义:当代西方政治哲学研究》,北京:人民出版社

2007年版。

92. 程立显：《伦理学与社会公正》，北京：北京大学出版社2002年版。

93 吴忠民：《社会公正论》，济南：山东人民出版社2004年版。

94. 丛晓峰、刘溪：《社会公正与社会进步若干问题研究》，济南：山东人民出版社2005年版。

95. 马俊峰：《评价活动论》，北京：中国人民大学出版社1994年版。

96. 胡真圣：《两种正义观：马克思、罗尔斯正义思想比论》，北京：中国社会科学出版社2005年版。

97. 李惠斌、李义天：《马克思与正义理论》，北京：中国人民大学出版社2010年版。

98. 吴忠民：《走向公正的中国社会》，济南：山东人民出版社2008年版。

99. 侯惠勤：《正确世界观人生观的磨砺—马克思主义著作精要研究》，南京：南京大学出版社1996年版。

100 孙伯鍨、侯惠勤：《马克思主义哲学的历史和现状》，南京：南京大学出版社2004年版。

101. 孙伯鍨：《探索者道路的探索》，南京：南京大学出版社2002年版。

102. 陈闻桐、朱士群：《近现代西方政治哲学引论》，合肥：安徽大学出版社1997年版。

103. Allen E. Buchanan, Marx and justice: the radical critique of liberalism, Publication info: London:Methuen,1982.

104. Kelsen H: What is justice? Califomia: University of Califomia Press.1971.

105. John Rawls: A Theory of Justice. Massachusetts,The Belknap of Harvard University Press.1973.

106. John Rawls: Political Liberalism. New York:Columbia University Press.1996.

107. Marshall Cohen etc.:Marx,Justice,and History:A Philospy and Public Affairs eader.Princeton University Press.1980.

108. Richard W.Miller:Analyzing Marx,Power,and History.Princeton University Press.1984.

109. Roemer:Market Socialsm: The Current Debate.Oxford University Press.1980.

110. Adam B Seligman. The Idea of Civil Society. New York.1990.

论文类

1. ［美］托马斯·博格：《作为公平的正义：三种论辩》，载《马克思主义与现实》2009 年第 3 期。

2. 吴苑华：《关切"民生"：一个不能忽视的马克思传统》，载《马克思主义研究》2008 年第 6 期。

3. 洋龙：《平等与公平、正义、公正之比较》，载《文史哲》2004 年第 4 期。

4. 李梅：《公正思想演变探析》，载《华南农业大学学报（社会科学版）》2004 年第 4 期。

5. 师泽生，王冠群：《社会公正与政府责任》，载《政治学研究》2006 年第 4 期。

6. 万俊人：《社会公正为何如此重要?》，载《天津社会科学》2009 年第 5 期。

7. 叶志华：《试论社会公正》，载《现代哲学》1999 年第 1 期。

8. 陈剑：《论社会公正》，载《科学与决策》2005 年第 12 期。

9. 杨士进：《国内学者近几年来对社会公正问题的研究综述》，载《理论视野》2007 年第 4 期。

10. 徐琛：《论社会公正的科学内涵》，载《中共天津市委党校学报》2007 年第 1 期。

11. 林进平等：《伍德对胡萨米：马克思和正义问题之争》，载《现代哲学》2005 年第 2 期。

12. 曹玉涛：《"分析马克思主义"的正义论述评》，载《哲学动态》2008 年第 4 期。

13. 魏小萍：《马克思主义与自由、平等和正义的话题——历史变迁后前东德学者的反思》，载《哲学研究》2003 年第 9 期。

14. ［波］W·兰：《马克思主义的公正观》，载《哲学译丛》1991 年第 5 期。

15. 王浩斌：《马克思的个体正义优先理论及其当代意义》，载《辽东学院学报（社会科学版）》2009年第2期。

16. 林进平：《马克思早期正义思想探究》，载《岭南学刊》2008年第3期。

17. 林进平：《历史唯物主义视野中的正义观》，载《学术研究》2005年第7期。

18. 林进平：《马克思对天赋人权的批判》，载《学术研究》2007年第11期。

19. 王广：《马克思恩格斯对蒲鲁东正义公平思想的批判》，载《理论视野》2006年第4期。

20. 王广：《分配正义的批判与超越：对<哥达纲领批判>的政治哲学解读》，载《理论与改革》2006年第3期。

21. 王广：《平等、正义观念的批判与历史审视——对<反杜林论>的政治哲学解读》，载《太原理工大学学报（社会科学版）》2006年第4期。

22. 王广：《马克思视域中的劳动、生产资料与正义》，载《江海学刊》2009年第4期。

23. 徐建文：《马克思公平正义观的发展轨迹》，载《唯实》2008年第12期。

24. 谭德礼：《马克思恩格斯关于社会公正思想的探讨》，载《马克思主义与现实》2007年第2期。

25. 张啸尘：《马克思的公平观及其对和谐社会的启示》，载《马克思主义与现实》2008年第3期。

26. 苗贵山：《批判与超越：马克思恩格斯对正义的追问》，载《河南大学学报（社会科学版）》2006年第3期。

27. 周慧敏：《马克思恩格斯正义观研究状况的理论思考》，载《学习与探索》2008年第2期。

28. 段忠桥：《马克思和恩格斯的公平观》，载《哲学研究》2000年第8期。

29. 袁贵仁：《论马克思主义的公正观》，载《求索》1992年第4期。

30. 戴茂堂：《论社会公正与个人自由的内在关联》，载《湖北大学学报（哲学社会科学版）》2005年第4期。

31. 袁小云、程小强：《马克思公平思想及其辩证反思》，载《天水行政学院学报》2007年第2期。

32. 曹玉涛:《论马克思对"社会正义"的批判及其当代价值》,载《河南师范大学学报(哲学社会科学版)》2005年第3期。

33. 徐琛:《中国特色社会主义社会公正理论初探》,载《毛泽东邓小平理论研究》2007年第4期。

34. 董欢:《论马克思恩格斯的公正观及其对构建社会主义和谐社会的启示》,载《理论建设》2007年第1期。

35. 吴忠民:《马克思恩格斯公正思想初探》,载《马克思主义研究》2001年第4期。

36. 文小勇:《社会公正研究与马克思主义公正观的当代建构》,载《广州社会主义学院学报》2007年第2期。

37. 董建萍:《试论加强对社会公正问题的基础研究》,载《中国社会科学》2005年第6期。

38. 李三虎:《公正论题:马克思中国化的当下政治话语》,载《学术研究》2007年第5期。

39. 王新生:《马克思超越政治正义的政治哲学》,载《学术研究》2005年第3期。

40. 龚秀勇:《马克思主义的公平正义思想及其当代意义》,载《马克思主义与现实》2008年第4期。

41. 何建华:《马克思的公平正义观与社会主义实践》,载《浙江社会科学》2007年第6期。

42. 袁杰:《马克思恩格斯对资本主义和谐虚伪性的批判》,载《马克思主义研究》2008年第10期。

43. 陈学明:《以人为本:以"什么样的人"和"人的什么"为本?》,载《哲学研究》2009年第8期。

44. 石云霞:《当代民主社会主义公正观和民主观评析》,载《武汉大学学报(哲学社会科学版)》1998年第2期。

45. 张康之:《在构建和谐社会中实现公正》,载《教学与研究》2006年第2期。

46. 叶志华:《试析罗尔斯的公正社会理论》,载《现代哲学》1997年第1期。

47. 姚大志:《罗尔斯:来自马克思主义的批评》,载《马克思主义与现实》2009年第3期。

48. 张宇:《马克思的公平理论与社会主义市场经济中的公平原则》,载《教学与研究》2006年第2期。

49. 陶富源等:《和谐社会建构与人的全面发展》,载《安庆师范学院学报(社会科学版)》2008年第4期。

50. 杜秀娟、陈凡:《论马克思恩格斯的生态环境观》,载《马克思主义研究》2008年第12期。

51. 黄志斌等:《马克思恩格斯生态思想及当代价值》,《马克思主义研究》2008年第7期。

52. 宋小川:《论当前美国社会的收入分配不平等和两极分化》,载《马克思主义研究》2008年第6期。

53. 〔美〕萨伊德:《文化与帝国主义》,载《马克思主义与现实》1999年第4期。

54. 金民卿:《西方文化渗透的程式与路径》,载《马克思主义研究》2008年第8期。

55. 欧阳淞:《中国共产党的领导是历史和人民的选择》,载《求是》2009年第19期。

56. 吴忠民:《中国现阶段社会公正问题的逐层递进研究》,载《学术界》2009年第2期。

57. 郑广永:《公有制条件下的社会不公正问题》,载《中国人民大学学报》2008年第4期。

58. 马传景:《不断创造经济增长的奇迹》,载《求是》2009年第17期。

59. 冯莉、程伟礼:《从全球化视野看马克思主义大众化的历史进程》,载《马克思主义研究》2009年第6期。

60. 甘绍平:《人权平等与社会公正》,载《哲学动态》2008年第1期。

61. 葛晨虹:《社会公正理论与社会和谐》,载《河北学刊》2005年第4期。

62. 张二芳:《社会主义公正原则探析》,载《马克思主义研究》2010年第2期。

后　记

　　本书是在我的博士论文《马克思社会公正论》的基础上修改而成,亦是我所主持的2009年国家社科基金青年项目《马克思社会公正观研究》的最终成果。

　　书稿已经"闲置"三年。在这段时间里,我一直在对社会公正问题进行考察。种种原因,主要是自己对一些关于社会公正的元理论问题认识不足、理解不够。基于这些困惑和疑虑,我迟迟不能决定自己是否将书稿付梓。然而,时不我待,不断学习是一生的事情,我不能将书稿拖延下去。近年来,无论是政府还是学界,都对社会公正予以高度关注,全面建设一个公正的社会已成为人们的共识。在这种背景之下将书稿付梓,也希冀更多的学人在批评指正本书之中能够从经典文本的角度进一步去发掘马克思主义的社会公正思想,从而更高水准地共同探讨关于社会公正的基础理论问题。

　　本书从选题立意到内容布局,以及语言表达等各个方面,都得到了导师陶富源教授的具体指导和帮助。得知本书即将付梓,导师又欣然在百忙之中赐序提携。因此,在献上此书的同时,亦献上我对恩师最真诚的谢意! 导师治学严谨、学识广博、淡泊名利、为人豁达、诲人不倦,这些对我影响至深,使我终生受益。

　　本书的写作,除了导师的关怀以及作者个人的努力以外,还得到了许多方面的支持和关心。所以,在这里:

　　对蒋玉珉教授、张传开教授、钱广荣教授、汤文曙教授、朱平教授、金开好教授等所有我读博期间的授课老师表示由衷的感谢!

　　对国家哲学社会科学规划办公室、安徽省哲学社会科学规划办公室,以及安徽师范大学科研处的热情支持表示深切的谢忱!

对我的博士论文进行评审的五位专家即朱士群教授、陈立新教授、王先俊教授、汪青松教授、吴家华教授以及对本成果进行通讯鉴定的五位匿名专家所给予的严格指正与热情鼓励表示深深的谢意！

本书在写作过程中，参阅了学术界的相关成果，从很多专家那里汲取了丰富的营养；安徽师范大学省级重点学科马克思主义哲学学科、安徽师范大学出版社为本书的出版提供了支持；安徽师范大学政治学院的领导以及学院党委办公室、行政办公室、科研与研究生办公室、教学办公室、图书资料室和哲学教研室的所有老师、同事也为我的学习和写作提供了帮助，在此一并表示最诚挚的感谢！

特别感谢吴顺安先生和谢晓博女士，他们从专业编辑的角度对本书提出了富有建设性的意见，正是他们的敬业精神和辛勤劳动使得本书更加完美。

最后，衷心感谢我的家人，尤其感谢细心体贴的爱人和乖巧懂事的女儿，他们为我的学习和写作提供了良好环境。

由于本人学识水平有限，本书对马克思社会公正思想的研究还是非常初步的，书中一定存在不少缺憾，真切地欢迎学界同仁提出宝贵的批评意见。

作　者

2014年4月15日于芜湖长江之畔美加印象